山东大学文史书系

孙思白史论集

孙思白 著

山东大学出版社

图书在版编目(CIP)数据

孙思白史论集/孙思白著．—2版．—济南:山东大学出版社，2009.4

ISBN 978-7-5607-2206-1

Ⅰ．孙…

Ⅱ．孙…

Ⅲ．中国-现代史-研究-文集

Ⅳ．K270.7-53

中国版本图书馆 CIP 数据核字(2000)第 79967 号

山东大学出版社出版发行

(山东省济南市山大南路 27 号　邮政编码:250100)

山东省新华书店经销

山东新华印刷厂印刷

720×1010 毫米　1/16　22.5 印张　331 千字

2009 年 4 月第 2 版　2009 年 4 月第 2 次印刷

定价:45.00 元

序 言

20世纪是我国历史上变动最大的时代:外国列强的欺凌与入侵;国人推翻了君主专制,建立了民主共和;军阀之间连年混战;国共两党第一次合作,进行了胜利的北伐战争;国民党执掌了全国政权,随之而起的是十年内战;经历国共两党的第二次合作与艰苦卓绝的八年抗日战争,中国由半殖民地半封建地位的国家,因抗日战争的胜利而成为联合国五常任理事国之一;接着,国共两党又进行第二次内战,中国共产党在大陆上取得了政权,建立了中华人民共和国。应当说,中国的历史到此时开辟了一个新的时代。但"以阶级斗争为纲"的运动却一个接着一个,最后导致了经济濒于崩溃、文化遭受空前破坏的"文化大革命"。我的一生就是在这中国社会大变动和大动乱中度过的。为了反对日本的欺凌与压迫,我投身到为挽救民族危亡的"一二·九"运动;为了和日本侵略者作殊死斗争,我以民先队成员身份参加过鲁西北范筑先将军统率的抗日游击队,并加入了党的组织。其后,我由沦陷区辗转到了抗战大后方的昆明,读完在北京大学历史系未完成的学业。在党的领导下,我在昆明、重庆以及战后的青岛做过地下工作;我也满腔热情地歌唱过新中国的诞生,诚心诚意地希望我国从此步入国泰民安、国家富强、人民安康的境地。在山东大学任教和做历史系副主任时,我也曾想在这个祥和安定的太平国度中,努力探寻中国近现代社会发展的规律和线索。但是环境却使我无法实现我的愿望。在我歌唱的时候也触过霉头。

党的十一届三中全会开辟了改革开放的新时期。按说,我可以施展一下我的一点小小的"抱负",在中国近现代史,特别是在中华民国史研究的领域中多做一些开拓性的工作。但是,我此时已是年近古稀的人了,又长期受有极"左"思潮的影响，对这些工作已是心有余而力不足了。我虽参与主编部分《中华民国史》及《民国人物传》的工作，也写了两篇开场白式的有关民国史的文章，但距离真实的深度民国史研究，却是很远。不过无论如何，我因曾在中国社会科学院近代史研究所中华民国史研究室负责的工作岗位上，对开辟民国史的研究多少尽了一点绵薄之力。

日前，山东大学的同事们希望我将我一生的文字编辑成册，自编《孙思白史论集》，在山东大学出版社出版。我欣然乐为。在此，我也非常感谢山东大学。

我的这本薄薄的集子，是我的女儿孙丹妹整理并由刘敬坤、吕伟俊同志帮助完成的，只算是记录我个人在这大时代中的一朵小小的浪花。我已是86岁的老人了，也再无任何的写作能力了。但愿今人或后人，能从我的这本薄薄的记录中触摸到中国20世纪大变动的脉搏，并愿同仁在对20世纪历史的研究上作出更大的成绩。

以上是我个人的自白，也可以看作是这本薄薄文集的序。

孙思白

2000年4月序于北京

目　录

时　论

民族抗战与新中国的诞生

——纪念"七七"十五周年

一

中国近百年来的民族民主运动，一幕比一幕更开展；中国人民争独立自由的热潮，一次比一次更壮阔。历史的道路走到十五年前的7月7日，严重的民族灾难，催逼得中华民族像一个巨人似地站了起来，挥动了手里的武器，向敌人展开了战斗！从东到西，从北到南，从高山到平原，从城市到乡村，五亿人口汇成了一股救亡图存的洪流。自"五四"开辟出了新民主主义革命道路以来，1925揭幕的"北伐战争"是第一个大浪潮，1937揭幕的"抗日战争"便是第二个大浪潮了。第一个大浪潮虽曾冲决了敌人的千里堤防，但很快地被阻塞了，变成了激荡于山谷间的一个急湍；但这个急湍，终于导引出第二个大浪潮来了。第二个浪潮起来之后，它就以无比的威力，摧折了日帝的刀锋，并由此而斩断了帝国主义奴役中国的魔手，而诞生了新中国！为什么中华民族到了这时会一朝奋起，显示出如此大的神威呢？这是由于时代不同了。这时已处于20世纪的三四十年代，这时的中华民族已从斗争中积累了将近一百年的经验，挟着这些经验已进入了"五四"以后的新时代。在这新时代里，又已经过了"五四"、"二七"、"五卅"、"大革命"、"土地革命"若干新阶段。在这些新阶段中，英雄的人民已写下了无数英雄历史，以这些历史内容为质地，中华民族就能进一步开展与前各阶段比起来更加雄伟的民族抗战。产生"七七"民族抗战的时代条件，可以概括为下面几项：

(1)中国的社会行程正处在一个上升的时代。中国虽是一个半封建半殖民地的社会,但在它的内部却正滋长着、活跃着进步的因素。它内部已有了资本主义,有了在一定条件下可以参加革命的资产阶级,更有了久经革命锻炼的无产阶级。这时中国的无产阶级较之“五四”、“二七”时代,显然又有很大的提高。

(2)中国共产党这时已从幼年发展为成熟的党。它已培养出了无数优秀的革命干部,积累了无数的革命经验,锻炼出了一支钢铁般的人民武装,特别是已认识了自己的领导人物。这些因素,都是大革命时代所不具备的。

(3)在中国共产党的影响与长期革命的斗争中,有了已经觉悟与正在觉悟着的广大人民。“九一八”之后,民族的危机迫得每个爱国人民活不下去,特别是自“一二·九”之后,人民的觉悟更是飞跃地提高。抗日的情绪在迅速地扩展;“救亡运动”在党的号召下,有组织地在全国的范围内开展着,救亡的怒吼响彻在四方八面;悲壮的空气,笼罩在全国的大地上。这样的群众条件,虽在大革命时代,也无如此之深广。

以上是着重就中国方面而言,至于从世界方面与敌人方面也是一样。①就世界形势来说,中国的民族抗战,正处在全世界人民反法西斯的民主运动空前广大与深刻的时候,中国人民能够获得全世界人民的热情援助,特别是苏联的援助。②就敌人方面来说,日本发动的侵略战争正处在法西斯国家大崩溃的前夜,敌人本身也正是为此才举行这个最后挣扎的冒险战争。这战争的结果只能是促成敌人的崩溃,而不能是使它兴旺。

这就是中华民族抗战必然胜利的时代条件。这些条件不是成就于一朝一夕,是自“五四”以来,随着全世界形势的推移,随着中国人民革命事业的进展而创造成熟的。其中特别是由于中国共产党与毛泽东思想的正确领导,因而才有解放区与人民军队的建立和壮大以及抗日民族统一战线的组成,而这些正是保证抗日战争胜利的决定因素。

二

日本帝国主义者对于侵华的战争是打如意算盘的。

从甲午战争算起吧,近五十年来,日帝在侵华的行动中,所遇到的仅是中国当局的局部抵抗,或是单纯的军事抵抗。而那些“抵抗”,都是腐朽的官僚统治迫于人民的压力不得已而为之的。自“九一八”之后，在蒋介石“攘外必先安内”政策支配下，则又盛行了“不抵抗主义”。敌人对东四省几乎是垂手而得，对冀东、察北的侵占也没有费多大气力，于是它侵略的气焰大大地增长了。

在国际上，除苏联扶助被侵略的民族外，其他英美法等帝国主义国家，尽管它们与日帝在中国有着利害上的矛盾，但无碍于它们对日帝采取着纵容的政策。法国参谋本部的《法国军事评论》明白地说日本对满洲的要求是合法的。英国保守党的报纸公然表示对日本行动的同情。至于美国前国务卿斯汀生则认为，美国不能离开欧洲列强而一国单独对日作坚决行动。日本帝国主义在这种国际帝国主义鼓励之下，对于侵略战争的发动就更加大胆了。

日本帝国主义者为了便于侵略中国，培养过很多所谓“中国通”，也派遣过大量的间谍，藉“旅行”、“考察”之名，深入到中国内地。他们用大量的诬蔑词句，写下他们得来的共同结论是：“中国是一盘散沙”，“中国人没有什么国家观念”，“中国的军队是乞丐编成的”，“中国人在威力面前是战栗的”，等等。那时日本驻天津领事馆一本调查中国的小册子，曾被翻印出来流行在平津一带，其中充满着上述的词句。日帝所豢养的这些“中国通”们，眼睛是只看到在国民党统治下中国黑暗的一面或一角。至于在人民中间蕴藏着的潜在力量，真正可以摧毁一切反动派的历史动力，他们是看不见的。比如那时轰轰烈烈的“一二·九”救亡运动，而日本报纸以及天津《庸报》(汉奸报)上，却大字标题是“中国学生的亡国运动”。——从敌人的思想逻辑说来，这并不仅是意存诬蔑的话，倒也的确是他们的“认识”。

在“七七”事变以前几年，一连串的中日交涉中，日本帝国主义的外交家用过多次将采取“断然处置”的话，他们总以为中国人是可以恐吓得住的。这种恐吓的手段，对于国民党来说有一定的效力；对于中国人民来说就适得其反。那时中国人民盼望抗日战争的来临，正是如“大旱之望云霓”。在“七七”之前，多少人们在反复地高唱着激昂的战歌，就是明证。那时，中国人民愤怒的情绪，诚如爱伦堡所描写的，对日本侵略者的普遍仇恨发展起来了……在中国这种仇恨简直有些近于宗教信仰。

日帝根据他们的“认识”，主张对中国执行速决战的方针。战争开始以后，敌酋近卫还狂吠着“三个月使中国屈膝”。但战争进行到十个月的时候，毛主席曾经这样说：

……(敌人)据此以为中国不值一打,而定出所谓“速决”的计划,少少出点兵力,企图吓溃我们。十个月来,中国这样大的团结与这样大的抵抗力,它是没有料到的。它把中国已处于进步时代,中国已存在着先进的党派,先进的军队与先进的人民这一点忘掉了。……

三

中国的抗日战争,是一个伟大的民族革命运动,同时也必然是一个民主革命运动。它绝不应是,也不能是脱离民主主义革命总任务的单纯民族战争。

中国近代的革命运动屡受挫折。中国共产党在挫折中领导人民前进,终于保存并锻炼了一股民主革命的力量,成为抗日战争中的擎天支柱;这是失败中的成功。但毕竟由于革命屡受挫折,阻止了民主革命势力没有在全国范围内占绝对优势,相反,而是反民主势力暂时占了绝对优势,以致招来了民族的灾难;这又是成功中的失败。由此看来,民族运动必以民主运动为内容,民主运动的彻底能使民族运动的胜利有保障,民族运动的兴起又能促使民主运动向前开展。

抗日战争之前,许多向往光明的人就曾问过:将来抗日战争胜利之后,中国将要成为一个什么样子呢?笼统地将是一个富强的国家。若把这个“富强”的内容加以分析:第一是日本帝国主义的势力,以及其他帝国主义的势力要退出中国去,中国要变成个“独立”的国家。第二是人民能够有工作,有饭吃,有文化;由自己做主发展生产,改善生活,建立个自由的统一的国家。第一是属于民族革命的任务,第二是属于民主革命的任务。抗日战争应该把第一个任务完成,这中间没有很大的争论,或至少在表面上没有很大的争论。抗日战争应否完成第二个任务?这中间的争论就比较多了。共产党及一切进步的集团的回答是肯定的,国民党及一切落后的势力的回答是否定的。但不管一切落后势力怎样反对与阻挠,民主运动总要伴随着民族斗争冲破一切独裁的堤防而向前奔流。

为什么中外一切反动势力总阻止不住民主运动随民族斗争而向前迈进呢?因为彻底的抗战,就需要广大的人群参加。这种群众动员,就是群众的觉醒。因为彻底的抗战,就需要政治、经济、军事、文化各方面的进步;这种进步的力量,便与落后势力不能并存；也因为彻底的抗战本身对于人民就是一种有力的教育。这种教育，异常之生动，而且现实也足以使人奋起。所以，广大的劳苦群众在抗战斗争中就必然站起来，要求掌握自己的命运，改善自己的生活。还有，彻底的抗战，就必然能打倒日本帝国主义。日本帝国主义的毁灭，是消除了中国民族的一大敌人，同时也就是民主的一大敌人。所以抗日的胜利，民主势力自然会大大的提高；但也只有民主势力的提高，才能推动抗战到彻底胜利。明乎此，也就知道国民党政权为什么对抗战采取消极态度了。

中国的这次民族抗战，虽以民主为内容，然而由于日帝志在灭亡全中国，遂使民族运动上升为主要地位；而民主运动只能暂时的处于次要的地位。所以当民族运动采取战争形式的时候，民主运动在基本上则只能采取和平的形式。有时人民对于反动势力的袭击，虽不能不采取自卫手段而予以反击，但自卫则仍然是为了和平。毛主席说：使阶级斗争服从于民族斗争，这是统一战线的根本原则；又说：在为着抗日救亡的总目标而努力于建立真正坚实的抗日民族统一战线的时候，必须知道没有国内和平是不行的。没有国内民主也就不行。为了争取民族运动的胜利，不能不争取民主，但又为了争取对外战争的胜利，又不得不努力争取国内的和平。

由于上述的历史条件，必然地决定了下述两点：

(1)为了保证国内的和平，在国民党统治区里的民主运动，就只能做到以不破坏了全国的团结为限度来进行。所以抗战期间，国民党统治区的民主斗争，对国民党统治区的统治基本形势，则不能有所改变。

(2)为了发展民主和争取抗战的彻底胜利，在解放区里，则不能不发挥独立自主的精神，依照人民的力量与要求，打碎封建的势力，树立起民主政权。民主政权实现了，所以与人民有利的政策就实施了，人民的武装就发展了，新的力量就起来了，旧的力量就削弱了，一片光明气象，也就从敌人的身后出现了！

这样，到抗日胜利的时候，中国的局面就呈现出这样一幅画面：一边是专制独裁的中国，一边是民主自由的中国。

四

太平洋战争发生以前，美国一面给蒋介石一些小量的支援，一面则把大量的战争物资输送到日本，大做其战争生意；一面对中国人民送致些虚伪的同情，一面则又在实际上鼓励着日帝的侵略事业。当日本对中国城市举行着疯狂轰炸的几年，曾有人对一位美记者说过，美国送给日本些飞机炸弹，送给中国些救伤的医药！这话实在给出了当时美帝一幅惟妙惟肖的两面像！

从1937年到1940年，日本从美国购进的军用物资在10亿以上，由美国输入日本的废铁，占废铁输入总额的70%。美国输入日本的军用品较之输入中国的多了8倍。

当抗日战争进到1940年，日本在中国战场上日益深入，国民党政权全无振作气象，甚至有崩溃的征兆；敌后人民的力量已成长壮大，逐渐显示其威力。

太平洋战争于1941年冬爆发了。日本的刀锋也对着美国的胸口冲过去了。这时的美国又变了一副腔调，对中国的解放区，曾唱出过些空洞的赞美，好让中国人民拖住日本人的腿。

时局发展到1944年与1945年之交，全世界的法西斯国家都遭到了挫败，日本崩溃的命运就在眼前，美国需要积极布置战后它代替日本独占中国的计划了。赫尔利便劝说共产党交出军队来，说美国只和重庆合作，不和延安合作。他以为这样，就可以逼使代表中国人民利益的中国共产党让步，以达到它消灭人民力量的企图。

五

如前面所说，当全民族对日抗战胜利的时候，民主运动的成就在全国却不平衡，全国分成了两个截然不同的区域：一边已是民主自由的中国，一边仍是旧势力统治的中国。

由于旧势力统治着一半以上的中国，这就给了美国在中国的政治基础与社会基础。

但又由于人民已在另一半中国的国土上当了主人，这就给了中国人民以打败中国反动势力的胜利保证。

日本看不清中国人民潜在的力量，玩弄了八年的战火终于把自己烧化了。

美国也看不清中国人民积蓄起来的力量，投下了70亿的赌注，也终于狼狈地滚下海去了。

新中国就在民族抗战中积蓄起来的民主力量的保证下诞生了！

中国民族运动的彻底胜利，必然伴随着民主运动的彻底胜利。在民族革命与民主革命的斗争过程中，尽管两者有轻重缓急的差别与上升与下降的变化，但在殖民地与半殖民地的社会国家里，两者是互相依托的。

当中国人民已经站起来的时候，帝国主义统治中国的美梦，定然是一去不复返了。

（1952 年）

为《毛泽东选集》出版而欢呼

《毛泽东选集》出版了！这是1951年我国人民生活中的一件大事，并且是我国历史上的一件大事！

中国历史上曾有过若干灿烂的典籍，应该也包括毛泽东的著作。《毛泽东选集》这样的著作与毛主席这样的人物分不开：只有这样的伟人始能产生这不朽的巨著！

中国历史自放出了文明的曙光，已经历了几千年之久。历代的贤哲，发过多少救世救民的宏愿，耗过多少精神和心血，企望为改变中国社会而晒出一张蓝图，制订一套计划。但他们或由于阶级的局限，或受着时代的限制，使他们的思想眼界终于固闭在一定的范围里。因而他们的计划，顶多只起着若干进步作用，或者仅仅起着一点改良作用，不能为中国社会开辟无限的前途。近百年来由于中国人民的灾难深重，无数志士仁人奋起为民族与民主的革命抛头颅，洒热血，慷慨悲壮，可歌可泣。但积历代农民运动的经验发展到太平天国，像洪秀全等也只能提出空想的平均主义土地政纲所谓“天朝田亩制度”，而无法求其实现。积近百年民主运动的经验集中到孙中山，虽然也能提出一种民主政纲如三民主义，但其中包含着若干落后的非科学的成分。由于他们代表阶级的有限性，因而到底不能形成一种指导中国人民作革命实践的科学理论。这样的科学理论只能等待中国无产阶级走进了历史舞台之后，而由其代表人毛泽东以无产阶级革命理论为基础，总结中国革命经验，并吸收中国文化的优秀传统创造出来。毛泽东思想是解决中国革命问题的理论。

半封建半殖民地中国社会历史发展有其极大的特殊性，与欧洲各国有不同的历史社会条件与社会问题。在这个国度里,农民群众为革命的主要动力,反对的是外国许多帝国主义和国内的封建主义、官僚资本主义;进行的是长期的武装斗争等等。这都是中国的特殊国情与特殊问题。列宁和斯大林对殖民地半殖民地人民的革命虽然作过原则的指示,有过杰出的贡献,但把这些指示应用在中国的具体环境当中,以中国革命生动的现实对这些理论加以发展与补充,则是由毛主席创造了典范!这种创造需要高度的科学精神与高度的革命精神;对客观情势要能冷静地分析,精确地估计,对革命事业要有坚忍的毅力,无限的忠心。如此,才能有勇气、有信心敢于大胆创造,敢于"抛弃马克思主义理论中某些已经过时的、不适合于中国具体环境的个别原理和个别结论,而代之以适合于新中国历史环境的新原理和新结论"(刘少奇语)。鸦片战争之后,西方文化的各种流派,被介绍进这个古老的中国,但许多人却没有接触着马克思列宁主义。十月革命送来了马克思列宁主义,但当时许多人不敢接近它;在革命运动中,机会主义者敢于接近它了,却又不善于运用它。只有毛主席以杰出的天才,取得马克思主义的方法,预见了革命的进程;只有毛主席针对着中国的实际,发展了马克思主义的理论,领导革命走向胜利。同时,毛主席综合了同时代的各种知识,从哲学到军事,从政治到经济,从民族问题、宗教问题到文艺创作就像无所不包。

但由于中国社会发展的不平衡,规定了中国革命发展的不平衡,因而对于毛主席革命理论的传播,就我们这样辽阔广大的领域来说,就存在着普遍与不普遍的区别。又由于过去中国革命环境物质条件的艰苦,军事斗争时期的紧张与匆忙,毛主席的著作没有能系统的收集与编印。再加上过去国民党的阻挠与迫害,以致使广大的革命人民,许多革命干部,乃至共产党员,至今对毛主席若干篇重要著作,都不曾获得阅读与系统地进行学习的机会。当革命取得全国性胜利之后,广大的人民迫切地希望系统地学习毛泽东思想。如今,中共中央把《毛泽东选集》编印出版,恰好适应了这一要求。从此,广大的人民都将庆幸自己有这一机会,可以学习这一完整的革命理论。这一革命理论,将因《毛泽东选集》的出版吹彻到各个角落!诚如中共东北分局发出的指示所说:"《毛泽东选集》的出版,标志着马克思列宁主义毛泽东思想在中国的伟大胜利!"

《毛泽东选集》在今天出版,应该不仅具有理论的意义,而且具有实践的意义。从党史的学习里,我们知道中国共产党从前曾经因为理论上的准备不够而走过许多不必要的弯路,遭受过甚可痛心的牺牲。从无数次事实的教训里,才反复地证明了毛泽东思想是客观真理，是领导中国人民击败各种敌人取得伟大胜利的唯一方针。如今，为了巩固与发展中国人民的革命事业，必须让这些真理为全国人民所了解、所掌握。如此，中国人民的革命事业，才能有最可靠的保证。由于毛主席的著作最正确地揭示了中国社会与中国革命的规律，因此，这些著作的出版就能帮助人们深刻体会出毛泽东思想在取得全国革命胜利中的指导意义。由于毛主席的著作真切地反映了中国人民英勇斗争的历史，因此，这些著作的出版，就能帮助人们更系统地了解中国革命发展过程曾是如何的复杂与生动。随着这些著作的推广与传播，必将揭开广大人民丰富的智慧，提高全国干部的思想水平，增强他们对于新中国前途光明的无限信心，增加他们对于人民领袖的真诚爱戴；因而必将从工人的队伍，从农民的队伍，从战士的队伍，从全国的老年、青年、妇女、儿童中……产生出一股巨大的力量，推动我们的祖国飞速地走向繁荣与强大！

《毛泽东选集》第 1 卷所包括的著作，第一次国内革命战争时期的著作 2 篇，第二次国内革命战争时期的著作 14 篇。从第一次国内革命战争时期的两篇著作《中国社会各阶级的分析》与《湖南农民运动考察报告》中，我们可以看出毛主席早在那时对运用马克思列宁主义的方法已经是何等的成熟，对中国社会阶级的分析已经是有何等的把握。他在前一篇论著中，透视了社会各阶级情况及其相互关系，替中国人民指出哪是敌人，哪是朋友，谁是领导，谁是同盟。这种对阶级关系科学分析的结论，不仅是符合于第一次国内革命战争时期的情况，而且成为整个新民主主义革命时期高度的概括。他在后一篇论著中，以生动语言，无比的热情，歌颂革命农民的创造，拥护革命农民的行动。这自然是一篇农民运动的史诗，一首农民战斗的赞歌！至今读来，仍觉得生气栩栩，光辉动人！当 1927 年农民的权力已经伸张起来，从绅士阶级叫嚷着“糟得很”的时候，毛主席独能力排众议，认为这“完全没有什么糟”。

第二次国内革命战争时期的 14 篇著作，解决了革命进程中更复杂与更广泛的问题。第二次国内革命战争时期的历史线索有二：一是土地革命，二是抗日斗争。这两个历史课题出现在面前，都是紧迫的；在这紧迫课题中，却包含着一系列很繁复的问题。如果缺乏高度的清醒，便会坠入五里雾中，迷失了方向。例如：如何认识 1927 年 4 月以后的中国社会性质和反动政权的性质？在革命暂时受到挫折，反动政权暂时稳定的时候，革命力量应当怎样保存与继续求得发展？

革命正处在一种什么形势，革命的高潮还会不会到来？农村根据地应如何去创造，有什么根据可以预知农村根据地能够存在而且必然发展？根据地的政权采取什么组织形式？经济建设应当采取什么方针？土改中遇到些什么新鲜问题，应如何解决？党如何建立，军队如何建立？如何把人民的武装建立在马克思列宁主义的基础上？如何以新生的红军对抗那已掌握了全国政权并有全世界帝国主义支持的强大敌人？全盘的战略战术应如何规定？在“九一八”事变以后，中国社会阶级关系发生了什么新变化？如何根据新情况，制定新的策略，结成广泛的抗日民族统一战线？如何在抗日民族统一战线中保持共产党的独立自主？如何批判党内发生的教条主义与公式主义？毛主席对这些实际具体的问题，都以独立的经验一一地加以解决了。这些问题的解决，表现了理论与实践的完全统一，也带给中国人民光明与幸福！毛主席这些智慧的结晶，今天收进了《毛泽东选集》。所以《毛泽东选集》的出版，就成为我国人民生活中的大事！我们为之而歌唱，为之而欢呼！

中国人民战胜帝国主义，东方殖民地半殖民地国家的人民，正以空前的觉醒，酝酿着火焰的爆发。这些国家革命性质与中国所进行的革命有其若干共同之处。因此，毛主席在中国革命理论上的创获，必然可以供这些国家吸取或应用；毛泽东思想的光芒，也就必然要穿过中国的边界，照彻到更远的地方。

《毛泽东选集》出版了！这部巨著是伟大的精神财富。让我们以双手来迎接它吧！让我们为《毛泽东选集》出版而欢呼！

宋庆龄的革命思想与光辉成就

——读《为新中国奋斗》

一、前　言

上年9月，宋庆龄先生的文集《为新中国奋斗》即将出版的消息传来的时候，曾使大家感到振奋和喜悦。最近，我读完了这本著作，比较更真切地认识了宋先生在这里所表现的思想毅力和所达到的辉煌的成就。在这里，她表现了为卫护人民的利益而斗争，是那么坚定；为坚持三大政策而斗争，是那么勇敢！但这些，似乎无须说的了。而应当特别说的，是她在革命发展的各个时期所主张的政策、路线、方法和步调，与中国共产党的号召是那么一贯地紧密配合，音节和谐，以至于在一系列重大的关键性政治问题上，达到了与中国共产党的认识基本一致的程度。然而，这也是无须过分惊异的。因为，为人民利益而奋斗的宋庆龄先生，在中国人民革命的历程中，不能不受到领导人民斗争的党——中国共产党在认识上所给予的影响和帮助，同时，也是作为孙中山革命精神不断进步继承者的宋庆龄先生，在坚持革命斗争中思想上所必然要达到的。

宋庆龄先生——我们中国人民爱戴的领袖之一，若干年来和国内外反动派一系列的斗争事迹，以及其谠言宏论，过去曾被国民党当权者所紧密地封锁着。虽然那阴暗的封锁也毕竟不能完全地遮盖住强烈的阳光，依然让中国人民知道宋先生是属于自己的领袖，但对于中国青年一代来说，大多数对于宋先生的斗争历史和思想言论，往往由于上述的原因以致比较的陌生和隔膜。当我拿到这册书读着它的时候，就是怀着一种想探索宋先生斗争历史进程和思想发展线索的心情而展开其篇页的。——这心情，也正是读任何一本我所景仰的人物的传记时的一种心情。虽然它还不是一本宋先生的传记，但希望将来总有一本更加详细的传记出现。——这样的传记，对于启发青年一代爱祖国与人民的思想，常有很高的价值。但在这本“传记”还不曾出现以前，有这样的一册文集问世，也足够我们喜悦的了。因为这册文集不仅反映了如序文所说的，它所包括的历年以来的革命潮流，应当是也反映了在这潮流中作者本人生活和思想的开拓。所以它的出版，对于研究这一时期中国人民斗争有所帮助，并也对于研究宋先生的斗争历史和思想发展有所帮助。从前一研究中，可以多吸取一些革命中的经验教训；从后一研究中，也可以为青年一代起些鼓舞与楷模的作用。

让我把所认为这本著作中的重要论点写在后面，并附加一些我自己的意见介绍给读者，也作为自己的学习心得。

二、关系大革命成败的一个重要论争

1926 年下半年到 1927 年年初，北伐胜利地进军声中，半个中国的反动势力在群众怒吼中瓦解，工农运动的各种斗争，交织成一幅美丽的图景。当这时候，全国人民正在为革命的胜利而欢呼的时候，绅士阶级诽谤工农运动的流言谰语也就兴起了。本来像那般急风骤雨的群众运动，不仅打垮了不法大地主，也吓坏了党内的右倾机会主义者。不是真的斗士，是不敢正视这种翻天覆地的事业的。如众所周知，那时毛主席写了《湖南农民运动考察报告》，以无比的热情歌颂了农民，赞美了农民。我们看宋先生是怎样对待在当时这一成为革命与反革命分野的问题呢？宋先生在这里坚决地站在革命一边说：

> 孙中山认为民生主义在我们革命中是基本的。……这两个阶级（指工农）在我们打倒帝国主义、废除奴役我们的不平等条约和有效地统一全国的斗争中，都是我们力量的基础。他们是建设自由新中国的新柱石。如果没有他们的支持，作为一个革命的政党，国民党的社会纲领便会软弱无力、混乱而不合逻辑；如果没有他们的支持，政治问题就模糊不清。如果我们采取了削弱这种支持的任何政策，我们便动摇了党的基础，出卖了群众，而且不

是真正忠于孙中山。[①]

宋先生在上述的文章里，对那些诽谤“工农运动为新近外国产物”，给予强有力的反驳。她叙述了孙中山从早年就很注意农民问题的几件具体事实，说：“当俄国还在沙皇铁蹄之下的时候，孙中山就已经倡导中国土地革命了，难道他是外国阴谋的工具吗？”[②]

在这一关键性的问题上，到1927年9月，宋先生“在莫斯科发表的声明”中，就更加坚决有力了。她说道：

> 目前中国已经进入反动时期，革命的联合战线已经破裂了。……成百万个有组织的农民，却根据国民党的宗旨，为了实现“耕者有其田”，参加了斗争。没有土地革命就不可能推翻封建制度；土地革命如果不能实现，整个革命就不可能有任何进展。因此，谁反对土地革命，反对千千万万的农民获得经济解放，谁就站在反革命阵营那边。

当宋先生在发表这些言论时，也正是中国共产党揭起土地革命的旗帜进行“秋收起义”的时候，也正是毛主席进军井冈山的时候。右倾机会主义者说这是“流寇主义”，而宋先生却对这种进军寄以热望并遥为声援。历史证明右倾机会主义者没逃出“谁反对土地革命，谁就站在反革命阵营那边”这条铁一样的规律。

三、1927年大革命失败后重要论争之一

1927年以蒋介石为首的国民党反动派背叛了革命，暂时取得了胜利，建立起了全国性的政权。对于蒋介石政权性质的正确分析与估计，是与革命路线关联着的重大问题之一。毛主席怎样分析这一问题呢？毛主席说：

> 现在国民党新军阀的统治，依然是城市买办阶级和乡村豪绅阶级的统治，对外投降帝国主义，对内以新军阀代替旧军阀，对工农阶级的经济的剥削和政治的压迫比从前更加厉害。从广东出发的资产阶级民主革命，到半路被买办豪绅阶级篡夺了领导权，立即转向反革命路上，全国工农平民以至

---

① 《为抗议违反孙中山的革命原则和政策的声明》，1927年7月14日。

② 《为抗议违反孙中山的革命原则和政策的声明》，1927年7月14日。

资产阶级，依然在反革命统治底下，没有得到丝毫政治上经济上的解放。[①]

然而对蒋介石的统治，除了那些买办豪绅阶级以外，却竟有披着无产阶级革命外衣的人在加以恭维。他们称蒋介石的胜利是“资产阶级民主革命的胜利”，称蒋介石进行的战争是“统一的战争”。

我们看宋先生是怎样看待国民党人物及其政府呢？宋先生说：“国民政府的盛名，现在已经一落千丈，与北方的半封建余孽不相上下。”国民党已坠落成为“新督军府的附庸”。许多国民党员也正在坠落，“或即将坠落为新恺撒的臣仆了”。又说：“那些盘踞在长江流域的人，虽然自命为中国国民党的发言人，但他们不能代表革命的国民党，也不能代表中国革命群众”，而是“新的封建军阀背叛了革命而抬了头，并窃取了许多革命的胜利果实”[②]。她还说道：

> 几个月以前，广大的长江中部地区还是为反抗世界帝国主义争取自由而斗争的中心，但今天已经落入反革命分子的手中。那些以前被群众信任为国民革命领袖的人物，现在却领导着这可耻的反革命。这对于中国来说，确是莫大的侮辱。[③]

以上所引宋先生的话，都是在蒋汪背叛后不久发表的。对国民党政权性质的反动本质，已经是如此明确。后来到1932年，在涉及到国民党的性质《中国民权保障同盟的任务》一文里，宋先生则更加具体地指出，国民党是“地主、资本家、豪绅和军人的政党”。在这里除了“资本家”一词依照以后阶级关系的发展，应再区别为“大资产阶级”的资本家与“民族资产阶级”的资本家，所指的应该是属于“大资产阶级”的资本家外，可以说对国民党性质的估计，与前引的毛主席的估计，字句虽有不同，而实质则是一致的。宋先生到1933年在《中国的自由与反战斗争》中，就有了“地主和大资产阶级的国民党”这种提法了。

四、1927大革命失败后重要论争之二

1927大革命暂时遭遇了挫折之后，所面临着的又一个重要问题，即反动势

---

① 《毛泽东选集》第1卷，人民出版社1991年版，第47页。
② 《在莫斯科发表的声明》，1927年9月。
③ 《在莫斯科发表的声明》，1927年9月。

力所建立的政权到底是不是已固若金汤？中国共产党点燃起来的各地的“星星之火”能不能有“燎原”的希望？在这一问题上，右倾机会主义者自然是早被反动潮流所吓倒，而把各地的起义看作是绝望的挣扎。另外，在党的队伍中，也有人不断地在问“红旗到底要打多久”？正如毛主席所说，对于这一问题若不回答，便无法前进一步。宋庆龄先生是以无比的勇气和信心来回答这问题的。我们听听宋先生的声音吧：

> 现在本党虽然有些党员离开了孙中山手定的中国革命的道路，然而已站在本党旗帜之下的千百万中国人民，仍将遵循着这条道路以达到最后的目的。(《为抗议违反孙中山的革命原则和政策的声明》)
>
> 我代表中国的革命群众，前来说明：虽然中国的革命暂时丧失了它已经取得的地区，但它仍然坚强有力、朝气勃勃、充满信心。我所代表的革命的中国，与目前盘踞长江流域的封建官僚军阀截然不同。这些人已经脱离群众，为了个人利益和权势正企图把中国拉回到军阀混战的老路上去，造成了混乱。但这仅仅是表面上的混乱。在表面的混乱下，存在着一股根深蒂固的、坚强地组织起来的、不可征服的革命力量，它的呼声很快就会响遍全世界。(《在莫斯科发表的声明》)

宋先生在《中国目前的形势》(1927年9月于莫斯科)一篇文章里，通篇都是说明中国目前的局势并不失望，反动派的权力虽然扩张了，但实际是弱的；已经有了组织、有了觉悟的人民，才是真正强的。宋先生说道：

> ……一个使人不会气馁的基本事实就是人民的坚强组织。凡是国民党控制的地方，中国的人民都已经觉醒了。他们不仅明白反动派不能得到最后胜利的弱点所在，并且知道他们自己很强，可以冲破表面的混乱现象而战胜敌人。今天他们正挺起胸膛以坚决的斗志来面对未来。
>
> 伟大的群众到处都变了。……妇女……农民……工人……中国人民大众都懂得了悲惨的日子不是注定的，通过革命可以换来另外一种生活方式。
>
> 就是这一种认识保证了胜利。有了已经觉醒、满怀信心的人民，有了经过两年斗争的锻炼又在过去几个月的压迫中对最后胜利信心毫不动摇并且积累了比以前更多的领导经验的领袖们，中国是不会失败的。

毛主席在《中国的红色政权为什么能够存在?》一文中，曾全面地分析了红色政权能够存在和发展的诸条件。宋先生在这里分析的虽比不上毛主席的分析那般周密与科学，但是宋先生在这里所指出的“已经觉醒”、“有了组织”、“经过锻炼”的“积累了经验”的中国人民，也是毛主席那篇文章里所指出红色政权能够存在发展的重要条件之一。

五、在抗日问题上一个重要论点

由于以蒋介石为首的大地主大资产阶级背叛了革命，并屠杀着国内的革命群众，斲丧着国家的元气，因而使日本帝国主义乘机打进中国来。这是“九一八”事变发生的因果律之一。这种铁的因果律，是符合历史的真实性，谁也动它不得的。但当时的蒋介石的宣传，高喊着“攘外必先安内”，鲁迅先生就曾对“安内攘外”，给以强烈的讥笑。宋先生对于这一问题的处理也自然是极其正确的。宋先生在 1933 年 5 月里说：

> 日本何以能向中国进攻呢？这有两个原因：第一个原因是日本帝国主义得到了英法帝国主义的帮助，国际联盟给日本充分的行动自由……。第二个原因在中国本身。中国人民要抵抗日本及其他一切帝国主义。蒋介石政府为了阻挠人民抵抗，不惜禁止抵制日货，暗害义勇军，并废止人民的民主权利。国家的主要军队不是用来打日本，而是打自己的人民——中国的工人和农民。(《中国的工人们，团结起来！》)

到同年 9 月里，宋先生在一次讲演中又说：

> 孙中山谋求中国独立的努力已经被地主和大资产阶级的国民党所破坏。国民党背叛了 1925～1927 年的群众运动，并且自那时起，一贯地采取屠杀工农，敌视苏联，向帝国主义摇尾乞怜的政策。正因为国民党采取了这个政策，才使日本帝国主义能够顺利无阻地侵略中国，夺取东北，深入控制华北，而且现在正野心勃勃地向南窥伺，图谋攫取全中国。(《中国的自由与反战斗争》)

六、在抗日问题上又一重要论点

为了抗日，就必须发动广大的群众；要发动群众，就必须给予人民以权力。这些也自然都是宋先生在这一时期的文章中重要的论点。宋先生在“九一八”发生后不久就这样说:“惟有以工农政策为基础的党,才能为社会主义打下基础,才能粉碎军阀的势力,并摆脱帝国主义的枷锁。”并说国民党已不再是一个政治力量。1932年年底,宋先生说:“谁能想象不唤起全体人民参加民族革命战争就能击败日本帝国主义呢?谁能相信在这个战争中,封建的国民党军人和将军们能够领导人民呢?……”(《中国民权保障同盟的任务》)。

1937年,抗战前三个月,宋先生还有一段更明确的话:

以为没有群众运动的支持,就能把国家从日本的侵略中解救出来,这是愚蠢的想法。孙中山说过,革命若要成功,必须有工人农民参加政府。国民党必须帮助促进工农运动,邀请工人农民入党,然后才能建立一个真正的反对日本帝国主义的统一战线。(《儒教与现代中国》)

宋先生在这一期间从主张抗日到主张发动群众,主张改善人民生活,争取实行集会、结社、言论的自由,要求释放一切政治犯,反对内战,反对进攻苏区,乃至提出了建立人民政府的口号等等,今天看来,都是在“抗日”前提下应有的逻辑。然而距今十五年前,时代的要求和救中国的良药,却就正是这些课题。在当时,要实现这些要求,哪怕仅仅是这些要求中的一小部分,却是非靠了广大的人民极大的努力,乃至坐牢、流血,就不能争取得到。宋先生在这些问题上的大声疾呼,一面是在回答中共的号召,一面却也正是踏着广大人民心声的节奏前进。

七、向前跃进了的见解之一

从1933年宋先生的《反对帝国主义战争》与《中国的自由与反战斗争》等文章中,我们发现了宋先生若干更加辉煌卓越的观点。她不止一次地叙述了资本主义制度垂死的挣扎与歌颂了社会主义制度的诞生。她的结论是:“资本主义在战争中寻求自己的生路,劳苦大众必须在革命中寻求自己的生路。”

从全世界来说,她承认:“无产阶级凭着它在生产上所占的支配地位和明确的阶级利益,已经发展了自己的思想意识,而且今天已经取得了领导的地位……。”“……必须把世界工人阶级和全体劳苦大众的战斗力量组织起来,惟有他们才能使帝国主义列强的战争计划归于无效。”从中国来说,“只有从人民大众本身才能获得帮助和生路。中国的亿万民众——在工人阶级领导下的广大农民群众——如果联合起来为粮食和土地而与帝国主义及国民党作斗争,那是不可抗拒的”。她举出了“广大的苏维埃区域已经在中国存在了许多年”这个事实之后，说道：

> 只有从这些斗争中，才能发展出权力和力量，来解放中国，统一中国，驱逐帝国主义，收回东北和其他失地，给中国人民以土地、粮食和自由，并给各个民族以生存、发展的自由。
>
> 只有这些斗争，才能把中国从连年战争的无穷苦难与长期资本主义剥削的残暴行为之中解救出来。只有实现无产阶级革命、土地革命与反帝革命，才可以建立使中国将来发展到社会主义的基础。

宋先生在这里不仅信赖人民大众最有力量，而且认为人民大众必须在工人阶级领导之下，才最有力量。在工人阶级领导之下的人民大众，才能发展出权力，完成革命和解放与统一中国。这一认识是中山先生在世时还没能解决的，是从三大政策出发又向前跃进了一步的认识。

宋先生在《中国的自由与反战斗争》这篇光辉的文章中，不仅在“工人阶级领导权”上显示了思想的卓越，另外在“战争的性质”上，在“革命的武力”上，在民主建设与民族革命的关系上，也都发挥了与先进思想一致的观点。例如她对于“革命武力”的问题所作的回答，帝国主义的支持者问我们：“你们既然反对帝国主义和白色恐怖，那么为什么不反对革命中使用武力呢?”“对于这一个问题，我们可以明白地回答：一个革命阶级为反抗压迫而使用武力，是完全有理由的。一个被压迫人民为争取民族解放而使用武力，是完全正确的。在这两种情形之下，武装斗争是必需的，因为反动势力永远不会自动放弃它们的权力。”又说：“反动的武力只能以革命的武力来对抗。”这些为列宁斯大林首肯的意见。

宋先生接着又说：“很明显的，以日本帝国主义为首的瓜分中国的运动，将加速整个亚洲、中国和整个资本主义世界的革命势力的发展。”这真是横行霸道，凶恶得不可一世的日本帝国主义者所不能梦想得到的。而历史的辩证发展竟符合了这句辩证的预言。

八、向前跃进了的见解之二

卢沟桥头一声炮响，民族抗战的壮烈史剧于 1937 年 7 月揭幕了。宋先生在这年 7 月以后的文章里，也就充满着愉快的气氛了。她说：“今年双十节对于我们有了一种新的意义。我们重新高举孙中山的理想。我们的心随着鼓舞起来。今天在我们领土上的每个角落里我们听到了炮火的怒吼,这是庆祝我们全国统一的礼炮。"(《两个"十月"》,1937 年 11 月)。宋先生又说:"群众的意见已在中国抬头。由于人民日益要求抗日,一切政治上的分歧,都成了次要问题。高度的爱国主义起来代替了军事割据,使国家有了精诚团结的希望。"(《中国是不可征服的》,1937 年 8 月)

但当宋先生讲着这些兴奋的词句时,却也总是不断回忆自 1927 以来反动政策对革命所造成的损失而引起警惕。在《中国是不可征服的》和《两个"十月"》里,对此都有一段痛心的叙述。因此,此刻的宋先生虽然已随着天空的光亮而年青起来,但她也总不忘在某些角落里存在着的暗影。她愿把已有的进步局面再向前推动一步,提出了实行民权主义、保证国内团结的主张,说:"照我看来,中国当前最重要的工作是实现孙中山的民权主义。""由于过去十年间中国忽视了民权主义,我们国家蒙受了巨大的损害。"她指出,中国共产党已尽了最大的努力来保持国内的团结,西安事变的解决就是最明显的例证。

抗战带来的光明果然维持了不久,国民党反动派破坏民族团结,无视统一战线,不从民主去求团结,反而要坚持独裁,要让别人一切都交出来,以达到他们所谓"军令政令之统一"。这种反动的行为直至演变出"为亲者痛为仇者快"的皖南事变。1941 年 10 月,宋先生在《中国需要更多的民主》一文中说明了统一战线的"发生"和"存在",统一战线的"含义"和"作用",统一战线和民主的关系。毛主席曾说,民主是统一战线的条件之一。宋先生也说:"缺乏民主,也许就是对共同的抗日战线的一个最大的威胁。"

抗日民族统一战线是阶级斗争服从于民族斗争,是阶级斗争与民族斗争之统一,而不是阶级斗争之取消。因此参加统一战线的各党派,独立自主的原则便服从于统战的原则而存在着。这时的统一战线,较之 1924 年结成的统一战线又有若干不同的时代特点。这种统一战线的精义,毛主席的著作中发挥得极为精辟。宋先生在这方面的体会也是正确的。早在 1937 年 8 月里,宋先生就这样说了:

> 蒋介石已经停止了内战,而国民党也终于在最近的三中全会中讨论了与共产党讲和的问题,这是值得庆幸的一件事。但是非常遗憾的是这次国民党三中全会宣言中所规定的与共产党和解的条件,将使妥协不易迅速实

现。条件里面包括共产党停止宣传和放弃阶级斗争的政治纲领之类的无理的要求。可是，宣传阶级斗争正是共产党所以存在的根本原因，它怎么能放弃这些呢？……(《中国是不可征服的》)

到1941年10月，宋先生又说：

抗日民族统一战线并不是说各个属于它的党派不能有各自的观点和目标。并不意味着任何一党的独裁。(《中国需要更多的民主》)

在"抗日"这一总的问题上，宋先生也还提出了一系列的重要主张，如必须以苏联为榜样，日本社会经济结构的脆弱及其必败和实行孙中山遗嘱，进行持久的抗日战争等，这里就不再一一引证了。

九、抗日相持阶段中面对着的现实

抗日战争进入相持阶段之后，在中国两个完全不同的战场也就逐渐形成了。一面是实行民主，发动群众，艰苦作战，抗日势力在蓬勃地生长壮大；一面是专制独裁，压迫人民，贪污腐化。前者是共产党建立的抗日民主根据地，后者是国民党控制的地区。最不平的是抗日有功的部队得不到任何援助，有时还遭到袭击。作为全世界反法西斯战场之一的中国战场上这一情况，同样是为"亲者所痛，仇者所快"的。宋先生对全世界宣扬了共产党所领导的抗战部队的功绩，写道："中国人民的武装部队进行斗争，实行民主，把许多孤立的游击据点扩大为敌后强大的抗日根据地。"(《给中国在海外的朋友们的公开信》，1943年9月)。"……在那些地方(按：指陕北和敌后根据地)工人运动得到了扶持和鼓励，许多矿工和铁路工人武装起来与游击战士通力合作，以割断日本与它在华北、华中的主要大陆基地的联系。"(《致美国工人们》，1944年2月)。在讲述中国的妇女运动时，她在《中国妇女争取自由的斗争》一文中特别指出了共产党所领导的妇女工作：

……但是，只有在陕甘宁、晋察冀和其他的边区，才产生了承继1925年到1927年的伟大传统的真正的妇女运动。在这些地区，被组织起来的妇女人数不是以千计而是以十万计的，同时她们不仅从事救济工作而且全面参加作战，全面参加政治和经济工作。

为什么共产党领导的战场能有如此大的成就呢？宋先生回答说："凡是人民战争最不受掣肘的地方，中国的抗战在那里也就最伟大和最有力量。"相反，在国民党的战场上,由于"压制人民"、"破坏民主运动",中国的抗战,就只落得"摇摇欲坠,节节失利"(《致美国工人们》)。

那么,共产党人领导抗战有功的部队应该得到什么酬赏呢?宋先生在《给中国在海外的朋友们的公开信》中说:"……(他们)虽然牵制了并且仍在牵制着日本在中国的兵力,但是(他们)已经三年没有得到任何武器和金钱的援助,以及与我们的工作特别有关的医药援助。……国内政治的封锁使他们没有医生、外科器械和药品;甚至由外国友人送来的,他们也得不到。……"抗日战士受了伤,得不到中国政府的医药援助。所以宋先生在文中要求国民党"取消不人道的封锁",并激愤地说:"如果这种起码的人道主义的第一个步骤还没有做到,空谈民主是不会有多大意义的。"她为此向全世界,向美国工人,向"保卫中国同盟"的朋友们呼吁,要求给予在日军后方与法西斯作战的人们一份与他们战斗任务相称的供应。

十、抗日胜利后面对着的现实

中国人民经历了八年的血战,赢得了抗日战争的胜利之后,普遍地要求实现民主政治,恢复生产,重过和平生活。国民党重新树立它在全国的独裁统治,继续剥削人民。中国共产党代表广大人民的利益,要求民主与和平;国民党则一定要把人民再投入内战的深渊。在这样国内阶级斗争尖锐化的关头,我们看到宋先生在《关于促成组织联合政府,并呼吁美国人民制止他们的政府在军事上援助国民党的声明》的文章里,发出了斥责国民党反动派的声音。

当抗战开始的时候,国共两党都曾声明过以三民主义为两党合作的政治基础;今天又临到了两党破裂的关头。这破裂究竟是为的什么?究竟谁负内战的责任?宋先生便首先从两党共同承认的政治基础——三民主义——来加以阐明。宋先生根据三民主义的精神,定出了当前政治上最迫切的任务有三项,即:(一)组织人人能向它提意见的联合政府。(二)结束训政,实行宪政,赋予人民以民主权利。(三)土地问题必须合理解决。宋先生说:"国民党必须通过联合政府、人民民主和土地改革,来执行它的历史任务,领导中国人民走向全面解放。如果国民党做到这一点,它无疑地将成为任何联合政府的领导者,并且会得到许多党派的人士的拥护,包括那些没有军队因而得不到谈判资格的党派在内。自由批评必须代替腐化、恐怖和政治暗杀。国民党应该立即执行这些任务，否则就要负担起内战的责任。”当前这些迫切的历史任务，是符合孙中山创立的革命的三民主义的。而拒绝执行这些历史任务的是国民党，而不是共产党，那么，谁为内战的戎首，不就是异常明白的吗？

国民党平常也挂着“三民主义”的招牌，但他们是阉割了三民主义的革命精神，把三民主义的三大政策收起不提，而搬出三民主义中一些过了时的词句奉为教条，以作自己反动政策的挡箭牌。宋先生则不然，不论何时，总是继承着三大政策的基本精神来体会与解释三民主义。她在《为抗议违反孙中山的革命原则和政策的声明》中说：“三大政策是实行三民主义的唯一方法。”并一再说明三大政策在革命中所发生的伟大作用。因此，她能把三民主义当成活的革命指针来运用，随时与新的现实相结合，使三民主义补充上新的内容。我们看她于1939年7月所写《当中国赢得胜利的时候》，为了国外有许多人“对战争结束后，中国会怎么样？”这一疑问有许多不正确的议论，她替“三民主义的共和国”规定了一幅图案：它的政权性质，国家最高权力机关，对内对外的经济政策；这些和今天我们“新民主主义国家”的性质制度政策，虽然在细小的枝节上略有不同，但在基本上则并无二致。所以到1949年9月，在全国政治协商会议第一届全体会议上，她对于共产党的领导、革命的胜利和新中国的诞生，看作是“孙中山的民族、民权、民生三大主义的胜利实现，因此得到了最可靠的保证”。毛主席在《新民主主义论》中说：“这种三大政策的三民主义，革命的三民主义，新三民主义，真三民主义，是新民主主义的三民主义，是孙中山先生的大功劳，是中国革命作为世界革命一部分的时代产生的。……只有这种三民主义，才和中国共产党在民主革命阶段中的政纲，即其最低纲领，基本上相同。”毛主席这段话的含义，在作为孙中山革命精神真正的继承者宋先生的文章中，又得到证明。

1946年7月前，宋先生引的这篇《关于促成组织联合政府，并呼吁美国人民制止他们的政府在军事上援助国民党的声明》里，既结合着新的现实解释了三民主义，说明了内战的责任，同时还预见到国民党不能胜利。她指出如果内战发生，农民将要拥护共产党，都市将要千倍地通货膨胀，并肯定地说：“国民党是不能在这种战争中获得胜利的。”毛主席老早就说：“谁要反共，谁就要准备变成粉。”“其原因基本上不在于共，而在于老百姓。”

十一、结束语

以上就宋先生这部文集里的前四部分,从宋先生1927年到1949年的文章中,我所认为的重要论点,均加以介绍和评论,实际也就是我学习这册文集的一些浅薄的体会。我所认为重要的论点,并不足以概括这前四部分的重要内容,而我的这些浅薄的体会也未必尽属正确。好在,我还有时间继续地钻研它,希望自己能由浅薄而深入,发现错误时也就再加改正。

至于这册文集的第五部分,都是1949年解放后写的,在时间上比较近。同时,解放后宋先生的文章,不像以前"向广大群众说话的一切途径都被封闭起来",而为序言所说,是"可以毫不受限制地达到群众的耳目"。因而看过的人比较多,时代情况也比较熟悉,我这里就不再多数赘言了。

(1953年2月10日　青岛)

史论与史法

试论历史与现实的联系与区别

历史与现实是既有联系又有区别的。

历史是什么？是过去的现实。现实是什么？是将来的历史。时间被人们划分为"过去"、"现在"、"将来"。李大钊同志说过："无限的过去都以现在为归宿，无限的未来都以现在为渊源。"①大化流转不停地把"过去"、"现在"、"将来"串联在一起，成为过去的历史，当然会与现在有联系，并与将来也有联系。但"过去"毕竟不是"现在"和"将来"，古人也毕竟不是现代人与未来人。因此，历史与现实和未来之间，就必然又有区别的一面。

抛开"未来"不讲，过去与现在以及历史与现实之间，总是既有联系又有区别的。

世界上的政治家们把精力主要地放在把握现实上，当然不是说就不借鉴过去；古今历史学者把精神主要地放在探索过去上，当然也不是说就忽视现实。

古往今来的历史家在记述和论证人类过去活动的历程中，不完全一样的，多数一开始就预定了自己的目的。如孔子的"寓褒贬"，司马迁的"究天人之际"之类。但容有个别的人，也许真的不曾预定什么目的，如出于兴趣之类。即使这个别的人，只要他忠于史实，方法上比较合理，其所记所想，迟早也许会多少有点用处。

学习用马克思主义方法治史的人，有自己明确的目的性。他们是自觉地探讨历史现象与本质，考察各种社会运动的规律，总结过去，求训致用，理所当然地

---

① 《李大钊选集》第1版，人民出版社1959年版，第94页。

重视历史研究与现实生活的关系。

解放前的史学著述中，虽不乏有价值的成果，但有一种脱离现实，以至流入烦琐的严重倾向。新中国建立之初，在普遍学习马克思主义理论的高潮中，学术界要求扭转过去那种倾向是自然的、正当的。为破除那种旧倾向，史学界曾提出许多口号，其中“历史研究应为现实政治服务”，可以算是一个总口号。把这个口号的精神，放在当时的历史背景下衡量，针痼救弊，应该说是无可非议，并且事实上也曾收到巨大效益。但是当人们有意无意地离开了它的针对性而给以简单化时，就容易流入偏颇。“历史翻案”，就一切皆翻“厚今薄古”，就是倒讲历史；“古为今用”，就是把古人现代化起来。这中间的症结之一，是强调历史与现实的联系时，而忘记了历史与现实还有区别。

林彪、“四人帮”发明的“影射史学”，与上述的一类口号是否有关？我觉得如果把“影射”的祸害统统归之于上述口号，恐未尽确切；因为极“左”思潮另有其复杂的社会原因在。不过，影射家们曾利用了这类口号，如“为政治服务”、“古为今用”等而偷梁换柱，迷乱了人们的视线，也是事实。

“影射史学”的主要手法集中到一点上，就是把“历史”与“现实”（政治）两个不同领域中的存在，生拉硬扯地挂钩搭桥；或者是把现实拉回历史，或者是把历史扯进现实，使两者发生牵连，以求实现其怀抱的“大欲”。表面好像也是在讲“联系”，求“效用”，而实际变成了随意性的歪曲与篡改。这种恶劣的幻术，现在人们都已把它识破了。在揭穿影射幻术的虚假之后，重新端正历史与现实的正当关系时，有些同志的文章对我很有启发，如有的同志指出问题在于历史如何联系现实，如何反映历史真实，又不脱离政治。在这个问题上，就同志们尚未谈到的地方，我想作几点补充，不一定正确，提请同志们指正。

（一）历史研究应当结合现实的需要，这是马克思主义史学公开申明的立场。所以敢于申明，因为无产阶级是毫无偏私的，站在科学真理一边的缘故。但是要讲明说透，研究工作既要坚持历史的本来面目，又要结合现实的需要，那就不但应阐明历史与现实的联系，还应分清历史与现实的区别；不然两方面的关系，就出现形式上的矛盾，仍然有纠缠不清之嫌。

事物有联系就必然有区别；没有区别，也就没有联系的问题。前面说“历史是过去的现实，现实是将来的历史”，这既是联系，也是区别。还可以更进一步说，历史是稳定凝结了的现实，现实是流动变化着的历史。历史的研究工作，应以过去稳定了的现实为范围。当一历史事件还处在变动不居的过程中时，它应不属于历史的范围，只属于现实的范围。比如抗日战争还开始不久，就研究抗战史；"文化大革命"还在动乱着的时候，就写"文化大革命"史，那是写不好、写不成的。一事件的过程还未终结，本质还没有暴露清楚，就不要忙于作为历史问题来考虑。马克思说的"对人类生活形式的思索，从而对它的科学分析，总是采取同实际发展相反的道路。这种思索是从事后开始的，就是说，是从发展过程的完成的结果开始的"[①]，正是说明这个道理。当然，历史家也不应当对现实漠不关心。历史家特别是现代史研究者，对当代发生的事件，要观察，要收集资料和分析研究；但公开发表可以放到以后适当的时候。恩格斯就指出过，当一些重要因素还处于"潜在活动状态"的时候，不可能得出一个历史的明确概念，"而只有在事后，即在搜集和鉴别了材料之后才能得到"[②]。我们党的历史上先后两次所作的"历史问题决议"，也都等待活动的事态稳定之后。分清上述这一区别的含义，就有可能借以堵塞住惯于"上纲上线"者强把历史与现实混淆起来的渠道。

（二）马克思主义史学，重视历史学在认识世界与改造世界中的重大作用。其实，历来属于剥削阶级的历史家，大多数也并不是把历史学看作无用之物。至于少数主张"为历史而历史"、历史没有实在用处的说法，实际是另有"妙用"或在争为谁所用，这里暂不置论。我们考虑的，是阐明历史与现实的联系是为了"用"，明确两者的区别也是为了"用"。因为历史与现实关系的总和，本来就包含着"联系"与"区别"两个方面，不能得出联系等于有用，区别等于无用。在历史研究工作中，实际情况每当发现它与现实生活关联的同时，也就在阐述着两者的区别。历史上的继承与批判，继承与创新等等，都含有联系与区别的两个方面。所以说，历史对现实生活的用处，不仅在于阐明两者的联系，也在于辨析其区别。

我们还应该从历史学所具有的性质上去看它的"用"，第一是马克思主义所阐明的历史规律性。在马克思主义的体系下，纷纭的历史现象再不是主观的任人摆布的东西，它是有客观规律可循的。规律性是人类对过去历史的发展理出一条主线，预示人们以未来的方向，给劳动群众以要求变革的信心和斗争勇气。第二是历史的知识性，第三是历史的借鉴性。知识开拓人们的视野，是一种生活

① 《马克思恩格斯全集》第 23 卷，人民出版社 1972 年版，第 92 页。

② 《马克思恩格斯全集》第 22 卷，人民出版社 1965 年版，第 591 页。

的力量;鉴往知来,借前人的得失成败照见自己的作为。这两种性质,在马克思主义史学诞生以前的中外古代历史家都已懂得的,马克思主义史学家也不排斥这两种性质。第四是对民族共同体的凝聚性,通过学习本国本民族的历史,使人们增强对自己祖国的热爱,树立自信、自立的精神和感情,用今天流行的话说,即爱国主义的传统教育。这四项是历史研究中的荦荦大者。从四种性质中看历史学的用处,就不是“为当前政治服务”一句口号可以概括得完全的。其中可以提供现实政治作借鉴、求教训、鼓勇气、强信心的内容当然是很多的,但属于知识性的东西,如官制、年代、律令、灾异、宗教、谱系、礼俗等等,对现实政治生活不一定有直接的用处,但说不定什么时候会有用途。历史上的成败得失的事例,也不一定马上都可借鉴。即使是各种事物的发展规律,结合现实也不一定都可以照搬照用。由此也正可以看出,历史与现实之间是有联系又有区别的。联系和区别,都可以归结为有用。

(三)历史研究与现实的正当联系,应是怎样的情况呢?方式内容或是多样的,但主要的也许就是两种:一是用严密的科学方法取得对某一历史现象的本质认识,拿出成果,提供到现实问题面前作为借鉴,这是从历史到现实之路。二是从现实问题的实践中领会到需要重温历史上某些与之近似的现象,加深对那一现象的再认识,最后当然仍归于用,这是从现实到历史之路。马克思由于精确理解法国的历史,特别是1848年“二月革命”以来的历史进程,所以他能把1851年举世震惊而“没有一个人理解它”的波拿巴政变,迅速地揭示出它的实质,给予“政变的英雄”以“完全应得的蔑视”。这是从历史到现实的范例。毛泽东同志从革命战争的实践中领会到以弱敌强,弱者应采取战略退却,待机破敌的原则,联想到历史上许多著名的战例,特别对春秋时候的曹刿论战给以新的解释。这是从现实到历史的范例。此外,如把我国封建主义的长期历史吃透,就有利于考虑我国人民反封建过程中的成绩与缺陷;把东西各国近代民主改革史弄清,就有利于比较我国民主改革进程的得失;研究党史上前几次“左”倾错误的表现,也可有助于理解以后“左”倾思潮的形式与根源,这又是从历史到现实。又如从我们的运动战、游击战的实践中,重新检查历史上起义农民流动作战的成败;从我们的思想解放,比较历史上“百家争鸣”的异同;从林彪、江青一伙造成的危害,重新研究历史上近似现象的作用,这又是从现实到历史。这两种方式都是正常自然的联系。

这样的联系方式，与林彪、“四人帮”发明的“影射”手法有什么不同呢？其不同就在于，“影射”手法是把历史上与现实中两件不相干的事扯到一起，不惜用改削的手段使之雷同、影射、混淆，甲变成乙，今就是古，武训可以是今人，今人可以是海瑞。我们所说的历史与现实之间的联系是自然的延伸，严密的推理。虽然在历史与现实之间求其某些相承的渊源与若干近似之点，但仍然承认其差别而不是等同。从上述联系各例，都可看出近似中的不同。再举些例证的话，比如古代的唯物主义和辩证法因素，并不是马克思主义的唯物辩证法；古人的理想国、乌托邦，并不是我们追求的共产主义社会；历代出现的限田、均田之类的措施，并不是我们的土改法；古人的“罪己”、“直谏”，也不是我们的批评与自我批评。我们重视挖掘历史与现实间某些联系，也要分清两者的区别。在区别基础上找出两者间内在的、全面自然的联系才是真联系。只有这样，才能圆满地说明历史研究“既要与现实结合，又绝不允许篡改历史”的道理，从而把主观伪造的假联系抛进垃圾堆里。

（四）历史与现实间的联系有没有矛盾的时候呢？历史与现实的区别和联系本来都是客观的存在，阐明它们的区别和联系是要靠历史家主观能动的分析研究。把两者区别开来，一般说不发生问题；把两者联系起来，在一定时候，研究者就有所顾忌，即产生了矛盾。研究遥远的古史，如考古学范围内的问题，有顾忌的情况相对地少些；距离现代近的，顾忌的问题就相对地多一些。如现代史上的问题，由于它与现实问题息息相关，研究中随处感到它闪烁着现实性，讲了出去，读者往往不容易辨别作者讨论的是历史，还是现实；主观上讨论的是历史，客观上却可能被推论到现实上去，言者无意，闻者有心。这就是现代史工作者下笔时顾虑较多的症结。不能否认，这种情况是存在的，问题在于如何处理。我想，仍应该从分清历史与现实的界限入手，即使与现实密切相关的现代史，也应找出它的区别。从我们“十年内乱”的切身体验中，区别它更富有现实意义。

区别的办法，首先仍应运用前面提到过的原则，区别现实是稳定了的，还是没有稳定。稳定凝结了的活动才是历史，未稳定下来的活动还是现实。在现实中发生发展着的事物到什么时候可以，或什么时候还不可以纳入历史范围的界标？一是事物的发展过程出现了阶段性，即“告一段落”；二是事物的本质到一个段落已暴露到十分之七八，人们大致对它各有了一些片断的却又是共同的认识；三是具备了足够说明问题的材料。到这时，这些问题大体上就可以作为历史问题来探讨和总结了。列宁曾提出历史经验的科学总结须具备的主客观条件:(1)具备深刻的哲学世界观;(2)具备足够的历史知识和历史材料;(3)要有经验本身的成熟[①]。毛泽东同志讲他在抗日战争时期所写的一系列名著,也是在民主革命时期,经过胜利、失败,再胜利、再失败,两次比较之后,才认识了中国这个客观世界,在以前不可能产生。所以,研究现代史也要在事物经历了一定时间,主客观条件成熟之后才可以,不能认为只要是"过去了的"昨天或前天的事,就可以当作历史来研究。承认这个区别,是解决上述矛盾的前提。

其次,历史研究是以真实为基础的。历史的本来面目是怎样就怎样,秉笔直书,不应有所避忌。一个事件、一种情况该不该讲,有"时机"问题,有"策略"问题。在推进各项工作的进程中,随时会出现变化的主题。如当前开放政策中的许多问题等等,应不应讲,什么时候讲,讲些什么,从政治上考虑都不是径情直遂、无所斟酌的。如果与此有牵连的历史问题,特别是现代史,其内容、趋向,与现实中的主题精神相一致,那自然好。但历史上的主题内容,论证起来与现实中的主题不协调,有分歧是经常的。碰上这种情况时如何抉择呢?不必迟疑,我们的历史工作者应首先尊重现实中的主题。这不是历史家放弃自己的职责,而是论证历史问题的任务与现实斗争的任务有轻重缓急之别。把进入历史档案中的问题暂时放置不做,将来可做,后人可做。这与涂抹篡改者不同,无损于历史家的风格。这样做,是历史家与人民在现实中统一步调,保持一致,恰是表现其政治上的严肃性,同时也无害于历史科学。

第三,历史家的分析判断要求客观、冷静,而现实生活中往往有临时爆发的义愤。越是新近的事越是敏感。作者虽然探索的是往事,而读者却是现实生活中的人;有感情,有好恶,就有义愤。人们在刚发生的事件中新受到刺激,联系到事与人的善恶美丑,或是切齿痛恨,或是悼念惋惜。这种爱与恨,往往只能联系到其事其人的最突出的部分。如果一位学者偏在这时做起与群众好恶相反的历史性文章,就是"全面"一点,就定会惹起读者的反感。这是一个历史与现实本应区别,而在一段时间内却发生纠葛的问题。遇上这种情况,历史家的思考应回到现实中来,很好地冷静地去理解大多数人好恶的由来和其中所包含的正义因素;并且在群众的感情还在激荡着的时候,就表明事态还没有进入历史的范围。当

① 《列宁选集》第3卷,人民出版社1991年版,第194页。

然，历史家的笔下也不是没有自己的立场和是非好恶，但那是冷静分析中的爱与恨，与现实中临时突发的情感不同。遇上这种情况，也要善于分清历史与现实的界限。

历史家的精神生活，实际上经常地往来于过去与现在、历史与现实之间。因此，要申明一点：历史家在现实生活中与群众同呼吸、共好恶，以激发群众感情事件之大是大非为判明前提，并非要做随声附和的庸人。如果群众激情下的是非判断根本是错误的，这种情况也有，那就另当别论。只是在是非真理虽已判明，但纳入历史范围中来检查，其真理性还不完全的时候，就需要等事态冷却之后，历史家再回到历史王国中来执行自己应有的职责。上述这种情况，作家、学者，乃至各业的人在日常生活中也是经常遇到的。鲁迅讲过一故事，大意是一家人生了一个男孩，贺客们多是就孩子的命运向主人讲些吉祥恭维的话，赢得主人的高兴。一个贺客讲了句"这孩子将来是要死的"[①]，遭到主人的痛打。我们把它再引申下去，如果是过了几年、十年、二十年之后，这孩子（或是成人）不幸死去，那时你再对主人说："人总归是要死的！"主人至少不会再打你了。现实与历史的差别于此故事中，也可略得其"三昧"。

（五）在这个题目下，还有几项片断的应有之义，应补充说明。一个是在解放思想的同时，我们党提出坚持四项基本原则。这是现实问题，还是历史经验问题？好些同志的文章已指明，这既是现实的生活准则，又是近百年的历史总结。两者精神趋向既然一致，就无需乎再用脑力去考虑其区别。但如果一定要问它的区别何在，那就是四项原则通过哪些历史上具体经验的比较分析，而被认识和显示它的权威性质的，这就是历史家活动的领域和应尽的职责。至于作为现实生活准则，无须多说，而两者的区别也就不言自明了。同时，历史研究中的四项原则，并不局限在近现代史范围中报刊上的言论，要求强有力的现实性；课堂教材、专史著书要求完整的系统性。当历史学者神游于过去与现在、历史与现实之间的时候，在不同的领域里要不同地对待，避忌与否不能一概而论。我们说历史与现实关系的总和，包含着联系与区别的两个方面。"联系"不是实用主义，"区别"不是机会主义，都是以客观真理为前提，都不是与现实分离脱节的。因此，在提法上与其说"历史研究不脱离现实"，似不如说"历史研究者不脱离现实"更确

① 《鲁迅全集》第2卷，人民出版社1956年版，第196页。

切些。鲁迅说过："从喷泉里出来的都是水，从血管出来的都是血。"[①]革命文学的根本问题在于作者是一个"革命人"，历史家的根本应是一个不脱离现实的革命者。

（1982 年 8 月稿）

① 《鲁迅全集》第 3 卷，人民出版社 1956 年版，第 408 页。

神游于历史与现实之间

历史家的精神生活不同于政治家。历史家的精力主要是放在探索已经成为过去的人类社会活动上，而政治家的精力主要是放在指导与解决现实生活中的问题上。但是历史家却又是一个现实生活中的人，不可能脱离现实环境，完全沉潜于“既往矣”的世界之中。

古今中外的历史家都面临着自己时代环境中的种种问题，也都分别站在自己所处的社会层某一阶梯上，有自己的社会属性、要求和爱憎倾向。因此，当他研究人类过去的业绩时，就会自觉或不自觉地把自己的要求、倾向带进历史研究中去，并留下著者所属的社会性的烙印。所以千百年来浩如烟海的历史典籍中，不带著者立场的著作是没有的。但是历史这门学科本身的规定性，却又要求“真实”为其第一位的要义；这也是古今中外一切史家所共同承认的。只是都在以“真实”相标榜的名号下，各叙述、评断自己心目中的“真实”；而实际的真实性并不完全，甚至有虚假，更谈不上科学性。

马克思主义的史学是科学。这是因为马克思主义所探求的与客观的真理性相一致的缘故。这种科学的史学不言而喻，更是牢固地建立在符合历史本体的真实基础上的。对于一个马克思主义史学家的研究工作，既要求维护历史的本来面目，又要求把自己的研究成果提供到现实生活的实践中去。这就出现了历史研究与现实的关系的问题。

建国以来史学界提出“历史为现实政治服务”的口号，目的是为纠正过去史学界研究工作中脱离现实的倾向，开始是有针对性的。但后来“四人帮”所指挥的“影射史学”出现，把历史变成了任意篡改、随心所欲的工具，使这一口号走到邪路上去了。"影射史学"产生的社会原因，就其思想路数来讲，是借口历史为现实政治服务，生拉硬扯地强使历史与现实挂钩。我们在清除"影射史学"的流毒之后，重新探讨历史与现实关系的时候，就不仅要看到历史与现实的联系，还要看到历史与现实的区别。

"今天"是由"昨天"过来的，因此，历史是与现实是有联系的。但"今天"是"昨天"的发展，"今天"毕竟不是"昨天"，因此，历史与现实又是有区别的。历史现象往往出现惊人的重演，但只能是近似而不是等同。历史家的研究工作，不仅要善于发现历史与现实的联系，也要善于发现历史与现实的区别。两者的联系必须是内在的自然联系；历史家发现这种联系，就可提供给现实来借鉴与求训。但同时也必须分辨清楚两者的区别，发现区别，同样是供现实求训与借鉴之用的。只见联系，不见区别，那就会造成古今不分，食古不化。

历史家的精力虽然主要是放在探求过来的人类生活道路上，但历史研究者是个现实生活中的人，还必须经常神游于过去与现在、历史与现实之间；深入细致地研究过去人类社会中的一切现象，发现哪些历史因素仍与今天有着内在的和必然的联系，在现实生活中仍然起着作用，哪些现象虽然近似，却又有着质地上的差别；从古想到今，也可以从今想到古。但是在古今联想中，只能是在严密的科学基础上，作合乎逻辑的自然推演与引导，不允许强古以就今，削足以适履。

历史研究者不仅要善于区别历史与现实的现象中所固有的联系与区别；而且在考虑历史论题时，的确经常会遇上历史与现实矛盾的问题。这是因为历史本体是客观不变的，而现实中的主题是流动不居的；历史的记述应是无所避讳的，而现实生活是有时机选择的；历史研究是应力求冷静思考的，而现实生活中的人是有感情与义愤的。例如外交关系问题，边疆历史问题，以及国内外一些突发的事件，都有当前的时机与利害问题。历史家选题中所阐明的客观史实与现实中的主题，如果刚好和谐一致，那自然好，如果恰好有分歧，如果自己是符合客观真理，那就要坚持，如果现实生活印证，不符合当前的客观要求，历史家就应毫不迟疑地放弃那个历史选题，而首先尊重现实的主题。也就是说，历史家从历史研究领域回到现实生活中来，作为一个现实生活中的成员与人民的政治利益保持一致，暂时放弃那个进入历史档案馆的历史选题，不是去改削历史，并没有放弃历史家的职责。同样，一个具有对大是大非已非常明确的突发事件发生，群众的好恶感情正在激荡着的时候，历史家也不能执著于全面评价的历史原则，而应从历史领域中回到现实中来与群众同好恶，共呼吸。因为这是现实的范围而不是历史的领域。等到这事件经历了若干时间，群众义愤已经平息之后，历史家再回到历史王国中来，执行自己的职责，并不算晚。历史家这样做，无损于历史家的风格，因为他并没有采取实用主义的态度来改削历史。他的回到现实中来与人民的最高利益保持一致，不是以历史降级作为随声附和的机会主义者，而是因为他是现实生活里人民群众的一员，更是政治上的严肃的表现。总之，历史家在对待历史与现实的关系上，既要看重两者的联系，又要看重两者的区别。

（编者按：此文为作者在“中国现代史学会第三次学术讨论会”上的报告摘要）

教育部和历史三所联名召开的中国现代史工作讨论会概况

（1958年12月4日）

今年11月20日至12月2日，教育部和科学院历史第三所在北京联名召开了一次会议。会议要求讨论中国现代史讲义的编写，现代历史资料如何协作调查、收集、整理的问题。到会的有全国大部分省市的高等学校中国革命史和中国现代史教师，党校教师及首都有关单位的研究人员及教师，还有北京师范大学历史系四年级学生代表共60余人。

在1956年7月，教育部曾经领导讨论拟定了中国现代史教学大纲；之后，打算集中一部分力量，编写一部可供高等学校历史专业教学与参考的中国现代史教材。自1956年冬季，先后陆续参加此项编写工作的，有中国人民大学、山东大学、北京师范大学的教师十余人。但由于近两年来各校进行“整风”、“反右”、“双反”等运动，上述的三校人力，未能迅速集中。编写工作时断时续，成效不大。直到今年9月，才比较集中力量进行编写，到11月，编成了此项讲义初步草稿的大部分，计11章，尚缺7章，约100万字。由于此项编写工作的匆迫，在已编出的部分初稿中间，还存在着许多的问题需要解决、补充和改正。教育部为了及时广泛地吸取各方面的意见，希望征求更多的人参加此项工作，决定先就编出的部分初稿进行一次讨论。因此，会议用了大部分时间对上述十一章初稿的讨论。在与会代表讨论的同时，还指定了北京师范大学历史系四年级一个班的学生在校内进行讨论，把学生的意见也提供到会上来。会议的最后一天，座谈了历史第三所提出收集整理现代史资料的计划。

会议本着“以虚带实”的精神，先用了两天的时间讨论中国现代史性质、内容、范围的问题，然后才深入到各章节中去解决些大大小小的实际问题。会议中各组(分三组)讨论都曾出现过争论的高峰，从不同的意见中逐渐求得了接近和统一。现在把讨论中的主要的问题，扼要介绍如下：

第一，从中国现代史的性质与内容出发，就提出中国现代史与中国现代革命史的关系问题，二者的异同问题，这是两天“务虚”讨论的中心。围绕着这一中心问题又派生些其他的问题，但一切派生的问题都和这一中心问题有着关联，必须以先解决这一中心问题为前提。新中国成立以来，各高等学校中都普遍开设中国现代革命史课程，成为四门政治课之一。在历史系中，虽然照教育部颁发的历史专业课程计划中规定开设中国现代史，但由于过去一直缺少现代史的讲义教材，因而普遍是用中国现代革命史代替中国现代史进行讲授。又由于中国现代史的资料极端分散，各地的高等学校在没有协作以前，单独编写一部现代史教材是相当困难的，因此也就只能以中国革命史来代替现代史；但这却是各校历史系一直存在着的一个问题。

在这次会议第一天全体会上，讲义编写的负责人把1956年7月教育部召开讨论会拟定本门课程大纲的看法，先向大家作了介绍，供作参考。在那次拟定大纲的会上，经过讨论后，大家的意见认为：中国现代史仍然必须以党领导的中国人民革命斗争为核心，从而阐明中国革命发展的基本规律；这是那时大家首先十分明确肯定的一点。但同时中国现代史，却又须从现代中国社会的基础与上层建筑所包含的各个方面，即从经济、政治、文化思想各个方面及其内在的联系上进行综合的论述，从而使中国革命发展的基本规律建立在中国现代社会发展规律的基础上，并以显示中国现代史的全貌；这是那时大家肯定的另一点。由此也就可以看出，中国现代史将比中国现代革命史的内容更宽广和更丰富。这些意见后来概括起来扼要地写在本门课程大纲的序言中，并成为编写这部讲义的依据。

在本次会议上，对二者的关系问题，开始时各组都有些不同的意见。有的认为现代史就是革命史，二者没有什么区别。持这意见的同志，有的是从阶级斗争的角度来考虑，认为无论是革命史或现代史，毫无疑问都必须把党领导中国人民进行的阶级斗争作为历史的主体，而阶级斗争的历史也不仅是限于政治上的斗争，势亦必然涉及到经济与文化思想领域，因此二者也就没有什么区别。有的认为过去所讲授的中国革命史是偏重于政治斗争，对经济文化思想各个方面讲得少，讲得不深透，这正是革命史还存在的缺陷，如果把这些缺陷弥补起来，革命史也就是现代史，没有什么区别了。但另一方面意见，却认为二者虽有其基本相同的部分，那就是党所领导的人民革命斗争的活动，但毕竟也有区别的地方；区别在于革命史以政治斗争为主，而所涉及到的经济、文化思想等方面是不全面的。现代史则不相同，它不仅反映出政治斗争的规律性，同时还反映出基础与上层建筑各个方面的发展线索及其相互关系的规律性。革命史属于专史范畴，而现代史属于通史范畴。在以上两方面的讨论过程中，大家参考研究了科学院编写中国历史所订七条指导思想的草稿。那七条扼要地说，是应通过具体生动的历史实际：(1)描绘生产斗争与阶级斗争；(2)描绘生产力与生产关系的矛盾发展的规律性；(3)描绘各族劳动人民在历史发展中的作用；(4)描绘国家、政权、法律的发展过程；(5)描绘哲学、科学、宗教、文艺等思想斗争的发展趋势；(6)应和世界历史联系起来；(7)应和一切资产阶级观点、修正主义观点作斗争。大家觉得这七条原则，如果再结合上现代史的一些特点，补充上“以毛泽东思想为纲”的精神，也就可以成为编写中国现代史的指导原则。于是意见渐渐一致起来，认为过去所讲授的革命史确实包含不了这些内容。作为历史专业来说，应该开设中国现代史，使学生对中国“五四”以来的历史全貌有所了解。但最好的办法，是在历史系一方面开设党史或毛泽东著作的专题讲授，作为政治课；一方面开设现代史，作为业务基础课。但是如果受条件限制，只能开设中国现代史一门的话，就要着重阐明革命史的部分，使本门课程兼负政治课的任务。当然即使作为业务基础课学习，本门课程也起着高度的政治思想教育作用，那是无疑的。

第二，从理解了中国现代史的内容出发，便要求进一步考虑如何在现代史中贯串一条红线的问题。既然现代史的内容比革命史更为宽广，既然要综合地阐发历史的各个方面，那就必须考虑用怎样的一条红线把各方面的历史现象贯串起来，而不致成为各方面的平列与堆砌。由此也就提出对统治也应如何论述，材料应如何使用等问题。在这里，大家首先都认定党在各个时期的领导，毛主席的思想所发生的威力，人民群众的革命斗争，这些都是中国现代社会发展规律与中国革命发展规律的具体体现，这些都是现代史中的红线；这是大家都一致肯定的。但在揭露统治一面的历史有没有红线可以贯串呢？以及统治方面的情况要不要讲呢？有的认为统治方面的历史最好少讲或不讲；有的认为只应讲述与革命方面涉及牵连到的部分，其余可以不讲；有的认为在充分批判的原则下可以讲述；有的提出讲反面的历史，目的是在于揭露统治，可以较系统的讲；有的认为讲反面的历史，目的只是为正面服务而讲授。至于这中间有没有红线可以贯串呢？开始是怀疑的。但紧接大家提到胡绳同志的《帝国主义与中国政治》、刘大年同志的《美帝侵华史》等书，这些著作都是揭露反动方面的，显然也有红线在贯串着。于是会议上的意见又渐渐一致起来，就是在论述统治的历史方面时，也可以有红线贯串，也可以体现毛泽东思想为纲的精神；只要能用马克思列宁主义的历史观点、方法，可以显示出历史社会发展的规律与革命发展的规律。至于在现代史当中论述反动面的分量比重，应该看当时历史的具体情况而定，但总的说来应该使历史的主体方面——革命的人民方面更加突出，占更大的比重，不要让反动面淹没了主体方面。

党在各个时期领导的作用当然是现代史中最重要的红线，但如何揭示出这条红线，大家的体会最初也不一致。讨论的结果认为，揭示这条最重要的红线，也要依据党的发展的史实进行具体的描述。党的领导在各个时期的具体情况并不相同。“五四”时期党还没有诞生，但是有了许多具有初步共产主义思想的知识分子在思想战线上起了卓越的领导作用。进入第一次国内革命战争时期，党不仅从思想上，而且从政治上以及组织上推动了革命的蓬勃发展，较之“五四”时期，大大前进了一步。经过第二次国内革命战争时期，到了遵义会议之后，党一直在毛泽东同志为首的党中央正确领导之下，党就更发展，更强大，更成熟，所取得的革命成就也就更为辉煌！所以应当根据党从年轻到成熟的历史事实来生动具体地揭示党的领导作用。只有这样，才能正确阐明党在各个时期的领导作用。

第三，是大家就中国现代史的内容如何紧密联系当前实际，贯彻为政治服务的方针提出了些意见。大家都承认，讲本门课程应当联系实际，也完全有可能联系实际；但究竟应如何联法，却还存在着不同的体会。开始有的同志认为以当前的实际斗争为联系的中心，凡和当前斗争有联系的就讲，没有联系的就不讲或少讲；后来大家都认为不能把联系实际体会得过分窄狭，认为讲授历史应该使学生通晓历史的发展规律；应当从全面历史的发展规律中，吸取经验教训，指出人们应该努力的方向，以为当前的政治服务。不但与当前政治斗争有直接联系的要着重地讲，只要能对学生形成正确的世界观与革命的人生观有用的也都要适当地讲。至于如何联系实际，我们可以学习毛主席用“曹刿论战”的历史来阐明以弱胜强、以小敌大的积极防御战略;鲁迅用大量的历史知识作武器来同反动派战斗,把这些作为为联系实际,作为政治服务的典范。而这一切都是建立在对历史现象内在联系法则的深刻理解上。最后有的同志还提到联系实际应注意不要陷入错误的历史类比,比如讲“五四”时期的思想解放联系到今天的思想解放时,一面固然可以指明其间革命传统的继承关系,也可以说明五四思想解放运动所建立的功劳,但更重要的必须指明两者内容绝不相同。

第四,会议除了对讲义内容进行讨论外,还提出几项较大的问题,如对陈独秀、鲁迅、蔡元培等历史人物的处理问题。这些人物一生历史各不相同,有的先好后坏,有的越来越好,有的时好时坏,有的“好”中已经潜藏着坏的根苗,内容极其曲折复杂。讨论后,大家意见认为对历史人物的处理有两条原则:(1)须从分析当时具体的事实中,叙述人物活动的曲折历程。(2)须从无产阶级革命者的立场要求,历史主义地评断人物的功罪。又如对第三党、中间路线的处理问题。在中国革命过程中,中间路线是必然破灭的。但对这些中间党派的历史应怎样论述呢?讨论后的意见是:(1)在现代史中的特定阶段,出现过些中间党派幻想走中间道路是有客观必然性的,应依据客观的事实予以论述。(2)承认中间党派出现的史实,不等于肯定中间道路,对中间道路的纲领、思想应予以彻底的批判。(3)中间道路走不通,必然向两极分化,更是客观的规律,而且这种分化并不意味着向反动方面分化得更多,恰相反,只要我们的策略路线正确,争取中间党派趋向于革命方面来的可能性更大。再如在抗日战争时期,对国民党蒋介石集团应该看作是敌人还是朋友?讨论后的意见是:蒋介石集团是代表官僚资产阶级利益的,是革命的对象,但在抗日战争时期由于民族矛盾与国内阶级矛盾升降的变化,它被迫抗日,因而我们把它作朋友看待;然而又由于它的两面态度,我们把它的抗日方面作为朋友。但就抗日战争时期说来,我们不把它作为敌人,而是争取联合它作为对付共同敌人的朋友,不过又须牢记住这是个“同床异梦”的朋友。因此,必须辩证地对待这个问题,如果简单地回答是敌是友,都是不妥当的。我们必须深刻地理解毛泽东同志又团结又斗争、以斗争求团结的思想。

以上是这次现代史讲义讨论会中所涉及到的一些主要问题。由于会议时间的匆迫,不可能要求对许多问题讨论得完全深透。上面所报道的许多意见也还可以进一步探讨,容许有补充改正的地方。

在会议的最后,讨论与座谈了历史第三所提出的一项“关于收集整理现代史资料的计划草案”，此项计划分作（一）报纸杂志的整理重印，（二）文集的汇编，（三）调查访问共三大项，对每项说明了要求与方法。计划要求联合组成一个“编辑出版委员会”领导进行全面规划，统一安排，与全国各地高等学校、研究所及有关单位进行协作，使现代史资料的收集、整理、出版工作能适应今后现代史教学研究工作大跃进形势的需要。到会的同志一方面对这项计划提出了一些补充和建议，一方面也汇报了些各省文教机关及高等学校面向地方对现代史资料搜集、访问调查已经开展的情况。如湖北已开始调查鄂豫皖区的红安，陕西已开始调查各工厂，福建已着手调查闽西根据地，浙江已着手调查闽、浙根据地，四川准备开始调查川北根据地，山东已在省志资料征集委员会下各县设立了调查资料的机构等等。如何把各地进行的资料调查成果迅速集中审查整理出版，确实是当前应该考虑进行的一项重要工作，因此，在大家的建议里便集中在希望计划里的领导机构迅速地成立。

《中华民国史》编写工作的进展情况与问题

1972年秋，中国社会科学院中国近代史研究所的一部分同志，接受了编写《中华民国史》的任务，到现在已经六年多了。本文拟就这项工作进展的情况、工作过程中的问题和我个人在参与这项工作中的片断体会，作一些介绍，向关怀的同志们提供点情况，以便给予指导；同时也借以促进大协作的开展。

一、编写民国史任务的提出及其必要性

《中华民国史》，顾名思义，它是从"中华民国"的创立到其终结的历史，用历史学的传统说法，是"中华民国"这一代的断代史。我们以1905年孙中山创建同盟会到1911年武昌起义推翻清朝统治为其创建时期；以1912年南京临时政府成立，到1949年中华人民共和国的成立前为其存在时期。这个断限应该说是合理的。但也有同志问到这个"下限"如何把后来"台湾这段历史"包括进去？我想这个顾虑是不应有的。易代之后的交错现象是历史上常见的。1949年中华人民共和国成立，即是中华民国的终结；"台湾问题"只是国共两党内战中一个尚未解决的问题，它已不是历史的主体。这个问题是容易解决的。

但是还有另外的问题，从社会性质阶段上说，1905～1949年只是半封建半殖民地社会阶段中的一部分；从人民革命为主体的历史上说，它又跨越着一部分"旧民主主义"历史阶段和全部"新民主主义"的历史阶段。已经习惯于用"近代史"和"现代史"划分的人，会感到有些别扭。我们说，这是出于不同角度的考虑。

从社会性质划阶段或以革命性质划阶段是一种划分法，从另外的角度写历史就会有另一种划分法。“断代”写史的体例，更多的是从政治上或政权上着眼的。这固然是旧史书体例中习见的一种，从政治上推究一代兴亡之故，从整理与保存一代文献上考虑，也有它的合理之处。关于是不是编写《中华民国史》这一课题，在新中国成立以后不久，就有所酝酿。1956 年全国科学规划会议上这个项目第一次被提出来，并被确定为“全国科学十二年规划”的重点项目之一。后来由于各种原因，这份“规划”的多数项目，包括《中华民国史》在内，没能实行。到 1961 年纪念辛亥革命五十周年时，董必武同志又向史学工作者提出，重修清史和编民国史的倡议，周总理也一再提到这件事。1971 年秋，全国出版工作会议制定出版计划时，周总理亲自审阅了拟定的出版计划项目，《中华民国史》就在这时再一次列入了出版计划。我想，周总理与董老频频提出这一项目是经过深思熟虑的。中华民国这一代，是近百年来内忧外患最集中的时代，是民族危机最深刻的时期；当然也是中国人民在中国共产党领导下，推翻了三座大山，彻底翻身，取得完全胜利的时期。它距我们最近，和我们的生活各方面息息相关。它的情况复杂，从政治、经济，到文化、思想等许多方面，有前代所没有的许多新情况，值得我们加以探讨思考。它留下了浩繁而分散的大量资料，须及时地加以搜集与整理，甚至抢救。我想，这些都是把《中华民国史》的编写必须迅速提上日程的理由。从我们下一代以及当前的广大青少年来说，“民国”这段时期，虽然过去未久，但对他们来说，所知所闻，并不见得比对周秦汉唐的知识多多少。有的可以知道秦皇、汉武以及王安石的大概，却还不一定知道谁是曹锟、林森和戴季陶。上年中国近代史研究所招考研究生，“民国史”这门专业课的得分远不及“中国近代史”与“中国革命史”得分多。这不应责怪青年考生，而是由于民国史还是一个空白。高校里没设置这门课，书店里也比较缺乏这类书。对青少年说是如此，对年龄长一些的人说，也差不了多少。道听途说的一个故事说，周总理曾在和一位干部同志谈话中问到：“知道‘老虎总长’是谁吗？”干部答不出来。周总理为他指明是曾任教育总长的《甲寅》创刊人章士钊，而后殷殷嘱告那位同志说：“要多学点历史。”当然身历民国的老人，总知道或多或少的一些民国史上的掌故。但是如果要求从历史的规律性上阐明一些民国史上的问题，那我们在好多方面感到“力有未逮”。总之，过去有许多原因使我们没有顾得上这方面的工作，形成了空白与饥荒。我们不能让这一代历史真相湮没。周总理与董老向我们提示，不是随便说说的，我们应当积极来响应这个号召，在这块空白所在处努力做出成果。

二、计划内容与进展情况

当1971年全国出版工作会议把编写《中华民国史》这项任务列入计划的信息传出时，我脑海中回旋着的是“兹事体大”，要用辩证唯物主义与历史唯物主义来阐述这段历史。它不同于旧的修史；在体例上应兼收“篇章体”与“纪传”、“编年”、“会要”等各种体例的长处。当我个人的考虑还很不成熟的时候，中国近代史研究所于1972年已经建立了承担写《民国史》任务的组织机构，制定了一个《中华民国史》编写计划。这个计划比较完备，包含各项工作的“凡例”、“要求”、“选录标准”等，我个人曾有过的一些考虑已经成为多余的了。按照这个计划，要编写一部共分三编、六卷的《中华民国史》和作为这部书“附录”的三套资料。《中华民国史》的三编是：(一)创立时期(一卷)，(二)北京政府时期(两卷)，(三)国民政府时期(三卷)。三套资料书：(一)《中华民国大事纪》，1905～1911年为其序编，1912～1949年为其正编。按年、月、日编写，以“大事突出、要事不漏”为其工作方针，要求做到“观点正确、内容充实、材料准确、文字简明”。(二)《中华民国人物志》，其中“人物传记”，收录全国范围内有影响的人物约一千人；“人名辞典”则扩大范围，兼收录部分地区有影响的人物约四五千人；为了查阅方便，还分类编制范围更大一些的“人物表”。(三)《民国史专题资料》，从政治、经济、军事、文化等方面，选择有代表性的事件、党派、团体、企业、学校、部队等等作为题目，初步拟定的题目约六百个。要求精选原始资料，进行编排、整理；字数不受限制，以便为研究工作者提供一份比较系统而完整的材料。同时也可以收录以一个人物为中心的函电、日记、年谱与回忆录等作为一个专题。将来汇集起来，则可成为《民国史资料丛书》的一部分。以上是这个“编写计划”的主要内容。另外，同志们在工作过程中提出，还要不要在《大事记》基础上写成一部《中华民国编年史》，在《专题资料》基础上编写一部“民国史各类专题概要”的书。这是原订计划所无的，且略而不论。

毫无疑问，上述的这个编写计划的工作量是相当庞大而艰巨的。只靠中国近代史研究所民国史研究室的几十个人不行，除非有更多的人投入，实行大范围的协作，否则不易完成它。过去六年，由于我们人手少、条件差、水平低、波动多，虽然取得了一些成绩，但还只算一个开端。截止1978年底，中华书局为我们印行了《中华民国史资料丛稿》（内部发行）二十三辑，正在付印的还有六辑。这些就是三套资料的部分初稿。现在的情况是《大事记》除已刊印者外，其余每年都有了着落，一两年内可以全部完成。《人物传记》已印与未印的稿件，约有二百人，距完成目标尚远。六百个《专题资料》完成的就更少了，这是要靠各行各业的同志大家动手的。至于六卷本的《中华民国史》，已着手进行，第一卷初稿已有，其余五卷尚在准备之中。这部书照编写顺序，应当是先具备"专题资料"和在若干"专题研究"的基础上加以综合编著，才易见成效。但考虑到当前急需要填补起这一空白和缺口，如等待资料的集中与研究成果的出现再动手，则成了"俟河之清"，等到何时？所以尽管困难不小，也只好边收集资料，边考虑问题，先动手写了。这种颠倒其程序写出来的书，一定水平不高，可以预见。但我们想，只要求先搭成一个架子，而架子不致有大错，也就算前进了一步。至于探隐索微、精雕细刻的更高水平的《民国史》，则有待于来者了。

三、工作的指导方针与记述对象的确定

按上述计划进行这项工作，不同于封建时代的"修史"之处，首要的是我们要求以马克思列宁主义、毛泽东思想为工作的指导方针。过去历代修史，后一代为前朝修史，虽然改朝换代，但修史家的阶级立场及其政治标准是"一以贯之"的，这中间既不发生阶级立场的变化问题，也不因新旧朝代而发生政治标准的变异。比如降了新王朝的前朝的臣子尽管为新王朝效忠，也总得列入"贰臣传"，这是传统的"史法"。但我们今天写史与评价前代的历史现象与人物活动不同，这是同过去修史的最根本的区别之点。

既然是在这个指导方针下进行工作，那么《中华民国史》是不是应以人民群众的革命斗争为主体来综合地叙述这段时期内统治者与被统治者的关系呢？这是我们工作中遇上的第一个必须解决的问题。与此相联结而提出的疑难是它与"现代史"、"现代革命史"有什么区别呢？中国共产党的"党史"在中间应怎样摆法呢？显然，这都是很重要的问题。如果不把它明确起来，我们的工作便无法向前迈步。经过多次讨论与漫谈，大家逐步把问题明确起来。如果写"通史"，无论是古代史或近、现代史，那就要把人民群众放在历史主体的地位去综合地叙述生

产关系与阶级关系中的斗争图景；如果写“党史”、“革命史”，那就以党的活动，以革命斗争为主体来进行叙述——这两者仍都是以党领导下的人民群众斗争为主要记述的对象。但譬如要写“中国近代帮会史”、“中国近代银行史”、“北洋军阀统治史”……等等，无疑问地那就要如书名所标示的各以其特定范围（“帮会”、“银行”、“军阀统治”）为论述对象了。不同的史书各有自己的领域。这里的问题是站在什么立场去看待和论述“帮会”、“银行”、“军阀统治”，那就要从另外的角度反映出人民的要求、愿望与爱憎。这样处理历史主体事件的观点，与马列主义观点是一致的。

那么，《中华民国史》以什么为对象呢？《中华民国史》着眼于政权的兴灭，它是“断代史”。与中国旧史书比较，旧史书以统治阶级为主体，《民国史》也比较地偏重写统治阶级的历史，在记述的对象上或许没有太多不同处；但在编著者分析问题的方法上则大有区别。旧的史家站在统治阶级立场上写一代兴亡得失，其结果就成了对帝王将相的讴歌与对人民群众的诬蔑；今天，我们写《民国史》当然是要从人民的利益出发，站在人民的立场上来衡量统治阶级的活动了。比如写到“五四运动”，我们这里着重记叙的是国内外反动派如何被爱国群众的革命行动吓得手忙脚乱，以及揭露他们如何处心积虑，阴谋扼杀群众运动的情况。其他事件都以此类推。

再一点，既然民国史以写统治阶级的活动为主，那么是不是都加上“反动的”的限制词呢？显然不行。这段时期内的统治者和当权者，除封建地主阶级和买办阶级的政治代表属于反动的以外，还有以孙中山为首的资产阶级革命家。南京临时政府时期、广州国民政府时期都不是反动的统治。就是护法政府时期和第二次国共合作抗日战争中的国民政府时期，也不能笼统地称之为“反动的统治时期”。护法政府中有大量的反面人物，抗战时期的国民政府，有其反共的一面，但又有抗日的一面。总的判断，就要依据具体分析，使用准确的语言来表达。在这段历史内的资产阶级民主革命派人物，当然都须作正面人物看待。

总之，我们是以马克思主义观点来写统治阶级活动的历史，这就是我们的结论。在这个统一的认识下，不但要敢于为资产阶级革命家树碑立传，而且要给历史的反面人物树碑立传。《中华民国史》以这一内容与“现代革命史”、“党史”的内容相区别，同时又互相配合。

另一问题是，按照马列主义、毛泽东思想的指导方针，我们要求写真史、信史。“史以传信”，是古代史家就讲到的；古代史家讲到却不容易做到。马克思主义史学工作者，一定要实事求是地叙述历史。“史”而不真，就不成其为“史”；马克思主义史学工作者如不敢按照历史的本来面貌写历史，那也就不是马克思主义了。按照这个要求，我们对三套资料性的“附录”书，除《大事记》与《专题资料》两种，都要求尽可能博访精选原始资料，核对无误。对于编写的《人物传》，要求叙述中表现出作者的倾向性，但要少加评论，因为它毕竟还是资料性的东西。至于《中华民国史》的编著，那就要立场鲜明地论述了。但是近年来，在林彪、“四人帮”煽起的一股“宁左勿右”、“无限上纲”的坏风气下，有些同志总有怕犯错误的想法，也确有读者说我们编写的《人物传》犯有资产阶级客观主义的错误，经过检查，知道这批评根据不足。尊重事实，不等于客观主义；不加或少加评论和不多采用些辱骂性的词汇，不等于是站不稳立场。这不是说，我们写的东西已经没有错误和疏失之处，我们是十分欢迎读者的批评指正的。

四、两项前提性的首要工作与对“大协作”的呼吁

在进行这项工作中，当前最感迫切的问题有哪些呢？概括说来：(1)资料的搜集与整理的问题，(2)开展专题研究的问题。

民国史的资料的特点是浩繁而分散。

民国史的资料可以说随处皆有。不说“回忆录”之类的“活资料”，单就纸上的材料而言，公私机关档案、期刊、报纸、年谱、日记、函电、家谱、行述、纪念册、诗文、手稿、图片等等，不是患少而患太多。南京第二历史档案馆所保存的从1911年到1949年旧中央政权档案，其已整理编号者就有764个全宗，合计883 200.3卷。其未经整理者尚有若干捆。其他我们已知者，如各地海关档案、租界工部局档案、场矿银行档案、重要文化机关档案，其数量往往是以“多少间屋子”为单位来计算，真可谓“汗牛充栋”了。但这些档案好多是凌乱不堪，残缺不全，如不经一番挑选、整理、编目、排订、考释的工作，则只能对之而“望洋兴叹”，是没办法利用的。

另一个情况是资料多，但它分散于各地机关、学校、图书馆、博物馆以及私人手中。若为某一项专题研究收集材料，却又要跑遍各地，不易寻求。所以倘不经过一番有组织的征集工作，那些资料既难于利用，且有散失之虞。即如清末民初

的一些重要报纸、期刊，也多残缺不全，而又分散于全国各地；年久之后，纸张焦脆，不易使用，亟须影印抢救，想出便于使用的办法来。“回忆录”式的活资料也是急需要抢救的一项。全国政协与各省政协的《文史资料》中断了十多年，已经成为不可弥补的损失，当前须迅作“亡羊补牢”之计。另外，欧美、日本与南洋、台湾、香港等地也有不少已经印行的与民国史有关的论著和资料，应通过一定渠道，采取措施，把这些散处于海外的资料论著，翻译、购买或交换进来，加以利用，这是摆在我们面前的一项重大课题。

总之，民国史的研究如欲取得成绩，资料问题是第一关。

“专题研究”是编写民国史或现代史的另一必须度越的关。不广泛开展专题研究的工作，不可能有较高水平的《民国史》著作出现。但是以往民国史的专题论文实在寥若晨星。我们试拟了一下《中华民国史》的提纲，几乎每章、每节、每目都是一个或可分作几个应进行研究的专题。比如说，南京临时政府的财政收支、北洋各派军阀首领的财产状况、国民军（西北军）的阶级属性及其与国外的关系、西南六省军阀间的混战情况、各派军阀政客集团与帝国主义间勾结的具体情况、各派军阀的特点、国民政府统治前十年的民族企业的消长、津沪两地租界中的罪恶勾当及其在政局中的作用、国民党中某些派系的研究、法币政策在国民政府财政上起的作用，等等，过去出版过的书中谈到这些问题时，有较深入研究的少，零星浅尝的多。在这样基础上写综合性的史，那必然是“步履维艰”的了。

总起来说，从“资料”到“问题”，从“问题”到“民国史”，是三层台阶，后者必须以前者作基础。由于“民国史”还是一块待垦的荒地，非有相当多的力量投入不可。因此，需要建立起许多据点，组织成大规模的分工协作系统，把力量首先集中到整编资料和开展专题研究两项工作上来。

谈《民国史》编写问题

——寄语台湾同行诸君

我们编写《民国史》(一部史，三套资料)的消息自前年传开之后，台湾的史学界同行以及舆论界，对我们的工作，非常关注，引起持续颇久、范围颇大的议论，这为我们始料所不及。

从新闻报道中，我们得以聆悉海峡对面同行发表的各种感想和言论，如秦孝仪、李璜、刘绍唐、沈云龙、吴相湘、张玉法、李云汉、蒋永敬、赖渊光、严敬等先生的座谈发言或文章，其中尤以“国民党党史委员会”主任秦孝仪先生的文章最重要。在拜读之后，首先不能不使我有所感慨的，是多年来海峡两岸的隔离，造成了同行中缺乏相互沟通情况的机会所产生的隔膜。过去，我们固然不完全理解你们所想所做的(“四人帮”被粉碎后，情况已有改变，台湾史学著作在我们这里公开阅览了)；但是，你们对我们却是更不理解。从你们仍然使用“诡计”、“阴谋”、“幻术”、“花样”等词汇，来议论和看待我们正在进行的民国史编写工作，不能不遗憾地说这是出于主观臆测，当然这种臆测有其历史积累的因素，是可以理解的。

至于把我们的工作，比喻如“台风过境”，以及什么“威胁”等等，那就近于杯弓蛇影了。

诸君既已议论甚久，我们不应无一言以明原委。我是在这项工作中负有一定责任的参加者，愿就个人体会来说明民国史编写中有关的一些问题。

(一)隔岸同行诸君的种种疑虑，我认为是不必要的。我们所进行着的这项工作，不过是件正常的学术工作。自中华人民共和国建立，中国各段各代的历史,大陆上都有人开展研究,民国史岂可任其久付阙如?为了访求故实,保存文献,从事这项工作本应该越早越好,而我们着手已晚。我们参加工作的人,都是从自己的专业出发,考虑到已经具备的客观条件,愿尽自己的职责,希望做成一件有意义的事,如此而已。从事之初,压根儿没想到会给隔着海峡的同行们带来什么烦虑不安。

(二)你们把我们的工作似乎看成是传统的"设官修史",这是误解。不错,编写《民国史》,是中国领导人曾经多次倡议过的,到1971年冬,周恩来总理建议把它订入出版计划,成为拟定的数百条项目之一。但是国家领导人的提出仅是一种倡议,至于这项工作由谁承担,方针、计划、体例、要求如何制定,都是由专业人员自愿参加,自由讨论,自行商量制定,国家领导人并不干预,与历史上的"设官修史",毫无共同之处。参与这项工作的成员,是按照历史科学本身作为独立学术工作所应依据的程序和要求,自觉地做个人分内的事。不错,承担起这项工作的是中国社会科学院近代史研究所,它是国家设立的学术机构,我们也都是国家学术机关的研究人员。但这是社会主义国家下的制度使然,在我们这里是没有私人研究机关的。这一科研项目虽由国家领导人提出,但近代史研究所承担与否,是根据本身的条件而作出抉择的。早在1956年的科学规划中,就列入过这一项目,但并没有进行,可资佐证。

(三)台湾的朋友们异口同声地认为,民国史的编写,是中国共产党有计划地发动巨大的人力进行的一项有政治策略意义和目的的工作,则是更大的误解。秦孝仪先生对我们在近代史研究所设置的"民国史研究室",可以说知之甚详(见他在1980年国际汉学会议上的文章)。我们提出的计划,编制不过五十人,而实际并未满员。我愿坦然地说,我们这里并没有"网罗一时学者,不遗余力"(赖渊光先生引前人语)。相反的,我们这里部分地是大学毕业生初次习作。这与历代史馆的规模和"得人称盛"的情况比,相差甚远。由此可以看出,我们不过是根据自己的条件来进行,并不如外边所想象的声势之大,也没有与隔海同行们"抢先"之意。同行诸君中有人生怕我们抢在前头,"收先声夺人之效",我们根本未作此想。秦孝仪先生甚至提"制敌机先"的口号。照我们看,编写历史是学术不是军事,在这里不适用"机先"与"机后"。一部历史书的价值如何,不是以出书先后为标准的。诸位所想象的与我们所想的相去甚远,我们只不过是按部就班地一点一滴地工作罢了。

（四）我们这项工作所要求遵循的马克思主义指导思想，为隔海同行中某几位先生所非难，是意料之中的事。干任何一件事不能没有自己的指导思想，史学工作者不能没有自己的历史观和与之相应的基本方法。马克思主义的历史方法即历史唯物主义，是我们遵循的方法，正如台湾同行们也有自己信奉的史观和遵守的方法一样。在这个问题上，尽可以各行其是，谁也无法勉强谁。倘若说，持历史唯物主义的人就是企图把这段起伏变化的历史"装进"自己的"布袋"或框框，就是"趋向于教条化"，则是我们所不能苟同的。教条主义的模式，诚然有之，那不是我们要求的东西。我们知道的马克思主义，是对于具体事物作具体分析，"实事求是"才是它最根本的精神。马克思主义的唯物史观与各派的唯心史观基于不同的哲学观点，属于不同的思想体系，其有争议是由来已久的事。在这个问题上可以无需多说。我愿奉告同行们的，解放后的中国史学工作者，固然大多数是趋向于运用唯物史观来治史，但中国史学阵地上也并不排斥用其他方法来研究历史。老一代的史学家如陈寅恪、顾颉刚、陈援庵、金毓黻、郑毅生诸先生，都曾沿用着固有的治学方法作出贡献。如今年事已高，仍然矍铄的谢国桢、徐仲舒、韩儒林、周谷城诸先生仍是从事着自己喜好的专业而受到尊重。这些先生，从研究实践中，有的逐渐倾向于唯物史观，那也并不是勉强的。因此，我愿重复一句，在历史观和方法论上，尽可以各行其是，而在诠释具体的历史问题上如果有分歧意见，则可以讨论商榷，即使争论，也并非坏事，学术上的问题是应当各抒己见的。对民国史上的具体问题的看法上，同行之间（不限于在台湾的）总会有这样那样的不同；我们与台湾诸君之间，尽管从方法论到具体问题会有不同，但我们之间却仍然有其相通之处，这就是秦孝仪先生所提出的历史是"以真实性的讨论，立信于世"的命题。历史事实是客观的，客观史实是我们的共同基础。

（五）台湾历史学者对我们所定的民国史下限止于1949年，最生反感，认为我们意图暗示"结束"台湾境内的"中华民国"的历史，由此而把原已决定的"三年内修成民国史的计划"中止，而成为"万不可修"、"免入圈套"、"岂有国未亡而修断代史之理"？对此，容我略进一言，申述一下我们的想法。

首先，我们把民国史的断限定为1912～1949年，是不是适当的问题。这应当尊重历史的实际情况。历史的实际分为两个方面：国民党政权1949年从大陆撤退，继续在台湾一省执行它的统治权以至于今，这诚然是事实；但在全国大陆范围内建立了自辛亥以来从未有过的统一的政权，这也是铁的事实。赖渊光先生说得好，“站在中共的立场上看，只能把中华民国历史终止于1949年”，而绝不可能把1949年以后以迄今日的中国共产党领导下的中华人民共和国的历史抹去，而仍然当成“国民政府”统治下的民国历史去写；这从我们看，是理所当然，否则便成荒谬。反之，从国民党方面说，国民党从退处台湾一省之后，虽然仍自称“中华民国”，但国民党的统治权毕竟只限于台湾一个省区。试问：如何能把三十余年的新中国建设社会主义的历史强纳入诸位所称的“民国”的范围中去呢？所以，从尊重历史实际出发，我们的《中华民国史》一书下限止于1949年，而在1949年以后全国大陆属于中华人民共和国的历史，是无可非议的。那么，我们如何看待1949年以后国民党在台湾省统治的历史呢？仍然从尊重历史的实际出发，我们也不能把1949年以后到今天国民党在台湾统治的历史强纳入社会主义制度的新中国历史中来。将来这段历史怎么写法，那是将来的事情，好在它只关系到台湾一个省区的情况。历史的实际是如此，这是无可奈何的事。我们的祖国至今仍陷于不幸的人为的分裂，是海峡两岸的中国人民所痛心的。我们是历史家，如何把祖国纳入统一的局面，虽然是人人关心的事，但这首先是掌权的政治家们所负责考虑的事。他们的目标面对着现实与将来，而我们是放在已成过去的历史上。当将来写这段历史时，只能按照已成过去的客观事实去处理。我们和台湾的同行们既然都是以历史为专业，在承认与尊重事实上，应无二致。

其次，台湾的历史学者生怕自写民国史，就象征着自己灭亡的顾虑，在我看来应是无根据的。孔子修《春秋》，直叙述到鲁哀公十四年，即孔子去世前的两年；司马迁“敢述汉非”，也一直写到自身生存的时代，下迨班固、荀悦、萧子显、沈约、王劭。以当代人写当代史者，盖亦多矣，为什么我们的同行，竟如此多的顾虑？民国史截至现在，还是块待垦的土地。我们想写的《民国史》也还只是个填补空白的尝试。我们亟愿大家动手在这块荒地上开垦播种，开花结果。如果认为时机成熟，我们愿与台湾的同行分工合作地写书；如果认为时机还不成熟，我们也可以先各写各的；或者开放史料互相补充，或者通过适当的方式讨论问题。现在日、美、英、法等国史学界都组织起研究民国史的机构，我们台湾同行诸君，又岂可瞻顾徘徊？秦孝仪先生在报告中说，要先编若干本“资料初编”，这虽然也是一项工作，但究竟还不是研究成果。我祝愿台湾同行诸君作出富有价值的民国史成果。至于我们已出或将出的《中华民国史》以及若干种民国史资料丛稿，功力不深，疏漏必多，希望得到各方面的匡正。留台同业诸君，不乏过去师友，倘能交流情况，辩难析疑，舍短取长，共策前进，无论谁先作出成绩，都是可以欣庆的。

（原载《近代史研究》1982 年第 2 期）

中国现代史的研究为什么至今这般寥落

1956年7月，高等教育部北京召开的文史科教学大纲审订会上，许多史学工作者主张，把1840年到1949年这段历史作为中国通史的最后的一个部分（半殖民地半封建时代）来看待，或者主张把这109年的历史统称为“中国近代史”，而不再把1919年五四运动到1949年中华人民共和国成立，再截取下来称为“中国现代史”。这是从中国近百年社会经济结构之半殖民地半封建的性质，来规定这段历史的名称，其理由是可以成立的。但是我这里所说的“中国现代史”，暂时仍依照过去习惯的称谓，指“五四”以后到现在；这仅仅是为了本文说明的方便。

应该不必多说，任何人都晓得，“中国现代史”是中国近代民族、民主革命发生根本变化的时期。三十多年的伟大斗争，结束了旧的中国，诞生了一个新中国。它对于现代中国人民具有特殊的重要意义，对于世界人民也具有十分重大的意义。我们常听到从国外回来的同志们，谈到国际友人对我们这三十多年辉煌胜利的斗争史是如何地向往与赞佩，非常渴望知道这段历史的具体内容。许多外国学校的学生要求教师组织中国民族解放运动研究小组，许多外国的学者以极大的兴趣企图研究与介绍中国这段历史。许多诗人作家曾经描绘我国人民的伟大成就，并愿更多地歌颂我们的伟大成就。然而我们应该说，目前中国史学界对这段历史的研究却是十分寥落。纵然这三十几年是我们自己所生长的时代，但有许多问题却还没人过问，许多史实还缺少较为系统完整的了解。大约年纪在五十岁以上的人，也许觉得对这段过程中的历史事件并没有什么隔膜，但是考其实际，也只是凭以往零碎片断的耳闻目击，略具一点常识而已；一谈到事件的原原本本，在脑子里还是模糊的。譬如民国以来的军阀混战，谁不晓得一些？但扰攘了几十年的全国大小军阀的派系离合、递嬗变化以及他们和帝国主义错综复杂关系之全部情况，并没有能真正整理出一个系统的东西来，因而至今也还没有一本专书问世。又如几十年来反映阶级关系的党派活动，谁不晓得一些？但这些党派的来龙去脉，活动方式，相互关系，以及正反面的作用等就很少有人能道得出来了。这种例证，可以说俯拾即是，不必多举了。所以，这三十多年的"现代史"，看来虽似熟习，实际却是所知有限的。以上所说，还是仅就历史现象的了解而言，若说到深入的科学探讨，那就更谈不上了。

解放七年来，虽然史学界也曾一度号召过改变重古轻今的研究风气，但是这个号召却没有能够响亮起来，没有能在学术界形成一种风气。从国内学术性的报刊杂志看来，中国现代史方面的文章最少。不仅研究性质的文章奇少，就是资料的编印也少（当然，资料的编印少，也正是研究不能展开的重要原因之一）。除了人民出版社编印的"中国现代史资料丛刊"几个小册子外，别的就很少见了。这几本小册子供目前各校政治课教学尚感不足，更谈不上供研究之用了。中国科学院历史研究所第三所定期出版的《中国近代史资料》中，刊出过 1919 以后的几篇资料，也是远不足以供作任何专题研究之用。

这种情况已经阻碍着教学计划不能完成。照高教部颁行的综合大学用的"历史学专业"计划规定，学习本专业的学生，必须学习一门"中国现代史"，可以不必再学习作为政治课程的"中国革命史"。可是从今年 7 月高教部召开的文史科教学大纲审订会上，可以了解到各校课程表上的"中国现代史"还只是空有其名。编写一份综合经济、政治、文化各个方面具有较高科学水平的中国现代史教材，自然须有待于在若干科学研究成果的基础上才能写得出，但是目前却是连一部史实初步完备与初具条理的讲义，在绝大多数学校里也没有条件完成；这就不仅由于科学成果的缺少，而更是由于资料的饥荒。过去既没有成套的教材可凭借，又没有较为集中的资料，所以开设"中国现代史"在目前各大学还是一件困难的事。这种明显突出的困难情况，曾在今年文史科教学大纲审订会上反映出来。全国有十四所综合大学，而那次参加"中国现代史"大纲审订的只有五校，除去在北京的人民大学和北京大学外，由外省来京参加的只有三校。这是何等寥落的情况！在会后交谈各校的情况中，了解到在开设本门课程上，大概除了在北京的学校外，各校都感到资料的难以寻觅。许多青年助教也都不愿在中国现代史方面问津。不愿问津的原因，各校虽不尽一致，但是没有研究这方面的风气为之推动，没有集中的资料可以凭借，却是一普遍的情况。同样在拟定与指导学年论文和毕业论文上也就发生困难，因为有题目而无资料交给学生，学生不能作“无米之炊”，教师也难乎其为指导！

中国现代史研究上的这种冷淡局面，如果不迅速加以扭转，不仅阻碍着教学计划的完成，而且也会造成资料的散失与史实的湮没。现代史的史料一部分是分散于报章、杂志、档案、卷宗之中，一部分是保存于当事人物的头脑记忆之中。属于纸上的资料，虽然也有些书商、图书馆在注意搜集，但由于“研究现代”还没有成为社会风气，没有被大家重视，大量的资料就难免散失。保存于人们记忆中的资料，由于访问与调查不及时开展，也会随着当事人物的凋谢而永远湮没了。总之，研究中国现代史的这种寥落的情况应当扭转过来。

障碍着中国现代史研究开展的原因是什么呢？我个人认为有两方面的原因。从过去说，负责文教工作的各级领导对这方面的重视和推动应该说是不够的。这或者由于解放之初，文化建设本来是千头万绪，百废俱兴，有时也有所不能；同时，历史学界重古轻今的传统已经是多年的了，转移一种风尚也不是易事。从今年制定的“十二年社会科学规划草案”看来，现代史方面的研究项目是注意到了，但在“几项重要工作”栏内，似乎还缺少这方面的具体措施。为了矫正既往，领导工作者，也还应在这方面多加倡导。

障碍着现代史研究开展的另一方面的原因是资料的饥荒，这更带有根本的性质。中国现代史的资料，虽然也几乎是随地皆有，俯拾即是，但它是“虽多而极其分散”。它的这个特殊性质，决定着不但任何个人无力购置称得上可供研究的完备资料，就是各校图书馆也很难搜罗完备。在国内除了几个特殊的大都市如北京、上海，几个历史深远的大图书馆，如北京图书馆、上海图书馆、南京图书馆、沈阳图书馆和北大图书馆外，其他各地各校想寻找可供专题研究的较多的资料就太不容易了。资料的分散既然是本门科学最大的障碍，当前的急务就是需要集中人力，收集、选择、编印出若干套现代史资料汇编来。这项工作需要做得快，选择的范围需要广泛。过去，人民出版社编印的“中国现代史资料丛刊”，历史研究第三所定期刊行“中国近代史资料”，虽然业已开了端绪，但是从资料需要的迫切看，不免有过分持重、迟缓的毛病，选择的范围也不免过分窄狭，好像非等待发现第一等的重要资料便不采录。其实选择满可以放宽尺度，凡过去报纸杂志上所涉及的有关现代重要史实的第二、第三等材料，也可以刊印。编选者只要详细注明材料的来源，研究者自会辨认资料的重要与否而不会受到贻误。同时，中共中央宣传部所掌握的一些革命文献，我们也希望尽快地加以选辑与刊行。总之，我们希望集中较多的人力，成立专门的机构，于一年之内就要编印出两三百万字来，陆续编印几年，中国现代史的研究就不患材料的贫乏，而能顺利地开展起来。

我们还可以设想，在开展中国现代史研究上，势将要依靠一批青年工作者参加进来。事实也将会是这样，只要把大量的资料汇集刊印出来，领导上予以适当的号召，许多青年工作者一定愿意把研究的精力投到这方面来。

（原文刊于 1956 年 10 月 17 日《光明日报》第 1 版）

谈中国现代史的研究

——答青年同志问

解放以前的我国高等学校文科，没有"中国现代史"这门课；就是"近代史"，也只有中央大学历史系设这门课程。解放以后，还是从 1956 年起才逐步添设这门课。在此以前是讲"中国革命史"或"党史"。

中国的"现代"，应从什么时候开始呢？近年史学界的意见，大都主张从 1949 年新中国诞生开始，在此以前划入"近代史"的范围。但习惯上是从 1919 年"五四"算起。从 1949 年起是更合理的主张，但习惯下的情况，暂时也不易变过来。

如果是仍照 1919 年"五四"开始的"中国现代史"，它的内容要比"中国共产党党史"、"中国现代革命史"更宽广。它应包括这一时期的政治、经济、社会、文化等各个方面。这各个方面，基本上说来，是一块待开垦的荒原。有无数的问题都还等待着有志者去探索、研究，不必怕无用武之地。它所占的时间领域虽不过六十多年(下限如果到现在)，但用几个六十年，也未必就可以研究得清楚。

"研究这段历史有兴趣吗?"首先，研究历史不是为了兴趣，但也不必排斥对这个问题的提出。其次，任何一段历史，只要钻得进去，发现问题，都会是有兴味的。过去那些年曾有人打个比喻说，研究古代，"如饮浓酒"；研究现代，"如喝淡茶"。历史越古，兴趣越浓，这话的正确性是值得商量的。"兴趣"这东西是靠培养得来的。它虽是主客观的统一物，但主观方面起着第一位的作用。平常说"环境"起作用，无非说是接触的机会多。多接触，钻进去，再对它有所理解或发现，兴趣就来了。对秦皇、汉武有兴趣，为什么对孙中山、袁世凯就没兴趣？对"废井田，开阡陌”有兴趣，为什么会对“土改”没有兴趣？对“陈桥兵变”有兴趣，为什么对“西安事变”会没有兴趣？历史上的事物，古今不同，研究起来，兴趣是同样有的。

历史是人类各自在特定的社会基础上展开活动的画卷。每个时代，各有其规模和特点。单从中国现代史来说，它是一个我国社会剧烈动荡和转变的时代，它是一个思想解放、百家争鸣的时代，荡来荡去，才统一到社会主义道路上来。它有以前历代所无的新鲜生动的事物，它有历代所无的雄壮威武场面。拿战争来说，波澜壮阔的抗日战争，史无前例的淮海战役，过去历史上著名战例虽多，有哪一次能比得上这些？无论从正面人物如火如荼的斗争，或反面人物波谲云诡的行为，到处都可以有力地吸引住研究者。所以说研究现代史是可以发生兴味的。再说一遍，我们研究它，不是为兴味而兴味，而是为了发现历史规律，总结经验教训，供后人借鉴，有益于推动我国社会的前进。

“研究这段历史困难吗？”研究每段历史都有它的难处，正如每门学科有每门学科的难处一样，这是无法比较的。突破困难前进，正是乐趣之所在。如果认为搞现代史就比较容易，那是一种误解。现代史的研究者首先遇到的问题，一是政治上的严肃性，二是资料上的分散性。因为现代史距我们最近，它的内容与现实的政治、经济等生活息息相关，所以需要特别谨严。这当然不是说要把历史科学完全依附于现实的政治，如梁效之流来干篡改历史以达到其别有用心的勾当，而是说我们的研究工作成果发表出去，至少是不能与国家当前的重大正确的决策相抵触，起消极作用。道理很简单，我们是现代史研究者，同时我们又是社会主义国家的公民。我们每个人都关心我们祖国的命运，都愿我们的国家巩固和发展，促进其在社会主义道路上向前迈进，怎么可以让我们的研究成果与之相反悖呢？那么这样会不会损害研究工作的独立性与科学性呢？不会的。因为现代史中可研究的课题是很多的。在选择课题上，有个当前“该研究什么”和“不该研究什么”的问题。这个问题在后面还要谈到，暂不多说。另外，严肃性的问题，还不只限于此。即使选择的课题与当前的政治现实无多大牵连，也还有个与历史家们共同遵守的原则，在知人论事上丝毫不能苟且的问题。特别涉及到党史上的问题，更是如此，其义甚明，无待多论。说到资料的问题，现代史研究者确有一个特殊的情况，那就是属于这个范围的资料极其庞大浩繁而又分散。古代史的资料虽然也是卷帙浩瀚，但它与现代史无法相比。不要说任何一人之力，无法占有，就是任何一个图书馆、档案馆，也无法搜罗得比较全备。因此，研究者只能在分工合作下分类选题进行某些搜集整理工作。实在说，任何一个研究者，也无需遍览所有的资料（也是不可能的）；但即使只作某一方面的研究，也会遇上它的分散性所带来的巨大困难。以上两项，是困难中的荦荦大者。除此而外，还有些其他方面的。但是蜀道虽难上，也总要攀登；同时，也不能只看到困难的一面，而且还须看到它便利的一面。那就是前面说到的它是一块未开垦的荒原，只要投入劳动，便出成果。它没有像古代史那种必须踏着前人走过的阶梯，更上一层楼的"突破"问题。将来也要有，现在还不多。比如一个政党、一个社团、一种企业、一个战役、一次运动、一桩事件、一种制度、一个人物，只要你把它的来龙去脉、发展变化的线索、轮廓，勾画清楚，就算得上一项成就。如果在这基础上再作更深入的研究而有所收获，便是更大的成果了。

"研究中国现代史须有什么样的基础和哪些条件呢?"这是和学习研究其他各段的历史没有多大区别的。马列主义理论，中外通史，中文、外文、历史地理、制度史与职官表、逻辑学，一般的统计学知识和考据学方法等等，都是基础性质的必备条件。有人觉得研究现代史所具备的条件，似乎可以通融一些，这仍是一种误解。当然各段历史所需要的基本功与基本条件，不完全一样，但上述各项，却都是基本的。例如说，它对古汉语的需要，会比研究先秦的人少些，也容易些，但可不是说完全不需要。比如说，你遇上章太炎、刘师培、康有为、沈钧儒、马相伯、张謇、王国维、孙中山、胡汉民、朱执信等人的言论文章，或文告、通电、函札、日记、年谱之类，都有个文言的问题，而且有时还很古奥难解。"中国现代史"都是几十年内的人物、事件，还用得着"历史地理"了吗？这里虽然牵涉不到很遥远的古代地理，但有些人和事却要追溯到清末与民初。从这个时间起以后的几十年内地名的更改也不少。例如现在广东的惠阳县，民初名叫归善县，邓演达就出生在这里；清末湖南的善化县，民初并入长沙，是黄兴的出生地。浙江的会稽与山阴后来并入绍兴，乌程与归安并为吴兴。这就牵涉到许多人物的籍贯与少年活动的记述。还有，在清代，江苏的苏松太和浙江的杭嘉湖地区，有很多在一个城内设有两个县，民国时期都并成一个县；全国唯有一个城内设有三个县的县城，这就是今天的苏州。在清代，苏州是府，府城内设有吴县、元和、长洲三个县。不具备较丰富的历史地理知识，研究现代史很容易闹出笑话。此外如孙中山的故乡香山改称中山，北京与北平名称先后变更等等，都必须按照严格的地理沿革来记人记事。凡涉及到边疆地理的名称，更需要慎重从事，不可掉以轻心。至于其他条件，其理易明，无待多说。

“现代史的下限应该止于什么时候?”按道理说，在“今天”以前发生的事就可以纳入“现代史”的范围。但是作为“历史”来从事研究，并以其研究结论来贡献于当代与后人，照目前情况看，以1949年中华人民共和国成立为下限，较为适当。对1949年以后的历史，可先注意搜集材料，留心思考某些问题;若动手发表著作，则嫌为时尚早。这是因为距“今天”越近，越是进入“现实”的范围。“现实”是将来的历史，还不同于历史。现实中的一切，都还在发展变化，没有凝固和冷却下来。历史家观察的发展变化，是观察已经成为“历史”的发展变化，而当“现实”还是流动不居，还是在“抽刀断水水更流”的状态下，是不好作为“历史”来评述的;“时评”的文章是另一回事。这就是马克思所说的“是从发展过程的完成的结果开始的”。在过程还没有达到一项“完成的结果”之前，就轻率地去作历史的评述是危险的。当然，这不妨碍人们注意察看现实中的事件变化，用它来作为理解“历史结果”的钥匙，但那是另一个问题了。

前面，我曾谈到“现代史”的范围内，在研究选题上，有个就当前现实考虑“该研究什么”或“不该研究什么”的问题。在这里，研究者不能胶着于“只要是真实的，我们就有权利评论和讲出去”。因为“现实”与“历史”是既有区别又有联系的。现代史中某些选题与现实密切相关，而现实中某些问题是否应当马上公之于众，有个时机问题，该缓者不宜急，应急者不该缓。又有过去不成问题的研究课题，而现在新的情况发生了。这就是说，某些现在可以做，某些现在可以从缓。“缓”不是永远不做，到可以做时再做。在现代史工作者面前，的确存在着一个须“暂时避忌”的问题。这并不是哪个人“胆怯”，恰恰是现代史研究者应有的严肃态度与政治责任感。

上面所讲的是就专题研究工作讲的。有人会问:“课堂教学怎么办?”与此相应，“编写现代史讲义或通史性著作怎么办?”在完整的章节体系中，该讲的东西能避开不讲吗？我想课堂教学与发表文章的影响波及面有广狭之不同，不可并论;至于发表现代史著作，当然也要照顾系统的完整性。但是不论什么时代写的现代史书，也必然带着那一时代的痕迹，这正是“现代史”之所以为“现代史”的特点。不要忘记我们今天的“现代”，推衍到将来会成为“古代”。不会因为我们今天没讲或少讲，就会埋殁了它的真相。到它距离现实渐远，把我们作为“古人”看待的时候，它会被我们的后人弥补上我们所没有讲或少讲的部分。后人复后人，历史的研究，总是后人研究前人；但历史的事实，总归不会改变。历史的威力，亦在于此。

近年遇到一些初学现代史的青年同志，他们常常提出上面所讲到的一些问题，略谈我的看法，当然是未必全对，供大家思考。

（原文刊于《文史哲》1981 年第 3 期）

试论军阀史的研究与几个相关的问题

一、从《民国史》的编写工作说起

近代军阀割据及其统治的历史，是民国史中的一项重要内容，所以今天先从民国史谈起。

新中国成立后，我们的学术、教育界首先着重讲解、学习、论述中国近现代革命史和中共党史，这是有重大现实意义，十分必要的。

我们没有把民国史或军阀史看得比党史和革命史更重要的意思。

但是，历史的运动是对立统一的运动，民国史（包含军阀史）的研究与革命史、党史的研究绝不是相互排斥，而是相互促进的。

因此，我们说，民国史与军阀史也应该研究。

“民国史”这项编著任务，如大家已经知道的，是新中国成立后我国领导人早就倡议的，在周总理决定把这项任务列入出版计划后，工作已进行了十年。它在国内外都产生了一定的影响。《人民日报》最近也开辟了“学点民国史”专栏。

“西南军阀史研究会”是1979年在成都史学规划会上发起成立的。三年来，在这个研究会的推动下，西南六省的同志们做了很多工作，成绩卓著，成果累累，是值得祝贺的。

军阀史不等于民国史，但它是民国史上重要组成部分；西南军阀史更不等于民国史，但它又是军阀史中的重要组成部分。西南军阀的派系纷争，割据混战情况异常复杂，过去研究成果比北洋军阀更少，大多数人对它几乎是不甚了解，所以更值得花工夫去探索。

历史书体例有通史、专史之别。党史、革命史、军阀史都是专史性质，任何一种民国时期的专史成果将来都可汇入民国通史，对写通史都是有益处的。

二、军阀史研究工作的用途

我们把民国史上那些拥有军事力量和政治权力的个人或集团，称之为“军阀”、“军阀集团”，就是意在贬斥他们；他们把自己叫做“督军”、“巡阅使”、“大总统”，不叫军阀。总的说来，他们是统治者，是站在与人民对立的一边，是反面人物。

但是，他们却是那个时代政治舞台上的掌权者、主宰者，小的代表一省或数省，大的代表了国家。这样来说明他们的地位、作用与影响，与“人民是创造历史的动力”的命题是不是矛盾了呢？并不矛盾。这是各从不同的角度来看问题。

我们研究历史，并不是只懂得革命历史就行。历史这门学科具有规律性、借鉴性、知识性。学习历史不限于正面，也要懂得反面。毛主席在他的《战争和战略问题》一文中，就有《中国国民党的战争史》一节，说：“辛亥革命以后，一切军阀都爱兵如命，他们都看重了‘有军则有权’的原则”，“对于这一点，我们应向他们学习”，从中得出“枪杆子里出政权”这一有名的结论。

马克思也留心研究过若干反面人物和反动事件，给后人以重要启示。例如他1848年发表的《反革命在维也纳的胜利》、《资产阶级和反革命》以及《德国的革命和反革命》等等都是。

列宁不是曾把“帝国主义”作为研究对象而写出众所周知的名著吗？

可见，研究工作首在于研究者的立场、观点、方法如何，而不在于研究的对象是什么。

立场、观点、方法错了，研究革命史也会发生歪曲；立场、观点、方法对了，研究帝国主义史可以有用，研究军阀史也可以有用。

一门专史的用处，具体列举是不必要的。军阀史研究的作用，就其大的方面，粗举数端：

(1)辛亥革命，作为资产阶级民主革命取得了一次重大胜利，但其后，反而出现了“群雄”割据、混战不休的局面，从历史的眼光看，这自有其内在的必然性。但是他们的混战却打不出一个像过去历史上那种“大一统”的局面来，因为它是在半封建半殖民地社会基础上形成的奇异状态，与历史上的群雄逐鹿不同。几十年的军阀割据史，不仅在军事上、政治上有其可探讨的特殊问题，而且在社会经济上、文化思想上也有其可研究之处。例如大小各派军阀各自凭借什么形成的？他们各有什么特点？各在自己占据的地区内采取了哪些政治、经济、文化上的措施？各自对人民的统治、剥削有些什么名堂？他们各自的兵、饷、军火来源于哪些渠道？他们各自的兴衰成败与人心向背的关系如何？他们各自与外国侵略势力是什么样的关系？诸如此类的问题，可以列举出若干来。总起来说，军阀割据，派系分裂，政局混乱，内战不休，兵匪遍地，交通梗阻，币制紊乱，教育落后，人民大众受苦受难，破产、失业、冻馁、流亡，这一切造成了社会的动荡不安，窒息了农工商业的正常生机，阻碍了中国社会向现代化的发展。这一切不应该是都值得作认真具体研究的课题吗？近代世界史中的帝俄、德、日诸国，都是从比较落后的政治和社会经济走向了现代化的道路，为什么中国却失败了，是不是可以作比较研究呢？

所以说，民国史上的军阀割据史是应当研究的。

(2)中国近现代先后发生的旧式的与新型的民主革命，都植根于中国近现代社会矛盾之中。新民主主义革命在制定路线、策略、方针时，都离不开对民国史上军阀势力统治下的政治、经济、社会情况作深入的调查分析。毛主席对中国社会所作的阶级分析，不只是分析了各个革命阶级，也分析了反革命阶级和中间阶层。即使是分析工人、农民各阶层的状况，那也是和军阀的压迫和剥削情况联系着的。在革命的进程中制定某一阶段的战略、策略，更是针对着各当权派的政治倾向、实力变化来采取对策。例如1923年前后，在酝酿统一战线与考虑统战的对象，国际远东局和党内，开始时曾对吴佩孚以及其他实力派的性质、倾向作过一些分析和试探，最后才确定了以孙中山领导的国民党为对象。又如1933年闽变发生后，在如何对待闽变当局的策略上，党内有过正确与错误的两种估计，最后以错误的占了主导而丧失了一次对革命的有利时机。再如西安事变前后，党对张、杨两集团和对蒋介石集团内部都以所作的正确估计，并以此为依据而取得了和平解决的胜利，成为时局的转折点。其他如红色根据地的选择，长征中的路线的变化，抗日战争时期对某些政治力量的联系与斗争，解放战争时期各种战略、政略的决定等等，无不是以对当时的对立方面或中间方面的情况了解为根据的。

由此可知，为了把现代革命史的研究提高到一个新的水平，也应当动手研究民国史与军阀割据的历史。

(3)除以上两端外，民国史上还有许多问题，是现代革命史与党史所略而不谈，或谈而不详的。比如民国时期的政治制度、议会选举、制宪问题、财政情况、铨叙制度、边界交涉、租界、洋行、秘密会社、民团、"防区"以及各色人物等等，都具有历史的知识性，应为后人所了解的。

三、几个可以研究的问题

民国史或民国时期的军阀史，在现代史学领域中是待开垦的荒地。解放后的专著或专论，都不多。

动手军阀史研究，首先遇到的是浩繁而欠整理，分散而未集中的资料问题。这是需要大家动手分工协作地去进行的事，不待多言。

用马克思历史唯物主义的方法去分析探讨占有的资料，对某项问题作具体研究，有些同志已经开始动手了，并作出了成绩。这代历史中可研究的方面很多，这也需要大家分工协作。

在研究问题方面，我有些轮廓式的片断设想，试举数项，和与会的同志们交流，并望指正：

(1)民国一代，前面结束了两千余年君主专制，后面开创了社会主义制度，执其两端，就可以想见居于中间一段的民国史所处的地位。它是不是可以看作是经历着巨大波荡的转折时代？这个时代的政治、经济、文化思想、社会风尚充满着新生的与旧存的、前进的与保守的搏斗和代谢关系。形式与内容的分裂，新质与旧量的对立，体与用的交错，构成这个时代的特色。历史上的仕何一代的现象，当然都是复杂的，但似乎都没有民国一代这样的斑驳陆离。最后，自然是以旧势力的溃败或灭亡，新生力量的壮大而开辟出新局面。历史工作者是不是应从其中阐明其各个方面发展变化的具体进程，以供求知求用的教训？

(2)民国史上出现的军阀割据与长期混战状态，是由于国内缺乏统一市场的小农经济造成的。这个根本的原因，说明了它与中国过去历史上出现的藩镇之类的割据，有共同的一面和不同的一面。在我们军阀作具体论述时，是不是还可以考虑这样一个问题:为什么从北洋开始的割据分裂,在袁世凯死后才明显地出现,而在晚清与袁当政时还能维持一个形式上的一统呢?我粗略地设想,这可能和长久的民族传统文化心理有关。长期的封建"大一统"需要有一个"一尊"权力的象征重心,并被涂上一层神秘的色彩。纵然腐朽如晚清朝廷,机诈如袁世凯政府,但由于历史的积累,它仍然在占相当多数落后的人们头脑中起着一种维系力的作用。清亡与袁死之后,这样一种权力象征不复存在,于是离心倾向加大,据地自雄的割裂局面就在这个时候出现了。辛亥后,孙中山当然也是有很高的威望;不过孙中山的威望,是在觉醒起来的群众中的威望。而上述的那种传统中心,象征封建落后的文化心理上的反映。如果鲁迅《药》中人物华老栓式的暗昧群众,还像汪洋大海一样的话,孙中山的影响就受到限制。孙中山为什么要求"唤醒民众"的缘故可以深思之。

上述传统文化心理的解释是不是可以作为根本原因之外的补充理由之一呢?斯大林是把"文化心理"作为民族统一的四要素之一,这也许可以供同志们思考之一助吧。

(3)民国军阀的割据纷扰,延续了几十年的现象,不是偶然的。北洋、西南各派军阀势力有大有小,压迫剥削的危害程度有深有浅,存在的时间有长有短,这一切也应该都非偶然,并各有其不同特点。拿北洋时期说,皖系名声很坏;直系僵而不死;奉系名声也不好,但存在最长;晋阎虽只据一省而号称"不倒翁";西北冯系地处贫瘠而练兵有特色;滇唐、桂陆为西南"强者";川军派系复杂多变;东南财富之区,除浙孙外,未形成强大军阀;其他各湘赵、粤陈、鲁张、苏齐、西北五马也都各具特色。凡此种种都可以按派系,按省区找出一些课题作深入或比较的研究。到国民党统治时期,四大军事集团蒋、桂、阎、冯的消长,元老派、改组派、黄埔派、政学派、CC派之间的纵横捭阖,江浙财阀与蒋政权之间的关系,蒋介石嫡系军队与杂牌部队之间的关系,官僚资本与民族资本之间的关系等等,这些又与北洋时期有所不同,也都可以列出许多课题作深入研究。民国期间的事件与人物,都应该实事求是地全面分析。在御侮救亡、抵抗侵略的民族战争中,各派系集团或个人往往表现不同,对他们的功过是非,应据可信的史料,作出合实际的评价。"史以求信"的原则,我们同志是都不会有疑义的。

(4)民国史上的中外关系是一项重要的研究课题。各帝国主义大国为了争夺在华利益,要求支配中国政治;各派军阀在争权夺利中都希望获得外国的支持。这是人们所经常谈论的。但是这个问题却是异常复杂，为了弄清它们之间的关系，需要深入地挖掘资料。需要认真地整理租界、洋行、教会、外国银行的档案和翻译各国外交文书以及有关材料，以求得其真相。不然就会停留在表面的理解上，或是让一些问题晦而不明，近于空白。奉、皖两系的背后有当时日本政府的支持，是人所共知的；但日本伸手的地方不仅奉、皖。英、美支持直系，从报刊舆论上很显著，从实际具体的活动上又很隐蔽，而且英、美也并非不对其他派系插手。如英、美也借款给张作霖便是一例。距边疆和海口较远的内地中小军阀与外国侵略者之间的关系，更是不易弄得清楚的问题。同时，从另一方面看，军阀有需要向外国侵略势力投靠求助的一面，又有利害矛盾的一面，笼而统之地称为帝国主义"走狗"、"工具"，不一定全合乎实际情况，其间关系往往是随时随地而有极多变化和复杂的内容，用一成不变的公式去硬套，往往是不恰当的。

(5)民国史上的军阀割据，造成国家的分裂状态，社会被破坏，人民受灾难，是人所共知的。但是，我们研读这段历史，在面对着这种分裂状态的苦痛中的时候，还隐约地感到一种中华民族的凝聚力起着正面作用。这话怎么说呢？过去范文澜同志研究中华民族国家的形成问题时曾指出：中国自秦汉成为统一的封建国家之后，统一与割据两种力量，总是前者占优势，时间长，是常态；后者的时间短，是变态。民国史上的封建割据在历史的长河中也是短期的。在这短期的割据中，由于复杂的国际因素，军阀势力不能以自身力量实现像历史上那样的"一统"之局。但是纷纷扰扰之中，却总是透发出要求统一的呼声。受混战祸害深的劳动人民，自然盼望分裂状态早日终止；爱国的社会名流、知识界、工商界人士，也盼望这种无意义的战争消弭。所以民国史上不断地出现"和平期成会"、"促成会"、"弭战会"一类组织，发出和平统一的呼吁。历届总统、内阁上台，也都首先打出"统一"的招牌，虽然他们的动机多半是为了粉饰自己的权力地位，但其中也多少曲折地反映着人民的愿望。

民国时期的北洋军阀，在自己地盘上虽然实际进行着割据，军、政、财权集于一身，但是却又在形式上"听命"于一个中央政府。当自身与性质相同的"中央"发生的利害冲突，达到决裂的程度时，往往只宣布临时性的"自立"与"自治"，一旦利害得到调节，"自主"、"自治"立即取消。这与欧洲史上封建性分裂发展成为对内对外独立王国不同。

国民政府时期，出现过两次与中央政权相对抗的"中央政权"，一次是扩大会议后在北平成立的“国民政府”，一次是1931年反蒋势力在广州另立的“国民政府”，但由于力量悬殊，不久即归消灭或合流。为什么在这时期能出现另立“中央”的对抗性分裂？原因可能是多方面的。其中的原因之一，与他们各自拥有与蒋介石集团分庭抗礼的“国民党党统”不无关系。这情况是北洋各派军阀所没有的。

上面所论述的“分裂”、“统一”问题，只是就军阀势力范围内的问题来讲的。北洋时期的护国、护法两役所建立的军务院、广东军政府，北伐中的广东政府与武汉政府以及后来的福建人民政府，因为它们带有一定的正义性或革命性，不能与军阀割据问题等同视之；至于共产党建立的工农民主革命政权，是截然不同性质的，更不在论列范围之内。

总之，在民国时期存在着的封建割据纷争状态中，仍然曲折地反射出人民期望的结束混战、早归统一的愿望。尽管统一问题还应看是什么性质的统一，尽管“统一”的口号会被军阀利用来对付政敌和镇压人民的反抗，那是应另外讨论的问题。前面说的范文澜同志在谈到中国很早就成为一个统一国家的原因时，指出中国社会早就“确实存在着的一个相互稳定的人们的共同体”，并在估量到中国长期历史条件下形成的这一民族统一力量时说，“即使在帝国主义侵入以后，帝国主义列强用暴力和阴谋企图分裂中国，并不能真正达到它的目的”（范著《中国通史》绪言）。我们研究民国政治史，首先应研究军阀割据所造成的对中国社会进步的巨大危害，但似也不可不看到纷纷扰扰之中所透出的与军阀分裂之势相反的民族凝聚力。这个凝聚力是历史的文化、心理等各种因素的积累所形成的，是分裂势力的精神阻力，潜在地表现于人心向背之中。当然，它的作用不能与觉醒起来、有组织、有领导的人民革命的威力相比拟，只是也不应该不估计到它。

今天我所讲的是些片断的设想，远不能算什么研究。近几年日本、美国、英国、法国、苏联、加拿大、澳大利亚等研究民国史的学者不少，有的成立起研究机构；专研究滇、川、桂、黔情况的著作，也出了若干种；国外学术界对我们的工作，也很重视，有所评论。台湾的同行们也都动起来，编辑资料或写专著。我们大家的工作肯定是有积极意义的，祝愿同志们携起手来，共同前进。我所讲的都不是成熟的东西，错误处请同志们匡正。

（本文系作者在1982年8月在贵阳召开的“西南军阀史研究会”学术讨论会上的书面发言）

试谈《中国妇女运动史》的编写问题

——在全国妇运史工作座谈会上的报告

同志们：

全国妇联编妇运史的领导同志事先给我指定了一个题目，谈谈妇运史的编写问题。这个题目对我来说是一个难题，因为我没搞过妇运史，让我来谈这个问题，我实在没资格。刚才柳勉之同志把我作为“专家”来介绍，这是过誉，是不符合实际情况的。我认为所谓专家，应该是有学问又最没有学问的人。为什么说没有学问呢？专家的知识面比较窄，专在这点上他就不能专在那点上，最近华君武同志画了一幅漫画，讽刺替曹雪芹数头发的人。这当然只是一个笑话，对妇运史说来，我连个数头发的专家也不如。但幸而同志们就妇运史的编写工作提出了一些问题，这样就支援了我。我把这些问题综合了一下，再结合一点我个人所谓的经验，这样子给大家谈几个问题。题目就是试谈妇运史的编写问题。只能是泛谈、浅谈，不一定中要害。

关于《中国妇运史》编写的重要性和迫切性，它包含的意义，我不多谈了，许多领导同志都讲过了。我是就写书谈写书。我考虑谈五个问题。

第一个问题：妇运史是一种什么性质的史书

这个问题看来，还有必要先说清楚。其实，回答起来很简单。妇女运动史在史书类别中，是一种专史。当前我们国内通行的历史书，一类叫“通史”。“通史”是什么意思呢？就是上下古今通和政治、经济、文化通；也可以说，凡是不限于一个时代、朝代，或不限于一个方面的，而是上下古今和左右纵横通的就叫通史。和“通史”这个概念相区别的，一种叫“断代史”，一种叫“专史”。按时间上横断的叫“断代史”，断开一代。比如说清史、明史、宋史，专写一个朝代的历史。从性质上纵剖的是“专史”，专门的历史。比如说经济史、教育史、文化史、民族史、法制史、文学史、财政史等等，都是专史。史书中还有古代、近代、现代史，由于它断限比较长，虽具有断代的性质，实际是一种通史。如果是“近代经济史”、“近代文化史”，它就是专史了。由此看来，我们要编写的妇女运动史当然属于“专史”性质。我们制定的《中国妇运史规划》中开头有这么一句话：“我国妇女运动史是我国革命运动史的一个重要组成部分。”今天许多领导同志讲话中一再阐明这句话的意义。这句话一点不错，是非常对的。从我们上面说明的通史与专史的界说看，中国近代革命史本身已经是专史，因为它主要讲革命运动，不是把政治、经济、文化都拿来讲，所以它就是一个专史。那么我们妇女运动，又是这个专史里一个组成部分，这就等于是专史中的专史了。专史是可以越分越细的，比如说，革命史里可以分工人运动史、青年运动史、农民运动史、妇女运动史等等。又比如近代经济史是专史，还可以分为近代工业史、农业史、商业史等等。文化史是专史，也可以分为音乐史、美术史、戏剧史等等。总而言之，我们来回答中国妇女运动史，是专史；我们编写这部书应按专史的要求来写。近代革命史或现代革命史一类的书里有没有讲妇女运动呢？当然也讲了一点，比如讲五四运动、五卅运动都讲了妇女活动的情况，但是它不能代替妇女运动史。因为它毕竟不是专门的妇女运动史。如果我们对妇运史这个专史的要求，作一个大体的设计，妇女运动史应该以中国近代革命史为背景，突出妇女运动这个部分，把妇女要求解放的运动作为研究的主要对象，专门来研究妇女运动发生、发展的规律和经验教训。第一个问题我就讲这些。

第二个问题：妇女运动史和革命史的关系

“中国妇女运动史是中国革命史的组成部分。”为什么？它和革命史是什么关系？我们先从妇女运动的革命性讲起。首先，妇女运动是要求妇女解放的。妇女解放就是生产力的解放，解放生产力就是革命，所以妇女运动本身就规定了它的革命性质。这是一个含义。第二个含义，就是妇女运动是紧密地伴随着中国近代革命史的发展而发展的，中国革命胜利得越彻底，中国妇女的解放也就越彻底。简单的归纳就是这两点。

妇女运动的革命性质，从近代史上看，它不是一下子就很显著的。比如拿妇女运动在戊戌变法时期的情况来看，戊戌变法一般讲是改良主义运动，但即使是改良主义运动，也仍属于资产阶级民主革命的范围。可是这个时期提出的妇女解放的口号，显然革命性是不显著的，当时的主要主张是“不缠足”；康有为组织过“不缠足会”。当然也提到女子教育，但受教育的目标是造就更多的“贤妻良母”。所以那时这个运动在改良主义思想指导下，有革命性，但是它的革命性不显著。到了辛亥革命的前后，妇女解放的口号就比戊戌变法时期前进一步，争取男女平权、教育权、婚姻自主权以及参政权。随着资产阶级民主革命的发展，它的革命性也就显露一些。但是在我国近代的资产阶级民主革命思想，还不能从根本上为妇女解放指明方向和出路。一般说来，妇女解放还停留在社会的上层，停留在知识界。到了五四运动以后，妇女问题在马克思列宁主义指导之下，特别是中国共产党成立以后，在党的领导之下，它和劳动问题结合起来，和无产阶级解放结合起来，这才为中国妇女解放指出了明确的方向和出路。总之，妇运的革命性随着近代民主革命的要求一步步深入，革命越彻底，妇女解放也就越彻底。两者是密不可分的在同一个历史过程中。

现在我们可以进一步谈谈近代民主革命史规律和妇女运动史规律的关系了。我们知道，妇女解放运动是近代资本主义社会的产物。在古代奴隶社会和中世纪封建社会，是没有妇女解放的问题的。这个问题在古代和中世纪提不到日程上来。从社会发展史的角度看，妇女沦入被压迫地位，是随着社会阶级出现而确立的，是从奴隶社会开始的。奴隶社会和以后的封建社会把阶级压迫与等级制度视为当然，不可能有妇女解放的观念出现。妇女解放是伴随着资本主义经济发展的要求，天赋人权学说，自由、平等、博爱的观念的流行而产生的。在世界范围内是如此，在中国，妇女解放是在半封建半殖民地社会基础上产生的。中国妇女运动究竟开始于什么时候，是太平天国，还是戊戌变法？大家可以去研究。我个人的意见是倾向开始于戊戌变法时期。话扯远了，仍然拉回到规律问题上来。那么，作为近代革命史的规律是否适应于妇女运动史？我觉得这没有什么疑义。作为近代革命史的一般规律，同样应该适用于妇女运动史。比如革命的对象、任务，革命的领导权等等都应该是相同的。这一点是没什么问题，也好理解。现在问题就是，妇女运动史，除了与革命史上的共同的规律之外，还有没有自身的规律？还是仅仅限于上述革命史的规律？我想，从理论上说，应该是有的，应该有妇女运动的特殊规律。从各位老大姐经历过来的道路中，也会感觉到一定有。昨天座谈会上，许多老前辈老大姐，讲了不少妇女参加革命的经历和一些特点。我就不再重复了。把她们讲的那些经历特点，加以研究、概括，就会显示出某些方面的规律性。妇运史中究竟有哪些称得上规律性的东西，这需要大家去研究。一般说，妇女总比男子在社会上多一层或几层束缚，多一层或几层压迫；她们的遭遇往往和家庭问题、婚姻问题联系得更多；她们要冲到社会上来更不容易，不要说参加革命了，就是走到社会上来谋求职业，也比男子的困难不知要多多少倍。她们想争取教育权，争取职业权，争取参政权，障碍重重，这些都是可以想象的。历史当然光凭想象不行，须有更多的史料根据。拿教育权说吧，近代妇女受学校教育，学校首先是由外国人创设的。开始只能办中国女子学校，男女不能合校。男女合校问题一直到民国以后，是非常大的争论。小学可以合，中学能不能合？中学可以合，大学能不能合？当时争论得很厉害。女子可以上大学，而且可以男女合校，是从北京大学开始的。蔡元培当北大校长后，有几个女学生自动要求到北大旁听课，蔡元培把她们收下了。以后从旁听变成正式招收女学生。有人向蔡元培提出过抗议，说教育部的章程上没说可以收女大学生。蔡元培回答说，教育部的章程上也没有说不可以收女大学生。还有女子上学校，开始认为只能上师范、护校之类，不能够学文理工各科，以后才有了改变。我举这个例子说明什么呢？就是说中国妇女解放之路上有自身的特点、特色。从事妇女运动史的研究须注意这些地方，不然，就看不出妇运史的特色。我收到过几位青年写的妇运史论文，有的写辛亥革命的妇女又不一样。另外还可以比较“五四”以前的妇女运动，有的写“五四”或“五卅”时期的妇女运动，但讲的基本上还是革命史，不过在辛亥、“五四”、“五卅”中增加了一点妇女的材料。这算不算讲了妇女运动呢？严格地说，不能算，你讲的还是革命史。所以《妇女运动史》这部书能不能写好，关键就看对妇女运动特点、特色、特殊规律研究得充分不充分；只有把这方面表述充分了，才能把它和革命史有所区别。这就是我讲的第二个问题。

第三个问题：关于编纂妇女运动史的指导思想

这问题在《规划》里已经讲明了。我们的指导思想是马克思列宁主义、毛泽东思想，是用辩证唯物主义和历史唯物主义的观点来指导写好这部书。《规划》里这样规定是很必要的，很有意义的。但是光具有普遍意义的原则不行，问题在于如何把这一指导思想，来和妇女运动的具体史实结合起来进行研究。原则、原理我们大家都学到一点，但应用到具体史实中，分析探索，其高低深浅，这就看各人的水平了。我没有研究过妇运史，粗浅地举几个想到的问题，供参考吧。比如中国妇女求解放与自我觉醒的过程，和西方国家的妇女有没有什么不同？我想应该是不完全一样。因为西方是资本主义社会。在资本主义社会的经济发展的基础上，一方面妇女走出家庭，独立生活；同时在人权平等的思想下，自发地要求妇女解放。在中国，首先是由于帝国主义的经济侵略，破坏了中国自给自足的小农经济，许多农民小生产者破产，使许多妇女被迫地流浪到城市里来，成为城市贫民，当了女工。她们的迫切问题，是求生存，谋生活。要求解放的思想开始是随着民主革命的思想从西方输入进来的。中国妇女解放的动力，开头可能有的因为家庭压迫，有的是因为生活压迫，有的是因为民族压迫等等，这在每个人身上可能不一样。冲出家庭来，这是妇女的第一关；冲出家庭之后，通过什么样的生活道路，遇到什么机会参加革命，那就会各人有各人的不平凡的经历。这些经历中，有哭有笑，有血有泪，刀光剑影，五彩缤纷。这些情况就要具体研究。又如觉醒起来的中国妇女，出身于各个阶级和阶层，有地主资本家出身的女子，有出身贫苦的家庭的妇女。贫苦的妇女中有的来自城市，有的来自农村，她们的环境、遭遇和觉醒的过程，都不会是一样的。还有各地区之间的差别，北方比较落后的地区，江浙一带工商业比较发达的地区，以及西南、西北各边境地区，妇女们的遭遇也不会一样。以后从苏区出来和白区参加革命的妇女，和“五四”以后妇女在从事妇运的思想行动上有什么不同的情况。诸如此类的问题，我们都要把它放在马列主义、毛泽东思想的指导下来具体研究，把马列主义提供的立场、观点、方法，具体地贯穿到历史事实当中去进行分析，得出合乎实际的结论。我提出的几个问题是凭空想的，大家接触更多的历史材料，就会归纳出更多的问题来。

第四个问题：中国妇女解放运动的几种思潮

一种是资产阶级的民主主义，一种是马克思列宁主义。先是资产阶级民主主义，是从戊戌变法时起，康有为、梁启超等人介绍进来的西方人权平等，个性解放等思想。这个思想，号召男女平权，妇女不要再做男子的奴隶，一直贯穿到“五四”以后。但到“五四”以后马列主义思想兴起，就成为两种思想并行来指导妇女解放运动了。虽然到“五四”以后马克思列宁主义成为主流，但是资产阶级的指导思想也还是有。这样，妇女运动中就出现了两条道路：一条是把自己的命运和资产阶级拴在一起；一条是把自己的命运和无产阶级事业联在一起。两种思想、两条道路的结果是很不相同的。毫无问题，在中国这样的社会里，只有马克思列宁主义能给中国妇女指明出路；中国妇女必须把自己的命运和中国劳苦大众的命运结合在一块，才能走向光明，取得胜利。那么，在妇运史的研究当中如何看待这两种思想呢？这就要具体分析了。我想，如何看待这两种思想的办法，无非是根据我们党统一战线政策的精神。我们应把资产阶级指导妇女运动的思想当作友军，和它的关系是有团结、有批评。一般说，我们应该看到它能起反封建作用的方面，比如黄炎培倡办的许多女子职业学校是一种资产阶级改良主义的东西，但它帮助许多妇女取得谋求职业的能力，在反封建上还是有一定意义的。另外在国统区内，一些其他妇女组织或教会办的妇女福利事业团体等等，都是如此。但也要看到它不能从根本上解决中国妇女的出路，有它的局限性。资产阶级思想的腐朽的一面，甚至会把妇女引上邪路。这就要研究它起什么样的历史作用，是积极的，还是消极的。

我们现在编写新民主主义时期的妇运史，首先讲述马克思列宁主义思想影响下的妇女解放运动，也就是党领导下的妇女解放运动。但也要兼顾到分析其他思想流派的作用如何。这就是我讲的第四个问题。

第五个问题：关于编写妇女运动史的几点具体意见

编写一部妇女运动史，和编写其他历史书是一样的，第一步就是要占有材料。材料怎样搜集、鉴别、审定，我不再讲了，刚才一博同志讲得很多了。有了材料以后怎么办呢？就是开展专题性的研究。问题的研究总是从个别的问题开始，慢慢触类旁通。比如研究一系列事件，一系列人物，有关妇女问题的政策、法令、团体组织、报纸刊物等等。我觉得在写书前，有了相当资料之后，应该先拟出一批研究的题目来。不研究不可能发现问题，也不可能发现妇女运动当中的特点。没有大量的专题研究就写成本的书，是写不好的。占有材料是第一步，研究问题是第二步，光是占有了材料，还不等于就是历史。即使材料是真实的、可信的。这种片断资料的真实性还不等于历史的科学性。比如司马迁的《项羽本纪》，写得生动也真实，但它不能说明项羽代表的社会势力和他失败的根本原因。科学性要在真实材料的基础上进行综合、比较、概括的抽象，才能说明问题的本质。科学性应该是比真实性更高的东西。研究问题是很艰苦的，须深入到资料当中去，熟悉资料，反复体会，又要提高起来，从各个角度去探求，把各种现象互相联系起来考虑。这里面究竟存在什么问题，什么矛盾，什么共同之点。既要深入史料之中，又要超出史料之上；既要微观，又要宏观；在各类事件上找出共同点和同类事件上找出不同点。能下这些功夫，对一个问题的理解大体差不多了，这样你就有了自己的独到的见解。研究历史要讲科学性，也还要讲革命性。但革命性，建筑在科学性的基础上，对历史研究者要求站在革命的立场来看待历史事实，来阐发它的革命性；但决不能因为革命性去篡改历史事实，我想这个道理可以不必多说了。古往今来写历史的人不可能没有自己的倾向性，不能没有自己的爱和憎。在不改变史实的前提下，流露出作者的爱和憎，这是容许的。至于写书的具体程序，大都是要先拟好章节，章和节代表一部书的思想体系，也显示它的阶段性。章节体的历史书是从西方学来的。中国古代的历史书，没有这样的体裁。咱们古代历史书，分纪传体、编年体、纪事本末体。这几种体裁各有利弊，比较起来，章节体是一种进步的体裁。可是章节体也有它的毛病，不能完全代替纪传体和编年体的优点，不过目前我们只好按章节体来写。章节的拟定，只是初步规划，不可能设想一成不变。在写书过程中，还不知要变动多少次。但先拟定章节，心里就有了数了。根据章节着手写初稿。经过反复修改，最后定稿。从初稿到定稿，还不知要修改多少次，很可能修改到原稿面目全非。写一部大书，初稿可以发动较多的人来写，但定稿不宜于太多的人，人多意见分歧，就不好办了。

另外在写书前，还得做些体例的规定，就所能想得到的，尽可能规定得详细一些。比如，全书的字数，每章每节的字数，大体分配好。

又比如年月日的写法，古今地名的写法，人物出场的先后，人物称谓，注解的体例等等，都尽可能先有一个统一的规定。有了这些规定，末后统一起来就省事了。

《妇女运动史》这部书写成之后，最好再编几套妇女运动史的资料。比如妇女烈士传、人物传、大事记、大事年表等等。因为一部运动史里不可能完全交代清楚。今天，我是就写书讲写书，就讲这些了。

《妇女运动史》这部书是一项开荒的工作。建国以后，我们还没有一部妇女解放运动史，特别是以马克思列宁主义为指导的妇运史。这次全国妇联发动全国的力量写这么一部书，很有必要。无论在进行革命传统教育上，还是在充实教学内容上，都将起很大作用。过去革命史里没有足够的妇女解放运动的内容，部分原因也许是认为体系上容纳不进去，更主要的原因还是我们对这方面缺乏研究。我们现在写的通史，如果忽略了少数民族的历史，往往被人批评为大汉族主义，以后我们写的革命史，如果没有足够的妇女运动，是不是也可以叫“大男子主义的历史”？这当一句笑话说吧。末后，我祝愿在全国妇联党组领导下，这部巨著早日出现，祝愿大家工作顺利和成功。

卢沟桥事变史二题

一、抗日战争史的起点问题

近年来，我们史学界同行中出现了新的意见。把抗日战争史的起点，有的主张提前到“九一八”，有的主张延后到“八一三”。两种主张都举出一些理由。我认为两种主张虽有新意，但理由都难成立。现把我认为“不能成立”的理由，列举如下：

(1)“抗日战争时期”这一历史概念的内容，包括这场战争的全民性(工农兵学商)、全面性(军事、政治、经济、文化)、决战性。

另外，如“全国性”、“民族性”等的提法都可涵盖在“三性”之中。三性的出现，有一个矛盾条件的积累过程。中日民族矛盾从“九一八”发展到“七七”，具备了抗日的三性；矛盾的激化到了非爆发不可的时候。换言之，中日双方除了诉诸战争，再无他路可走了。所以卢沟桥的炮声成为八年抗日战争史的起点是理所当然的。

(2)“九一八”日军占领东北后，发生过东北人民抗战、“一·二八”淞沪抗战、长城抗战、察北同盟军抗战、绥远抗战。这些抗战虽然表现出中国军民不甘亡国的同仇精神，但都还是局部的、临时的抵抗，不是全民的、全面的决战。

(3)从 1931 年“九一八”到 1936 年“双十二”西安事变，还是国民政府执行“安内”而不“攘外”策略的时期，还是人民要求抗日而不得的时期，还是中国共产党提出建立抗日联合战线而不被国民党接受的时期。内战未停，两党对峙，全国抗日势力尚未能团结成抗日整体。说这时期曾经发生过若干次对日作战是可以的，但不能算进入全国性与全民性的抗日战争时期。

以上说明把抗日战争史的起点，提前到“九一八”是不妥当的。下面说明后推到“八一三”的说法也不能成立。

(4)卢沟桥点起的抗日战火，延续到7月28日二十九军从平津撤退，下距“八一三”只有十多天。而且就是这十几天中，平津四周的零星战斗，也未终止。历史本来已经联成一个整体，没有必要再从中切成两段。“平津危急！华北危急！中华民族危急!”中共中央于“七七”第二天的通电中，已经把卢沟桥的战斗与中华民族的生死存亡之战联系起来估量了，事实也确实是如此的。

(5)从敌人的战争部署看，“七七”事变发生后，7月8日到10日，日本参谋本部决定增兵华北；11日阁议决心乘机彻底打垮中国，并向政界、财界、舆论界作全面侵华战争动员；16日决定调陆军10万来华，17日五相会议又决定动员40万日军到中国。与此同时，海军将领提出与陆军出兵华北相配合，由海军第三舰队司令长谷川清提出控制上海与南京的“意见书”。这样就出现8月9日日军在上海的挑衅，从而爆发了“八一三”战斗。从以上历程看，敌人早已做着全面侵华的整体部署。“陆军出兵华北，海军占领上海并封锁华南港口”，早见于1936年9月海军省提出的《对华时局处理方针》。“七七”事变不是脱离了其整体部署而孤立地发生的。“七七”与“八一三”不能分割，由此足以证明。

(6)从中国方面看：“七七”事变发生到“八一三”之前这一个月零五天当中，尽管南京政府与冀察当局还讲了些“希望和平解决”，“愿意容忍”，应当看到已经不是主流。其实，从1936年下半年中日谈判中，蒋介石、张群、王宠惠已大体表白了，南京政府认定能否保存华北主权的完整是生死存亡的关键，也就是“最后关头”了。所以，张群与川越茂谈判中向日方提出“取消塘沽、上海两协定”，“取消冀东伪组织”，“消灭察匪伪军”的条款。因为蒋介石已认识到如果华北再拱手让人，就会使他的统治崩溃①。到了1937年上半年，中国国内形势已出现了全国团结抗日的新局面。不但是蒋介石，宋哲元集团也起了变化，主流已转向作抗日的战争准备。只要日本这时进犯华北，即使不出兵上海，中国也要奋起抵抗，已成必然之势。“七七”事变，平津这两大城市迅速沦陷，中国的各抗日党派、各

① 《川越大使致有田外相电》，1936年11月10日。

界人民斗志昂扬。全国一致奋起,要求对日作战。从“七七”起到“八一三”这一个多月中,即使还有些小小曲折,但从全国形势看,从国共两大政党的频繁接触看,历史已经进入全民的抗日战争时期,而不能再把它划在抗日战争时期以外去。

二、卢沟桥事变是“偶发事件”吗?

战后,日本历史学界一些正直的学者所发表的论文或专著,对日本帝国主义者侵华罪行多能秉笔直书,作了揭露和谴责。他们在说到卢沟桥事变时,也指出是日本当局的预谋,是由驻华北当地日军挑衅而起的;但也看到某些欠妥的论点。例如说卢沟桥事变是“突然发生的”,“与谋略之间绝对没有关系”,“这时日军还没有正式战争的计划”,等等。不论这些说法所依据的是什么,从整个历史脉络看,这些论点起码说也是片面的。兹胪陈个人意见如下:

(1)从日本帝国主义一贯推行掠夺、奴役与灭亡中国为目的的既定国策说,半个多世纪以来,中日间任何一次冲突事件,不论其偶然性多少,都是这条必然性链条上的一环。由柳条湖事件而发生的“九一八”,由卢沟桥事件而爆发的全面中日战争,都可作如是观。日本帝国主义侵略大陆的政策不变,中日之间总归要爆发一场生死决战。这是必然的。在这一总趋势下,卢沟桥事件是“偶发”还是“预谋”,以及是谁“先放第一枪”的问题,就没有多少讨论的必要了。因为侵略与被侵略是如此的分明,强盗已经闯进了庭院与主人发生冲突,人们还需要评论是谁先动手的吗?

(2)现在退一步就事论事。日本军参谋本部的石原莞尔之流,为了掩盖事实真相,斤斤声辩卢沟桥事变并非事先的“谋略”[①];好像说开到华北土地上来的日本皇军是些“观光”的游客,不会杀人放火,也不是有预谋,这能使人相信吗?“九一八”前的柳条湖事件是预谋,“七七”事变也是预谋。日本一些论著中很多人引用过北京日本使馆今井武夫少佐提供的材料。他说,事变前北平公使馆和东京政界消息灵通人士早就有人私下议论说:“七日晚上,华北将要发生第二次柳条

① 石原莞尔:《回忆回答录》。

湖事件。”[①]这不恰好说明是预谋的吗？

(3)日本军国主义当权者推行其侵华政策，发展到“九一八”，进到要以军事亡华的阶段。这一新阶段的特征，是凭借武力，但不是全用武力。在一定时期他们也运用诱骗、分化等诡计以及经济、外交等手段；不过都是以武力为其后盾。从《塘沽协定》以后，日本政府的目标已确定为如何攫取华北五省。其攫取华北的办法已不像对东北一样，军事占领，一口吞下，而是采取谋略式的一块块分割。当时他们叫“特殊化”，也叫“华北分离”。到1935年冬，它所取得的成果，一是“冀东自治政府”的22县，一是冀察政务委员会所辖的冀察两省与平津两市。就侵略者的意图说，没有能全部实现它预想的五省三市。但这样已经激发起中国人民抗日运动的高涨。与“华北分离”的谋略同时，1936年初日首相广田在外交上抛出他的“三原则”，用“亲善”、“提携”等好听的辞藻和“防共”的诱饵，向南京政府交涉，向冀察当局施加压力，企图不战而诱使南京政府投入其怀抱，夺取更多的实际利益。但几经曲折，将近一年的中日谈判，以无结果而失败。到1937年初，日本政府又抛出佐藤外交的“新政策”。这“新政策”披上更加伪善的外衣，声称要“尊重中国的统一”而来换取南京政府的共同反共反苏。由于这时中国的内战终止，国内已出现了团结对外的新局面。佐藤外交“新政策”，也就含有更为阴险的目的，但在全国人民抗日要求高涨的新形势下，佐藤外交的目的仍然落空了。这在日本统治集团内部，早已引起急进派的不满。广田“三原则”与“佐藤新政策”既然都不能奏效，那么已经疯狂了的日本侵略者，下一步将是什么，不言自明，当然就是战争了。至于说到有无准备，那华北早已是放在日本刀口上的鱼肉；从狂妄的日本军国主义分子如陆相杉山元看，用战争手段把华北拿过来，那是轻而易举的。

(4)从中国的情况说也是一样。南京政府由于专心致力于“安内”，“九一八”时，它采取了不抵抗政策；“一·二八”时，签订了《上海停战协定》；长城之役，又被迫签订了《塘沽协定》。“冀察政务委员会”这个半独立政权形式，是蒋介石所能承担的最大限度的负荷了。华北事变半年后，蒋介石不能不对“最后关头”界限到底应该放在哪里有所解释了。1936年的中日谈判中，他向张群交过底，说“迫我们承认‘满洲国’是最后关头”；又说“华北主权的完整是生死关键”。因此

---

① 今井武夫：《中国事变回忆录》。

国民党外交代表王宠惠、张群针对日方的提案，提出了一些比较强硬的对等要求，大部分是关于华北主权的。蒋介石这时不敢答应与日方“共同防共”。等到1937年春，国内和平实现，抗日民族统一战线初步形成，全国团结抗日的时机，就更是迫近了。当日本主战派叫喊“向中国一击”，在卢沟桥挑起事端时，蒋介石讲出了“对方如果向平津出兵，那就是意味着最后关头的到来”。

由以上可以看出，中日间的矛盾推演到1937年时，日本军阀的侵略政策已骑上虎背，非出于一战不可；南京政府为求中国的生存，也非进行抵抗不可。那么，这场侵略与反侵略决战在1937年爆发也就是必然的了。这里还有与这场战争发生有关的国际关系以及其他因素，暂时不去谈它，已可以得出如上的结论。

(5)一桩历史事件总趋向是必然的，发生的具体时间与地点可能是偶然的。一般说来，我们不应排除卢沟桥成为抗日战争爆发点偶然的可能性。但是从1936年5月，日本向华北大量增兵之后，华北驻屯军在卢沟桥、长辛店、平汉线北段进行频繁的攻防演习。看来，这不是没有选择和用意的。到七七事变以前，据当年二十九军几位高级将领何基沣、邓哲熙、戈定远等的回忆说，当时北平外围的形势，是北宁路沿线，西起丰台，东至山海关，均有日本军队驻防；北平东面，有完全听命于日本的冀东伪组织；北面有在热河省集结的敌伪军；西北面有被日本收买的李守信和王英等土匪队伍。仅在西南面，尚为二十九军防守。这样西南面的卢沟桥就成为北平唯一的门户。如果宛平城与卢沟桥再为日军占领，切断平汉线，北平就成了一座孤立无援的死城，因而卢沟桥地段就成了中日军事上必争之地。这就说明了日军为什么选定了这个地方挑衅的原因所在。从实地情况而不是抽象地来考察这一问题的话，连事件爆发地点也增加了必然的色彩，而降低了它的偶然性。

(6)1936年以前，日本在华北的驻军人数还较少。按《辛丑条约》，它取得的驻兵权，人数是1570名，实际有2000余名。1936年5月向华北派兵猛增到1万多人。如果根据事变发生后，日本内阁才作出向华北再增派三个师团的决定，而认为日本方面事先没有准备，那是可笑的。因为从东北派兵入关是朝发夕至，事实也是如此。“七七”事变之后，十天左右，关东军两个旅团和朝鲜军一个师团就开到了平、津近郊。另外，还有集结在锦州至山海关以及古北口等地待命出发的部队。这些力量对付二十九军是足够的了。除准备攻占平津外，是不是还准备大举向华北以及全中国进攻呢？日本参谋部事先制定的《昭和十二年度(1937

年)作战计划》[1]中记录得明白:用八个师团对华北五省作战;用五个师团对上海、南京、杭州作战;对广州用一个师团作战。这就不能说事变没有预先进攻的计划;计划是有的,但确定还不算太周密和具体。这也许是由于狂妄的日本军阀们误认为只需要猝然"一击"就可以使中国屈服的缘故,但结果超出了他们的预料。

综合以上各点,说明卢沟桥事变不是偶然和无计划的事件。

(本文系作者在1987年"抗日战争50周年纪念大会"上所作的学术报告)

① 日本防卫厅防卫研究所编:《中国事变陆军作战》(1)。

论保定军校的历史地位

——纪念保定军校建立八十周年

北京政府时代，保定军校是很有名气的。它的全称是“保定陆军军官学校”。这所军官学校成立于1912年，即民国元年的10月20日。当时袁世凯任临时大总统，陆军总长是段祺瑞。保定军校是陆军部主管的一所正规的近代化军事学校，相当于日本的士官学校。到1923年第一次直奉战争后，由于军阀混战的破坏而结束。共计存在十一年。在十一年当中，它办了九期，培养了六千多中上级军官，其中出了不少在民国史上颇有影响的风云人物。我作此文，对它的历史地位试作一番检讨并论证它的历史意义。

我们应该怎样评量这所军事学校的存在及其历史地位呢？

讲到近代军事革新，往往举天津北洋武备、保定军官和广州黄埔为中国军事教育近代化的三大主校。但也有人说，评论黄埔较易，评说保定军校较难。因为前者是孙中山先生所手创，为推进大革命事业作准备的，其彪炳史册自不待言。后者则是北洋军阀首脑所经营，是依附北洋势力而存在的，似应把它看成是北洋军阀谋取个人权势的产物。但我认为不能作如此简单的评断。群体与个体有别。评量由群体构成的一所学校，与评价一个历史人物应有所不同。时代社会影响到个人身上，在一定时间内，他的反映是单一的；影响到群体上，反映就会是多种多样的；一所学校的成绩如何，主持人的导向虽然起着作用，但又不可能完全由他操纵。北京政府统治时代是黑暗的、混乱的，但那不是时代精神的主流。我们应该看到尽管那个时代云愁雾重，但云层中间依然透射着光亮，那正是时代新生的征兆。看保定军校，正如我们不能把那时黑暗笼罩下的一切人与物通通否定一样，对于它，我们也应该把它放在时代精神的光照下去分析、研究。

我认为今日研究保定军校应从以下三个方面着手：第一，军校的性质；第二，学生的志趣；第三，留下的影响。前两点讲清，第三点易明，其历史地位与作用，也就自在其中了。

第一，民元保定军校的设立，是清朝末叶军制革新在民国后的延续。晚清军制为什么要革新？因为旧有的军队，无论什么八旗、绿营、团防都已腐朽。当日的现实证明，旧有军队既不能防御外来者的入侵，甚至也难于维持帝国内部的旧有的统治。迭次对外战争失败，民族蒙受了耻辱；在耻辱的刺激下，革命思想还无准备的时候，人们首先寄希望于庶政的维新改良。但即使是温和的改良，如果牵涉到政体的变革，那也会遭到清廷压制的。自改良派的戊戌变法遭到顽固保守派的一击之后，一切庶政变革便无从谈起了。但为继续维护大清王朝的统治，只有原已仿照西法所兴办的军事改良试验，还被允许在狭小的地盘上赓续进行。美国学者拉夫·尔·鲍威尔评论这种情况时，称之为“政治上的反动，军事上的进步”。当时能体现担当这单项进步任务的，只能落到几个著名洋务派大官僚李鸿章、张之洞、刘坤一、袁世凯等人身上。对于这几个人的全面历史评价是另一回事；单就在那股厚重的保守气氛中，他们对军事革新的促进而论，比起朝廷内顽固派拒绝接受一切新技术来，总是明智的、可取的。当时袁世凯的表现在这几人中尤为突出。从上世纪80年代初，与任北洋大臣的李鸿章在建立北洋舰队的同时，仿照西法开办了天津水师学堂，又创立了设备更完备些的天津武备学堂，成为推动近代化军事教育之嚆矢。甲午战败后，南方有张之洞用西法训练的自强军，北方有袁世凯在小站训练的新建陆军，并有在天津设立的陆军随营学堂。这些规模还都不大。1901年，袁世凯接任直隶总督兼北洋大臣后，在保定大办军事学堂，先后在保定开办的有将弁学堂、参谋学堂、测绘学堂、军医学堂、军械学堂、马医学堂、陆军师范学堂等等。1904年，他又在保定开办了北洋陆军武备学堂（又名陆军速成学堂），其设置比李鸿章天津武备学堂更为完备。1906年，他又奏请在保定成立“无大学之名而有大学之实”的陆军军官学堂和在全国范围内分设的陆军小学堂及中学堂。总之，从推进晚清军事教育革新上看，袁世凯确乎是一个积极倡导者，当然后来证明又是他从中攫取得权力地位的最大受益者。如果没有后半生他那不光彩的结局，袁世凯不失为中国军事近代化的“有功之臣”，或将受到后人的称道。然而在改朝换代当中，袁世凯的权力不但并未失坠，反而更上一层楼，一变而成新国家的总统。这样，新建的保定军校就自然地成为军制改革事业的延续，并且这座学堂也就笼罩在以他为首的北洋集团的权势之下。这个事实是辛亥革命成败所造成的整个形势之使然，不应与对袁世凯个人的评价相混淆。袁世凯盖棺论定虽然应受到历史家的谴责，但保定军校的存在，却是清末转入民国后军事革新中更重要的一站，是进步，不是倒退；在中国近代军事史上应给予其应有的地位。

第二，保定军校培养出一批近代军事人才。一所学校声誉之高低，要看所出人才之多少。能否多出人才，最重要的看是否集中了一批高质量的青年学生和一支优秀的师资队伍。至于教学条件、规章制度等自然也起作用。保定军校在原先"军官学堂"的旧址上建起，教学设置较前完备，课程条目与训练方法，仿效德国与日本，管理极为严格。学生来源，大都是由全国经历陆军小学到陆军中学毕业，又经历六个月入伍实习的学生中选录来的(其后也吸收普通中学生)，大都具有中等以上文化水平。创校之初，时当辛亥革命之后，袁世凯虽窃据辛亥革命的果实，但共和国的成立，还激荡着人心。因此四方来校的青年，多数是富有朝气和尚武精神，怀着建功立业的壮志，冀为国用的。学校各级行政人员与所聘各科中外教官，颇多一时人选，但托请幸进之徒，也有不少。学校校长由陆军部直接委任，前后八位校长除有三人不称职外，其余五人均出身于日本士官学校，尤以蒋方震校长最为有名。蒋方震，字百里，曾在日本、德国学习军事，为中外推重的军事理论家。蒋方震到任之后，努力整顿校务，选贤任能，裁汰冗员与无能之辈，亲自授课与督率学生操练；学校面貌，顿时焕然一新。蒋方震任职期间是保定军校的全盛时代。他虽然任期不到一年，即发生了他"自杀以谢国人"的未遂事件。这是由于陆军部军学司上级官僚对他的办事掣肘，他愤而自戕，以实践他上任之初所许下的"学校办不好，即自杀以殉国"的诺言，幸得救，即辞职离去。蒋方震为军校树立了良好的学风，其影响深远，及于以后各届学生。其后继任校长曲同丰、杨祖德，也各有建树，受到学生爱戴。曲、杨任职六年，也是军校较好的时期。

保定军校也像历来军校一样，是禁止学生干政的。但经过辛亥，学生中多有受革命洗礼的，议论时政，自不能免。特别到"五四"前夕，校墙虽高，却拦不住各种新思潮传入校内。随着民初国内政潮的起伏，军校内曾迭起波澜。首先是反映国内南北对立的两派学生之间的风波，其后有蒋校长自戕而激起学生对北京政府陆军部的愤慨与控诉。到袁世凯密谋变更国体、媚日卖国的形象暴露后，学生在反袁称帝与反对廿一条运动中，痛哭流涕，愤不欲生，举行总罢课，以示抗议。在随后的护国、护法诸役中，学生都有不同程度的表现。总之，从前后各期学生的精神面貌看，出身优越、染有纨袴习气，不求上进者占少数；希图攀附、重视个人利禄者，颇有一些；就多数学生言，是刻苦向上、纯洁爱国的。历届学生毕业后步入社会的表现如何，这本应是衡量一所院校高低的好方法。但于今尚未见到这种精确的统计。从这所军校第一届学生毕业之年，1914 年到 1949 年四十五年间，在其有所表现为社会上所熟知的姓名中，可以推知保定军校出身的学生，大致是随着约近半个世纪以来国内政治派别的分野，形势力量的变化，各自经历了不同的道路。其中除个别分子随波逐浪，沦落为反面小人物外，而多数却是出现于东征、北伐、抗日或解放战场上，成为多谋善策指挥杀敌的著名将领。举例言之，如邓演达、蒋光鼐、蔡廷锴、叶挺、赵博生、董振堂、张治中、陈诚、白崇禧、陈铭枢、顾祝同、唐生智、黄绍竑、俞作柏、傅作义、杨爱源、熊式辉、刘峙、罗卓英、刘多荃、王以哲、楚溪春、秦德纯、黄琪翔、王靖国、上官云相、郝梦龄、刘文辉、张克侠、李汉魂、吴奇伟、廖磊、戴戟、夏威、祝绍周、陶峙岳、钱大钧、余汉谋、刘建绪、苏炳文、李品仙等。这些是散见于近几十年报刊上的人物，耳熟能详的。至于他们的党派立场，是非功过，非本文所应论列范围。他们经过军校的培育，各自立身军界，从不同的角度，提高军事近代化，增强国防力量，发挥了不可忽视的历史作用。

第三，对以上两点既明，这所军官学校的历史意义可以说不言而喻了。当年保定军校师生大多已作古人，如有健在的当已为数极少了。但这不等于保定军校的影响已经完全消失，数千名青年军官既然曾在过去的几个时期活跃在中华大地上，他们的业绩还在流传着。他们的亲朋故旧，子孙后代，必然广布在海内外。保定军校的历史声誉应如何评价，必然牵动着他们后人的心怀。因此研究它的本身，就说明了我们没有忘记这所军校应有的历史作用。这对散布在世界各地与这所军校有关系的后人，也是一种欣慰和鼓舞，无形中增加了民族的凝聚力。我们研究保定军校，就是要实事求是地对待这所军校应有的历史地位，特别要设身处地地理解那一代弃文学武、心怀壮志的青年们所具有的爱国情操。纵然同学间后来曾隶属于不同的党派，经历着不同的道路，只应该历史地去看待这些问题。我们必须记住一旦大敌当前，不同的党派曾经面对着一个目标，携起手来，共同战斗。历史地探索过去，设身处地地理解过去，发扬爱国精神，增强民族团结，应是这种研究工作的主要目的之一。当前我国的四化大业正在努力推进，海内外同胞都在关心着中华的振兴。然而祖国尚未统一，民族有待于更加繁荣。完成统一大业，促进祖国富强，这是当年投笔从戎的那代青年们的夙愿，也是今日一切炎黄子孙的共同心声。这正是我们研究保定陆军军官学校历史意义与现实意义的主要原因。

五四运动

试论五四文化革命的分期及其前后期的转化

本文提要

一、毛泽东著作给我们的启示:怎样理解对五四文化革命的估价及其前后期关系的诸问题。

二、试先解决"五四文化革命时期"的断限及其各阶段的划分。

三、前期新文化运动的性质及其特色——与旧文化空前的决裂的精神。

四、从社会根源与思想根源中说明前期的功绩;区别资产阶级与小资产阶级文化代表的不同作用。

五、从社会基础上与思想体系中认识前期的弱点——坚强性不足与科学性不足:资产阶级与小资产阶级文化代表软弱性的不同表现。

六、关于前期文化革命存在着失败可能性的几种推断。

七、马克思主义的传入;前期向后期的转化;新文化运动的质变。

八、前期向后期转化的历史条件,及前后之间内在的主要联结物。

九、前期向后期转化的几条自我否定的线索和对敌斗争举例。

十、后期新文化显示威力的几个方面。

十一、回答前面提出的问题并结论。

毛泽东同志在《新民主主义论》中,对"五四"时期的文化革命作了科学性的总结,给予了很高的估价,指出"是彻底地反对封建文化的运动,自有中国历史以来，还没有过这样伟大而彻底的文化革命”。还特别指出：“当时以反对旧道德提倡新道德、反对旧文学提倡新文学为文化革命的两大旗帜，立下了伟大的功劳。”①

毛泽东同志同时又区别了新文化在“五四”以前和“五四”以后的两种不同的性质和作用。“五四”以前是旧民主主义性质的文化，是资产阶级领导的，它属于世界资产阶级的资本主义的文化革命的一部分。这种新文化，在当时虽然“有同中国封建思想作斗争的革命作用”，但是“只能上阵打几个回合”，经敌人一反攻，“就偃旗息鼓，宣告退却，失了灵魂”。“五四”以后是新民主主义性质的文化，是中国共产党人领导的，它属于世界无产阶级的社会主义的文化革命的一部分。这支新文化生力军，“以新的装束和新的武器，联合一切可能的同盟军，摆开了自己的阵势，向着帝国主义文化和封建文化展开了英勇的进攻”，“简直是所向无敌的”②。

毛泽东同志的这些总结，是正确的。但是这里有供我们可以思考的问题，“五四”以前资产阶级为主的新文化，既然战斗力这么脆弱，为什么又能在“反对旧道德、提倡新道德”，“反对旧文学、提倡新文学”两面旗帜下立下了伟大的功劳呢？既然“宣告退却，失了灵魂”，那么，“五四”以前的新文化运动是否失败了呢？如果是，“彻底的反封建文化运动”的估价又是怎样来的呢？这一估价是专指“五四”以后，还是也包括“五四”以前？“彻底”的含义又该怎样领会呢？

为了探讨与解决上述的问题，须先明确“五四文化革命时期”的时间范围问题。五四运动是一个反帝反封建的政治运动，又是一个文化运动。从文化革命的发展过程着眼，它的时间领域应该怎样划定呢？对待这个问题，今天有两种情况：一种是眼光不自觉地集中在“五四”以前，那就是把《新青年》前几卷的主张“反对孔家店”、“提倡德、赛二先生”等作为新文化全部内容，这自然是偏于一端的理解。另一种是集中在“五四”以后，意思是既然五四运动是新民主主义的“开端”，五四前后的新文化性质又有所不同，那就不好再把“五四”前的新文化运动纳入“五四”时期中来。当前有一些著作，对“五四”前的新文化运动，有的采取“追述”，有的干脆把“五四”时期限定只是处理 1919 到 1921 两年的问题。这同

① 《毛泽东选集》第 2 卷，人民出版社 1991 年版，第 700 页。

② 《毛泽东选集》第 2 卷，人民出版社 1991 年版，第 697～698 页。

样也是偏于一端的理解了。毛泽东同志在其《新民主主义论》中，诚然曾把1919年到1921年作为四个时期中的一个时期看待，但是毛泽东同志那是着眼于文化革命统一战线所作的分期。“五四”时期的新文化运动应该不是先结好了一个统一战线，然后一声令下开始的文化革命，而是在新文化运动中才出现的统一战线，两者在其开端应该是有先有后的。毛泽东同志指出的“建立伟大功劳”的两面新文化大旗（新道德、新文学），是从“五四”前开始的。毛泽东同志在另一处还讲道：“五四运动时期，一班新人物反对文言文，提倡白话文，反对旧教条，提倡科学和民主，这些都是很对的。”[①]这里所举的内容，也都是从“五四”以前开始的。可见毛泽东同志并没有限定五四新文化运动的开始必须从五四运动爆发的那一天早上算起，而不允许越到它的前面去。五四文化革命的全部过程，应当包含“五四”前与“五四”后两个阶段，或者说是前期与后期。偏于一端，便不能算纵览了这段奇伟壮丽的历史过程的全貌；像看一部好的影片，只见上集，不见下集；或者正相反。它的时间领域的具体划界，我试拟了一个可以讨论的意见：

（一）前期：1915年9月至1919年5月。

第一阶段：1915年9月《青年杂志》创刊至1918年11月《庶民的胜利》、《Bolshevism的胜利》发表。

第二阶段：1918年11月至1919年5月五四运动。

（二）后期：1919年5月五四运动至1921年6月中国共产党的成立之前。

这样划界的理由，兹申述如下：

第一，从1915年9月到1921年6月是五四运动的全部过程。辛亥革命失败带来的民主革命派的消沉与政治、文化的反动，至1915年达于顶峰。《新青年》在当年的9月出现，像春雷初动，标志着革命意志跃起的新开端。《新青年》又是这次文化革命中的主要阵地，以其诞生作为辛亥革命后期与五四文化革命前期的界标，应该是妥当的。1921年中国共产党诞生，标志着进入一个新的时期。因此，这一文化运动时期，即以此为下限。

第二，以五四运动为界标把这一全过程区分为前期与后期，显示出新文化运动性质的重要转变。也许有一种意见认为，十月革命一声炮响，已经送来了马克思主义，革命的先进人物如李大钊已经接受了它，新质与旧质的界标应当放在

---

① 《毛泽东选集》第3卷，人民出版社1991年版，第831页。

1917 年或 1918 年。但是，十月革命后到五四运动前，马克思主义虽然已经传入中国，但它的影响面却还不够深广；除了少数知识分子对它有些认识外，在广大的革命群众中，还没有普及开来。用马克思主义的新武器来观察处理中国问题，与中国实际相结合的尝试，也还很浅。因此，从十月革命后到“五四”前的新文化，充其量只能说孕育了马克思主义的新质，却还没有显明地确立起盟主地位的威望。总的看来，这时的文化思想主流还更多的是前期的特征。因此，毛泽东同志指示的以“五四”为前期与后期的界标，是正确的、恰当的。

第三，上述过程的各个阶段，各具有自己的特征。(1)前期第一阶段的特征，是资产阶级民主主义的新文化向封建复古主义的旧文化作斗争。由于经济和政治的各种原因，它带有与封建主义文化敢于决裂的激烈姿态；它敢于撼动几千年来被认为神圣不可侵犯的孔子教义的精神，是空前的。同时，新文化代表中，无论还有急进、温和之别和不同流派之分，但在向封建主义文化作斗争上是一致的。至于它在本阶段还存在多少弱点，姑且略而不论。(2)前期第二阶段的特征，是新文化的主流也还是资产阶级民主主义的新文化，但是应当特别重视的，是马克思主义的新文化已开始孕育，不过，它还在量的开始积累阶段，还不居于主导地位。同时，资产阶级文化各流派，主要是实验主义与无政府主义[①]已揭起自己的旗帜，出来与马克思主义争取群众。但是各流派还是并行的宣传，没有正式交锋，还保持着前一阶段的统一对敌斗争的外貌。另外，新文化的锋芒也开始指向现实的政治问题，但主要是反对封建军阀的卖国残民，和从感性认识来反对日本的对华侵略，对帝国主义本质和对帝国主义与封建主义的关系的理解，还不深透。(3)后期运动的特征，是马克思主义为指导的新民主主义的文化开始居于主导地位了。“五四”的火山口，在经济与政治的各种因素基础上，在前期民主文化酵素的积累上，由于巴黎和会外交失败的导火线而爆发出来。伴随着群众政治觉悟的提高，前期文化中发生的部分新质，成长了，扩大了，加深了。在马克思主义的照耀下，先进的人物对封建主义与帝国主义的实质及其相互关系的认识，上升到理性认识的高度。马克思主义在工人及其他劳动群众中的传播，使反封建反帝国主义不是徒托空言，而找到了可以制胜革命敌人的社会力量。另外，实

① 无政府主义传入中国较早，这里是以几个无政府主义小团体于 1919 年初合并成进化社为标志。参看《五四时期期刊介绍》第 3 集上册，生活·读书·新知三联书店 1959 年版，第 226 页。

验主义、无政府主义为阻止马克思主义的传播,都在向马克思主义挑战,开始了新文化统一战线的分裂。这时马克思主义者既要继承前期的工作战胜旧的封建主义敌人,又要为自己开辟传播的道路去战胜新的敌人。马克思主义通过对旧的敌人与新的敌人论战的斗争,初步巩固了在文化思想战线上的领导地位。

上述的过程是将近六年的时间。如果这段时间可以作为近百年中国民主革命总过程的转折期看待的话,其中的前期第二阶段又是这几年中的转折阶段,转折的枢轴则是五四运动。

以上述阶段的划分为基地,进而论证前期与后期的转化关系。

对前期与后期,既要区别其不同的性质,又要考察其联结关系。没有前后性质的区别,就无所谓转化;没有前后的联结,会缺乏内在的条件。认识这种差别,关系着对革命性质的变化和革命领导权转移的理解,对于革命现实具有头等重要的指导意义。认识前后的联系,也是重要的。这不仅是关系着对文化的继承规律的认识,而且只有从探索转承联结的关系中,才能更好地理解质变的由来及其重要意义。

前期的新文化运动,如毛泽东同志所提示的,是属于旧民主主义性质范畴。当时新文化代表们的思想,无论温和的蔡元培、易白沙、高一涵、胡适,或激进的鲁迅、陈独秀、钱玄同、吴虞,都超越不了资产阶级民主主义的限度。李大钊在前期的第一阶段,也没有超越这条界限。这就是说,前期的新文化是资产阶级民主主义的新文化。他们赖以对封建复古主义作战的武器,都是从西方资本主义上升时代的库藏中借来的。反对封建主义尊卑等差的平等信念,反对儒家一尊的自由信念,驳斥奴隶道德的个性主义,打破保守观念的进化观点,反对迷信专断的实验精神等等……这一切都超不出资产阶级民主主义的要求。他们向往的"近世文明"(陈独秀)、"代议政治"(李大钊)、"军国主义社会"(吴虞)等等,一句话,是希望把中国改造成资本主义国家,确立起一套资本主义的政治制度与文化体系来。当时代表们的这种要求和希望,从世界历史行程说,当然不算是新的东西,因为社会主义革命的时代已经来临;从中国的历史行程来说,却是多年流血牺牲去追求而没有得到的东西,中国还迫切地需要它,它还是新的东西。再从新文化代表们所主张的和所反对的两方面看,他们主张的虽然在近代民主启蒙的历史上也不是第一次出现的新东西,但是从他们反对的方面看,在对待旧文化的态度上却和戊戌与辛亥以前不同了。他们不再希求与旧文化有什么调和与折衷，而是带着前所未有的决裂的姿态。资本主义制度下的新信仰、新文化与封建制度下的旧信仰、旧文化，是被认为"绝对不可相容之物，存其一必废其一"的，是"不塞不流，不止不行"[①]的。他们向旧制度、旧文化的攻击富有果敢勇猛的精神，不仅敢向一般的保守、退隐、安息、虚伪的旧习俗挑战，而且敢于向封建文化中最核心的儒家伦理学说挑战。在此以前的历史中，也产生过个别的卓越的思想家，如著名的王充、李卓吾、谭嗣同等代表着历史中某种进步倾向，对儒家教义有所怀疑和反对，但是总比不得这时代表们那样激愤。他们竟然宣称"耶稣生而犹太灭，孔子生而吾华衰"[②]（李大钊），敢于斥仁义道德为"吃人"（鲁迅），谓孔子为"盗丘"，教忠教孝是要"把中国弄成一个制造顺民的大工厂"[③]（吴虞），连所谓史者，"不是大民贼的家谱，就是小民贼杀人放火的账簿"[④]（钱玄同）。这些大胆的宣言，著名的警句，涤荡着成千成万的追求进步的青年的心灵！因此，前期新文化运动的功绩，与其说在提倡新的方面，不如说在破坏旧的方面，激烈地破坏一切凝固了的、僵死了的旧传统，是前期的最大特色。两千年来根深蒂固的孔学堤防的被撼动，被冲垮，是从这时开端的。这正是五四新文化运动的贡献之一，也是从这一表现上使之获得"彻底反封建"勋章的理由，虽然这只是理由之一。

这样一场文化革命为什么会在这个时际发生，并且为什么它会带上空前激烈的破坏特色呢？探索一下它发生的根源，就能更好地理解要讨论的问题。首先，从社会根源看。如所周知，第一次世界大战的爆发，给一向受着压抑的中国资本主义经济留出了一线生机；这种生机，从 1916 年后初步显现，至 1918 年后而更加显著。这种发展着的新经济与当时依然占着优势的旧经济，以及为保存旧经济的旧政治是不相协调的。羽毛初丰的中国资产阶级和它影响下的小资产阶级的经济政治的要求，与旧经济、旧政治发生剧烈的冲突。这种情况反映到文化上，便是以反对旧道德、提倡新道德的"五四"前期文化革命的发生。"道德总是阶级的道德，它或者是为支配阶级的统治和利益辩护，或者是当被压迫阶级足

① 陈独秀：1916 年 2 月《吾人最后之觉悟》及 1916 年 11 月《宪法与宗教》，载《独秀文存》卷一，亚东图书馆第 7 版，第 55、112 页。

② 李大钊：1916 年 5 月《民彝与政治》，载《李大钊选集》，人民出版社 1959 年版，第 42 页。

③ 吴虞：《说孝》，载《吴虞文录》，上海亚东图书馆版。

④ 钱玄同：1918 年 4 月《中国今后之文学问题》，载《新青年》第 4 卷第 4 号。

够强大之时，它表现于对这个统治的抗争，而代表被压迫者的将来的利益。”[①]“五四”前期的文化革命，是相对“足够强大”起来的中国资产阶级带动着小资产阶级，对旧统治的一种抗争精神的反映。由于“足够强大”是第一回，所以抗争中表现出来的攻击精神，也就具有空前激烈的色彩。这是第一层道理。但是，这里还应充分注意小资产阶级的地位和作用。中国的小资产阶级就其经济地位说低于资产阶级，就其革命性说却高于资产阶级；就其政治、经济愿望说，基本上与资产阶级一致，应纳入同一范畴；就其追求未来的愿望说，却比较资产阶级少一些牵连顾虑，因而更勇敢更猛烈。毛泽东同志分析过 1925 年前后的小资产阶级三部分人对革命的态度。把那些描绘上推到这时期，基本上还应该是适用的。其中一小部分人很想发财，“往往垂着一尺长的涎水”，对革命胆子较小；大部分人生活保不住，想“骂人”，想革命；特别是其中的左翼，“原先是所谓殷实人家”，“后来逐年下降，负债渐多，渐次过着凄凉的日子”，“精神上感觉的痛苦很大，因为他们有一个从前和现在相反的比较”[②]。鲁迅也说：“有谁从小康人家而堕入困顿的么，我以为在这条路中，大概可以看见世人的真面目。”[③]半封建半殖民地的小资产阶级分子，多半在这条从“小康而堕入困顿”的道路上挣扎着。他们在这时期一方面受着资本主义经济暂时繁荣的引诱，极想向上爬，想发财；一方面在挣扎的道路中，对束缚和障碍他们生路的东西，就渴望一举而摧毁它。他们这种愿望比起仅仅相对的强大，而基本上仍是较弱的资产阶级分子来要猛烈的多。这是为什么“五四”前期文化革命中激烈的呼声，不是出自资产阶级代表如蔡元培、胡适等人，而是出自小资产阶级代表陈独秀、吴虞等人的原因，也是为什么会具有激烈色彩的又一项说明。这是另一层道理。

其次，从思想认识根源看，辛亥革命表面胜利所燃起来的民主理想，并没有随着辛亥革命的实际失败而全归于消灭，只是在反动的军阀政治与复古的文化逆流的阻挡下，受到了顿挫而变成一股愤懑的潜流。这股潜流与反动文化相激荡，终于在 1916 年前后政治上与文化上到最高峰时喷溅出来，而放出激越的异彩。因此，“五四”前期新文化，既是辛亥革命民主思想的继承，又是作为当时复

---

① 恩格斯：《反杜林论》，人民出版社 1961 年版，第 96 页。

② 《毛泽东选集》第 1 卷，人民出版社 1991 年版，第 6 页。

③ 鲁迅：《呐喊·自序》，载《鲁迅全集》第 1 卷，人民出版社 1956 年版，第 3 页。

古文化逆流的对立物而出现的。这是第一层道理。但是这里还有一层特殊的认识根源，陈独秀曾不自觉地叙述过。他在《吾人最后之觉悟》中列举了自西洋文明输入以来，国民觉悟历程的七个时期。概括那七个时期的大意，是近代的革新运动是经历过戊戌前的"学术（按：指科学技术）觉悟"阶段与戊戌以后的"政治觉悟"阶段，不过两个阶段都失败了。到了"五四"前期，新文化代表们为了救国就须别开一条蹊径，于是自然地转向了还未经过试验的"伦理觉悟"阶段。"继今以往，国人所怀疑莫决者，当为伦理问题……。吾敢断言曰，伦理的觉悟，为吾人最后觉悟之最后觉悟。"[①]从代表们的唯心观点看来，距离基础越远的意识形态，越是具有神秘的力量，越是最根本的东西。这种从唯心史观所得的结论，尽管是非科学的，但是由此而发动的斗争，在客观上是起着进步的作用。这种认识在当时先进人物中也是有普遍性的[②]。从这种认识出发，"五四"前期的新文化斗争锋芒，指向儒家的伦理道德学说，并成为斗争的中心，撼动与亲属血缘纠结在一起的孝悌伦理学说，比推翻专制王朝在一般人们心目中是更可震惊的事，也是给正觉醒着的人群中以更可兴奋的事。这是从思想认识根源看"五四"前期文化斗争，为什么会后来居上，更具有激烈色彩的又一层道理。总之，前期文化革命，尽管还是资产阶级民主主义范畴，但是它不同于戊戌和辛亥两个时期，它具有比前两个时期更为激烈的破坏精神。从以上的分析中，可以加深理解这一时代精神的由来、实质及其特色，从而可以帮助估定它承先启后的历史地位，它在反对封建文化和树立民主主义文化上的贡献和作用。

那么，以资产阶级民主主义为内容的前期新文化是否已算是十分坚强有力，足以打败强敌，胜利地完成其文化战线上的斗争任务呢？当然不是，它本身还包含着许多弱点。它的弱点由来，也正像它发生的原因一样，一方面是脆弱的中国资本主义经济基础上产生的弱点，即其社会原因方面；一方面是西方资产阶级各派思想体系本身带来的弱点，即其思想原因方面。中国资产阶级的实力，虽然在第一次世界大战期间有一定程度的相对的增强，但是以之与帝国主义、封建主义

① 《独秀文存》卷一，亚东图书馆第7版，第56页。

② 吴虞认为儒家伦理使中国的"宗法社会"不能进入"军国社会"，高一涵认为改造国家的"根本之图"，"即改造青年之道德"，钱玄同除了赞成把"改革伦理"作为根本解决外，还主张更根本的办法是废除汉文汉语。这些见解与陈独秀所持的"伦理觉悟"的见解大致相同。此外，如当时流行的所谓"国民性改造"的看法也与上述观点近似。

的势力对抗来说，却又不够绝对强大。如果它的实力充沛到足以对抗或制胜强敌的程度，它也许有可能表现更充足的革命性。但当它的实力还没达到这种境界的时候，那它的革命性也就只能发挥到一定限度为止；与之相伴随，它的软弱性同时显现出来。半殖民地半封建的中国社会里，敌我实力对比的条件下，会产生一方面作为革命动力的各阶级，随着本身的成长发展，革命的要求就会相应地增强；另方面在敌强我弱的情况下，越是低下的阶级或阶层，革命性反而越强烈一些，资产阶级不如小资产阶级，其中的上层不如下层。作为资产阶级代言人的蔡元培、易白沙、高一涵、胡适等的言论，都有一共同特色，那就是以极其温和的言词发而为文章，他们提倡资产阶级文化，反对封建文化的言论，平正和顺，绝少激愤之气。但是作为小资产阶级的代言人的陈独秀、钱玄同、吴虞、鲁迅等的言论，那就不然了。在前期的斗争中真正起着振聋启聩作用的，是后面这些人的言论。这种区别举例来说，资产阶级代表蔡元培反对把孔教定为国教说，仅仅是"孔子自孔子，宗教自宗教，孔子、宗教，两不相关"①。而陈独秀则敢说出："非独不能以孔教为国教，定人未来之宪法，且应毁全国已有之孔庙而罢其祀。"②蔡元培对于林纾的"覆孔、孟，铲伦常"③的指责，极力回避；而陈独秀则敢对于"破坏孔教、破坏礼法"，"直认不讳"④。鲁迅、吴虞则更进一步斥礼教为吃人的东西。资产阶级代表易白沙一方面反对把儒学定于一尊；一方面又称赞孔子学术"规模宏远"，"所以运用政治者，无乎不备"⑤。而陈独秀则认定，孔子之道与现代生活绝对无法调和，"存其一，必废其一"。吴虞则更大胆地指责儒家学说的流毒，"诚不减于洪水猛兽"⑥。资产阶级右翼的胡适只提出形式的文学改良；陈独秀则敢于揭出涉及内容的文学革命。胡适提倡纯粹的个人主义，只是为了脱离革命斗争，"救出自己"⑦。陈独秀、鲁迅也提倡个性主义，却是用它来反对奴隶道德。

---

① 蔡元培：1916 年 12 月《在信教自由会之演说》，载《蔡元培全集》第 2 卷，中华书局 1984 年版，第 491 页。

② 陈独秀：1917 年 1 月《再论孔教问题》，载《独秀文存》卷一，亚东图书馆第 7 版，第 133～134 页。

③ 参看蔡元培 1919 年 3 月《致〈公言报〉函并答林琴南函》，《蔡元培全集》第 3 卷，中华书局 1984 年版，第 268 页。

④ 陈独秀：1919 年 1 月《新青年罪案之答辩书》，载《独秀文存》卷一，亚东图书馆第 7 版，第 362 页。

⑤ 易白沙：1916 年 9 月《孔子评议》(下)，载《新青年》第 2 卷第 1 号。

⑥ 吴虞：1917 年 2 月《家族制度为专制主义之根据论》，载《新青年》第 2 卷第 6 号。

⑦ 胡适：1918 年 5 月《易卜生主义》，载《胡适文存》第 4 卷，亚东图书馆 1921 年版，第 33 页。

这些例证说明了资产阶级代表，虽然也适应着当时资本主义的发展情况，表达了本阶级的愿望，但却又是基本上不脱离其革命的软弱状态。假若仅以这批资产阶级代言人的言论来衡断当时的新文化运动，那前期的新文化运动只能算是戊戌变法时代改良主义的再现，达不到文化革命的高度。然而当时的经济、政治因素刺激着一批小资产阶级代言人奋起，他们和资产阶级代表相结托，相声援，汇集成一股冲击封建文化的民主力量，才使前期新文化运动带上了具有破坏精神的革命色彩，相对地加重了斗争性，冲淡了妥协性。

那么，是不是说当时小资产阶级力量就足够的坚强了呢？当然也不是。如前所述，中国小资产阶级就其经济地位和实力言，当然不会超过资产阶级；它的政治、经济要求，也基本上与资产阶级一致。虽然由于它所处的地位使其革命要求更激进，但基本上也还是一个具有动摇性、两重性的软弱阶级。不过小资产阶级文化代言人的软弱表现，和资产阶级代表有很大的不同。他们表现的特点，在文化问题上往往是猛将，是鲜明的革命派，在政治上则是懦夫，是改良派；不是"莫谈国事"，不问政治，就是谈而不猛，失去了像在文化上那般勇敢的精神。比如被公认为儒家伦理学说的彻底破坏论者吴虞，在政治上正面主张的是什么，就很欠鲜明。只能从字里行间窥见他所向往的是资本主义制度，称"军国社会"，但从其唯心主义的思想体系上，可以推知他在实现向往的制度上，充其量只能是个改良主义者。钱玄同在文化问题上破坏精神之旺盛，也是人所共知的。他不仅倡言"废除孔学，剿灭道教"，甚至要求废除汉文和汉族语言，他的后一项主张之激切，连陈独秀都有所顾虑[①]。可是这位以激烈著称的"金心异"[②]先生，在政治问题上是缄口不谈的。陈独秀的表现就更具有典型性了，但他又不同于钱、吴二人，不仅谈论文化，也肯讨论政治，不仅反面破坏，也敢正面主张。虽然他是在文化问题上勇往直前，但在政治问题上却是消极退守；在讨论政治原则时，放言空论还有些勇气，在涉及到现实政治问题时，就非常怯懦了。就以 1918 年 7 月发表的《今日中国之政治问题》和 1919 年 2 月《我对国内和平意见》两篇文章为例，陈独秀把政象清宁寄托在各党平均分赃上，把废除督军寄托在劝军阀"回家享福"上，把南北统一寄希望于徐东海的文治主义上；两篇文章全是枝枝节节的改

---

① 钱玄同在《中国今后之文字问题》中，提出上述主张，陈独秀回答说："惟有先废汉文，且存汉语。"

② 林琴南《荆生》小说中隐射的钱玄同的名字，载《每周评论》1919 年 3 月 9 日第 12 期。

良主义的建议,全无一点民主革命派的气息。一勇一怯的双重人格,在陈独秀身上表露无遗。以上说明小资产阶级代表们也有其软弱的一面。总之,不论资产阶级或小资产阶级文化代表都是软弱的,不过表现不同而已。代表们斗争精神的坚强性不足,是和这两个阶级本身的孱弱有着内在联系的。这是弱点由来的一个方面。另一方面,当时新文化代表的共同弱点,如毛泽东同志指出的,缺少历史唯物主义的批判精神,也就是缺乏科学性。他们在向西方资产阶级学说中取经时,一种情况是连一些反动学说泥沙俱下地一同搬进中国来,如实验主义、柏格森主义、无政府主义、社会达尔文主义等;再一种情况,即使借用在西方一定历史阶段上起过进步作用的学说,如民约论、天演论、进化论之类,也囫囵地把这些学说中所含的非科学或反科学成分一并吸收过来。毛泽东同志概括地称这些是资产阶级的形式主义;用形式主义的方法来观察、论断中国的问题,那就给新文化带来了一些不可免的流弊。形式主义的主要表现是表面性与片面性,这种毛病在当时无论资产阶级、小资产阶级代表都是无力逃避的。即如陈独秀吧,他只能罗列出东西民族思想差异的一大堆现象[①],而不能理解这些现象的根源和本质。吴虞能够探讨到儒家伦理与专制政治及家族制度的关系,似乎较为深入,但也不能指出家族制度赖以存在的经济基础。这是表面性的例证。这种表面性与唯心论观点结合在一起时,使他们看问题就会头脚倒置,把枝叶当成根本来理解。钱玄同误认废除汉字汉语为解决国家命运的根本问题,与陈独秀误认解决伦理为根本问题同样是谬误的。与表面性伴随着来的是片面性。陈独秀把东洋民族(实即中国)的一切现象都看成是卑劣的、半开化的;把西洋民族一切现象都看成是高尚的、文明的[②]。这正是"所谓坏就是绝对的坏,一切皆坏;所谓好就是绝对的好,一切皆好"[③]。在吴虞的笔下,孔子学说全无一点是处;在钱玄同的心目中,中国书全部都应该"束之高阁";陈独秀称道的是"法兰西文明";胡适则把美国文化捧得至高无上。这些都是形式主义方法下片面性的极端发展。形式主义的思想方法,使他们无论在批判旧文化方面或介绍新文化方面,都陷入笼统含

---

① 参看陈独秀 1916 年 1 月《东西民族根本思想之差异》,载《独秀文存》卷一,亚东图书馆第 7 版,第 35～40 页。

② 参看陈独秀 1916 年 1 月《东西民族根本思想之差异》,载《独秀文存》卷一,亚东图书馆第 7 版,第 35～40 页。

③ 《毛泽东选集》第 3 卷,人民出版社 1991 年版,第 832 页。

糊的境地,既无力鉴别任何一种文化的精华与糟粕,也无力阐明任何一种文化的性质、地位及其前后的继承关系。这样,他们就不可能真正站稳脚步,分清敌友,制胜强敌。总之,前期新文化运动在建立了很大的功劳当中,又包含着各式各样的弱点,而弱点中最大的是战斗的坚强性不足和科学性不足。如果仅仅停留在前期所达到的水平,那它的贡献不仅是有限的,而且还会有败下阵来的可能。这种可能性,我们从各方面可以推断。第一,西方文明既然全好,那就为"全盘西化"找到了根据。当时各种反动的思想流派,都是打着"西学"、"新学"的招牌贩运进中国来的。实验主义是在"输入新学理"的名义下介绍进来,无政府主义也是这样①。其结果就在反对封建文化之中,输入帝国主义文化。第二,西方文化既然全好,为什么在资本主义制度下又产生那累累的罪恶现象呢?在资本主义制度的腐朽性已经充分暴露的时代条件下,许多人都已经看到这点,而新文化代表们却几乎无力回答。但是这问题却使梁启超、梁漱溟找到借口,他们宣扬中国古老文化的"复兴",要以东方精神文明去救治西方的"科学破产"②。当时新文化代表们对付那些陈腐的封建文人虽然绰有余力,对付这种"新式"的复古主义者却并无把握。二梁的著作问世后,长久没有人起而驳斥便是明证③。第三,中国几千年的封建社会文化既然全坏,那就会造成对祖国文化遗产的虚无主义。虚无主义会导致两种恶果。一种是为胡适虚伪地"杀死国故",真正地贩卖奴化思想开辟了道路④,另一种是割断了祖国文化中的优秀传统,使从西方移植进来的民主主义文化,难以结合中国的土壤和阳光,滋长繁荣;即使勉强扶持之,也会非驴非马,缺少中国气派。其结果,也就不可能使资本主义文化代替根深蒂固的封建主义文化。第四,西方资产阶级文化,即使是上升时期的东西,也夹杂些糟粕之物,笼统地依靠它,不可能真正清洗封建主义文化的毒素。至于腐朽了的资产阶级文化,更不希望中国封建文化绝种。西方传教士们吹捧中国封建主义文化,以及胡适虽号称要"杀死国故",而其实却是向封建主义文化暗送秋波,都说

① 北京大学无政府主义小团体实社的发起人之一的太侔向作者回忆说:当年酝酿成立实社时去请示陈独秀,陈独秀回答说:"只要是新学说,就可以宣扬。"

② 参看梁漱溟《东西文化及其哲学》第4、5章;梁启超《欧游心影录》七、八、九、十。

③ 到1923年,瞿秋白同志才以"猪八戒"为题讽刺了梁漱溟的"东西文化",指出这是"二十世纪的新中庸"。

④ 参看《胡适文存·整理国故与打鬼》三集,卷二。

明了这种情况。反过来，封建文人也希望借帝国主义文化的新装来改扮自己。梁启超既宣称东方文明如何优越，却又否认资本主义文明已经破产[①]。在帝国主义与封建主义文化勾结起来，从外部进攻和内部破坏的情况下，新文化的危机是严重地隐伏着。第五，前期新文化运动在其开始企图抛开政治，孤立地解决文化问题，而且误认为这就是中国的根本问题，这自然是还没有找到正确的出路。嗣后，虽然注意了政治问题，但是如前所指出的，却是带着改良主义色彩去提出解决方案；枝枝节节的改良主义，不可能起对广大群众的动员作用。因此，虽然抨击了军阀政治，却提不出推翻它的有效办法，特别是对帝国主义还存在着很大的幻想，所以也就仍然没有找到正确的出路。综合前期这些弱点，我们不难看出，前期的资产阶级民主主义的新文化运动中所潜含的失败的可能性是多么严重。

那么，前期的新文化运动，是胜利还是失败呢？从它要求实现的政治目标资产阶级共和国说，那是不可能成功；从它进攻封建文化堡垒说，没有失败。其所以如此，不完全在于它本身的战斗力，而在于它处的新民主主义革命的前夜；以马克思主义为指导的新文化继起，接替了它的盟主地位和战斗任务，从而使前期发展起来的新文化向着后期发展，向着更高的阶段发展了。到此，新文化发生了性质上和方向上的大转变。看不到这种质变，那会犯绝大的错误；但是后期新文化，却又不是与前期截然无关。它是在批判着而又继承着前期工作的基础上，扩大了战果，开拓出新的道路，从而消除了新文化隐伏的危机，取得了对封建文化战斗的胜利。

我们可以从探寻这种转化的来历和条件上继续申论这一点。

首先，20 世纪半封建半殖民地中国的资产阶级或小资产阶级，既然无力领导完成这种资产阶级性的民主革命，而被压迫的广大群众不杀开一条血路又不行，从而客观实际就必然要求为革命找一条新的正确的路。在文化上，资产阶级领导的民主文化既然无力制胜强敌，那群众就必然要求一种更强有力的文化来引导革命斗争，所以这种转化就成为历史的必然趋势。而历史的发展到了“五四”时期，又具备了转化的物质与精神以及内在和外部的条件，那就是中国无产阶级已经作为独立的政治力量出现。资产阶级以及小资产阶级在相对地成长条

① 参看《欧游心影录·新文明再造之前途》十。

件下，所进行的民主主义文化斗争又已达到了相当激烈的程度，封建思想的桎梏在一定程度上被解除；民族危机的严重，使群众的爱国主义热情提高到要求行动的阶段，迫切地期望科学理论的指导。在这当口，十月革命的胜利鼓荡着人心，而马克思主义又在这时传入中国；于是便能在革命群众中迅速地树立起崇高的威望，发生了深远的影响，而成为新文化思想中的主流。

其次，从新文化本身上说，前期与后期之间有着什么样内在联结的条件，使这种转化成为现实呢？我们知道，任何时代文化思想发展中的新阶段，对于旧阶段既有所否定，又有所吸取。“五四”时期前期与后期的新文化，也不能例外。从前后质的差异上说，那必然有所否定；从相通的脉络上说，那就有所吸取。所谓质的差异，是无产阶级领导的新民主主义文化与资产阶级领导的旧民主主义文化的差异，是两种世界观与两种思想体系的差异。但是就现阶段负担的革命任务而言，却都是要求完成资产阶级性民主革命，这便是两者之间主要内在的联结的纽带。

前期向后期转化发展的线索，从某些代表人物的思想发展上也很容易体察出来。最典型的代表是李大钊同志，因为他刚好在这个时期内经历着自己思想的重要转折，而又留下了较系统的言论。其次是陈独秀。

大钊同志前期那种热情洋溢、精力充沛的爱国思想或民族主义思想，是这个时代思想界的高峰之一；但是究其内容总还是窄狭的。不过在他这种真实的爱国家爱人民的思想感情基础上，一旦沾到马克思主义的雨露，便能促使他原有的思想感情得以扩充，变化而向前飞跃了。当他比较了法国革命与俄国革命的社会性质之后，体会到“爱”应当跳出国家主义的小圈子，爱世界范围内一切被剥削被压迫的人。当他考虑到第一次世界大战的结果，认为是专制主义的失败，民主主义的战胜，是资本主义的失败，劳工主义的战胜的时候①，很自然地把民主主义与劳工主义联结起来。这实际上也就把殖民地国家中的民主革命课题与资本主义各国社会主义革命的课题，把中国人民的命运与世界被压迫民族、被剥削阶级的命运联结起来了。在五四运动周年的前夕，当全国人民仇恨日本侵略的情绪还很高涨时，大钊同志教导人民说：“我们爱日本的劳工阶级、平民、青年，和爱

① 参看李大钊1918年10月《庶民的胜利》与《Bolshevism的胜利》。

自国与他国的劳工阶级、平民、青年，一样诚挚，一样恳切。”[①]由以上可以看出，大钊同志已抛开原先窄狭的资产阶级民族主义，前进到无产阶级的爱国主义与国际主义中来了。

大钊同志前期反封建精神的旺盛，气魄的雄伟，也是这个时代的一个顶峰。但他前期的言论除了起着对人们的激励作用外，究竟还嫌空虚。不过在这种积极的思想基础上，一经马克思主义的启示，他就找到了切实可行的道路。他在后期看出了中国最黑暗的地方是在农村。“中国农村的黑暗，算是达于极点。那些赃官、污吏、恶绅、劣董，专靠差役、土棍作他们的爪牙，去鱼肉那些老百姓。”他看出了人数最多又最苦的是农民，说：“我们中国是一个农国，大多数的劳工阶级就是那些农民，他们若是不解放，就是我们国民全体不解放；他们的苦痛，就是我们国民全体的苦痛，……”[②]因此，他号召进步的知识青年到农村里去唤醒农民。这样，他就找到了反封建制度所依靠的社会力量。在后期，他还看出了大战后西方各国的女权运动是资产阶级妇女的运动，认为妇女问题彻底解决的方法，是“一方面要合妇人全体的力量，去打破那男子专断的社会制度；一方面还要合世界无产阶级妇人的力量，去打破那有产阶级（包括男女）专断的社会制度”[③]。这样，他就为妇女问题的解决指出了最正确的道路。他在后期还看出了反对封建政治与反对帝国主义之间的联系，同时还看出了反对封建文化与中国社会主义前途之间的联系。在五四运动期间，他已指出可恨的不只是曹、章、陆这般卖国贼；也不只是对中国抱侵略主义的日本人，“日本所以还能拿他侵略主义在世界上横行的缘故，全因为现在的世界还是强盗的世界”。“我们若是没有民族自决、世界改造的精神，把这强盗世界推翻，单是打死几个人……也还是没有效果。”[④]这就指出了单单反封建军阀政府的几个爪牙，并不算彻底，而更重要的应该反对比军阀更凶恶的一切帝国主义强盗。大钊同志从十月革命之后，很快地就抛弃了对帝国主义的幻想，树立了对社会主义前途的信仰。“中国人民在世界经济上

① 李大钊：1920 年 4 月《亚细亚青年的光明运动》，载《李大钊选集》，人民出版社 1959 年版，第 328 页。

② 李大钊：1919 年 2 月《青年与农村》，载《李大钊选集》，人民出版社 1959 年版，第 146～147 页。

③ 李大钊：1919 年 2 月《战后之妇人问题》，载《李大钊选集》，人民出版社 1959 年版，第 145 页。

④ 李大钊：1919 年 5 月《秘密外交与强盗世界》，载《李大钊选集》，人民出版社 1959 年版，第 214 页。

的地位，已立在这劳工运动日盛一日的风潮中，想行保护资本的制度无论理所不可，抑且势所不能。……在这种势力之下，要想存立，适应这共同生活，恐非取兼程并力，社会共营的组织不能有成。”[①]基于这种信念，他便把反封建的解放运动不再与资本主义的前途联结着，而是与社会主义的前途联结着了。他在指出孔子主义随着中国封建的农业经济基础的变动及大家族制度的动摇，而必然崩颓的同时，还指出中国的劳动运动也是打破孔子主义的一种运动，与政治上、社会上各种民主解放运动相提并论。他说：“我们可以晓得中国今日在世界经济上实立于将为世界无产阶级的地位。我们应该研究如何使世界的生产手段和生产机关同中国劳工发生关系。”[②]中国近代资本主义经济的产生与封建农业经济的分解，既然促使封建文化的代表思想孔子主义跟着动摇，而在无产阶级革命运动已经兴起的时代条件下，那反对封建文化的任务，便自然不是为资本主义前途开辟道路，而是为了社会主义前途服务了。由以上可以看出，大钊同志已从前期为资本主义民主理想提出的反封建文化要求，发展为后期为社会主义民主理想的反封建文化要求了。认识到反封建主义的同时，应该反对帝国主义，实现真正的民主主义必有待于社会主义，是从“五四”以后开始的，这个认识是在马克思主义的光辉照耀下取得的。这是“五四”新文化认识深入的重要标志，也是它取得“彻底反封建”荣誉的最重要理由。

新文化运动到了后期，民主、自由、平等的概念不仅扩大了范围，而且增加了新内容，使性质有了变化。在李大钊同志与陈独秀的文章中，都可以看到这种变化。大钊同志在前期作为一个革命的民主主义者，虽然提出了“时代精神”是“惟民主义”，但适应此时代精神的政治，自然不会超过资产阶级的“代议政治”。“代议政治”的“厥基维何？简而举之，自由是已”[③]。这里的“自由”也就自然地带着阶级局限性。但从社会主义革命兴起以后，那就不同了，不但政治上要求民主，经济上也要求民主了。他说：“战后世界上新起的那劳工问题，也是 Democracy 的表现，因为 Democracy 的意义就是人类生活上一切福利的机会均等。劳工们

① 李大钊：1921 年 3 月《中国的社会主义与世界的资本主义》，载《李大钊选集》，人民出版社 1959 年版，第 356～357 页。

② 李大钊：1920 年 1 月《由经济上解释中国近代思想变动的原因》，载《李大钊选集》，人民出版社 1959 年版，第 302 页。

③ 李大钊：1916 年 5 月《民彝与政治》，载《李大钊选集》，人民出版社 1959 年版，第 40 页。

辛辛苦苦生产的结果，都为少数资本家所垄断，所掠夺，以致合理工作的生产者，反不得均当的分配，断断非 Democracy 所许的。应该要求一种 Democracy 的产业组织，使这些劳苦工作的人，也得一种均等机会去分配那生产的结果。"[①]他又指出："苟想把民主主义做到比前更加充实的地步"，就"非开发农村不可"，"这样的农村，才算是培养民主主义的沃土"；"非使一般农民有自由判别的知能不可"，"这样的民主主义才算有了根底，有了泉源"[②]。给工农群众以真正的民主权利，这是社会主义的民主主义精神了。把自由、平等的幸福扩张到多数人身上，后期的陈独秀也有了比较明确的意见。"封建主义时代只最少数人得着幸福，资本主义时代也不过次少数人得着幸福，多数人仍然被压在少数势力底下，得不着自由与幸福的。"资本主义社会中，"表面上是共和政治，实际上是金力政治……。主张实际的多数幸福，只有社会主义的政治"[③]。可见，他们已把原先笼统含混、模糊了阶级内容的少数人的民主、自由、平等，改造和充实为包含工农劳动人民的多数人的民主、自由、平等了。

前期的新文化代表们几乎没有不援引生物进化论作战斗武器的。自然进化观打退了"天不变、道亦不变"的保守主义；"物竞天择"的学说激励了人们竞存的勇气，从而在前期的文化斗争中起过很大的作用。但是，它也起着消极作用。"优胜劣败，弱肉强食"导致出了弱小民族被侵略的合理性；自然进化观导致出了和平改良等等，是最显而易见的。不过，它又在各个代表身上引出各不相同的结果。在退守或趋于反动的人物身上，必然产生改良主义的谬论，在不断前进的人物身上，便会发展它的合理内核而走上革命的道路。大钊同志前期以自然进化观的观点，论证了孔子之道"其势力迟早必归于消灭"[④]，断定了"白首中国之将死与青春中国之再生"[⑤]。这就阐发了它积极作用的一面。还因为他前期思想中已经包含着若干辩证的因素，由此前进，能迅速地接受了唯物辩证法的观点而达到了后期的成就。陈独秀在前期也不断地使用进化论作武器，虽然基本上也

---

① 李大钊：1919 年 2 月《劳动教育问题》，载《李大钊选集》，人民出版社 1959 年版，第 138 页。

② 李大钊：1919 年 2 月《青年与农村》，载《李大钊选集》，人民出版社 1959 年版，第 148～149 页。

③ 陈独秀：1920 年 10 月《国庆纪念的价值》，载《独秀文存》卷一，亚东图书馆第 7 版，第 558～559 页。

④ 李大钊：1917 年 2 月《自然的伦理观与孔子》，载《李大钊选集》，人民出版社 1959 年版，第 80 页。

⑤ 参看李大钊 1916 年 9 月《青春》，载《李大钊选集》，人民出版社 1959 年版，第 71 页。

利用这一武器的积极作用方面，但是由于他的思想内容比较驳杂，有时也与他的某些唯心史观结合起来，助长了他的不彻底性；不过由于他这时期内还要求前进，也就经过曲折的道路，比大钊同志迟一些达到了后期的情况，成为一个不好的马克思主义者①。

追踪李、陈为代表的思想道路上留下的印痕，我们也就大体可以窥见这整个时代思潮转化的线索。这个时代是从资产阶级民主主义向马克思主义转化的大时代。这条道路除却被抛在潮流两岸的落后分子或趋于反动的分子外，是一切有勇气前进的人所共同经历的时代道路。受这个时代哺育起来的一代革命者，大都是沿着这条基本道路走过来的。

追踪李、陈这时期思想发展的足迹，可以看到后期新文化思想观点与前期的差别。这种差别，应看作是后期新文化对前期的否定，或新思潮主流的自我批判；没有这个自我批判过程，就不可能达到后期思想的高度。不过自我批判的形式那时是不会显明的出现，而实际上又是必须要有的。另外，还可以看出前期民主思想酵素的积累，对于后期思想成就所起的作用，前期民主主义思想越是急进、彻底，越是容易完成其向马克思主义的转变，李与陈转变的快慢与成就的高低之不同，正好说明这一点。

追踪李、陈思想转化的线索，我们也就可以大体窥见这幅前期与后期辩证关系的图案；前期与后期的新文化既有性质的差别和对立，又有同一的因素以达成转化；前期成为后期不可少的先行阶段，后期成为前期必然的归宿；前期为后期开拓了道路，后期则批判地克服了前期的弱点，扩大了前期的影响，继续了和发展了前期的斗争。

当我们考察前期和后期的转化关系的时候，不仅要从一些代表人物思想发展的线索上看，而且还必须从整个社会思潮的对立斗争来看。没有斗争，是谈不上转化的。没有和反马克思主义各种思潮的斗争，马克思主义是不可能建立、巩固和扩大自己的阵地的，也谈不上代替资产阶级思想而立于主导地位的。马克思主义在中国开始传播以后，不仅向封建复古主义展开了斗争，而且向资产阶级、小资产阶级的各种反马克思主义思潮进行了严重的斗争；与实验主义一战，

① 李大钊同志从1918年7月，显明地显示出向马克思主义的急剧转变，陈独秀则作了较长时间的徘徊，到1920年5月以后，才比较显示出转变。

旗开得胜;与无政府主义者再战再胜;再加上与基尔特社会主义的一战,构成了“三大战役”。马克思主义通过这些战斗,牢固地树立起自己在新文化运动中的主导地位。

因此,我们可以这样说,新文化从前期向后期的转化,是在各种具备了的历史条件下,一方面新文化经历着本身的自我否定过程,同时又是在与各种敌对思潮的斗争中而实现的。

以马克思主义为领导的新文化,一开始就显示出它的光芒和强大的威力,它的高度是前期资产阶级新文化所无法比拟的。后期新文化所显示的威力,至少有以下几个方面:

第一,从上述的转化过程已可以看出,后期的新文化,在马克思主义指导下,已从资产阶级民族主义走向无产阶级国际主义,从对资本主义的膜拜走向对社会主义的追求。资本主义被批判,它的黑暗被揭发,这就不再是西方文明一切皆好了;新生社会主义国家被歌颂,中国社会主义前途被肯定,这就给人们指出了新的道路,带来了新的希望。

第二,从上述的转化过程还可以看出,后期的新文化已把空泛、含混的民主、自由、平等概念,明确地扩大到包含工农群众,提高到新的水平上来理解这些概念了。由此出发,也就不再像前期那样,把革命只看作是依靠少数杰出人物的事业,或充其量只看作是知识阶层或市民阶层有关的事业了。新文化的对象,从社会的中、上层移到了下层,群众的威力被重视起来。特别可贵的,是马克思主义被输送到工人群众中去,与中国工人运动相结合,促进了工人阶级进一步自觉。这就为革命胜利找到了可靠的保证,平添了斗争的勇气。

第三,在本文所指的后期断限内,新文化已经一定程度地克服形式主义的弱点,而不完全像前期那样孤立地表面地认识事物了。革命的先进分子能初步运用马克思主义的方法来观察社会现象,能洞见事物的本质了。

以上三个方面:(1)批判资本主义制度,肯定社会主义制度;(2)抛弃个人英雄主义的革命,肯定发动阶级斗争,依靠工农群众进行革命;(3)一定程度地克服了形式主义,透过事物的现象认识到事物本质,从而对各种社会问题要求有一个根本解决。仅以这三项论,就已显示出在马克思主义指导下,后期新文化所起的质的变化,为前期所不能达到的新的成就。当然本文所断限的后期,还是马克思主义传播的初期,时间还短暂,马克思主义显示它的威力,也还是刚刚开端。随着中国革命的深入，时间的放长，马克思主义将是愈显见其光辉的。

行文至此，我们可以回答前面提出的问题，并可以作出结论：第一，毛泽东同志给予“五四”文化革命的崇高评价，是概括“五四”整个时期而言的，不是专指前期，也不是专指后期。如果我们对前后期分别评价，那自然不能把两者等量齐观；后期的成就，前期无法与之比拟的。第二，毛泽东同志指出的资产阶级新文化战斗力的软弱，是泛指“五四”以前长期以来（所谓学校与科举、新学与旧学、西学与中学之争）的历史事实，也包含“五四”前期的新文化运动，因为前期的新文化也潜藏着失败的危机。第三，但是“五四”前期的新文化运动，在新的历史条件下并没有失败；它之所以没有失败，主要是由于无产阶级新文化的继起，消除了前期的危机，扩大了前期的战果，推动前期向后期发展了。第四，前期与后期的新文化有着不同的性质，但又有着相同的内在的联系，因而使前期新文化得以在外部和内部条件下，向后期转化发展，这种转化是通过新文化的自我否定和对敌斗争实现的。第五，前期与后期的辩证关系，是前期的斗争为后期马克思主义传播开辟了道路，后期马克思主义的指导，吸取了前期的成果，也批判了前期的弱点，把新文化提到了新的水平。第六，所谓“彻底反对封建的文化运动”的“彻底”含义，在前期是以空前的与封建文化分裂显现它的含义；在这里有更多贡献的主要是小资产阶级文化代表；在后期是把反封建与反帝国主义任务联结起来，并把民主革命任务与社会主义前途联结起来，显现它更重要的含义，在后期是马克思主义者的功劳。

研究五四运动必须解决的一个问题

——对“五四时期”范围的广义和狭义的理解

当前,我国学术界关于五四运动性质的讨论,涉及对“五四时期”范围的理解问题;同样,探讨“五四”文化革命,也必然牵连到这个问题。“五四时期”,看来确有广狭两义。狭义的,是从 1919 年 5 月 4 日爱国运动爆发到 6 月 28 日中国拒绝在巴黎和约上签字;这是着眼于运动的发生到斗争的直接目标获得初步胜利。广义的,我认为应从 1915 年 9 月《新青年》(第 1 卷名《青年杂志》)创刊到 1921 年 7 月中国共产党成立之前;这也可以称为“五四文化革命时期”。

探讨一下“五四时期”应占有的时间领域及其各阶段的特征,对于理解与五四运动有关的各个问题是会有帮助的。我曾试就广义的五四时期即文化革命时期及其各阶段拟了一个具体划界的意见,发表于《历史研究》1963 年第 2 期,题为《试论五四文化革命的分期及其前后期的转化》,企望引起大家讨论。这里为把意见说明白,仍把要点写出,并补充些新意:

(一)从 1915 年 9 月到 1921 年 6 月为文化革命的全部过程。这里的上限以《新青年》创刊为标志,分歧意见,似乎不多。辛亥革命失败后,中国革命处于低潮时期。《新青年》的创刊,标志着民主革命在政治战线上失败后,在文化战线上的重新跃起,所以就以此为上限。下限的问题较多,据我所知,有的主张至 1920 年 5 月,共产主义小组出现;有的主张至 1922 年春,马克思主义与反马克思主义三次论战结束;这些意见都是可以考虑的。我则以共产党的成立为下限。

(二)五四文化革命,必须分出前期与后期,以显示性质上的转变。我主张以“五四”为界标,区分前期与后期。但是也有的同志主张以十月革命和马克思主义传入中国为界标，有的主张以李大钊同志《庶民的胜利》与《Bolshevism 的胜利》两篇文章的发表为界标。我不同意这两种主张，因为十月革命之后到五四运动之前这个阶段，新文化运动中还只孕育了马克思主义的新质，新文化思想主流更多的是前期的特征。但是可以把李大钊同志两篇文章的发表为标志，即以1918 年 11 月再区分前期为两个阶段。

(三)这样，前期分两个阶段，后期为一个阶段；共三个阶段。各个阶段，各具有自己的特征：(1)前期第一阶段的主要特征，是资产阶级各派新文化向封建主义旧文化作战，目标一致，其中某些流派带有空前激烈的姿态。(2)前期第二阶段的主要特征，是新文化运动的主流还是资产阶级民主主义的，但是应该重视的是马克思主义的新质，已开始了量的积累。正由于此，资产阶级新文化中某些流派，已出面与马克思主义争取群众，但只是并行宣传，还没有正式交锋，统一战线还没有呈现分裂。同时，革命与反革命的斗争，又从文化问题扩大到政治问题，但新文化各派对国际国内政治问题的实质，认识得并不深透，如对帝国主义与封建主义的认识，还停留在感性的阶段。(3)后期的主要特征，是以马克思主义为指导的新文化上升到主导地位，先进人物对国际国内政治问题实质的认识上升到理性的阶段。马克思主义在广大劳动群众中扎下了根，找到了制胜帝国主义与封建主义的社会力量。文化斗争与政治斗争又重新合而为一。与此同时，新文化运动统一战线发生了分裂，马克思主义与资产阶级小资产阶级的反马克思主义各派思潮论战，成为斗争的主要内容。马克思主义通过与新、旧敌人的战斗，初步巩固了自己在新文化运动中的领导地位。

上述的过程将近六年的时间。如果上面的表述可以成立的话，让我们进而论证这个过程中所包含的某些问题。

我们研究五四运动或五四文化革命，不能不首先细心体会毛泽东同志对五四运动及五四文化革命所作的总结。毛泽东同志曾给予五四运动及所进行的文化革命以高度的估价，指出，“五四运动是反帝国主义的运动，又是反封建的运动”；“五四运动所进行的文化革命则是彻底地反对封建文化的运动”；还特别指出：“当时以反对旧道德提倡新道德，反对旧文学提倡新文学，为文化革命的两大旗帜，立下了伟大的功劳。”同时，毛泽东同志又指出，从五四运动开始了新民主主义的革命过程，以区别于以前旧民主主义革命；从而也区别了“五四”以前和“五四”以后的两种新文化的不同性质和作用。“五四”以前是旧民主主义性质的文化，是资产阶级领导的。这种新文化，在当时虽然“有同中国封建思想作斗争的革命作用”，但是“只能上阵打几个回合”，经敌人稍一反攻，就“偃旗息鼓，宣告退却，失了灵魂”。“五四”以后是新民主主义性质的文化，是中国共产党人领导的，这支新文化生力军，“以新的装束和新的武器，联合一切可能的同盟军，摆开了自己的阵势，向帝国主义文化和封建文化展开了英勇的进攻”，“简直是所向无敌”。

毛泽东同志的这些总结，给我们很重要的启发，可以让我们思考很多的问题：(1)“五四运动是反帝国主义的运动，又是反封建的运动”，“五四运动所进行的文化革命，则是彻底地反对封建文化的运动”，含义有什么不同没有？(2)“五四”以前与“五四”以后，在革命性质上和新文化运动的性质上，既然都有显著的区别，那么上述的两项概括语是都专指“五四”以后，即新民主主义革命开始以后，是不是也包括“五四”以前？(3)“五四”以前以资产阶级为主的新文化既然战斗力这么脆弱，为什么有同中国封建思想作斗争的革命作用？既然“宣告退却，失了灵魂”，那么“五四”以前的新文化运动是否失败了呢？(4)“彻底地反对封建文化的运动”的估价是怎样来的，“彻底”的含义又该怎样领会呢？

我觉得有了前述“五四时期”广狭两义的理解，有了前述“五四文化革命时期”的分期的理解，这些问题便比较容易地得到解决：

第一，中国近百年的民主革命，从旧民主主义转向新民主主义中间有一个过渡时期。前面表述的这个将近六年的时间，大体可作为过渡时期看待；其中前期第二阶段又是这六年中的转折阶段，而转折的枢轴则是五四运动。这是广义地来理解“五四时期”。这个广义的五四时期，具有旧民主主义革命与新民主主义革命分水岭的性质，五四运动是这个分水岭的顶峰。五四运动本身究竟属于这个分水岭的哪一边呢？这就又需要从狭义的五四时期来理解。狭义的五四时期是指特定的政治事件从爆发到初步胜利的一个阶段，它本身只属于分水岭的一面，而不属于两面，即属于新民主主义的一面，是新民主主义革命的开端。这里便与当前学术界讨论的五四运动性质有关。我认为，如果指广义的五四时期，那它就既含有旧民主主义的性质，也含有新民主主义的性质；如果指狭义的五四时期，那它就只有新民主主义的性质；狭义的五四时期应属于新民主主义的范畴。当前已有许多同志发表文章，从这两种根据上指出，对这个问题首先提出的朱务善同志意见的错误，我不再多讲什么了。我在这里补充的一点意见，毛泽东同志所说的,“五四运动是反帝国主义的运动,又是反封建的运动。五四运动的杰出的历史意义,在于它带着为辛亥革命还不曾有的姿态,这就是彻底地不妥协地反帝国主义和彻底地不妥协地反封建主义”,是指狭义的五四时期的性质内容。因为“五四”以前,不论政治上或文化上都不具备这样完整的内容。当毛泽东同志所说的,“五四运动所进行的文化革命则是彻底地反对封建文化的运动,自有中国历史以来,还没有过这样伟大而彻底的文化革命。当时以反对旧道德提倡新道德,反对旧文学提倡新文学,为文化革命的两大旗帜,立下了伟大的功劳”,是指广义的五四时期的性质内容;虽然可以看作是着重地指五四后期,但也兼包括五四前期;因为两大旗帜是前期已经揭起的。毛泽东同志还提到“五四运动时期,一班新人物反对文言文,提倡白话文,反对旧教条,提倡科学和民主,这些都是很对的”。这些内容也是从前期开始的。同时,上引的毛泽东同志论五四文化革命的话,只讲到“是彻底地反对封建文化的运动”,而没有提及是反对帝国主义文化,这不是说五四文化革命中没有反帝国主义文化的内容,而是因为反对帝国主义文化只是五四后期所独有的内容,反对封建文化则是前期与后期共有的内容。毛泽东同志在专谈到“五四以后”时,便把这个新内容补充进来了。他说:“这个文化生力军……向着帝国主义文化和封建文化展开了英勇的进攻。”这样的理解如果不错的话,我想会有助于澄清当前五四运动性质讨论中的一些问题。

第二,过去由于对“五四时期”的广狭两义不加区别,也由于对五四新文化运动前期与后期的特征辨认不足,在谈到五四新文化运动时有两种偏于一端的理解。一种是不自觉地把眼光偏重于前期的“反对文言文”、“提倡白话文”等新文化的内容。这样的理解,自然是不全面的。事实上前期的新文化运动虽然有很大功绩,但同时也有严重的弱点。前期的新文化在与封建旧文化斗争的激烈程度上,在敢于与封建旧文化决裂的精神上,虽然已具有文化革命的意义,也具有某种限度的“彻底”的意义;但是如果不与更重要的后期联结起来考察,那就难以理解毛泽东同志所给予的那样高度的估价。因为五四前期的新文化运动只有反封建的内容,而无反帝的内容,后期的新文化运动则兼有反封建与反帝的内容。前期的新文化运动是以资产阶级的民主主义来反封建主义,后期的新文化运动是以马克思主义来反封建主义与帝国主义;前期的新文化运动初期,是企图从孤立地解决文化问题以达到政治的目的,后期新文化运动则是文化与政治融而为一;前期新文化运动的政治目的是实现资本主义制度,后期新文化运动则是批判资本主义制度，为中国人民指出社会主义前途。所以无论从内容上、性质上，前期新文化运动都不能与后期等量齐观。不仅如此，前期新文化运动由于资产阶级的软弱，也由于新文化运动本身中的弱点，它本有失败的危险。它之所以没有失败，是由于它的战斗任务紧接着为后期新文化运动所接替上去，由于这一运动的领导权转移的缘故。因此，眼光只集中于前期是不妥的。另一种偏向，是集中于后期而不敢涉及前期，大概是因为新民主主义革命既然从“五四”开始，那就不好把“五四”以前的新文化运动纳入“五四”时期中来。这样考虑也是有理由的，因为这是着重于新文化运动的新民主主义与旧民主主义性质的区别，防止把两者混淆起来。但是这只是一面的理由，因为历史事件的“性质”和“时期”两个概念不是凝固僵死的，它们自身各有绝对的一面，又有相对的一面。两者有一致性，又有区别性。一种性质的历史事件的长远过程上，可以划分若干个别的小的时期；一个长久的时期中也可包含若干不同性质，这主要看从哪个角度来分析一件历史过程。例如同是旧民主主义革命，可以有戊戌变法时期，辛亥革命时期；同是新民主主义革命，可以有第一次国内革命战争时期，抗日战争时期等。反过来说，同是旧民主主义革命时期，可以包含太平天国农民革命的性质，戊戌资产阶级改良主义运动的性质和辛亥资产阶级革命运动的性质。如果我们使用“中国近代民主革命时期”一个概念，便可以把旧民主主义革命性质与新民主主义革命的性质全包括进来了。性质是时期的标准，时期是以性质为根据，这是它们的绝对一面，从而两者便有一致性。性质的范围有大小，时期的划分有长短，这是它们的相对的一面，从而两者便有区别性。现在回到我们讨论的问题上来，如果我们着眼点在新民主主义文化与旧民主主义文化的性质的差别，那“五四”以前与“五四”以后的历史内容，便应分别纳入不同的时期；如果我们着眼于“五四文化革命时期”，那就可以包含“五四”以前与“五四”以后两种不同性质的新文化。同样，如果着眼于五四运动的政治意义，那便是一个狭义的“五四时期”；如果着眼于“五四”的文化意义，那便是一个广义的“五四时期”。讨论五四文化革命，我认为须从广义的五四时期着眼；这自然并不意味着容许混淆“五四”前与“五四”后新文化运动的不同性质。

第三，为什么从政治意义上看五四运动只有一个狭义的五四时期，从文化意义上看便有一个广义的五四时期呢？我认为辛亥革命的失败，标志着资产阶级领导政治革命已经“盖棺论定”，下一阶段政治革命的领导者是属于哪个阶级，要到五四运动爆发后才能揭晓。从辛亥革命失败到五四运动之前的这一期间，资产阶级领导的政治运动虽然已作了结论，但它在文化上却还能战斗几个回合。辛亥革命以后，在袁世凯政府的统治高压下，资产阶级民主革命派组织瓦解，意志消沉，苦闷徬徨。在这种情况下，他们终于被迫重新调整组合其力量，转移到文化战线上去寻找出路。因此，这个期间的阶级斗争形势，是从政治战线向文化思想战线上转移。第一次世界大战以后，中国资产阶级的经济地位有所改进，小资产阶级在这种刺激下增加了斗争的勇气，于是它们汇集成一股新的文化力量向封建文化发动了攻击。这时期历史的中心问题，实质虽然仍是政治问题，而表现出来的却是文化问题。阶级斗争的展开，是表现在文化战线上，资产阶级的领导作用也是表现在文化领域里。同时，由于小资产阶级文化代表所发挥的勇猛冲击精神，所表现的与封建文化势不两立的破坏精神，使这一阶段的新文化运动具有一定程度的"彻底"的反封建意义，达到了一定程度的文化革命的高度。这就是为什么在政治意义上只有一个狭义的五四时期，而在文化意义上则有一个广义的五四时期的道理。从"文化革命"这个角度看，前期和后期虽有性质的不同，而这个历史事件过程却是一个整体。

第四，从文化革命的角度看，这个广义的五四时期与狭义的五四时期比较，不仅多出了一个"五四"前期，而且在"五四"以后也多了两年时间。作为政治事件的五四运动，至当年6月28日就可告一段落；作为文化革命说，后期的新文化运动却不能到同一时期就戛然而止。后期以马克思主义为指导的新文化，取得主导的地位和巩固其盟长的资格，是要经过较长的时间的。这种领导地位的转移和代替，一方面是通过对前期新文化的扬弃，一方面是通过对各种反马克思主义思潮的斗争而达到的。前期新文化中的民主精华，后期新文化要把它改造地继承下来；如平等的精神、自由的思想、平民的观念、变动的观点等，要在马克思主义的基础上，把它们改造成为符合于无产阶级利益的新观念、新精神；前期新文化中糟粕的东西，后期新文化要把它抛弃或纠正，如"弱肉强食"的观念，"和平演化"的观点，"人类互助"的观念，自由、平等、民主等概念中资产阶级局限性的一面等等。这是对前期新文化否定的一面。另一方面，后期新文化必须从新文化运动统一战线中分裂出去，或与后期新出现的各种反马克思主义思潮进行斗争。这时各派反马克思主义的思潮，主要是从资产阶级或小资产阶级中掀起来的，从封建地主阶级中刮起来的只算是附属的了。这就是后期马克思主义者与实验主义者、无政府主义者、基尔特社会主义者的三大论战。这些各式各样的思潮代表者,一只脚仍然站在资产阶级或小资产阶级的营垒内,算是这两个阶级一部分人的代表;一只脚又跨出了这两个阶级的营垒外,与资产阶级中真正的民主派分了家。前者如胡适的一派,后者以梁启超、张东荪为代表。至于资产阶级或小资产阶级中的革命民主派,在后期中也仍然是马克思主义者的盟友,如鲁迅;蔡元培这时也算一个。因此,后期马克思主义与反马克思主义的争论,主要是与上面所说的这种两脚分开的资产阶级、小资产阶级进行的;他们是资产阶级、小资产阶级中的右翼。以马克思主义为指导的新文化,要能成为新文化运动中的主流,还必须显示它自身的革命性与科学性,发挥它的强大威力,取得群众的拥护。后期的新文化运动消除了前期新文化运动中失败的危险,解决了前期新文化运动所不能解决的问题,为革命群众指出了崭新的方向和前途,从而把新文化运动提到了前所未有的高度。这样才能继承前期新文化运动的未竟之功,并取得斗争的新胜利。综合后期新文化运动所取得的成就:(1)批判了资本主义制度,肯定了社会主义制度,为中国人民指出了新的斗争方向;(2)抛弃了个人英雄主义,肯定依靠广大的工农群众进行革命斗争,为中国人民指出了新的斗争方法;(3)一定程度地克服了形式主义,透过现象认识到各种社会问题的本质,从而抛弃改良主义,要求对中国问题来一个根本解决,特别是对帝国主义与封建主义的本质已上升到理性的认识;(4)抛弃了孤立地解决文化问题的办法,把文化斗争与政治斗争结合起来了。这些成就,虽然还是马克思主义指导下的新文化的初试牛刀,但显然已是前期新文化运动所不能比拟的辉煌成就了。因此,后期文化革命才更能当得起“彻底地不妥协地反对帝国主义和彻底地不妥协地反对封建主义”的荣誉。

第五,从以上所谈的问题,我们就可以理解对待“五四”文化革命,既须分别考察前后两个阶段的内容与成就,又须把它联结为一个整体;既要重视其性质的差别,又要看出其间的关系;自然,区别对待是首要的,同时,联结起来考察也是重要的。关于区别其性质、作用已如前述;关于联结起来考察,须再补充几句。很显然,假若只看到前期而略去后期,那前期斗争的结果便无所归结。脆弱的资产阶级领导的新文化运动为什么本有可能败下阵来而却没有失败?是一场胜利的斗争,胜利的结局又如何了呢?它是朝着哪个方向继续发展?反之,假若只看到后期,而略去前期,那后期新文化运动也就成为无源之水,好像突然从天而降。

有了前期民主主义新文化运动给予封建文化的沉重打击，有了前期民主主义新文化酵素的累积，马克思主义新文化运动才得到顺利发育的环境条件。有了后期马克思主义新文化运动批判地继承了前期的工作，就能扩大前期的战果，并开辟出新的道路，指出新的前进目标。前期与后期之间的这种密切相互关系，是一个对立统一的关系，是前期向后期转化的关系，也即是新文化自身的一个质变过程。转化与质变，离不开条件。促成这种转化的条件，有物质条件与精神条件，有内部条件与外部条件，甚至可以说有国内条件与国际条件。世界资本主义的腐朽，第一次世界大战的发生，社会主义的兴起，十月革命的成功，中国无产阶级的壮大，资产阶级与小资产阶级的相对成长，中国民族危机的严重，人民觉悟程度的提高，马克思主义的传入，民主酵素的积累等等，这些条件都可分别纳入上述各种条件范畴中去。转化与质变，也离不开通过斗争。这种斗争的形式已如前述，一种是后期新文化对前期新文化的扬弃，一种是马克思主义新文化与反马克思主义思潮的战斗。总的说一句，在相当程度上扫除了封建荆棘之后的民主文化基地上，散播开了马克思主义文化的新种子。马克思主义改造地吸取了民主文化土壤中的养分，抛弃了它中间的渣滓，而后萌芽、抽条，而成为一株挺拔的新民主主义文化运动的大树。前期新文化运动向后期转化过程之实现似乎就是这样。说到这里，我觉得对“五四时期”有一个广义的理解，是解决“五四”文化革命许多问题的一个重要前提。

（原载《文汇报》1963 年 5 月 16 日第 4 版）

纪念五四运动七十周年断想

一

五四运动伟大的历史意义,似乎不是一下子被人们所把握,包括时人和后人。据我所知,在"五四"以后的第一个十周年和第二个十周年,对它没有什么隆重纪念。30 年代我在北大念书时,"五四"没被作为纪念日。当时只有北大每年在此日放假一天,其余各校都不放假。也许当时报刊上出现一二篇有关文章,偶有集会,也是学生们自己组织的。那时还没有"现代革命史"这门课,专著不多见,学生对五四运动的历史内容所知甚少,大体只知道"火烧赵家楼",在巴黎和会上山东问题的外交失败,青年们发动了一场反对卖国贼行为的爱国运动,也知道它和新文化的鼓吹有着表里关系。那时掌权的是国民党人,他们对五四运动似乎兴趣不高,如青年节原定在每年 5 月 4 日,后来宣布改定在黄花岗烈士殉难日(夏历三月廿九日,公历 4 月 27 日)。在"五四"第二个十周年(1939 年),陕甘宁边区举行了纪念活动。关于五四运动的反帝反封建性质,它发生的国际与国内的条件,它与世界无产阶级革命的关系,它在新文化上所建立的伟大功绩,它对后来的作用与影响,以及它成为新民主主义革命的序幕,起着时代转折的历史作用,都是毛泽东从 1939 年以后的几篇文章中论定的;特别是在 1940 年 1 月的《新民主主义论》和 1942 年 8 月《反对党八股》两篇文章中论述更为详尽。毛泽东的这些文章,讲的是历史,却结合着抗日的政治任务。他的语言和论断富有时代气息,那时读来是鼓舞人心,给人以勇气的。如果说五四运动标志着民主革命进入一个新阶段，那么，毛泽东的论断使人们对五四运动的认识提高到了一个新水平。从这时起，我们对五四运动的理解都是以毛泽东的论断为圭臬的。

五四运动于今七十周年了。缅怀它，纪念它，人们好像仍然听到那代先进志士们的召唤和呐喊，自然也记起毛泽东为纪念它所作的那些有创见的分析。由此更进一步引起人们对"五四"探索思考所含蕴的精义，企盼它的至大至刚的爱国主义精神不仅能闪光于过去，并能照亮当前和未来。今天，迎接五四运动70周年的到来，我们也要像过去纪念五四运动那样，不只停留在纪念上，要思考其中有哪些实现了，发展了？有哪些没有实现或发展不充分，甚或是失落了？有哪些需要补正，有哪些可以舍弃，甚或是否需回到原地重新出发，还是就地整装，由此继续前进？我曾直接和间接听到了各种议论，这些实际上是与现实关联着的。中国人民经历了"文革"动乱后的反省，思想有较大幅度的解放。拨乱反正之后，又目睹了十年改革开放的生动现实，人们的思想更加活跃起来。大家看到了近十年变革中，有卓越的成就，也有重大的失误；有奋进的精神，也有惰性与腐蚀力；有喜悦，也有困惑。例如唯钱是图，社会风气滑下坡来。然而改革开放，势在必行；不改不放，中国会更加落后。人们的价值观念在变化，不变也不可能；但变化的最后趋向将会怎样，似乎一时难以找到确切的答案。借新的气息，以新的眼光，来比较、鉴别、议论现实中的各种问题，有喜有惧，众说纷纭。这种忧喜交错的心情反射回历史问题中来，也就出现了同样众说不一的情况。因此，人们今天纪念"五四"，评价"五四"，思想争议比往常多多了。文化思想反映现实，又可作用于现实。对五四运动史中的问题有不同的见解，有争议，这对学术来说是件好事。七十年前"五四"时期的异说并起、百家争鸣，成了新时代来临的催生曲。今天在这新的变革转折时代，存在着争议，也必然存在着争议。真理在相互冲击中闪现其光彩，随着变革实践的前进，人们是自会优选之的。

二

有关五四运动的各种议论，我所知有限。仅就听闻到的，大致有五四运动并不是彻底地反帝，因为它只反日本并不反英美；五四运动也不是彻底地反封建，因为反封建的任务并没有完成；有的对新文化启蒙领袖们倡导的人权、自由、民主、科学、个性解放等等口号十分向往，但惋惜这一反传统的启蒙精神，在"五四"

以后被冲断而消亡了；有的对马克思主义传播及其作用的认识比较淡薄，认为马克思主义的传入，干扰了民主启蒙精神的持续扩大，这正是启蒙运动消亡的原因；有的认为马克思主义是经俄国人之手有选择地传入，而非其全貌；“中国化”了的马克思主义，也只是融合俯就了落后的农民意识；还有的认为五四运动是感情用事，是与义和团运动一脉相承的非理性运动，如此等等。这种种议论，有的只是个别人的见解，有的是较多人的共识，其中比较有普遍性的是对马克思主义传播作用的低估，与对反封建文化启蒙精神的重新呼唤。这些议论既涉及到“五四”的历史，又是现实问题的折光。其涉及现实方面，不必忙着评断其是非，只能等到我国改革实践到一定阶段之后，才能检验出哪些具有合理成分，哪些只是一时的冥想。我这里就史论史，就“五四”前期的民主启蒙思想与“五四”后期的马克思主义思想的历史关系，谈点个人意见。前期民主启蒙思想打开了反封建的通道，后期的马克思主义开始了改造中国的革命实践，两者的功绩都应当受到后人的尊重。两者有着转化与互补的关系，在当时与后来的实践中，也都有历史的局限与失误之处，可供今天思考。

近代中国社会既已成为半封建半殖民地社会，就决定了中国人民要想站起来，就要承担反对封建主义与反对帝国主义的双重任务。在特定一段时间内，双重任务是同时并举还是有所侧重，这是随客观形势的变化而变化的。辛亥革命后的形势，首先是共和成果丧失，帝制复辟活动猖獗，封建复古迷雾浓重。针对这一现实，反思辛亥革命失败的教训，以《新青年》为代表的前期新文化运动勃然兴起了。它以西方资本主义上升时期思想为武器，发动了对中国封建伦理思想的猛烈攻击，震动着人们的心弦，它的功勋是人所共知的。然后民族危机接着袭来，巴黎和会上中国外交失败的消息传来，爆发了知识青年带头的五四爱国运动。这是从个人觉醒到民族觉醒的重要一步，正是“五四”前期新文化思想所结的硕果。然而前进的步伐不能到此停止，因为“三罢”胜利收场之后，在帝国主义的侵略与军阀势力压迫下，中国局势仍然照旧。改造与拯救祖国的道路是什么，人们在急切地寻求答案。从巴黎和会的分赃性质，人们已经领悟到全世界资本主义文明大国都是强盗。这时，经过一场破坏流血的大战后，西方资本主义文明的形象在人们心目中大为减色。连西方学者们这时也回过头来向古老的东方文化求救世良方。在此情况下，一部分中国学者飘飘然觉得还是中国文化优越，走回头路。另一部分激进的学者与青年学者们，则从十月革命后建立起新政权的俄国那里看到了人类的曙光，于是由学西方转为学俄国，由向往民主主义转趋于向往马列主义。当时现实的教训也很清楚，西方的民主议会制度已经搬到中国来了（民初国会），但被封建军阀们随意玩弄，作践得不像样子。孙中山的护法有气无力，资产阶级的政治代表们再也提不出更好的救国方案。在这种形势下，有志之士如果救国之志始终不渝，就必然选择“转向”的道路，不仅有民主启蒙思想的一般青年经历了这个转变，就连孙中山也喊着“以俄为师”了。由此可见，新文化运动后期的马克思主义与社会主义思潮的兴起，是历史选择的必由之路，沿着这条道路走下去的结果，就是共产党人领导人民经历28年的艰苦斗争，而诞生了中华人民共和国，这是天翻地覆的大事。在这铁的历史面前，任何低估“五四”后期马克思主义在中国传播的倾向，都是不对的。

那么，“五四”后期马克思主义思潮的高涨，是否中断了前期反封建的民主启蒙？如果没有中断，反封建的思想任务是否完成了？毛泽东曾说过，五四新文化运动是“彻底地反封建运动”。如果是“彻底”了，为什么近年来人们又一再呼喊要继续清除封建思想残余呢？对这么多的问题，在这篇幅有限的短文中，我只能简要地谈谈一些认识。

马克思主义与资产阶级民主主义虽属于两种不同的理论体系，但引进到“五四”前后的中国社会中来，却都是非常有用的。由于中国革命的双重任务，这两种理论的先后输入，在当时既是接力关系，又是同盟军的关系，它们应该起着互助的作用。从反帝说，前期启蒙思想家们，由于其思想武器的来源和对西方文明的崇拜，加上中国资产阶级力量还很软弱，不大可能提出反帝的要求；虽然从中国资产阶级利益说，也有其反帝的要求，这就需要马克思主义者出来指引。从反封建说，马克思主义要求消灭一切剥削制度，当然也反对封建主义。至于前期的民主主义思想，本来在西方就是从反对中世纪的封建制度中厮杀出来的，带着天赋的反封建本性来到中国，其反封建的作用是不言而喻的。这两支文化新军，在“五四”以前结成统一战线，本来是共同对敌的。但不久，文化统一战线分裂了，即出现了所谓的“五四”后期三大论战，这对于共同反封建是不利的。论战虽是先由资产阶级代表挑起的，但也由于凡是每种理论体系总有一种排他性，以及其他一些原因。从此，双方互相警惕地增加了敌对意识，失去了团结的精神。另外，中国共产党成立之后，共产党员及党外马克思主义者迅速投入救国革命的实际斗争中去。从一方面说，血与剑的搏斗减少了笔与墨的呐喊，从这个意义上也许可以说是"救亡压倒了启蒙"。但从另一方面说,他们深入工农群众中去(这是前期民主启蒙家所不敢想,也做不到的),启发工农的觉悟,其中自然也含有反封建的思想宣传。如大革命时期的湖南,十年内战时期的苏区,农民摧毁封建势力的斗争,但由于中国农村的广阔,封建思想的积淀深厚,反封建的任务不能一下子就完成了。过去我们误认为推倒了三座大山,完成了土改,封建思想就不存在了。从"文革"后的反思中,人们才感悟到封建主义的阴魂未散;它仍是阻碍我们走向现代化的严重障碍。回顾"五四"以来的历史过程,说民主启蒙思想曾经中断似不合于实际,但反封建的任务没有完成却是事实。至于毛泽东所说的"彻底",是指'五四'时期反封建文化史无前例的勇猛精神,而不是指一次完成。毛泽东也多次说到"中国仍然在帝国主义和封建主义统治之下",说反封建在"五四运动时期,还不过是一个开端"。中国革命和俄国革命的背景有某些类似之处。列宁在 1923 年曾经说过,俄国无产阶级夺取政权之后,接受了俄罗斯一份文化不发达的沉重遗产,给社会主义建设带来了无比的困难,需要再用 20 年时间来改变那些中世纪残留的东西。可惜,我国无产阶级在夺取政权后,毛泽东忘记了我们有一份比俄国更加沉重的中世纪遗产,需花更长的时间来处理,以致晚年犯了一些错误。这不仅是毛泽东本人,也是所有他的追随者所意想不到的。这个错误应向中国传统文化历史土壤里去寻找。这也是我们纪念五四新文化运动所应深思的。

三

今天,新一代青年们的思想是开放的、活跃的,当然也是复杂的。他们厌倦听刻板的政治理论课,而喜爱谈外来的新学理,归结到纪念"五四"上,要求以超越"五四"的精神来纪念"五四";或者呼唤"五四"前期启蒙精神的复苏;对于马克思主义理论则显然兴趣不高,与上一二代青年在艰难的岁月里热烈地追求马列主义,厌倦听国民党官方的"党义"课的情况恰成对照。这种现象的发生,与其说是与理论价值有关,不如说与当代历史以及现实问题有关,原因也许是多方面的。

毛泽东的晚年有些近似斯大林。"五四"时代,也就是毛泽东风华正茂的青年时代,他像许多进步知识青年一样,正经历着从西方民主主义向马克思主义的转化。在他以后的生涯中，运用马克思主义的理论剖析中国社会，紧紧结合中国革命实践，探索出了一条中国革命的道路，赢得了全党和全国人民的尊敬。但新中国建立后，在如何领导人民建设方面，他的判断和决策却是屡屡失误。1945年他在《论联合政府》中所阐明的中国共产党在现阶段，即新民主主义革命阶段的一般纲领中有关政治、经济、文化的各种原则，要领是多么合乎国情又明白清楚啊。他还告诫共产党员，对这些纲领、目标如果看不起，稍许不忠诚、不热情，空谈什么社会主义，那就是背叛了社会主义和共产主义。“只有经过民主主义，才能达到社会主义，这是马克思主义的天经地义。”他还明确地指出，这个新民主主义阶段的时间“还是长期的”。但在夺取政权之后，他却过早地结束了这个阶段，仅仅几年时间就急促地宣告进入社会主义阶段，由此而导致了一系列急性倾斜和主观冒进，造成了许多困难和损失。到了“文化大革命”，他出现了一生决策最大的错误，闹到几乎不可收拾的局面。他的晚年思想曾被某些阿谀者称之为“最高最活的马克思主义”，而结局却是一场浩劫。从此，不但他的威信大为降落，马克思主义也受到了连累，在人们心目中不那么灵了。

其次，从建国后到改革开放前，我们闭目塞聪，与世隔绝，对西方世界所知很少，由于宣传上的偏颇，总觉得资本主义世界气息奄奄，近于垂死，只有我们是朝气蓬勃，蒸蒸日上；对“敌人一天天烂下去，我们一天天好起来”坚信不疑。等大门敞开走去一看，才知外部世界生产发展，生活提高，特别是科技进步极快，不但原有的西方大国和我们的差距拉得更大，连战败的日本，一向不被重视的亚太地区的几个小国也超过了我们。我们过去真好像桃花源中人，“不知有汉，无论魏晋”。面对这样一个变化的世界，过去的宣传被打了折扣，人们的怀疑产生了。年长的人从今昔的对比里，对我们已有的成就还能自慰，敏感锐进的青年们作了横向比较后就不能满足了。随着外部信息的增加，各种新思潮的涌来和我们在改革过程中出现的各类问题，他们的脑子里就自然会充满问号。诸如民主自由、个性解放、人的价值、政治与社会体制、马克思主义的价值和各种学说流派比较，等等，无不是新一代青年们在探索和思考的问题。趋向是明显的，和老一辈的人们当年由民主主义转向马克思主义的路刚好是回过头来了。

如何看待这类现象呢？我认为这纯属思想问题，是我们推行改革开放，走向现代化过程中必不可免的。青年人的思想活跃，关心祖国的振兴腾飞，企望赶上世界的步伐。这些情况和“五四”那代青年人在探索比较各类问题的情况一样。

思想问题只能按思想规律去解决，不能用外力去干预防堵。

今天，我们从社会主义初级阶段出发进行政治经济体制改革，所处的时代虽与《论联合政府》发表时大不相同，但就其内容性质说，则与被毛泽东过早结束了的那些民主任务有很多的相似之处，如健全民主法制、繁荣商品经济、普及教育、提高科学文化、保障人民的自由权利、发展个性，等等。这些目标，不正是现代青年所呼唤的“五四”前期启蒙运动中的那些信条吗？青年们所追求向往的这些东西，和我们当前改革中的措施并无多大的抵触。只是因为我们没有很好地完成这些任务，青年才产生了迷惘与烦闷。对于青年人的复杂思想，不能靠理论价值的高低去解决，而应靠优化改革的成绩去证明；一分成绩也许比三篇说理文章更有力。

至于如何对待马克思主义，它的理论体系终结点是社会主义社会的最终趋向所在；但也要承认一百多年前创始人的某些观点不可能完全笼罩后世，符合今天的实际。过去我们对马克思主义的领会不全面，需重新审定、补充、发展。马克思主义的生命力就在于它没有自封为把最后的真理说尽，而是要求随着人类实践的发展不断地否定自己，吸收人类文化的优秀成果丰富自己。今天我们改革大业是在世界思潮的广阔背景下进行的，我们应把眼光放宽放远，要有勇气敢于把世界范围内各派著名思想请进来，连同中国文化在内，一道经受实践的检验，鉴别其价值，然后去糟取精，融会贯通，以丰富和发展马克思主义，创造我们这个时代的中国文化。

“五四”以来反封建文化运动之史的考察

伟大的五四爱国运动的六十年中，我国人民沿着五四运动所开辟的革命道路，在党的指引下，使我国发生了翻天覆地的变化。在政治上，我们早在三十年前就推翻了帝国主义和封建主义的统治，使半封建半殖民地的旧中国变成了社会主义的新中国。但是，在近十多年的风雨震撼中，由于林彪、“四人帮”先后所作的篡党夺权的充分表演，人们才恍然感悟到形形色色的封建的东西，都还可以沉渣泛起，而且居然侵入我们的政治肌体之中，几乎把无产阶级专政的国家推入危险的深渊。于是人们不约而同地感觉到彻底扫除残余的封建意识，依然是我们文化战线上一个严重的任务。为什么我们今天还有这样一个沉重的负担？当前，学术界已有不少的文章，从不同的角度有所论列，本文拟沿着五四运动以来反封建文化的这条历史线索，进行一些探讨。

五四新文化运动仅是彻底反封建文化的开端

1919 年，我国发生的五四运动，毛泽东同志早在三十八年前发表的《新民主主义论》中，已就其性质、作用、发生与结果作了科学的总结。政治上，它是一次彻底的反对帝国主义和反对封建主义的运动；文化上，是彻底的反对封建文化的运动，“自有中国历史以来，还没有过这样伟大而彻底的文化革命”。毛泽东同志把它提到“文化革命”的高度，称赞它“立下了伟大的功劳”。

毛泽东同志这里所讲的“彻底的”含义是什么？自然不会是一个把我国长期

存在的封建文化经由“五四”时期的文化斗士们一举彻底肃清，从此可以安然无事的推论。为了便于说清这个问题，我们有必要对“五四时期”这个概念所含的历史内容，先扼要地谈一下看法。

“五四时期”这个概念，从文化角度考察，要比从政治运动考察长好几年。作为一项政治运动，从五四爱国群众运动酝酿和爆发起，到拒绝在巴黎和约上签字止，就是它存在的时间领域。但作为一个文化运动，我们认为这个“时期”的界限，应当是从《青年杂志》创刊起到中国共产党的诞生前为止。这就是说，要包含从1915年9月到1921年6月约六年的时间。这中间还应以1919年“五四”为界标，划分为“前期”与“后期”。“前期”与“后期”都属于“五四新文化运动时期”，都配称是“文化革命”；但“前期”主要是资产阶级与小资产阶级文化代表的奋起，以资产阶级民主主义的思想武器向封建主义的文化猛烈开火；“后期”则出现了具有初步共产主义思想的知识分子生力军，以马克思主义为武器加入了反封建文化的战斗序列；在“前期”已取得的战绩基础上，扩大了战果，加深了认识，提高了影响。“前期”与“后期”有着历史的联系，也有质的差别。另外，在前期与后期之间，还有些交错现象，上述划分前后期的特点，并不是一刀切的。

说明了这个分期断限及其主要特征之后，我们可以进而推论，毛泽东同志对“五四”文化革命所作的论断是概指这一整个时期的。他曾讲到“反对旧道德、提倡新道德，反对旧文学、提倡新文学”，“反对文言文，提倡白话文，反对旧教条，提倡科学和民主”等，对从“五四”文化运动前期开始的工作，给以充分的赞扬。他也曾讲到“大批的赞成俄国革命的具有初步共产主义思想的知识分子”加入文化革命阵线后，以“新的装束和新的武器”进行战斗取得更大的丰功。他还说到“一部分人继承了五四运动的科学和民主的精神，并在马克思主义的基础上加以改造”，对这些五四文化运动后期所开始的工作给以表彰。因此，我们认为毛泽东同志五四运动所作的肯定评价，是概指整个时期而言的。至于前期所暴露出的资产阶级思想方法上的某些弱点和弊害，毛泽东同志也有所论述，这里不去详谈了。

那么，“彻底”的含义是什么呢？我们认为可以从以下几方面去考虑：

(1)史无前例：以儒学为中心构成的封建主义文化体系维持了两千多年之久，从来被认为是天经地义的，不容丝毫触犯。鸦片战争之后，中国逐步沦入半封建半殖民地社会，这座体系的基础已经动摇、破败，但是作为上层建筑的东西，仍被看作是最“根本”的东西被保护着。近代史告诉大家，清代末叶，不仅一切封建顽固派、洋务派是这样看，就连具有民主色彩的改良主义者和以建立民国相号召的革命家们，大多对孔孟的封建道德伦理观念，采取不同程度的尊崇、借重或维护的态度。但是到了“五四”时期却不然，《青年杂志》创刊像一声春雷，划空而起，宣称“孔子之道与现代生活不合”，由此而展开了对封建的旧道德、旧信仰、旧文化的全面进攻。它为什么在这个时际发生的政治和经济原因，这里且不谈；只集中到一点来说，是“自有中国历史以来，还没有过这样伟大而彻底的文化革命”[①]，是中国文化史上空前的壮举。

(2)决裂的精神："五四"时期新文化战士们，用以“民主与科学”为核心的新信仰、新文化，与封建的旧信仰、旧文化相对抗，不再像戊戌与辛亥时代的新派人物那样，心存调和与折衷，而是把两者视为“绝对不相容之物，存其一必废其一”，是“不塞不流，不止不行”[②]的。他们勇猛地宣告与旧的文化决裂，“耶稣生而犹太灭，孔子生而吾华衰”(李大钊)；宣称旧礼教是“吃人”的(鲁迅)，旧史书是“大民贼的家谱”和“小民贼杀人放火的账簿”(钱玄同)，孔子应称为“盗丘”，其为害“诚不减于洪水猛兽”(吴虞)，对于“复孔孟、铲伦常”的指责，是情愿“直认不讳”的(陈独秀)。这种敢于与封建文化决裂的精神，激动着当时追求进步人们的心灵，至今也觉得它那虎虎的生气，是极可珍贵的。

(3)广度与深度：那时民主主义的文化代表们，对于拥护什么，反对什么，不是枝枝节节，零敲碎打，而是全面鲜明地揭橥出自己的主张。《青年杂志》创刊号上提出的六条纲领，自主的而非奴隶的，进步的而非保守的，进取的而非退隐的，世界的而非锁国的，实力的而非虚文的，科学的而非想象的，是资产阶级民主主义新文化反对封建主义旧文化的春雷第一声。后来，他们把这六条纲领归结为“拥护德(民主)赛(科学)二先生”的总口号。在这总口号下，他们以平等信念反对封建专制的政治制度和礼法制度；以“民主、自由”的信念反对儒家一尊和文化专制主义；以个性主义驳斥奴隶道德和封建的家族制度；以进化论观点反对保守因袭的旧文艺、旧风俗；以科学实验精神反对宗教的迷信专断……如此等等。且

---

① 《毛泽东选集》第2卷，人民出版社1991年版，第700页。

② 陈独秀：《吾人最后之觉悟》、《宪法与孔教》，载《独秀文存》卷一，亚东图书馆第7版，第55页、112页。

不论他们的言论中还夹杂着多少形式主义的缺点，但总是向几千年停滞、僵死的封建文化发动了全线的总攻击，使清末的遗老、遗少，北京政府的御用文人，吓得惊慌失措，目瞪口呆，以至引起他们的极端仇恨和企图报复“杀人”①的心理。

从广度而言是全线进攻。从纵深的方面看如何呢？陈独秀认为，近代国民思想觉悟经历了七个时期。我们概括他的七个时期的大意是三个阶段：从19世纪60年代后到甲午战前是“学术觉悟阶段”（按：指洋务运动中的科技）；从戊戌变法到辛亥后建立民国是“政治觉悟阶段”（按：指议会政治）。这两个阶段的试验都失败了。失败的症结在哪里呢？救国之道，还有什么新的办法吗？经过冥思苦索，陈独秀发现“继今以往，国人所怀疑莫决者，当为伦理问题”。他断言说“伦理的觉悟，为吾人最后觉悟之最后觉悟”②。伦理问题解决，中国就可以得救，因此他称当前已到了“伦理觉悟阶段”。这种认识，在“五四”前期的新文化人物中相当普遍。如高一涵把改造青年道德作为改造国家的“根本”；钱玄同把改造伦理作为“根本的解决”；吴虞认为“宗法”观念障碍着中国进入资本主义社会；还有许多人包括鲁迅在内，都十分重视“国民性的改造”。从历史唯物主义观点看，这种认识是本末倒置，错把上层的东西当成基本的。但从近代思想史的历程看，又确实是这样走过来的。尽管他们立论的出发点是从唯心史观出发，但把这个课题提到辛亥革命失败后的日程上来，却起了振聋启聩的重大启蒙作用。吴虞在这个问题上的认识似乎更深切，看出宗法家族制度与专制政治制度是胶固不可分的，儒家最重视的伦理“孝悌”成为二者之间的“联结根干”③，因而也是该打倒的东西。他们这样的认识，应该说是达到了“五四”前期所能够达到的最高水平。到了“五四”文化革命后期，以李大钊为代表，在马克思主义的指导下，就达到了科学地阐明这个问题的高度。李大钊指出，孔子学说所以能支配中国两千余年的人心，不是他的学说有绝大的权威，而是“因他是适应中国两千余年来未曾变动的农业经济组织反映出来的产物，因他是中国大家族制度上的表层构造，因为经济上有他的基础”。但是当这种经济组织发生了分解变化的时候，“孔

① 林纾于1919年春著小说《荆生》，虚拟一个痛恨新文化的“伟丈夫”，欲扼杀倡导新文化的人。

② 陈独秀：《吾人最后之觉悟》，载《独秀文存》卷一，亚东图书馆第7版，第56页。

③ 吴虞：《家族制度为专制主义之根据论》，载《新青年》第2卷第6号。

子伦理的基础就根本动摇了”[①]。这一见解道出了问题的实质，指明了孔子学说存在与走向没落的必然性。在当时这是最新的见解，也是最科学的论断。

从以上几个方面，我们可以看到毛泽东同志所说的“彻底”含义，只是就这个时期的文化革命精神而言，并不是说几千年传统的封建文化被彻底肃清了。而且历史已经证明，先进的思想可以走在经济制度变革前头，为之先导；落后的思想也可以停留于物质变动的后面而阴魂不散，所以“五四”时期的反封建文化运动，只是一个开端。毛泽东同志早在1942年已经解答了这个问题。他说：“这个工作（指‘五四’时期反封建八股和教条），五四运动时期还不过是一个开端，要使全国人民完全摆脱老八股和老教条主义的统治，还须费很大的气力，还是今后革命改造路上的一个大工程。”[②]

“五四”以来反封建文化成就的考察

中国的封建文化，经过五四运动，确实受到了一次极为沉重的打击，它的体系动摇了；但“百足之虫，死而不僵”。

“它的名声臭了”，还只限于在市民阶层的某些知识分子群中。“这个文化运动，当时还没有可能普及到工农群众中去”[③]，在中国广大的农村，特别是偏远的地区，封建礼教、习俗和信仰还笼罩着人们的头脑，占着统治地位；对新文化来说是“春风不度玉门关”的。

从政治势力来看，五四运动以后，帝国主义与封建军阀相勾结，还长期统治着中国。在中国人民还没有足够的力量彻底打倒它们以前，一切守旧的思想当然会在它们的卵翼扶持下，重整旗鼓，进行反扑，至少也是要守住阵脚的。随着新民主主义革命的深入，中国人民在中国共产党的领导下，最后以“中国人民站起来了”而宣告了中外反动势力在中国领土上的毁灭，在政治战线上取得了胜利。在文化思想战线上，同样，人民大众的新文化伴随着人民在政治上的胜利，以马克思主义为主导的新文化占了统治的地位。但是文化领域里的情况和政治

① 李大钊：《由经济上解释中国近代思想变动的原因》，载《李大钊选集》，人民出版社1959年版，第297页。

② 《毛泽东选集》第3卷，人民出版社1991年版，第789页。

③ 《毛泽东选集》第2卷，人民出版社1991年版，第700页。

领域里的情况有所不同。而文化领域中,帝国主义、封建主义体系下的种种意识形态,却并不那么容易一举廓清。林彪、“四人帮”兴妖作怪的现实已经证明,即使我国完成了民主革命,彻底消灭残留的封建思想仍然是一个严肃迫切的任务。

我们仍旧沿着“五四”以来反封建文化斗争的这条历史线索,探讨这一工作中的成就及其不足之处。

毛泽东同志说:“五四运动,在其开始,是共产主义的知识分子、革命的小资产阶级知识分子和资产阶级知识分子(他们是当时运动中的右翼)三部分人的统一战线的革命运动。”[①]这一论断无论从政治运动或文化运动上看都是正确的。但从历史顺序上讲,这条统一战线,如前面所分析的,前期是资产阶级与小资产阶级的民主主义思想为主导,到后期是具有初步共产主义思想的知识分子接续上来,成为以马克思主义为主导的新文化运动统一战线了。以这样一条统一战线向封建旧文化展开进攻,自然是更加勇猛而有力。但是这条统一战线形成不久,由于内部阶级立场与倾向性的差别,很快就造成了对立与分裂。当马克思列宁主义随着世界形势与国内革命运动的发展而传播开来,迅速显示其威力的时候,统一战线内部的某些资产阶级和小资产阶级的知识分子的文化代言人,看到新文化运动的发展超越了他们所能允许的资产阶级民主主义的限度,他们就感到了危险,向马克思主义思想进行挑战,于是就发生了“五四”后期马克思主义与反马克思主义的三次著名的论战。最早向马克思主义者挑战的是资产阶级代表人物胡适。他以实验主义为武器挑起了“问题与主义论战”,即马克思主义与实验主义的论战。这是分裂的开端。接着是张东荪、梁启超、张君劢,打着“研究社会主义”,甚至“赞成社会主义”的幌子,来反对马克思主义的科学社会主义。这就是马克思主义与基尔特社会主义的论战。再接着是小资产阶级代表黄凌霜、区声白、华林等人以无政府主义思想,攻击马克思主义的无产阶级专政学说,力图与马克思主义者争夺宣传阵地。这是马克思主义者与反马克思主义者的第三次论战。这三次论战,持续的时间一次比一次长,规模一次比一次大。对方既然挑起了战斗,马克思主义者不能不应战。为了给马克思主义在中国的传播扫清道路,为了给中国人民指明解放的正确方向,这三次论战是完全必要的。但反封建文化的统一战线却终于分裂了。从此马克思主义者不得不进行两面作战,一

① 《毛泽东选集》第2卷,人民出版社1991年版,第700页。

方面须独立担当起反封建复古主义的任务，一方面须对付形形色色的资产阶级的和小资产阶级的社会文化思潮；而克服后者成了比对付前者更紧迫的任务。有一部分仍然继续以激进的民主主义思想与封建文化作斗争，鲁迅就是其中杰出的代表。另有一部分人在激烈斗争的面前，则逐渐失去了锐气与锋芒。但从特定的角度看，统一战线分裂后，反封建的气势，不能不说受到一定的削弱。

果然，“五四”后期当马克思主义者和资产阶级、小资产阶级正论战激烈的时候，受到了重创的封建文化，趁这时机一度重新泛起。除了顽固的封建卫道士林纾于1919年初就不断发表文章、小说[①]，发泄他对新文化的仇恨外，还有刘师培、黄侃、梁漱溟等人，或著书立说，或借大学讲堂，散布其封建复古的说教，以与新文化运动相对抗。这说明了封建文化并没有死亡。但这时期的马克思主义者并不重视他们，因为他们那些陈旧的古董，一望而知是些什么货色；更被重视的是打着“新文化”旗号的资产阶级与小资产阶级思潮，因为这些贴着“进口”标记的东西，具有迷惑力。但是，这就无形中对封建思想这个敌人放松了。

1921年，中国共产党成立。一年后，在第二次全国代表大会上提出了反对帝国主义和封建主义的政治纲领；接着又在1924年建立了反帝反封建斗争的统一战线，进入了第一次国内革命战争时期。随着政治上统一战线的形成，一度分裂了的文化战线，又得到了重新集结的时机。几个革命阶级的文化战士在三大政策和新三民主义下，共同宣传反帝反封建文化教育的主张；特别是在北伐战争中，以这种思想教育和武装了革命的军队与千百万农民。这时期的文化斗争，比起前一个时期来，规模上是扩大了，质量上，反封建与反帝结合起来了，这都是它的新成就。但是，这时期的形势是武器的批判更紧迫于批判的武器，武装斗争的任务是首要的。而且革命的推进，仅及于长江流域中部地区，由武装斗争而推动起来的反帝反封建斗争，仅限于这个地区；更广大的领域里，还不能呼吸到这种新鲜的空气，封建的文化依旧统治着大半个中国。

单从文化界的论战看，在这个时期内，革命的文化战士批判过戴季陶主义和国家主义派的言论，挫伤过梁漱溟的“二十世纪的新中庸”。以鲁迅为首的革命作家，与《学衡》派、《现代评论》派、《甲寅》派等进行过一系列斗争。这些斗争是继承“五四”反封建文化传统的一个组成部分，在新文化史上留下了不可磨灭的

---

① 林纾为攻击新文化运动致蔡元培的信和小说《荆生》都发表于1919年春。

光辉，特别是鲁迅那些深刻辛辣的战斗檄文，更是文化史上的珍贵遗产。但是我们也还应看到反对者的力量与影响也是很大的。梁启超发表《欧游心影录》，鼓吹发扬东方的“精神文明”，胡适以“整理国故”相号召，先后办起了《读书杂志》、《国学季刊》等等，也引诱了不少的青年。这还只是就城市知识阶层而言，至于广大的农村落后地区，传统的封建思想势力还是根深蒂固，无所动摇的。

1927 年以后，历史进入第二次国内革命战争时期。这个时期的中国，一分为二：一个是国民党建立的南京国民政府几乎是全国范围的政权；另一个是在中国共产党建立起来的工农红色中国，它虽然在白色包围中占领几块不大的地区，却是具有无限生命力的。在这一政治形势下，反封建文化的斗争及其统一战线呈现着复杂的情况，其特点是分别在两个不同的区域中从事着文化斗争。在各个红色区域里，由于农民大批卷进了土地革命战争，从而使反封建文化的斗争达到了大革命时期远远不能比拟的广度与深度。毛泽东同志指出：“这时有两种反革命的‘围剿’：军事‘围剿’和文化‘围剿’。也有两种革命深入：农村革命深入和文化革命深入。”[①]随着土地革命的进行，工农政权还在战争环境所能允许的范围内进行了文化建设。1931 年颁布的《中华苏维埃共和国宪法》，以“保证工农劳苦民众有受教育的权利为目的”。军政干部教育与社会教育并重，实行完全免费的普及教育；颁布《婚姻条例》，彻底解放妇女；组织许多工农剧社，编印各种平民课本，从而使苏区农民群众第一次摆脱了愚昧落后的封建思想的钳制，得到了解放。在国民党统治区域里则是另一种情况。国民党政权大力推行“党化教育”，用“忠孝仁爱”等封建说教来教育青年，提倡“尽忠党国”，“崇拜领袖”，以盲目服从来压制人们的自由思想。这种封建思想笼罩全国，占着统治地位。工农大众根本不可能有享受文化教育的权利，停留在愚昧落后的状态。另外一批留过洋的新式文人，也甘愿为国民党的思想统治帮腔效劳。这是一方面。另一方面，中国共产党的地下成员与受到党的影响的进步的文化战士，在白色恐怖下，冒着生命的危险，坚持以马克思主义为指导与封建的和买办的文化思想作斗争。在文学战线上，以鲁迅为首的中国左翼作家联盟，先后英勇地迎击了资产阶级文学团体和民族资产阶级右翼的“民族主义文学”、“第三种人”主张者的挑战，深刻地批判了封建文化、资产阶级文化和买办文化的种种谬论。同时“左联”在文学

① 《毛泽东选集》第 2 卷，人民出版社 1991 年版，第 702 页。

大众化的理论和实践方面都作出了重要贡献。在教育阵地上，地下共产党人与一些进步教师，也向青年学生灌输了科学社会主义和民主主义的思想，播下了反帝反封建的革命火种，为青年人指出了奋斗的方向。此外，在哲学、历史学、政治经济学、戏剧、电影、音乐、绘画等各方面，都有一批进步的文化战士，为反帝反封建的新文化而工作，留下了可贵的功绩。马克思主义的史学家和经济学家，在中国社会史的研究与中国社会性质论战中，正确地阐明了近代中国的半封建半殖民地的社会性质，从而使中国人民对帝国主义与封建主义的相互关系的认识，对反对封建主义文化的认识达到了新的高度。由于革命文化战士的共同斗争，国民党在国民党统治区发动的文化“围剿”，也像它的军事“围剿”一样，遭到了失败。

但也无可讳言，由于党内“左”倾路线的影响，国民党统治区内的一些革命文化组织，大都犯有一定程度的关门主义的错误。本来从1927年大革命失败后，一些资产阶级自由主义文化人，除少数投入到反对方面阵营，还有更多的人只是对革命前途丧失信心，表示消沉，退回到书斋中去，成为暂时的局外旁观者，但是他们对国民党的统治不满，只是缺乏斗争的勇气，还是可以争取的。由于“左”倾关门主义的影响，该争取而没有争取（如当时的闻一多、朱自清就是这样的代表），使这条革命的新文化统一战线，没有得到应有的扩大，影响到革命方面的进攻力量。这种情况到1935年冬，中国共产党根据国内外矛盾的变化，提出建立抗日民族统一战线的号召以后，以“左联”自动地宣布解散为标志，逐渐纠正了关门主义倾向，才有所改变。

总起来看，在第二次国内革命战争时期，十年文化战线上的斗争，是艰巨的和困难的，也是有成效的。它比前一时期更广泛、更深刻，成就是巨大的。但有缺点。帝国主义奴化思想与封建文化的势力与影响，仍然不能轻估。特别是在革命影响未达到的广大农村，地主豪绅支配下的土地上，宗法封建思想、宗教迷信，仍有它的深厚基础。

抗日战争时期的情况，与十年内战时期又有所不同。随着战争的发展，中国共产党建立的陕甘宁边区与各省抗日根据地，国民党统治的大后方地区，日伪统治区，三种区域内的文化动向是截然不同的。中国共产党领导下的民主根据地，依照新民主主义的文化教育方针，进行的是无产阶级的思想为领导的民族的、科学的、大众的文化教育；无论学校、报刊、书籍、文艺团体都贯彻了这个方针。这些工作是继承红色区域的文化传统,而又根据抗日统战精神而实施的。由于抗日根据地的不断扩大,它比十年内战期间有了发展,为全国的进步的文化人所向往。它在反对封建文化上,是最有成就的。

国民党统治区的文化教育,又和抗战前白区的情况相近似。一方面是国民党凭借其政治力量,变本加厉地推行封建主义文化教育,一方面是党领导下的文化工作者以进步的民主主义思想与之相对抗。国民党宣扬"唯生论"、"力行哲学"、"意志哲学"、"英雄史观"、"民族史观"、"文化形态史观"种种谬论,用中国传统的封建思想,拼命地宣传孔、孟、董仲舒、程、朱、陆、王、曾国藩等人的学理。冯友兰、钱穆、萧一山等人所代表的封建文化遭到革命文化战士的批驳,也受到进步青年的反对。但是由于是在国统区,进步的文化工作者和文化事业不断地受到压制、迫害和破坏。封建文化的传播是很广泛的。

至于敌伪区的文化教育,则是侵略者宣扬的"中日亲善"、"共同防共"、"共存共荣"、"大和精神"等奴化教育,并以诲淫诲盗、光怪离奇的黄色毒素,腐蚀沦陷区人民的反抗意志。侵略者以封建道德作为驯服中国人民的思想武器。

从以上三方面来看,中国共产党人领导下的新民主主义文化,代表中华民族的新文化方向,是反帝反封建的文化主力军。它具有光明的前途。国民党推行的文化是封建的,是不为人民所接受的。但是由于中国人民的新民主主义革命还没有取得完全的胜利,中国大多数人民还处在国民党统治之下,到抗日胜利结束时,封建主义的文化思想,从其影响的面上来说,还相当的广泛。

抗日战争结束后,中国新民主主义革命进入了三年解放战争时期。一方面是蒋介石集团公然发动内战;一方面是中国共产党要民主、要和平,并准备力量迎击蒋介石集团强加在人民头上的战争。在阶级斗争发展到极端激烈尖锐的情况下,抗日后期出现的民族资产阶级各个政团的所谓中间道路者,已再没有徘徊于两者之间的余地,迅速分化,除了投向蒋介石集团外,大部分民主爱国人士则表示拥护共产党的政治主张,加入到人民阵营里来了。由于战争形势的紧迫,中国共产党必须充分发动农民进行自卫战争,广大农民也迫切要求清除封建剥削,彻底解决土地问题。随着1946年中共发出"五四指示",由抗日时期的减租减息改变为没收地主阶级的土地给农民,轰轰烈烈的土改斗争的烈火在解放区内燃烧起来。这时期对封建势力,已经是直接凭借"武器的批判",即以革命行动摧毁帝国主义与封建主义赖以存在的经济基础了。

当国民党发动内战初期，它的军事力量还处于优势地位的时候，大力贯彻其封建的文化政策，对进步的文化思想界，直接采用查封、逮捕的手段。所以，这期间文化上的笔墨交锋，无多可述。

从"五四"以来的反封建文化（实际也是反帝）斗争，是不是也随着中国民主革命的胜利而不存在什么问题了呢？新中国成立后，人们似乎不是太多地留心这个问题。但是近几年来，由于事实的教训，人们开始议论和探索这个问题了。如果确实还是问题，问题有多大，原因是什么，如何去解决，这是本文试图从文化史的线索中要求得到的一些不一定全面的答案。

发扬"五四"时代的战斗精神，继续清除封建思想，促进社会主义文化的发展

通过近十多年我国政治生活的风雨震荡，从林彪、"四人帮"所犯下的滔天罪行和丑恶表演当中，人们渐渐清醒地看到在我国的社会主义制度下，还存在着相当多的问题。无论政治生活中，经济建设中，文化生活中或社会风尚中，还都有些问题阻碍着我们通向四个现代化的进程。在"四人帮"横行时期，人们已经私下里谈；"四人帮"被粉碎后，人们才敢于公开议论与细心探索这类问题了。

问题有哪些，问题的症结是什么呢？人们不约而同地集中到封建的东西太多，封建的思想意识还在作怪。比如人们很容易感触到为什么忽然一天宪法失去了效力，人身自由失去了保障？为什么"长官意志"具有高于法律条例的效力？为什么一封有力的介绍信比规章制度还灵妙？为什么官僚主义和特权思想那样严重？为什么宗教式的膜拜忽然代替了对领袖的爱戴？为什么愚昧代替了科学与文化？为什么人们无权罢免一个不得人心的官吏？为什么习惯于"为尊者讳"、"为亲者讳"？为什么到处是土禁令和土政策？为什么"双百方针"不易贯彻？为什么把中外接触与文化交流看作危险？为什么血缘、宗法的东西还起作用？为什么梁山式的平均主义一度流行？为什么某些地区还出现买卖婚姻？如此等等，随处可见，更不必说一度出现的"上拥戴书"和"选妃"的特殊怪现象了。出现这些与社会主义民主生活大相径庭的怪现象，封建的魔影还是呼之欲出，人们是不能不思考这些问题之由来的。

根源是什么呢？通过上面历史过程的叙述，我们大体理出了一条线索，那就

是经过三十年的新民主主义革命，我们的政治任务取得了胜利，但文化上彻底扫除封建思想残余的任务，却远远没有随政治与经济的变革而同时完成。思想意识问题自有它的特殊规律，要剪断这条尾巴，还有待于各种条件和大量的思想工作。

除了这一纵的历史线索外，我们还需要从横的方面剖析一下它的原因：

(1)列宁 1923 年在《论合作制》这篇文章中曾讲到，十月革命的俄国无产阶级是先夺取了政权，进行了政治变革和社会(经济)变革，而后才开始“文化革命”。他指出无产阶级夺取政权后，接受了旧俄罗斯一份文化不发达的沉重的遗产，给社会主义建设带来无比的困难，需要再用二十年的时间，来改变那些中世纪残留的东西。

解放前的旧中国比旧的俄国还要落后，中国无产阶级接受的是一份比俄国更沉重的中世纪文化遗产。扫荡这种中世纪封建的东西，从全国范围着眼，进行社会主义文化革命和文化建设，我们和俄国基本是一样的。

列宁领导所建立的社会主义国家，是在经济落后、资本主义比较薄弱的社会基础上建立的。而我们的国家是在经济更加落后的半封建半殖民地的社会基础上建立的。当这些经济落后国家中的无产阶级已经成长到足以承担革命领导大任的时候，联合被压迫的农民及各种革命成分，先夺取政权完成民主革命而后引向社会主义革命。但是也就如列宁多次所说的，这种情况必然给革命转变后的建设途中带来巨大的困难。这只是说，无产阶级胜利地夺取政权之后，必须正视还有一个清除残留的封建思想的严肃任务，忽视了它，就会遭受意想不到的损害。

(2)我们接受的这份沉重的封建精神遗产，归根结蒂是和社会生产力还没达到高度发展相联系的。诚然，新中国成立以来的经济发展与成就是谁也否认不了的，但是也必须看到，现代化的大工业、大农业组织以及与之相适应的现代化科学技术还远不是占有了一切领域，而小生产的习惯势力、传统观念仍然严重存在。生产规模的狭小和技术水平的低下，是封建思想、习惯、风俗赖以存在的条件。另外总还有相当多数量的小生产者是局限在小天地内，故步自封，愚昧保守，徘徊不定。要把小农生产改造成现代化的大生产组织，还是十分艰巨的。当我国生产力还停留在较低的水平，反映到文化上来，就必然会障碍自己的视线，束缚自己的思想，不知不觉地在传统习惯中游泳，从而使封建思想意识随时随地渗透到各个领域，以致影响我们政治、经济、精神生活的各个方面，成为我们实现四个现代化的阻力。

(3)残留着的中世纪的思想意识、习惯、风俗还成为我们的绊脚石，也和我们主观上、工作上放松了对它的警惕有关。当土地改革完成以后，人们一般地觉得半封建的根基已经挖掉，以为主体的封建思想早已臭了。这种传统的封建思想和习惯势力以小生产组织为基础，与官僚主义者、阴谋家、野心家相结合，就出现了林彪、“四人帮”实行封建法西斯专政的大祸害。

以上三点，是为什么在我国社会主义制度下，封建思想还能沉渣泛起、兴妖作怪的重要原因。鉴于十余年动乱中林彪、“四人帮”祸党害国的惨痛教训，人们有必要考虑如何把反封建残余思想的任务进行到底的问题。这也正是为什么人们对今年纪念五四运动，继承“五四”反封建文化的斗争精神感到特别亲切的缘故。

“五四”时期反封建文化的战斗口号是“科学”与“民主”。在“四人帮”宣扬愚民政策，推行文化专制主义的日子里，历史好像倒退到“五四”以前，人们普遍地记起了这两个口号，并感到它的现实意义。

当六十年前(前文所说的“五四新文化前期”)这两个口号被《新青年》提出来作为反封建文化的武器时，是作为资产阶级民主主义内容来理解的，但是在社会主义制度下，它仍然可以供我们利用。“科学”这个口号不必多说了，因为它本身没有阶级性，可以为资产阶级利用，也可以为无产阶级服务。“民主”这个口号则是有阶级内容的。当林彪、“四人帮”实行封建法西斯主义，把社会主义制度下的民主与法治践踏得不成样子的时候，人们才发出“连资产阶级民主也没有一点”的慨叹，更无论社会主义民主了。今天，“四人帮”已倒，拨乱返治，为了扫除形形色色的封建毒素，人们普遍地期望发展科学，充实民主生活，健全法制；人们也普遍追念“五四”时代的战斗精神。毫无疑问，我们应当继承发扬“五四”时代的精神，把“科学”与“民主”这两面大旗接过来，在向社会主义进军的大路上，赋予与社会主义相适应的新内容和更鲜艳的光彩。

我们的社会主义新文化的建设工作，是以清理文化遗产和扫除旧文化垃圾为其前提条件的。如何创造与建设社会主义新文化，牵涉到如何对待文化遗产的问题，这是个很复杂的问题。毛泽东同志要我们“剔除其封建性的糟粕，吸收其民主性的精华”[1]；又说，“我们的方针是，一切民族、一切国家的长处都要学，政治、经济、科学、技术、文学、艺术的一切真正好的东西都要学。但是，必须有分析有批判地学，不能盲目地学，不能一切照抄，机械搬运”[2]。我们要以这些为指针，来继承发扬“五四”反封建文化的战斗精神，也要以这些为指导，来创建我们的社会主义文化。我们要批判封建社会文化遗产中的糟粕部分，也要批判资本主义社会文化中的腐朽颓废部分，同时又要善于批判地吸取一切历史文化中的优秀成果。在当前，为了彻底地清除封建思想残余，除了运用马列主义毛泽东思想这个锐利武器外，对历史上曾起过反封建作用的资产阶级启蒙时期的文化优秀成果，必须排除“四人帮”那种极“左”干扰，采取谨慎的分析的态度，大力开展这方面的批判的继承工作。过去在革命过程中，这方面的工作，虽然取得一些成就，但由于在武装斗争的环境中，革命的胜利又来得比较迅速，这方面的工作远远落后于革命形势的要求。现在应当加紧这方面的工作，这不但对清除封建文化糟粕是必要的，而且对创建与发展社会主义文化增加营养，也是必要的。

（本文是与韩凌轩合著的。原载《文史哲》1979 年第 2、3 期）

---

① 《毛泽东选集》第 2 卷，人民出版社 1991 年版，第 707 页。

② 《毛泽东选集》第 5 卷，人民出版社 1977 年版，第 285 页。

陈独秀前期思想的解剖

陈独秀(1879～1942 年)一生的思想发展的历程,约分为三个阶段:第一个阶段(约在 1920 年 10 月以前)是他的资产阶级民主主义思想占主导的阶段;第二个阶段(约在 1927 年以前)是他接受马克思主义为其行动作主导的阶段;第三个阶段(到 1942 年死亡)是他脱离马克思主义的阶段。对这样一个人物的思想,我们进行解剖的理由,固然由于其前两个阶段的思想曾在历史上起过进步作用,但更重要的则是我们看到一个小资产阶级革命活动家怎样地前进而又倒退。本文是笔者解剖陈氏一生思想活动的第一篇,暂以他的第一阶段,相当于"五四"时期的思想为解剖的对象。陈独秀在这个阶段,就他本人来说,是比较光彩的阶段;对他的进步作用,自然应该给予适当的地位,但在这个阶段中,他的消极面已经或鲜明、或隐伏地存在着,由此我们可以了解陈氏以后的变化,并不是偶然的。

一

陈独秀在中国文化界初露头角,约在辛亥革命前后;而声名大起,则是在他 1915 年主编《青年杂志》之后。从辛亥革命到五四运动前后这段时间,无论世界与中国都处在酝酿与发生着巨大变动的时代。在世界范围内,杀人盈野的世界大战展示着资本主义世界内的各种病症。而在地球的一角,升起了十月革命的红旗,宣告无产阶级社会主义革命时代的到来。在中国辛亥革命虽然失败,人民依然受压迫,但是新的阶级力量正在成长,新的无产阶级正在登上历史舞台,显示出中国革命随着世界革命形势的要求,将进入一个新的时期。这一切就是这个新时代的脉搏。从中国国内主要情况来看,辛亥革命后的局势毕竟不是鸟语花香,而是群魔乱舞。帝国主义的掠夺,军阀武人的专政,官僚政客的营营逐逐,土豪劣绅的敲骨吸髓,反动文人的尊孔复古,各种乌烟瘴气,把国家搞得一团糟。国家的情况一天一天坏,环境迫使人们活不下去。这也就是说,黎明的晨光毕竟还突不破满天的暗雾。生活在这个时代中的爱国者,原先对国事抱着一番希望,继而则产生了怀疑;怀疑引导着他们继续寻求国事问题的答案,考虑中国的出路何在。

在上述这段时期内,中国文化思想界的进步人物,顺随着中国政治经济的发展和要求,一步步地追求着中国问题的答案。先是辛亥革命的表面成功,使人们以为中国从此可以顺利地实现资产阶级的民主政治,发展实业、富国强兵,继而认识到仅仅换了一块"民国"招牌并不能招致民主共和的幸福,因而还需要继续追求欧美式的民主政治,这是第一步的答案。随后又追究民主政治没有实现的原因何在,于是又从唯心主义的角度认定非把中国封建主义的道德伦理、文化思想刷新一番不可,这是第二步的答案。再进一步则领悟到西方资本主义的政治经济制度,并不能造成多数人的幸福,西方资本主义文化也并不是尽善尽美,还需要追求社会主义的道路,才能拯救中国,这是第三步的答案。第一、二步的答案是"五四"前期新文化的主要内容;第三步的答案是"五四"后期新文化的主要内容。陈独秀前期思想的作用,也就是在作第一步,特别是作第二步的答案。

二

陈独秀在《青年杂志》的一卷一号上,便向青年发出反对封建主义的总号召,同时,也就竖起了"民主"和"科学"的两面旗帜。他要求青年群众树立新的人生观,标举了六项:

(1)自主的而非奴隶的。

(2)进步的而非保守的。

(3)进取的而非退隐的。

(4)世界的而非锁国的。

(5)实利的而非虚文的。

(6)科学的而非想象的。

关于民主，他说：

> 自人权平等（按：即民主之同义语）之说兴，奴隶之名，非血气所忍受。世称近世欧洲历史为解放历史：破坏君权，求政治之解放也；否认教权，求宗教之解放也；均产说兴，求经济之解放也；女子参政运动，求男权之解放也。

关于科学，他说：

> 近代欧洲之所以优越他族者，科学之兴，其功不在人权说之下，若舟车之有两轮焉。今且日新月异，举凡一事之兴，一物之细，罔不诉之科学法则，以定其得失从违，其效将使人间之思想云为，一遵理性，而迷信斩焉，而无知妄作之风息焉。[①]

陈独秀这里所提倡的“人权”（民主），是以“人权宣言”为蓝本，是资产阶级的民主；所说的科学也是指资产阶级所需要的自然科学，以及资产阶级社会政治学中所体现的那种科学法则。但陈独秀提倡的，已与过去洋务派与维新派提倡的“西学”大不相同了。他是以两者为武器，要求彻底地摧毁封建主义的“中学”（维新派不敢公然摧毁“中学”），实现资本主义民主政治与个性解放。1919 年 1 月，他在《新青年罪案之答辩书》中说得明白：

> 本志同人本来无罪，只因为拥护那德莫克拉西和赛因斯两位先生，才犯了这几条滔天的大罪。要拥护那德先生，便不得不反对孔教，礼法，贞节，旧伦理，旧政治；要拥护那赛先生，便不得不反对旧艺术，旧宗教；要拥护那德先生又要拥护赛先生，便不得不反对国粹和旧文学。[②]

陈独秀热烈地赞扬法国资产阶级民主主义的文化，把“人权论”、“生物进化论”（法人拉马尔克在达尔文之前已倡此说）和“空想社会主义”称为近世三大文明。“此近世三大文明，皆法兰西人之赐，世界而无法兰西，今日之黑暗不识仍居何等。”[③]从此出发，他抨击中国的封建专制制度、军阀官僚统治。他攻击“专制主义流毒”说：

> 全国人民，以君主之爱憎为善恶，以君主之教训为良知。生死予夺，惟一人之意是从。人格丧亡，异议杜绝。所谓纲常大义，无所逃于天地之间，

① 以上引文均见《敬告青年》，载《独秀文存》，亚东图书馆第 7 版。

② 《独秀文存》，亚东图书馆第 7 版。

③ 《法兰西人与近世文明》，载《独秀文存》，亚东图书馆第 7 版。

而民德、民志、民气，扫地尽矣。[1]

他抨击专制主义的国家是“民奴的国家”，是“伪国家”，以国家为“执政之私产”；赞扬近世国家是“民主的国家”，是“真国家”，是“国民之公产”。他这时当然不理解国家的阶级性质，误认为“近世国家”——西方资本主义国家，是“国民之公产”，是“拥护全体人民之福利”[2]的，但是以这种观点来反对当时的军阀专制，还是有进步意义的。

陈独秀到这里要寻求第一步答案了。那就是中国虽然经历了辛亥革命，但是共和空有其名，民主并未到手，因此仍须继续追求那种欧美式的政治。“吾国欲图世界的生存，必弃数千年相传之官僚的专制的个人政治，而易以自由的自治的国民政治。”[3]这种政治就是欧美式的“立宪政治”。他把这种政治看作是现代潮流所必趋的“轨道”，并且也就是他这时期最高的政治理想。但是，立宪政治为什么在中国遭到失败呢？这就迫使他不能不从失败中追求点教训，追求点新东西；结论是立宪政治的能否实现，“纯然以多数国民能否对于政治，自觉其居于主人的主动的地位为唯一根本之条件”[4]。因此，他要求国民“自进而建设政府，自立法度而自服从之，自定权利而自尊重之”[5]。如果不然的话，那就算不得真正立宪政治，所以他说：

共和立宪而不出于多数国民之自觉与自动，皆伪共和也，伪立宪也，政治之装饰品也，与欧美各国之共和立宪绝非一物。[6]

这就是他的第一步的答案。这个答案的正面含义是说今后如何实现民主政治；它的反面则是说过去的民主革命是如何失败的。从反面看，陈独秀是把以往中国民主革命的失败，归根于多数国民的觉悟不足。照我们看来，多数国民的自觉与否，对于民主政治之成功与失败固然是重要的，但这仅仅是一个方面。他这时还不可能认识到民主革命所以遭到失败的更关键性的一面，是在于这个革命的领导阶级——资产阶级的软弱性。因此，这个答案不是个全面的答案。另外，他

① 《抵抗力》，载《独秀文存》，亚东图书馆第7版。
② 《今日之教育方针》，载《独秀文存》，亚东图书馆第7版。
③ 《吾人最后之觉悟》，载《独秀文存》，亚东图书馆第7版。
④ 《吾人最后之觉悟》，载《独秀文存》，亚东图书馆第7版。
⑤ 《吾人最后之觉悟》，载《独秀文存》，亚东图书馆第7版。
⑥ 《吾人最后之觉悟》，载《独秀文存》，亚东图书馆第7版。

所说的“多数国民”究竟指哪些阶层，也是考察他本期思想实质所必须研究的。我们在这里只能说，他在袁世凯窃取政权、帝制自为时候，鼓吹了民主政治的一般原则，反对了专治主义的统治，表示了对当时现实的不满，可以肯定是种进步的行为。

陈独秀第一步的答案虽然仍是该肯定的，但是如果就此交了卷，那应该说他的思想言论中，便没有比辛亥革命前的民主革命派提出更多的新东西。不过他没有就此止步，他还追求着第二步的答案。面对着辛亥以后政治与文化上的乌烟瘴气，他从国民的“政治觉悟”问题，进而推论到“伦理觉悟”的问题。照他的意思说，近代的中国人自从与西洋人接触以来，先经历了几次失败，觉悟到学术（指科学技术）不如人；再经历了几次失败，又觉悟到政治不如人；现在又经过了辛亥政治革命的失败，那就该觉悟到伦理思想不如人了。“继今以往，国人所怀疑莫决者，当为伦理问题。此而不能觉悟则前之所谓觉悟者，非彻底之觉悟，盖犹在惝恍迷离之境。吾敢断言曰：伦理的觉悟，为吾人最后觉悟之最后觉悟。”[①]很显然，他把“伦理觉悟”看作是比“政治觉悟”更深刻的觉悟，乃至是最根本的觉悟。他说：“伦理思想，影响于政治，各国皆然，吾华尤甚”[②]。不破坏封建伦理思想，便无法实现他所醉心的欧美立宪政治；反过来说，欧美立宪政治所以在中国失败，就是由于封建伦理没有扫除。伦理问题一解决，其余便迎刃而解。这便是他的第二步的答案。

这个第二步的答案虽然和第一步的答案的内容不同，但是从思想线索上看是连贯的。把民主政治在中国的成功与失败的关键，纯粹看作是国民自觉程度的问题，说穿了就是国民的智愚或国民教育的问题。他把第二答案看得比第一答案更高，把伦理觉悟看得比政治觉悟更深刻。照我们看来，这是把距离基础越远的上层建筑，越发看作更根本的东西。这是唯心史观的见解。但是，尽管这样，我们却不能说这第二步的答案是毫无意义的。因为意识形态的斗争正是阶级斗争的反映，反封建伦理的斗争必然对封建思想桎梏的解除，封建经济基础的瓦解起着积极的促进作用。同时，伦理道德问题以及其表现形式的文学问题，是辛亥革命期间所未曾涉及到的问题，而在“五四”时期补上了这一课。这个补课

---

① 《吾人最后之觉悟》，载《独秀文存》，亚东图书馆第7版。

② 《吾人最后之觉悟》，载《独秀文存》，亚东图书馆第7版。

之所以重要，不单纯在于填补了革命课题中的一项空白，还更在于当时革命与反革命的斗争形势，是在辛亥后的革命低潮阶段，在资产阶级共和国信念破产之后，斗争的阵线从政治领域转移到文化领域中来，而伦理道德、文学思想成为斗争的集合点。陈独秀刚好适逢其会地担当了新文化阵营中争夺战的主将，从而使他的思想表现便不同于辛亥时期的民主革命派了。因此，应当说，他在本期的作用，主要是在第二步的答案方面。下面我们看他的表现。他在《青年杂志》第一卷第一号上，对封建社会视为无上荣耀的道德礼俗进行了尖锐的攻击：

> 解放云者，脱离夫奴隶之羁绊，以完其自主自由之人格之谓也。……非然者，忠孝节义，奴隶之道德也；轻刑薄赋，奴隶之幸福也；称颂功德，奴隶之文章也；拜爵赐第，奴隶之光荣也；丰碑高墓，奴隶之纪念物也。以其是非荣辱，听命他人，不以自身为本位……谓之奴隶，谁曰不宜？[①]

他以资本主义社会的个人主义来抨击封建社会的家族主义说：

> 宗法社会，以家族为本位，而个人无权利，一家之人，听命家长……宗法社会尊家长，重阶级，故教孝；……国家组织，一如家族，尊元首，重阶级，故孝忠。……宗法制度之恶果，盖有四焉；一曰损坏个人独立自尊之人格；一曰窒碍个人意思之自由；一曰剥夺个人法律上平等之权利；一曰养成依赖性，戕贼个人之生产力。东洋民族社会中种种卑劣不法残酷衰微之象，皆以此四者为之因。欲转善因，是在以个人本位主义，易家族本位主义。[②]

他把儒家三纲的伦理原则与西方的自由平等的伦理原则，视为绝对相反无法折衷的两种东西。他说：

> 吾人果欲于政治上采用共和立宪制，复欲于伦理上保守纲常阶级制，以收新旧调和之效，自家冲撞，此绝对不可能之事。[③]

1916年秋，康有为致书北京政府，要求拜尊孔教编入宪法，明令府县保存学宫及祭田，置奉祀官。陈独秀针对这种复古的思想予以驳斥说：

> 孔教与帝制，有不可离散之因缘……主张民国之祀孔，不啻专制国之祀华盛顿与卢梭。[④]

---

① 《敬告青年》，载《独秀文存》，亚东图书馆第7版。

② 《东西民族根本思想之差异》，载《独秀文存》，亚东图书馆第7版。

③ 《吾人最后之觉悟》，载《独秀文存》，亚东图书馆第7版。

④ 《驳康有为致总统总理书》，载《独秀文存》，亚东图书馆第7版。

> 吾人倘以为中国之法，孔子之道，足以组织吾之国家，支配吾之社会，使适于今日竞争世界之生存，则不徒共和宪法为可废，凡十余年来之变法维新、流血革命、设国会、改法律，及一切新政治、新教育，无一非多事，且无一非谬误。……万一不安本分，妄欲建设西洋式之新国家……则根本问题……对于与此新社会新国家新信仰不可相容之孔教，不可不有彻底之觉悟，猛勇之决心；否则不塞不流，不止不行！[①]

他又在 1916 年 12 月所写的《孔子之道与现代生活》一文中，列举孔子的道德学说与现代生活矛盾之处，如女子参政、男女交际等等，特别从经济生活上说明其与现代生活不相适应。他说："现代生活，以经济为之命脉，而个人独立主义，乃为经济学生产之大则，其影响遂及于伦理学"，而"中土儒者，以纲常立教。为人子为人妻者，既失个人独立之人格，复无个人独立之财产。……此甚非个人独立之道也"[②]。与反对伦理道德相适应，他还抨击了"陈陈相因，有肉无俗，有形无神"的封建文学。他认为这种文学是封建统治阶级的装饰品，"于其群之大多数无所裨益"。同时，他认为"今欲革新政治，势不得不革新盘据于运用此政治者精神界之文学"[③]。陈独秀看出了文学与政治的关系。

从上面的言论中，我们可以看出，陈独秀在攻击封建道德、礼俗、文学方面，比在攻击封建专制政治方面更为激愤。他的立论中心，是孔子之道与现代生活不合。所谓现代生活，包含着政治上的立宪，法律上的平等，经济上的财产独立，伦理上的个人自尊以及思想自由、文学革新等等；而孔子之道与这一切生活都是不合的。很显然，陈独秀的言论和当时其他新文化代表们的言论精神是一致的，标志着辛亥革命失败后革命情绪的重新振奋。但是当时中国资产阶级与反动势力比较起来，它的力量还不足以制胜强敌，所以蔡元培、高一涵、胡适、易白沙等一切资产阶级代言人的言论，都是温和的富有妥协的色彩。而陈独秀与钱玄同、吴虞等人却构成另一种类型，显示着激烈的精神。原因就在于陈、钱、吴等人更主要地反映着小资产阶级、小市民阶层的革命要求。小资产阶级、小市民阶层的政治、经济要求，与资产阶级的要求基本上应纳入同一范畴，但是它比起资产阶

---

① 《宪法与孔教》，载《独秀文存》，亚东图书馆第 7 版。

② 《独秀文存》，亚东图书馆第 7 版。

③ 《文学革命论》，亚东图书馆第 7 版，载《独秀文存》。

级来，却具有更多的幻想，更多的激进精神。陈独秀本期在反封建文化中的激越言论，正是这种精神的表现。他在这时文化战线上斗争所起的作用，特别是勇猛地攻击儒家伦理学说所立的功绩是应该肯定的。这种与封建文化空前决裂的精神，是为辛亥革命时期所不曾有的，而为“五四”时期的特色，也是他本期思想的最高成就。虽然他的思想言论中的弱点，也是严重的(详见下文)，但是当我们联系到整个阶级斗争形势所提到革命日程上的中心问题，及其在这一问题上所起的作用，不能不说功绩是他本时期的主要方面。正由于此，他在本期内博得了很高的声誉。

三

作为小资产阶级代言人的陈独秀的思想，也和其他资产阶级知识分子一样，有其两面性，即革命性的一面和妥协性的一面。不过，他的两面性又和其他资产阶级知识分子的表现不同。他在文化战线上是勇敢的斗士，到了政治战线上便成了软弱的懦夫；空谈些政治原则时，好像还激昂，涉及现实政治时，便失去了勇气。文化思想上的革命者，现实政治上的改良主义者，这是他在这个时期中最显著的特点。虽然全面考察他本期的作用是过不掩功，但是为了阐明他的一生发展过程，我们不能不着重探讨他前期思想特点中所存在的消极面。他前期在现实政治上的软弱，虽然和当时整个资产阶级革命派的消沉状态有着联系，也有些类似，但同他自己在文化战线上的表现对比，我们可以看到那种一勇一怯的两重人格集中于他一人之身，构成显明突出的特点。现在，我们来看他另一方面的表现。

1918 年 7 月的《今日中国之政治问题》，是他讨论国内现实政治较早的一篇论文。他自称谈的“不是普通的政治问题”，“乃是关系国家民族根本存亡的政治根本问题”，可见他对本文的重视。他揭标的三项主张，除第三项“当决定守旧或革新的国是”属于文化性质外，其第一项“当排斥武力政治”，是针对武人专政的一个切要问题；但是如何排斥武力政治呢？他实在提不出什么办法来。他说：“我们中国要想政象清宁，当首先排斥武力政治，无论北洋派也好，西南派也好，都要劝他们把这有用的武力，用着对外，不许用着对内。”[1]这就是他的办法。改造拥兵自恣的军阀，仅仅是“劝他们”，这是何等的轻易和软弱！其第二项“当抛弃以一党势力统一国家的思想”，也是针对国家不统一的一个切要的问题；但是应该要求什么性质的统一，他没有谈到。他只是感到当时任何党派都没有力量来统一全国，而任何党派又没有“自己甘心在野，容让敌党执政的雅量”，结果成互相争夺、扰攘不休的局面。在此情况下，他设想的办法是：

> 我始终主张北洋、国民、进步三党平分政权的办法，又赞成一党组织内阁的梦想。[2]

这个统一方案，既好像是企图实现其资产阶级式的由几个政党更迭执政的梦想（一党组阁），又好像是为三党分赃作策划（平分政权）；北洋派与进步党原是两个封建集团，而陈独秀更好像把它们都作资产阶级政党看待。像这样迁就现成事实，屈服于黑暗势力的条陈，怎配称得上什么“关系国家民族存亡的根本问题”呢？

从1918年12月《每周评论》创刊后，陈独秀发表了更多的议论时政的文章，其中揭露了一些军阀的罪恶，流露了一些激愤的词句，但接着出现的仍然是些枝枝节节的改良主义的东西。1919年二三月间的《我的国内和平意见》一篇长文[3]，系统地表述了他的这类见解。当时徐世昌政府与南方护法政府正在上海开“和平会议”，陈独秀对文人出身的徐世昌抱有很大的幻想，对“和平会议”郑重其事地提出了六个问题，即先决问题（即和平统一问题）、废督问题、裁兵问题、国防军问题、国会问题、宪法问题。其内容全是些不切实际的幻想，毫无半点民主革命派的气息。在和平统一问题上，他的主张是“北方不要固执中央威信观念，南方不要固执单纯的绝对的护法观念”，“要让徐东海来用文治主义调和南北，以谋统一”。他对双方不敢加一句是非的论断，只像一个和事佬！在废督问题上，他的办法是叫南北各地的督军都能自动地放弃权位，“借机会回家享福”，估计他们“未必定要不到黄河心不死”。若是军阀们定要把持权力的话，那“最后的手段”是“请外国干涉”。关于裁兵问题，他幻想可以和平地分期裁兵，“半年裁一

---

① 《独秀文存》，亚东图书馆第7版。

② 《独秀文存》，亚东图书馆第7版。

③ 《每周评论》第7～11号、第18号。

次，一次裁十万，五年内可以裁尽”。此外，关于国会、宪法等问题，他所提出的建议，也都是折衷调和、全无是非的；用他的话说，就是既要“爱惜法律的假面”(迁就南方)，又要“迁就法律假面底下的事实”(迁就北方)。

从以上他的主张，不难看出陈独秀虽然醉心于西方资产阶级的民主政治，但对如何改变军阀割据、武人专政的局面，实在是一筹莫展。他在这期间，前后提出了三套办法：一、“劝”，二、“舆论制裁”，三、“请外国干涉”[①]。这些办法，给以最好的批评，也只能算是些废话，何况第三点，已经是近乎卖国的谬论。因此可以说，陈独秀在国内政治问题上，还达不到民主革命派的思想水平。

如果说陈独秀在这个时期，对于国内的现实政治问题的主张上是软弱的，那么，他对于国际政治问题，就不仅是更加软弱，而且是十分谬误的了。如1914年，他说：

> 朝鲜……自并于日本，百政俱兴，盗贼敛迹，讼狱不稽，尤为其民莫大之福。然必欲复兴归主，诚见其损，未睹其益。……墨西哥名为共和，实则其民昏乱，无建设国家之力……使其翻然觉悟，附为美联，其人民自由幸福，必远胜于今日。
>
> ……亡国瓜分，亦以为非可恐可悲之事。……若中国之为国，外无以御侮，内无以保民，且适以残民……海外之师至，吾民必且有垂涕而迎之者矣。[②]

像这类的话，简直成了明目张胆地为帝国主义侵略辩护了[③]。假若说这些言论代表他早期的意见，可是再过了四年，到“五四”前夕，他对外对内的思想认识，比一般小市民还是不见得有什么进步。他对巴黎和会有着那么多的幻想，幻想威尔逊是公理的化身，幻想帝国主义能够泯除人种的差别待遇[④]。他对朝鲜的独立运动，希望朝鲜人民“用民意不用武力，开世界革命史的新纪元”，希望日本军阀表示文明，“一概不加刑罚”[⑤]。他到这时还是一贯地主张请外国干涉中国的

---

① 他在《为什么要南北分立?》一文中说：“我看解决中国政治问题的根本要点，不在南北分立与否，而在能否合舆论的内力和友邦的外力，铲除这南北军阀的特殊势力。”(载《独秀文存》，亚东图书馆第7版)。

② 均见《自觉心与爱国心》，载《甲寅杂志》第1卷第4号。

③ 李大钊同志在1915年8月发表《厌世心与自觉心》，批评了陈独秀的这些言论。

④ 参看《欧战后东洋民族之觉悟及要求》，载《独秀文存》，亚东图书馆第7版。

⑤ 《朝鲜独立运动之感想》，载《独秀文存》，亚东图书馆第7版。

军阀专政，说“这种出于国民自动外国好意的干涉，虽然失点虚面子，却受了实在的利益”[①]等等。可见他的政治见解基本上没有多大改变。当然，随着国内外形势的发展和对内对外预期结果的幻灭，到“五四”前夕，他也产生了某些怀疑，露出了一点变化的苗头，如对巴黎和会的失望[②]，徐东海的文治主义并不可靠[③]等等。在五四运动发生后，在群众威力的感染下，他的胆子也好像大了一些，敢于提出“强力拥护公理”、“平民征服政府”[④]的口号，甚至表示了对西方资产阶级政党与立宪政治的怀疑[⑤]等等。但是从五四运动前后到1920年大半年这段时间，还只能算是他徬徨在歧路上的时候，他的政治思想的主导方面仍然是改良主义的。陈独秀的见解显示出较大的变化，是在1920年10月以后的事。只是从他本时期的基本思想看，虽然五四爱国运动已经轰轰烈烈开展起来，而他的政治思想见解，剥去他那些激烈辞藻的外衣，便看出实际上却是落后于形势的。比如在对日外交问题上，他竟然说：“日本人因为自国的权利欺压我们，这是他们被狭隘的爱国心所驱使的，我们不必怨他”[⑥]。这是要宽恕日本侵略者的罪恶。“我们要抱定宗旨，若是日本肯把青岛和胶济路完全交还中国，并不要求他项权利，单是要求赔偿攻打青岛的兵费，我们还可以允许。若只是名义上交还，除了承认他继承德国已得权利以外，不能再添上丝毫别的矿山铁道等经济上的利益。”[⑦]这是要承认赔偿日本兵费，承认日本继承德国在山东的权利。此外，他还连带要谅解卖国贼曹汝霖、陆宗舆、章宗祥辈的罪行，说“曹、陆、章等未必真有卖国的行为”。“曹、陆不过是一种机械，章宗祥更不比曹、陆，他的罪恶，只是他的现职连累了他，此外，也没有什么特别积极卖国的大罪恶。”[⑧]这与当时爱国群众所发出的“外抗强权、内除国贼”的怒吼，简直是相去不可以道里计了。五四爱国运动暴风雨过去后的当年11月，他还写出《实行民治的基础》的改良主义的大块文章来。他以美国杜威的民治定义作理想，企图原封不动旧的社会基础，而只从“地

① 《每周评论》第20号。
② 《每周评论》第20号。
③ 《每周评论》第17号。
④ 《山东问题与国民觉悟》，载《独秀文存》，亚东图书馆第7版。
⑤ 《每周评论》第25号。
⑥ 《对日外交的根本罪恶》，载《独秀文存》，亚东图书馆第7版。
⑦ 《为山东问题敬告各方面》，载《独秀文存》，亚东图书馆第7版。
⑧ 《对日外交的根本罪恶》，载《独秀文存》，亚东图书馆第7版。

方自治与同业联合两种小组织"做起，做一些对一村一镇一种职业团体实际生活所需要的项目，如教育、选举、道路、卫生、积谷、水利、储蓄、救济、虫害等等，认为这"乃是民治主义坚实的基础，乃是政治经济彻底改造的必经的门路"。这些项目的推行，试问有哪一样能避得开剥削阶级的魔掌？如果不打碎旧的生产关系，有哪一样能行得通呢？他自己虽然把这一套臆造的图案说成是"真民治主义"，莫误作"调和政策"，但是却又说是为了"不情愿阶级斗争发生"，"都是在现社会经济制度之下的行动，并非什么过激办法"。即使是这样声明在先，他还胆小地"盼望官场中神经过敏的人，不要提起地方自治，马上就联想到破坏统一；不要提起同业联合，马上就联想到社会革命"[①]。谁能想到在文化战线上那样勇猛的陈独秀，到了政治战线上变成这样的孱头？然而实际情况就是如此。这并不奇怪，"长于幻想，畏惧严重的实践与斗争，则是表示小资产阶级的本性"[②]。陈独秀本期的思想特点，正是这种本性的体现。

四

陈独秀在文化战线上勇敢与政治战线上软弱的两重人格是怎样来的呢？从社会性说是与其小资产阶级的经济地位联系着，从思想体系上看则是与其只重视英雄人物的唯心史观分不开的。

陈独秀在"五四"时期，敢于放空炮，敢骂人，有着要求改革的狂热，但落到实际的政治问题上，却害怕彻底的革命斗争。特别是作为小资产阶级知识分子代表的陈独秀，更是自视甚高，鄙视群众。他满脑袋英雄伟人的观念，"近代贤豪，当时耆宿，其感化社会之力，至为强大；吾民之德敝治污，其最大原因，即在耳目头脑中无高尚纯洁之人物为之模范，社会失其中枢，万事循之退化"[③]。"群众意识，每喜从同；恶德浊流，惰力甚大；……非有先觉哲人，力抗群言，独标异见，则社会莫由进化。"[④]这是他对英雄的膜拜，也是他内心的自负。对华盛顿、拿破仑、蔡松坡、曾国藩、威尔逊、黄克强、罗泽南……他一概加以敬佩，不加择别。反

① 均见《实行民治的基础》，载《独秀文存》，亚东图书馆第7版。

② 刘少奇：《论共产党员的修养》，人民出版社1949年版，第96页。

③ 《驳康有为至总统总理书》，载《独秀文存》，亚东图书馆第7版。

④ 《抵抗力》，载《独秀文存》，亚东图书馆第7版。

之，对于群众，他就看不顺眼了，认为“中国国民之智力”能否建设现代国家，“诚不能无所怀疑”①。“袁世凯要做皇帝，也不是妄想；他实在见得多数民意相信帝制，不相信共和。”②巴黎和会上中国的外交失败，他叫人们不要专责备媚外的卖国政府，而是骂“我们的国民是何等昏惰”③。他的笔下，我国人民的精神面貌经常被歪曲成是“委靡”、“苟偷”、“庸懦”、“堕落”、“退化”、“散沙”、“污秽”、“卑劣”、“无耻”，人民群众被视为的一群“蠢物”④。这种英雄史观的偏见，使他对于劳动群众中潜在的无限革命潜力，视而不见。这样一来，以“先觉哲人”自负的陈独秀，便悬在空中，纵有再高的政治理想，也失去了依托。没有群众作依靠的小资产阶级革命家，无论怎样自命不凡，实际却是软弱无力的。这就是他在实际政治问题面前，不能不瘫痪下来的根本原因。

陈独秀不是倡言“国民政治”吗？不是还要求国民“自进而建设政府，自立法度而自服从之，自定权利而自尊重之”吗？是否有他自己心目中依托的某种社会力量呢？对此，我们须弄清他笔下的“国民”、“国人”或“多数国民”一类词的实际内容是什么。这从寻绎其文理中，可以找到例证的：

(甲)《敬告青年》一文中，他期望的那些不要“华其发、泽其容”的青年，那些“化民成俗”的“自好之士”等等，当然都是他所说的“国民”，而这些人最低应是属于社会中层以上的分子。

(乙)《今日之教育方针》一文中，他批评的“白面纤腰，妩媚若处子；畏寒祛热，柔弱若病夫”的“身心薄弱之国民”，也应是属于社会中层或中上层。

(丙)《新青年》一文中，他所期望的那种不要专务做官发财，而要“读书明理”、“发愤维新”的青年，显然也不是指社会下层的劳动青年。

(丁)《抵抗力》一文中，他批评的抵抗力薄弱的“国人”，和他自己说明了的那些抵抗力薄弱的“贤人君子”与“硕德名流”，更显然是社会中上层。

(戊)由以上几条，不难推知“多数国民运动”(见《一九一六》)，“多数国民政治”(见《吾人最后之觉悟》)以及“国民文学”(见《文学革命论》)等等的所谓“国民”，都主要是指社会中上层的人。至于“伟人大老，亦国民一分子，其欲建设共

① 《自觉心与爱国心》，载《甲寅杂志》第1卷第4号。

② 《旧思想与国体问题》，载《独秀文存》，亚东图书馆第7版。

③ 《为山东问题敬告各方面》，载《独秀文存》，亚东图书馆第7版。

④ 散见于《敬告青年》、《我之爱国主义》、《文学革命论》、《卑之无甚高论》等篇。

和宪政,岂吾之所否拒?"[1]可见社会最上层的"伟人大老",也还是他心目中的"国民",不过,不是主体。

(已)《我之爱国主义》一文中,他列举的国民的恶德浊行,如养尊处优、奢侈浪费、爱钱怕死、贿赂公行、诈伪圆滑、不诚不信、不讲卫生等等。这些腐朽现象,原本是社会上层寄生阶级的脓疮恶臭,而他却说成是"一国之民,精神上,物质上,如此退化,如此堕落",便说成是全国各阶层人民的通病。在谈到不讲卫生时,他说:"试立通衢,观彼行众,衣冠整洁者,百不获一,触目皆囚首垢面,污秽逼人……。"在这里,他明显地把下层劳动人民包含到他的"国民"里去。

综合以上各条,可以看出陈独秀心目中"国民"或"国人"的阶级内容,不自觉地流露出来的,是(1)以社会中间阶层为主体,有时也涉及上层,这个中间阶层就他所触及社会面来说,主要应即是市民阶层,即城市小资产阶级与资产阶级。(2)当他正面地期望"国民"自觉、自动、自由、自治时,是把这个中间阶层作主要对象,有时也包括上层在内,但下层劳动人民则被摈除在外,当他反面地斥责国民退化、堕落时,则又误把社会上层、中层的病态作为全国人民的通病,这时,便把下层劳动人民也包括有内。(3)他对于中层寄予的希望最大;对于上层是厌恶的,但也还有时寄于一层希望;对于下层劳动人民,他便只能通过有色的眼镜看到他们的愚昧无知、污秽不洁、一盘散沙等种种缺点,见不到他们的力量了。由此可知,这个时期的陈独秀是社会中层的代言人,特别是小资产阶级的代言人,小资产阶级革命者往往是轻视或无视广大劳动群众的力量的。

五

陈独秀思想上的两重性,是和他两截的世界观分不开的。他从西方资产阶级政治社会学说和自然科学中吸取了某些唯物论的观点,但是从中外古今各家学说中接受的唯心论的教养却是更深的。两种观点的羼合纠结,给他的思想言论带来了混乱和矛盾。比如他说"觉官有妄,而物体自真;现象无常,而实质常住"[2]。这是承认客观世界的真实性。"原子种性不灭,则世界无尽;世界无尽,

---

① 《吾人最后之觉悟》,载《独秀文存》,亚东图书馆第7版。

② 《今日之教育方针》,载《独秀文存》,亚东图书馆第7版。

则众生无尽；众生无尽，则历史无尽。"[1]这是承认客观存在的永恒性。"知吾身现实之生存，为人类永久生命可贵之一隙，非常非暂，益非幻非空；现实世界之内有事功，现实世界之外无希望。"[2]这是承认现实生活的真实价值。"自宇宙之根本大法言之，森罗万象，无日不在演进之途，万无保守现状之理；……以人事之进化言之，笃古不变之族，日就衰亡；日新求进之民，方兴未已。"[3]这是阐明客观世界的一切都在变化着。"森罗万象，瞬刻变迁，此无常之象也，原子种性，相续不灭，此常之象也。……尔我一身，不过人间生命一部分之过程，勿见此身无常，遂谓世间一切无常；尔之种性及历史，乃与此现在实有之世界相永续也。"[4]这是看出变迁与永恒、无常与有常之间的相互关系。这些观点，既含有承认客观存在的倾向，也带有一些辩证法的素材。他用这些哲学的基本观点树立起自己的进取、乐观、革新的人生态度，并用这些观点来破除中国封建文化中虚妄、迷信、顽固保守的东西，起了一定的进步作用。

但是他的哲学观点不是如上述的单纯，他在发挥一些进步观点的同时，又夹带着大量的唯心论的观点和形而上学的观点，给他在战斗中带来各种不同的伤害：

第一，他也像一切唯心论者一样总是颠倒地观察问题。如他说：

> 今之中国，人心散乱，感情知识，两无可言。惟其无情，故视公共之安危，不关已身之喜戚，是谓无爱国心。惟其无智，既不知彼，复不知此，是谓之无自觉心。[5]

他把爱国心与自觉心的产生，抛离开人们的阶级地位、生活条件，简单化地看成是感情与智力作用。

> 西洋民族性，恶侮辱，宁斗死；东洋民族性，恶斗死，宁忍辱。[6]

他把两种社会阶级上的思想差异，看成是根于不同的"民族性"。

> 中国之危，固以迫于独夫与强敌，而所以迫于独夫强敌者，乃民族之公德私德之堕落有以召之耳。[7]

---

① 《今日之教育方针》，载《独秀文存》，亚东图书馆第7版。
② 《今日之教育方针》，载《独秀文存》，亚东图书馆第7版。
③ 《敬告青年》，载《独秀文存》，亚东图书馆第7版。
④ 《今日之教育方针》，载《独秀文存》，亚东图书馆第7版。
⑤ 《自觉心与爱国心》，载《甲寅杂志》第1卷第4号。
⑥ 《东西民族根本思想之差异》，载《独秀文存》，亚东图书馆第7版。
⑦ 《我之爱国主义》，载《独秀文存》，亚东图书馆第7版。

他把中国的危亡，归根于德性，同时举出了勤、俭、诚、洁、廉、信六种德行，作为他自己的"爱国主义"，认为这是"救国之要道"。像这类唯心论和形而上学的观点，充塞于他的许多文章中。我们当然注意到他的主观意图是抨击封建社会文化中的阴暗面，但是由于他是颠倒地和孤立地来理解社会现象，便无力来认清问题的本质。

第二，他只重视英雄人物的唯心史观，障碍着他眼睛向下去认识人民群众的力量，前已剖析，兹不复赘。

第三，他也像一切唯心论者一样，抛开行为的效果，专去追求行为的动机，其结果引导他向荒谬的结论上发展。除如前面讲到的他教人们从"狭隘的爱国心"去原谅日本侵略者，从心迹去代曹、章、陆卖国贼洗刷罪迹外，他还从"诚"的抽象道德标准出发，宣称"袁氏之称帝也，始终表里坚持赞成反对者，吾皆敬其为人"[①]，从"主张一贯"而赞扬主演复辟丑剧的祸首康有为和张勋的人格[②]，从"真诚纯洁的精神"去敬佩在中华民国已成立八年还殉清投湖而死的梁巨川。

以上这些观点，不能不把他引导到改良主义的路上去，甚至可以使他滑到极端错误的路上去，赞扬殉清"烈士"，赞美帝制余孽，这离开一个革命的民主主义者的立场已经是多么遥远了！

由以上的征引，我们可以看出陈独秀的世界观，大致是旧唯物主义的。他的唯物观点，往往表现在自然观方面；他的唯心观点，往往表现在社会观方面。比如说，他从原子不灭，论证世界的无尽；从种性不灭，论证历史的无尽；这是从自然观方面以唯物观点来解释世界和历史。把人类看作"是自然界的一种物质"，"死后物质分散，另变一种作用"[③]来论证"个人生灭无常"，这是从自然观方面以唯物观点来解释人的生命。他虽然论证了个人生灭无常，但由于他把个人的生灭与世界和历史的永恒联结起来考察，却没有得出人生虚幻的消极结论，反而从人的生命是物质的聚散的命题，引导出两个有积极意义的结论，一个是否认了灵魂和鬼神的存在[④]，另一个是人生幸福，非上帝所赐，端赖个人的努力造成[⑤]。不过，仅仅在自然观方面据有若干唯物观点，而不能把它推广到社会历史领域中

---

① 《我之爱国主义》，载《独秀文存》，亚东图书馆第7版。

② 《复辟与尊孔》，载《独秀文存》，亚东图书馆第7版。

③ 《人生真义》，载《独秀文存》，亚东图书馆第7版。

④ 参看《有鬼质疑论》，载《独秀文存》，亚东图书馆第7版。

⑤ 《人生真义》，载《独秀文存》，亚东图书馆第7版。

去，那这种唯物观是不完备和不彻底的。陈独秀由于把人只作自然人来理解，只看到人的自然性，看不到社会地位、生活条件对人的行为活动所起的制约作用，就不可免地把人的社会行为带上了神秘的色彩，从而多从人的意志、天才、心性去解释人的社会活动，并过分地夸大了个人作用。他认为“社会的文明幸福，是个人造成的”，“除去个人，便没有社会”，“执行意志、满足欲望是个人生存的根本理由”[①]等等。由这个“个人”的桥梁，必然把他引向唯心主义的社会史观中去，在政治上，也就要掉到改良主义的泥沼中去。列宁在指出辩证唯物主义和历史唯物主义的世界观的不可分割时说：“在这个由一整块钢铁铸成的马克思主义哲学中，决不可去掉任何一个基本前提、任何一个重要部分，不然就会离开客观真理，就会落入资产阶级反动谬论的怀抱。”[②]陈独秀正是这样。他在本时期内的唯物观点，基本上是停留在下半截，即自然观方面；而一到上半截，即社会历史领域中，多半是让唯心主义占了主导。在这种世界观的引导下，加以其思想渊源的驳杂，从而使其言论中出现很多的混乱和矛盾：一回支配社会的是经济作用，一回又是学说作用；一回是政治进步，端赖多数国民运动，一回又是耆宿硕学转移社会；一回是号召国民参与政治，一回又是国民何等昏惰；一回是痛骂官僚，一回又替官僚洗刷罪名；一回是反对帝制，一回又称颂复辟罪魁；一回指斥军阀，一回又主张北洋派出来平分政权；一回反对侵略者，一回又教人原谅侵略者的“爱国”心；一回指责巴黎和会是分赃会议，一回又主张承认日本继承德国在山东的权利。此种例证，不胜枚举。他在这个时期，这种小资产阶级的根性和这种不正确的世界观，相当地削弱了他的战斗力；在他发展到下一个时期，即在接受马克思主义之后，也由于这种阶级根性和不正确的世界观没有经过彻底的改造，终于成为他政治上走上错误道路的根源。

六

行文至此，可以作几点简要的结论了：

(1)本时期陈独秀是以资产阶级民主主义为主导的思想。他在辛亥革命失

① 参看《人生真义》，载《独秀文存》，亚东图书馆第7版。

② 《唯物主义和经验批判主义》，载《列宁全集》第14卷，人民出版社1957年版，第344页。

败之后，在民主革命低潮时期，继续追求着中国出路问题的答案。他认定中国必须继续要求实现欧美式的民主政治，但要民主政治成功，更为首要的与根本的问题是在于革新伦理道德和文学思想。这种认识方法尽管是非科学的，但却符合客观的斗争形势，从政治战线转到文化战线所提出的革命任务和要求，从而对民主革命作出了积极的贡献。

(2)从创办《新青年》起，他提出民主与科学的口号；抨击专制政治，主张国民政治；鞭挞封建道德礼俗，讴歌自由平等；反对封建的旧文学，倡导抒情写实的新文学。他在文化战线上的斗争，颇为勇猛激烈。尽管他的思想中还存在着严重的弱点，但进步作用的功绩，在本时期内是其主要的方面。正由于此，他在“五四”前期新文化运动中占有很重要的地位，博得很高的声誉。

(3)他是小资产阶级的文化代表，具有对革命的两面性，即有积极的一面与消极的一面。为了探讨他一生的曲折发展过程，我们不能不着重挖掘他在这时期即已有的消极的一面。他的两面性和同时期的资产阶级分子比较有所不同。他在文化斗争中非常勇敢，在现实的政治问题面前非常懦怯；是文化战线上的革命者，政治斗争中的改良主义者；一勇一怯的双重人格集中于陈独秀一人身上，却成为他独具的鲜明的特点。

(4)他的两面性和他政治斗争上软弱性的根源，是与其小资产经济地位联系着，又是与其只重视英雄人物的唯心史观联系着的。作为小资产阶级代言人的陈独秀，自视甚高，崇拜英雄，鄙视群众，他的政治理想找不到可以依托之以求实现的社会力量。他虽然主张“国民政治”，实际他的“国民”的阶级内容是很窄狭的，在一般的情况下，不包含广大的劳动群众。

(5)从世界观上说，他是不彻底的旧唯物论者，大体是在自然观上具备若干唯物观点，而在社会历史领域中，则唯心主义观点占了优势。驳杂的思想体系导致了他思想言论的混乱和矛盾；混乱的言论中有些是很荒谬的；从而在本时期一定程度地削弱了他的战斗力。他的小资产阶级根性与不正确的世界观由于在随后也没有得到彻底的改造，成为他后期发生一系列错误的根源。

(原载《历史教学》1963年第10期)

吕明灼著《李大钊思想研究》的序言

吕明灼同志，在我印象里好像还是个青年人，实际也已过中年了。岁月如流，“青年”的印象是60年代初留下来的。那时，我从山东调到北京来，在近代史研究所的八角亭，和大家一道编写《新民主主义革命时期通史》，他来跟我当研究生，成为我的有力助手。在写书中间，同志们在亭畔山前、绿树丛中不时地商讨和争论一些问题，就已发现他具有好学深思的特点。1962年，他随我回到山东大学。我在讲授“中国现代思想史专题”课程中，继续得到他一些帮助。往事如在眼前，屈指算来，已是二十年多了。

在我们分手后的岁月中，明灼同志一直在曲阜师范学院教课或任学报编辑，间也通讯谈论学问；但中经十年动荡，对他学问上的归向，我渐渐茫然起来。

拨乱后的近两三年中，从国内雨后春笋般的报刊上，我看到过明灼同志的几篇文章，都是有关论李大钊思想的，不禁怦然心喜；但也无非觉得他仍然未废旧业，并未十分仔细地去阅读。今年夏季，忽然收到他寄来的一大包文稿（我早又回到近代史所，只是八角亭已拆除改建），拆开来看，原是他这些年中研究李大钊思想的积累，已编辑成册，俨然巨帙。附信说，即将付印，嘱我写几句前言。这使我有些惶恐，我能写点什么呢？然而从友谊上说，我是无法推卸的。

李大钊是中国共产主义运动的先驱，伟大的无产阶级战士。他的文集经鲁迅写序，以《守常全集》印行，早见于1933年。他“寻着那苦痛悲惨声音走”的精神，他那思想敏锐的洞察力，在旧中国，也早就曾穿过乌云孔隙放射出它的光辉，为多少青年们指过路。但是摊开来精心着意地去研究和咀嚼，却是在他所期待的“青春之中华”诞生以后，才具备了有利的条件。

我曾有志于学习和探讨李大钊的思想遗产，而终归只沾了点边就吹了。对照之下，我所结识的这位“青年”朋友，却默默地作出了他的成绩，证明他没有因为时代动乱而浪费了宝贵的时光。面对着这一堆手稿，禁不住油然而生的喜悦。

通读了明灼同志这部手稿，我的感想：(一)是他对李大钊的思想遗产，不仅仅是热情的歌颂，并且是冷静的思考。他沿着大钊同志思想发展的道路，探索着李大钊是怎样从爱国立场出发，由激进的民主主义完成了向共产主义的伟大转变。(二)是他对李大钊的思想不是摘取吉光片羽去宣扬，而是对李大钊的人生观、历史观、宇宙观及其具有现实影响的各项主张作比较系统全面的辨析。暂不说作者的工作达到什么水平以及是否无误，像他这样常年不懈、锲而不舍的钻研精神，就是可贵的。

从这部手稿中还可以看出作者没有把大钊作为天纵圣哲，一降世就是完美无缺的无产阶级思想家来看待。他除了正面阐明李大钊的思想光彩和为人民立下的不朽功勋外，也用了一定的篇幅探讨了李大钊在追求社会主义的道路上曾沾染到的一些非马克思主义的思想杂质(如互助论、无政府主义、新村主义……等)和经历过的思想弯路。这样做，丝毫没有故意在丽人脸上寻找雀斑，向太阳中挑剔黑子的意思，相反地正是说明一位勇猛的战士如何抖掉身上的灰尘，向着光洁的真理之境奋进，而终于成为我国共产主义运动的最早领路人。这样做，那种主张“金要足赤，人要完人”的人是会感到不很习惯的。然而只要不是主次颠倒，而是出于科学的探索，就无损于李大钊的光辉。鲁迅在1931年介绍《毁灭》这部小说时，就批评过创作界那种要求“主角无不超绝，事业无不圆满”的做法，认为这会成为乌托邦主义者，失去内容的真实性。鲁迅在《〈守常全集〉题记》中也说过：“一、是他的理论，在现在看起来，当然未必精当的；二、是虽然如此，他的遗文却将永住，因为这是先驱者的遗产，革命史上的丰碑。”对于李大钊思想的研究，无论遇上的是他那光辉的马克思主义言论的阐发，还是他那现在看来“未必精当”的地方，我们都应以肃然敬重之心来对待的。无疑的，明灼同志也是用这种态度来从事这项工作的。

但是，对这部手稿我也还有另方面的感想。那就是我认为它还有些缺点，有的属于由原来独立成篇的论文，改造成系统的论著形式后留下的斧凿之痕，有的属于议论方面的问题。然而我的意见也未必就是对的。因此，明灼同志的工作价值如何，有待于读者共同来检验。我觉得他在系统全面研究大钊同志的思想遗产上迈出了可喜的一步。我想明灼同志会在接纳读者的意见中不断地向着更严整、更深透的境界前进的。

（1981 年秋日于北京）

“一二·九”运动

“九一八”与“一二·九”学生运动比较研究

我国青年学生在新民主主义革命时期曾发动过多次的革命斗争，写下了许多反帝反封建的光辉篇章。但是，历次发生的学生运动在革命进程中的影响与作用，并不都是一样的。随其规模的大小，时间的久暂，指导策略的正确与否等等，其作用的广狭、深浅和强弱，各不相同。作为一项历史课题，我们可就某些斗争高潮进行些分析比较，从中得出些规律性的认识，也许不是全无意义的。本文拟仅就第二次国内革命战争时期发生的两次学生斗争高潮，对“九一八”与“一二·九”时代的学生运动，试作些比较性的探讨。

一、学生运动与党的领导

第二次国内革命战争时期，国民党统治区曾涌现出两次学生运动的高潮，一次是1931年东北事变引起的“九一八”学生斗争高潮，一次是1935年华北危机引起的“一二·九”学生斗争高潮。这两次高潮有共同之点：(1)都是在革命低潮期中由于民族危机刺激而爆发起来的；(2)都是全国范围的学生风暴；(3)都给予阻挠抗日的当权派以沉重的打击；(4)斗争的精神都是英勇的、悲壮的。但是两次学生运动发展的情况及其结果和影响却并不相同。“一二·九”学生运动的革命作用和影响比“九一八”的那次大一些。刘少奇同志评价“一二·九”运动时曾说：“‘一二·九’运动，是划分中国反动时期与革命时期的一个标志，从此结束了中国的反动时期，开始了新的革命运动的高涨。”他又说：“由‘一二·九’到‘七七’中间有十九个月之久，保持新起的革命运动如此之久，也是由于执行了小心谨慎的正确策略的结果。”他还说：“‘一二·九’运动是一个模范，‘一二·九’时代的青年学生(特别是北平学生)已指出了一条道路，到乡村去，和人民特别是农民结合起来……”①少奇同志这些话的意思：(1)“一二·九”运动不仅是学生斗争的高潮，而且成为全国革命高涨的起点；(2)“一二·九”运动不是一哄而起、一哄而散的，而是得到持久的发展；(3)“一二·九”的知识青年找到了与工农大众相结合的正确方向。少奇同志概括指出，“一二·九”运动的这些特点和优点，“九一八”学生运动就不具备或不完全具备。“九一八”学生运动，来势很猛，规模也很大，但是消失的也很快，没有能持久地发展，以带动起全国革命的高涨，而只成为革命低潮期中白区里的一道闪光。因此，“九一八”学生运动虽然短期内也曾轰轰烈烈，也是当时革命运动的一个方面军，但是它没能像“一二·九”那样影响广阔。

学生运动能不能持久与扩大，这取决于客观形势是否成熟和主观指导是否正确。所谓客观形势，概括地讲，就是指敌我力量的对比中发生了什么新的情况？反动统治阶级的统治效力是否照旧不变？反动统治者之间，是否暴露出矛盾的缺口，出现了政治危机？被压迫人民革命的积极性是否大大提高？所谓主观条件，应当是指革命领导机关的策略是否正确，工作是否有错误而言。“九一八”的学生运动没有能促成全国革命的高涨的出现，而使学运自身得到持久的发展，是否它没有具备那样成熟的客观条件呢？当然不是。当“九一八”事变激发起全国学生怒潮的时候，南京政府的统治并不是巩固的，正演着宁粤对峙的重大分裂；国内的阶级关系开始起着变化；某些中间势力产生了一定的抗日要求。就革命的力量说，白区党的地下组织有了某些恢复；中央红军已连续粉碎了蒋介石发动的第二、第三次围攻，其他红色区域也取得了大小不同的胜利；中国共产党的政治威望和影响正在全国范围内扩大着。这就是“九一八”学生运动所处的客观形势。它虽然还不及后来“一二·九”时代那样更加成熟，但是在这样客观形势条件基础上发生的大规模学生运动，如果得到正确的指导，不是不可能成为全国革命高涨的号角，把整个国民党统治区的革命风暴掀动起来的。但是当时党的领导机关正被第三次“左”倾路线所统治。“左”倾机会主义者看不到民族矛盾上升引起的客观条件的变化，对形势

① 刘少奇同志1944年在延安纪念“一二·九”学生运动大会上的报告，引自1949年苏南新华书店出版的《“一二·九”与青年》。

的分析作出错误的估计。他们提出“反对一切帝国主义,保卫苏联”的口号,从而脱离了群众的抗日要求,把中间派别看成是中国革命最危险的敌人,讥笑当时出现的“组织国防政府一致对日”的呼声是资产阶级的欺骗。因此,他们就不能以灵活的策略,去联合一切抗日的社会力量。与上述错误路线相一致,“左”倾机会主义者在白区的工作中,醉心于“第一等的任务,是用最大的力量去展开城市工人的罢工斗争”,甚至要求群众准备武装起义。他们对当时兴起的学生运动,不能给以应有的关怀和正确的指导,不是强调无条件的斗争,便是把他们只看作是工人罢工运动的配合,让他们自生自灭。在这种错误方针指导下,当时的学生运动遂没有走上健康发展的道路,迅速低落下去。所以,“九一八”的学生运动之所以没能发展壮大,其主要原因不在于客观条件成熟程度的不足,而在于主观指导方面的错误。这是研究中国现代学生运动史极应注意的教训。

“一二·九”运动之所以成为学生运动史上成功的运动,其客观条件固然已经比“九一八”时更加成熟,华北危机的严重已远远超过了东北事变;南京政府的对日妥协退让,已引起了全国人民普遍的不满。同时,中国共产党团结全国人民抗日救国的主张,也随着红军长征的胜利和八一宣言的发出,在群众中产生了巨大的影响。但是,“一二·九”运动之所以成功,更重要的还在于具备了主观条件。自中国共产党逐步纠正了“左”倾领导者对国内外形势的错误分析,制定了抗日民族统一战线的政策。同时,在刘少奇同志的具体领导下,按照“长期隐蔽积蓄力量”的方针进行工作。华北地下党在“一二·九”运动之前,便进行了艰苦的抗日宣传和组织工作。当八一宣言发出之后,华北地下党更根据这一文件的精神,力求肃清关门主义和冒险主义的残余。在“一二·九”运动发生之后的第二年春夏之间,少奇同志代表党中央来到了华北,领导北方的工作。“一二·九”学生运动在少奇同志和华北局的具体领导之下,不断地纠正运动中的“左”右偏差,灵活地采取各种斗争形式;扩大自己的群众基础;打破汉奸亲日派的各种破坏活动,把学生群众的斗争和各界人民的抗日要求紧紧地配合起来,并为革命的学生指出了正确方向。这样,“一二·九”学生运动便得到不断地扩大和提高,一浪接一浪地向前发展和壮大,并成为全国革命高涨的起点,使“一二·九”运动具有了划时代的政治意义。由以上的对比可知,学生运动要想得到健康的发展,必须要在党的领导下对内外形势作出精密的洞察与科学的分析。

二、斗争形式的多样化

少奇同志说,“一二·九”运动保持“如此之久,也是由于执行了小心谨慎正确策略的结果”。从广义上理解,“正确策略”应是包含着对学生运动的组织领导和思想领导及工作方法。这里首先研究一个学生斗争形式问题。

学生运动中每一斗争应该采取什么样的具体形式,应根据党在国民党统治区工作的路线方针、学生群众所处的具体环境,以及当前斗争的具体目标加以审慎地抉择。学生运动有高级形式和低级形式、合法形式和非法形式。不言而喻,这个“法”是那时统治阶级的法;统治阶级可以根据自己的意志随时定群众行动是“合法”或非法。学生们游行请愿,不同于武装暴动,原本是“合法”的,但仍然有可能受到镇压。因此又可以区分学生在校园以内的活动,合法性多些,走到街关的行动,非法性多些;不超越学生一般生活常规,合法性多些,打破生活常规的活动,非法性多些。一般地说,合法性越多,遭到镇压可能越小,否则就越大。

第二次国内革命战争时期的学生运动,应遵循党在国民党统治区中的工作方针,做到持久发展,既能扩大政治影响,提高群众觉悟,又能锻炼提高学生干部,以达到隐蔽精干、积蓄力量的目的。因此,领导机关必须根据情况,把学生斗争的高级形式和低级形式、合法形式和非法形式灵活巧妙地结合起来。

罢课和游行示威,是学生斗争的高级形式,反动统治者常常是把它作为“非法”的来看待。学生运动的领导机关在采用这种形式时,有必要作周密的考虑。要考虑哪些呢?我认为应考虑:(1)多数学生群众的情绪是否高涨,或是否能在行动开始之后高涨起来。(2)学生的行动是否能争取到某些社会阶层的同情。(3)学生行动除提出第一个要求达到的目标外,还须准备一个次要目标(如“一二·九”运动中提出的实行国难教育方案)。第一个目标如果不可能一时争取到,就要作达到次要目标的计划,以便乘胜收兵。(4)在乘胜收兵之后,应把学生的活动纳入其他的各种低级形式中来,以等待足以引起高级斗争的新课题出现,使学生的情绪永远处于饱满的状态。为什么要考虑这些情况呢?这是因为学生运动不是革命的主力军,不能期望单纯依靠学生的斗争就能取得革命的成功。在国民党统治区域内,学生示威是以非武装的群众来向统治者进行的斗争。这种斗争所能起的作用,基本上不外几点:(1)它能给尚未觉醒的群众和正在觉醒的群众一种强烈的刺激,起到鼓动和宣传的带头作用。(2)学生群众通过艰苦斗争初步提高了自己的觉悟,锻炼了自己的革命意志,从中涌现和培养出大量革命干部。(3)给反动统治秩序以一定程度的打击。对学生运动作用的要求就是这些。超出这个限度,便是不适宜的。国民党统治区学生运动为什么能够给反动统治以一定程度的打击呢?第一,学生运动的正义性,能够博得社会各阶层人民的同情;第二,学生在社会上的纯洁地位,使反动派的造谣、诬蔑不能发生很大的效用;第三,半封建半殖民地社会的学生的出身关系,使他们与社会上层的联系较多。由于这些因素,反动统治者每每把学生运动当作比较不易处理的问题。一般说来,在一定的限度内,统治者为了掩盖其反动本质,对学生群众的大规模镇压,是多少有所顾虑的。学生运动应该善于利用这些顾虑,作为自己展开工作的有利条件,以达到革命的目的。反动统治者对学生运动的高级斗争形式,是害怕的,特别害怕学生到下层群众中去进行宣传鼓动。因此,学生运动的高级斗争形式,如果不是在有利条件下发动,如果不会乘胜收兵,这种斗争一方面往往会脱离中间群众,另方面遭到镇压和摧残的可能性是很大的。但当学生运动在具备了有利条件的时候,必须毅然地、毫不畏惧地采取高级斗争的形式,否则,学生的觉悟不可能提高,政治影响不可能扩大。自然,即使在有利条件下的高级形式斗争,也不能完全避免反动派的镇压,它和不具备有利条件的冒险主义行动是完全不同的。我们反对前者,但却坚决地主张后者。

1935年的"一二·九"学生运动是灵活的、形式多样的一个典范。在此以前,"九一八"时的学生运动,采取的主要形式是游行请愿,特别是到南京去请愿。那时全国各地的学生,都是一次又一次地奔向南京,在短短的三个多月内,汇集到南京来请愿的学生,有八九万人,大大小小的请愿活动,有一百余次,并有三次各地联合举行的大规模的请愿高潮①。在这种请愿之外,虽然也有检查日货、宣传团、义勇军等的组织形式,但是,与游行请愿的形式比较起来,显得很不重要。这种大游行,在反动派的第一次残暴的镇压之下,戛然而止,"九一八"的学生运动,便结束了。"九一八"学生运动的斗争方式,看来是过于单调和板滞,而不够

① 第一次是9月28日,以沪、宁两地学生为主数千人,殴打了外交部长王正廷;第二次是11月26日到27日,各地学生两万人,在国民政府门前,悬起警钟一只,日夜轮流敲打,沪报有《学生鸣钟记》记述甚详;第三次是12月17日,全国学生三万多人,游行到珍珠桥,遭到屠杀,伤亡一百余人。

灵活。这是它没能持久发展的原因之一。"一二·九"运动便不是这样。它采取了高级形式的罢课、游行示威和农村宣传,同时在高潮过后,还交替采取了非高级形式的读书会、座谈会、歌咏团、假期旅行、行军训练、露营、节日纪念、壁报、展览会、街头剧、民众夜校、清寒食堂等等斗争形式,从而使学生的斗争情绪,永远呈现着饱满的状态。

北平的"一二·九"学生运动,在十九个月内采取高级形式的斗争,计有1935年的"一二·九"、"一二·一六"示威游行和总罢课,1936年的南下扩大宣传、"三三一"抬棺游行、"六一三"的示威、"一一·三"援绥罢课、"一二·一二"的大示威。除"三三一"抬棺游行一次略出现了预料不及的疏失外①,其余各次的示威游行罢课,基本上都是根据客观形势的变化所出现的新课题而发动的,都得到群众的支持和社会的同情。例如为反对当时日本增兵华北而进行的天津"五二八"和北平"六一三"游行,都是很成功的行动。它不仅得到了广大群众的支持,甚至撼动了当时宋哲元的态度②。

"一二·一六"之后,北平的学联领导机关,针对南京政府要学生到南京"领训"的阴谋,把运动引导到转向农村宣传;"三三一"之后,鉴于学生所遭受的挫折,把运动引向自我训练与自我教育;等到学生的元气有了恢复,又抓住了新的课题,举行了"六一三"和"一二·一二"示威。客观形势不断地提出新的斗争主题,斗争形式也跟着改变,这是"一二·九"运动能够持久发展的原因之一。

三、利用对方的矛盾

革命的领导者和组织者,任何时候都不能忘记利用对方营垒出现的矛盾裂

---

① 1936年春季,平、津各校学生遭到镇压与逮捕,称为"二月恐怖"。学生中积极分子要求采取反抗行动。北平市学联党团对大家做了说服工作。适逢河北高中学生郭清惨死狱中,群情激奋,积极学生再次要求行动。市学联通知了部分同学,定3月31日在北大三院礼堂开一个追悼会,原不准备大规模行动,但由于军警封锁了三院校门,不准散会退出,在激迫之下,遂发生了学生破开后墙而出的抬棺游行事件,被捕学生五十余人。

② 1936年天津的"五二八"和北平的"六一三"两次大示威,都是为了"反对日本增兵华北"、"反对日本武装走私"和"彻查海河浮尸"(当时日本侵略者屠杀了大批的中国劳动人民,并将尸体投入海河)而发动的。其中日本侵略者增兵华北,直接威胁到宋哲元集团及其二十九军的生存。针对这种情况,学生提出"拥护二十九军保卫华北"的口号。结果,这次运动不再像过去"一二·九"那样受到军警的摧残,相反的,宋哲元发表了拒绝日本侵略者要求取缔学运的谈话,说"学生运动没有越轨,不便取缔"。

口所提供的有利条件,以扩大自己的阵地。

在半殖民地半封建的中国,反动统治营垒派系林立,相互对峙,其中有许许多多矛盾和裂口可供革命的领导者和革命群众利用。历史证明,当革命的行动自觉地或不自觉地利用了这种条件的时候,便能取得局部的或全部的、一时的或长期的胜利。

举例来说,"九一八"事变后的学生运动中,有一次轰动一时的胜利事件,那就是1931年12月9日,上海的国民党特务殴打并绑架了北京大学示威团到沪的学生代表。上海各校学生立即汇集了八九千人包围了市政府,强迫当时的上海市长张群交出殴打学生的凶手和绑架学生的主犯。张群在群众威力面前交出凶手,听任学生组织民众法庭,对凶手进行审判,并当场交还被绑架的学生,还自动供出绑架学生的凶犯就是国民党上海市党部常委陶百川和上海市公安局长陈希曾,并听任民众法庭出拘票拘拿陶、陈两要人①。这在学生运动中是非常罕见的事例。这里除了表明群众的威力之外,是不是还有其他的因素助成这一胜利的事件呢?我认为,这里有政学系的张群和CC系的陶百川、陈希曾之间存在着矛盾的因素在内。据北京大学南下示威团代表团报告说:"张群市长自己承认,是他们两人(陶、陈)主使的,张市长亦受他们蒙蔽。"据此看来,当时的张群是有意让CC系丢丑,并有为自己洗刷的用意。这可能是不自觉地利用了国民党反动派矛盾而取得成功的一个事例。

在"一二·九"学生运动中,党领导下的学生运动领导机关,自觉地利用敌对营垒的矛盾事例就更多。举例来说,(1)"一二·九"学生运动在平津地区开始阶段,和当时的宋哲元集团及其二十九军处于严重的对立状态。但从"三三一"运动之后,平津地区的学生接受了党的统战政策教育,开始了工作作风上的切实转变,机动地利用了宋哲元集团与日伪军的矛盾,宋哲元集团与蒋介石集团之间的矛盾,提出拥护宋哲元、拥护二十九军抗日的口号;对二十九军的中下级军官及

---

① 上海学生八九千人为营救北大学生代表许秀岑于9日晚包围上海市政府。第二天,市府被迫交回了被架走的学生,并允许学生组织民众法庭,审问凶手。民众法庭由五校代表组成,市府亦派两代表参加。审判长由上海法政学院学生担任。审判推事由法政学院、复旦、美专、交大和市府代表担任,书记官由大夏学生担任。此外,由大夏、复旦两校各派义勇军20人,任司法警察,于10日下午开庭,审讯凶手。又由法庭出两张拘票,拘拿上海市公安局长陈希曾和市党部常委陶百川。两犯闻讯逃匿。

士兵，进行了广泛的工作，在一定程度上把二十九军争取到同情学生方面来①。平津地区的学生运动能够长期地坚持下去，和这一利用矛盾、开展统战工作的策略是分不开的。(2)1936 年 2 月以后，全国的学生运动由于受到了反动派的高压摧残，而进入了暂时的低沉期②。独有广西省的学生运动却得到蓬勃的开展。广西省的七十一个县，都成立了学生的组织，并联合成立广西省学联。5 月 29 日全国学生救国联合会成立时，广西省的学联当选为五个省市的常委之一③。这是由于利用了当时广西地方军人和蒋介石集团之间的矛盾而取得了学运工作的开展。(3)1936 年下半年山西的学生运动也开展得较好，这是利用了当时晋绥军阀和日寇以及和蒋介石集团之间的矛盾而取得的成果④。(4)利用敌人营垒内部的矛盾和裂口而取得斗争胜利的，还有争取东北军的工作。1936 年中国共产党利用东北军和蒋介石的矛盾，对东北军进行了停止内战、"打回老家去"、共同抗日的宣传工作，最后发展成为西安事变。在当时东北军统治下的西安，学生运动取得了较便利的活动条件，并在这一事件中发挥了积极作用。

由以上可知，利用敌人的矛盾所提供的便利条件，是"一二·九"学生运动得以持久发展的因素之一。

---

① "一二·九"运动开始时，爱国学生遭到宋哲元集团及其二十九军的压迫，学生与宋哲元集团处于对立状态。自学习了党的统战政策后，学生竭力扭转了与宋哲元集团的对立关系。"六一三"的示威运动中，学生开始提出"拥护二十九军保卫华北"的口号。1936 年 9 月 18 日，驻丰台的二十九军和当地的日兵发生冲突，北平学生立即对二十九军进行慰劳。11 月 3 日，日军在北平城郊进行威胁性的演习，北平学联通过社会上层人士策动二十九军于 11 月 12 日在固安县作对抗性的演习，北平学生六百余人驰赴当地，向二十九军献旗，鼓励他们继续保持长城抗战的光荣历史，全体官兵都很感奋。

② "一二·九"学生运动发生后，国民党政府于 2 月 17 日发布"紧急治安法令"，明令解散北平学联，接着在全国各地展开了大规模的逮捕。2 月 20 日，天津北洋工学院被军警包围，捕去 7 人。2 月 25 日，北平中国大学、东北大学及北京大学三院被包围，捕去数十人。2 月 28 日，清华大学被军警包围，学生展开了拒捕斗争，抢回被捕代表，驱逐军警出校；当晚军警数千人，又武装开入清华，搜查一夜，终于捕去 21 人。其他如上海、武汉等地，各学校学生亦均遭受军警的逮捕。

③ 1935 年 5、6 月间，广西地方实力派与蒋介石之间发生矛盾，几至演成内战。广西地方首脑为与蒋介石对抗起见，以开放民众爱国运动和抗日救国作号召。广西的学生就利用这一矛盾而取得了运动的发展。5 月 29 日，全国学生救国联合会在上海正式成立，出席成立会的十七省市学生代表推定广西、北平等十一个省、市为执委，广西、上海、北平、天津、武汉五省市为常委。

④ 山西、绥远是以阎锡山为首的晋绥军事集团的地盘。由于晋绥的位置受到日寇直接威胁，阎锡山十分害怕蒋介石借口加强边防来并吞晋绥。因此，阎锡山便提出"守土抗战"的口号，以抵制蒋介石的压迫。在蒋、阎这个矛盾的裂口上，山西省的学运开展也取得了比较便利的条件。

四、扩大群众基础并争取各界配合

学生运动中有下层工作和上层工作;利用敌对营垒的矛盾,往往需要大量的上层工作,如争取社会闻人、报馆编辑、大学教授、工商界领袖人物等等。上层人物中有当权派与不当权派。如大学教授、工商领袖等属于不当权派。这些人物和当权派又有区别;在民族危亡的关头,他们比较同情学生的爱国运动,易于争取到他们的支持。"一二·九"运动后,马相伯、章太炎立即发表同情学生的谈话和通电,马相伯等二百八十多人还联合署名发表了《上海文化界救国运动宣言》[①]。第二年,徐炳昶、顾颉刚等发起过十万人的签名运动。其他如妇女界、新闻界、工商界的若干人物,在"一二·九"后的一年内,在党的正确的统战政策的影响下,也有许多人被争取过来,同情和声援学生的行动。这种同情和声援,即使是一时一地的,也是可贵的。因为他们的社会地位不仅可以影响到当权人物,而且还可以通过他们比较容易地争取到各界群众。这样,学生运动便不是孤立的。

学生运动的下层工作,首先是提高多数学生的觉悟,团结学生群众;其次是带动其他各界的群众。做下层群众工作,需要细致的工夫,坚忍的毅力,耐心的等待。学生运动,总是首先涌现出一批积极分子。这些积极分子热情很高,进步很快,勇气很大,是革命事业中可贵的财产。但是当他们还没有来得及进行自我教育和熟悉掌握政策的时候,往往以急躁情绪看待周围还没有觉醒的群众,把自己看得很进步,把别人看得不可救药,结果使自己陷入关门主义的泥坑,成为脱离群众的孤家寡人。这对学生运动的扩大很有害处。

落后群众的觉醒,需要一定的客观与主观条件。善于等待群众,善于根据群众的觉悟水平,提出适当的口号,提出适当的行动要求,及时地把群众带动起来,这是一种领导艺术。"一二·九"学生运动中,学生中的领袖分子和骨干分子,在"三三一"游行之后,根据党的统战政策精神,切实地转变了自己的工作作风,不仅重新检查了过去对待教授、师长、学校当局工作的态度,而且切实扭转了对中

---

① "一二·九"运动后,马相伯告复旦学生说:"与其呼吁政府,莫如开导人民,街头巷尾、茶楼酒肆,皆为诸君宣力处也。"(《知识》第1卷第4号)章太炎亦发表谈话说:"学生爱国运动……应善为处理,不应贸然加以共产头衔,武力制止。"又通电说:"学生请愿,事至公诚,纵有加入共产者,但问今之主张如何,何论其平素?"(《盍旦》第1卷第5期)

间的与落后的同学的态度。他们开始以平易近人的作风和满腔热情的态度去接近周围的同学,用座谈会、讨论会、歌咏团、壁报等等方式去影响周围的同学,从而使原属于中间和落后的学生在政治觉悟上有了提高。1936 年 5 月北平学联发动纪念“五四”十七周年时,当时北京大学有某些同学生怕又要罢课和游行了。后来,接到学生会的通知,同学们才了解到这次纪念活动“第一不罢课,第二不游行”,于是原来怀着观望迟疑心情的同学,便都纷纷参加了纪念会的活动。而这一纪念活动,又使中间性的同学受到了很大的教育。又如,清华大学一部分同学在“一二·九”后成立的救亡团[①],在相当长的一段时间内,立于民先队和反动的护校团之间。清华的民先队对于救亡团采取了诚恳合作的方针,积极地去影响和团结他们。到“一二·一二”前夕,救亡团的团员,基本上都加入了民先队。

1936 年春夏之间,由于反动派的高压政策,全国学生运动处于低沉时期,但却有几个地区保持着学生的活动没有中断。除了基于反动派内部的矛盾而得到便利的活动条件的广西学生之外,还有一个是上海。上海学生之所以比各地学生活跃的原因,是由于除学生群众之外,还有各界人民救亡活动的配合。当时上海已成立了文化界救国会、妇女界救国会、职业界救国会和工人救国会等等,因此,上海的学生不是孤立的。另一个是北平和天津。平津地区的学生运动自“一二·九”之后,一直建立了较稳固的群众基础,又有比较坚强的学生干部,所以尽管有反动派的压制和逮捕,平津学生仍然能经得住风吹雨打。1936 年“一二·一二”之后,北平的学运中间,虽然出现了陶希圣、杨立奎等教授的挑拨活动,虽然有少数学生成立新学联进行分裂活动,但由于北平学生群众基础的坚实,这些反动分子的破坏行动丝毫不能阻挡北平学生救亡运动的开展。

以上的情况,说明扩大群众基础和争取各界配合是使学生运动持久发展的重要条件,而扩大下层群众尤其应该作为首要任务看待。

五、纠正“左”右偏向

学生群众在运动中出现“左”和右的偏向是不可免的,关键就在于学生运动

① “一二·九”以后,清华有十几个学生组织了一个自行车队,从北平去南京,沿途作抗日宣传,并向国民政府请愿。这个车队至浦口被国民党押解回校;随后,他们就以这个车队为基础组成了救亡团。

的领导机关及时地加以纠正。

我国的学生运动大都是针对帝国主义的压迫而发生的,但是反对民族压迫的爱国行动,却首先会受到国内反动统治集团的破坏与阻挠,于是学生的行动就不能不首先反对国内的统治者和由他们所组成的政府。由于痛恨国内反动政府,学生群众往往也连带地仇恨到与反动政府有关联的某些社会阶层或个人。但是为了打倒帝国主义,并且为了在特定的历史阶段内,集中力量首先打倒某一个对中国侵略最急和最危险的帝国主义,就必须对国内外的情况进行科学分析,做到争取一切可能争取的阶层和个人共同对敌,而不能光凭着爱国激情而行动。因此,学运领导机关,就必须善于把群众的行动纳入党的统一战线方针之下,并以此为标准来纠“左”或防右。

学生群众从平时不认识国内反动统治阶级的本质,而是随着行动的进行逐步认识它,并反对它;这是一个转变和进步,这是学生觉悟的第一个阶段。“九一八”时三个多月的学生运动都是处在第一阶段之中。大体说来,从事变的 9 月到 11 月底之前,学生群众对南京政府的不抵抗政策是愤恨的;但在一定程度上,或在某一些人中间,却也包含着依赖国民政府抗日的某些幻想。因此各地到南京的学生,都是打着“请愿”的旗帜,其中有某些学生团体对国民党的一些欺骗性言论还信以为真,而误认为得到了满意的答复。但从 12 月 5 日,北大示威团到了南京之后,情况为之一变,各地学生便都抛弃了“请愿”的旗帜,一律改换成为示威的旗帜,把对南京政府还存在的某些幻想一扫而光了。从多少地信任它而到反对它。“九一八”的学生运动走完了第一步。

“一二·九”学生运动,在 1936 年“三三一”示威之前,也是经历着学生觉悟的第一阶段,走的第一步。但这个第一步和“九一八”的第一步不同,它迅速完成了到“反对它”的转变,几乎是一开始便迅速发展成为示威运动①。这可以看出“一二·九”是直接继承了“九一八”的后期传统的。除此之外,“一二·九”运动在党的统战政策指导下,又从觉悟的第一步跨到第二步,那就不仅是对反动派单纯怀着愤慨和反对,而且懂得了对反动集团中某些派系,某些个人作具体的分

① “一二·九”前夕,北平市学联党组在北平市委指导下举行会议,决定先以请愿方式来发动群众,然后根据运动发展情况,再转向示威。“一二·九”的行动开始后,由于何应钦避不接见,当天就从请愿迅速地转变成示威。

析，力求做到把一切可以争取的力量都争取过来，特别是对中间势力，端正了认识；认定在中日民族矛盾上升为主要矛盾，亡国的极端危险迫在眼前的时，这些当权的反对派和中间社会势力，是可以争取联合起来共同对敌的。“一二·九”学生运动中这种第二步的觉醒，是“九一八”学生运动所不曾有的，是它超过“九一八”学生运动的地方。

“九一八”学生运动前期，对国民党还存在的一定程度的幻想，如果说是一种偏右的情绪；那么在其后期，又由于对国民党的愤慨，在某些行动上又带上了偏“左”的激情。如12月15日，挟走蔡元培的事，便是缺乏正确策略的行动。12月17日，珍珠桥的大流血，从根本的方面说，是反动派凶狠的大暴露。但是，从学生运动的领导角度看，在这一惨案的前两天，即12月15日挟走蔡元培的行动中，学生已经遭到了反动派的镇压，发生了流血的事件[①]。因此，学生运动的领导机关，应该预见到大流血的可能性已经迫在目前，必须考虑适当的对策，作好必要的思想上与组织上的准备，以便保持学生运动的继续发展。但看来由于领导机关缺乏这种准备，结果便在遭到反动派又一次血腥镇压之后，蓬勃一时的学生运动从此就戛然停止了。“一二·九”学生运动中某些学生群众的时“左”时右偏向，自然也不可免，并且也有过流血和牺牲，但是学运领导机关在党的领导下及时地作了防“左”反右的斗争，基本上保证了“一二·九”学运的健康发展。“一二·一六”以后的第二年春，学运领导机关曾纠正了无限期罢课；“三三一”以后，贯彻了统战教育，改变了过去对教师、对学校当局、对某些社会中上层人士不正确的态度；“双十二”以后，正确宣传党对和平解决西安事变的政策。这一系列纠“左”的措施，肃清了过去关门主义的危害，基本上保证了“一二·九”运动的健康发展。另外，在“一二·九”的统战工作中也产生过右倾的思想和行动。有少数的学生干部被资产阶级消极颓废的个人主义和改良主义思想所腐蚀，恋爱第一，生活散漫，重视拉拢上层，轻视下层群众，空谈理论，忽视实际工作。到西安事变之后，他们甚至宣扬取消统一战线中独立自主的方针，主张无条件“统一”的救亡

① 12月15日“北平九校南下请愿示威团”千余人到国民党中央党部示威，国民党党部利用蔡元培过去在北方学生中的威信，叫他出来接见学生并讲话；正讲话中，伪军警向群众开枪，一女同学当场被击倒，另一女同学被抓走，登时军警学生互相扭打，秩序大乱。学生见自己同学被捕，遂将蔡挟走，准备作为抵押；挟至中途，蔡又被军警抢走。

运动[①]。这股右的思潮，有瓦解学生组织、涣散学生意志的危险。在党的领导下，当时的学生领导机关和这种右倾投降思想进行了坚决的斗争，粉碎了他们的进攻，这就从另一方面保证了“一二·九”运动的健康发展。

由以上可以看出，及时地采取防“左”的措施，就能招收到大量的抗日兵马，扩大了统一战线；及时地进行了反右的斗争，就能把广大的群众紧紧地团结在一个目标下，以统一的步伐，共同对敌战斗。

六、敢于和镇压、破坏学运的行为作斗争

学生运动起来之后，一方面是它必然遭到反动统治阶级的镇压和破坏，另方面是它必须是在和反动统治阶级的打击与破坏斗争中，才能一步步地发展下去。从某种意义上说，反动统治者的压迫，是学生群众觉悟提高不可缺少的酵素；学生群众经过这种斗争，能够锻炼得意志更加坚强。因而我们可以说，这种斗争，一方面是不可避免的，一方面又是必要的。

过去反动派对学生运动的破坏手段，不外下列几种：(1)镇压和屠杀；(2)诬蔑与逮捕；(3)欺骗、分化和收买；(4)指使“职业”学生进行捣乱，如成立反动学生组织，进行所谓“以组织对抗组织”的活动。此外，还有指使学校当局开除学生，或提前放假等等临时性的措施。

在国民党统治区里，非武装的学生群众怎样对付反动派这些活动，特别是像屠杀和逮捕这种行动呢？在不可能采取武装反抗的情况下，最根本的办法，就在于依靠平时把群众的组织工作和思想工作做得扎扎实实，打下坚强的群众基础。同时，如前所述，也要争取到其他社会各阶层的声援，以学生的正义行为压住反动派的不义行为，以广泛的正义舆论去击破反动派的造谣诬蔑，迫使反动统治者有所顾忌，而不敢肆意妄为。但是，反动派不顾一切地恣意屠杀的情况，也是有的。我们对于流血事件，从领导学生运动的角度看来，一方面要力求避免，一方面也要承认不可避免；一方面，我们反对冒险主义的领导，一方面也要敢于面对

① 1936年秋北平学生的领导核心中，出现了几个右倾学生。他们先后出版了《联合》、《学生与国家》等刊物，发表《青年思想独立宣言》等文章，主张取消政治上、思想上的左派和右派的区别，取消民先队和北平学联，宣扬“惟有无条件始可统一”、“统一为目前最高原则”、“让青年回到自己的天真”等谬论。这些议论实质上是取消党在抗日民族统一战线中的独立自主原则。

牺牲，而不能在敌人的高压面前缩手缩脚。什么时候应该面对牺牲，什么时候应该尽量避免牺牲，这种决策需要把白区的学生斗争摆在全国战略的范围内，根据革命的最高利益和长远的利益来作出决定。至于学生们会遭到反动派的逮捕更是无法避免。对付它的办法，在于事前作好必要的防备，如隐蔽精干，分散目标等等；临时应发动广大的同学进行斗争。1936 年 2 月 28 日，清华大学的反搜捕斗争，是一个很好的范例。清华的同学们事前把全体同学都集中隐蔽在体育馆后厅里，以纠缠的战术来和反动军警对峙，使反动军警的逮捕没能达到预期的目的。一般说来，反动派逮捕学生，利于用迅雷不及掩耳的手段来进行，如果旷日持久，那就容易引起社会正当舆论的谴责，对他们是不利的。当然，即使进行了准备和作了必要的斗争，反动派也仍然可以悍然不顾一切地逮捕若干学生。但是，只要学生群众的组织坚强，思想巩固，国民党军警就阻挠不了学生运动的继续前进。同时，如果少数学生被捕，我们还可以在营救学生的斗争中传播政治影响，把它变成斗争的新课题。我们总是能够冲破障碍继续前进，这是由于学生运动是属于革命的正义的行动的缘故。

欺骗、分化、收买是反动统治者瓦解学生队伍惯用的阴谋伎俩。“九一八”时，北大的南下示威团到南京后，反动派曾企图对他们进行收买和分化[①]。“一二·九”以后，杨立奎教授曾代表蒋介石政府出面和北平市学联代表谈判，企图进行欺骗和分化[②]。蒋介石也发出过叫学生派代表到南京“聆训”的命令，其目的也是要对学生进行欺骗和分化。一般说来，反动派的这一手，并不容易生效，除极少数败类外，广大的学生青年都是具有独立的人格和强烈的正义感的。对付反动派这一手的办法，就是针锋相对地揭穿它。所谓针锋相对地揭穿它，就是当其阴谋比较显明的时候，直接地揭穿它；当其阴谋暂时还不那么显明，就迂回地.有所等待地去揭穿它。这一切都要看具体的情况和以哪一种方法最符合革命的利益而定。至于对付少数“职业”学生的破坏活动，也有迂回的和直接的不

① 1931 年 12 月 3 日，北大示威团到南京后，国民党中央党部借给学生解决住宿问题为名，把学生代表一人引到军校，由方觉慧出面劝代表改变“示威团”的名义，并作了收买的各种暗示。代表当即严词回答说：“我来只是接洽房子，别的，非我权限，不敢闻命。”结果，不欢而散。

② “一二·一六”示威后，杨立奎约北平市学联代表谈判，一方面吹嘘“政府在黄河岸上筑有国防工事，确有抗日决心”，一方面要北平市学联接受南京的金钱援助。学联代表当场揭穿其欺骗宣传，严词拒绝其金钱诱惑。

同的办法,也要看具体情况而定。如西安事变之后,北大学生会班代表会就西安事变讨论发表宣言时,几个反动学生,抓住了相当多的中间同学对于国事的忧虑的心理,发动了对革命学生的政治攻势,诬蔑张、杨“叛国”,主张进行“讨伐”,反对多数班代表提出的“反对内战”、“和平解决西安事变”的方针。在这时,我们应当考虑到当时的形势,采取不失原则,又有所变通的方法来应付他们,以便争取到更多中间同学的支持①。当“职业”学生搞得无法无天,在群众中限于孤立的时候,革命的学生也可以用直接的行动对付他们。西安事变之后,清华护校团的“职业”学生,竟然擅自搜查救国会的办公室和民先队员的寝室,并把搜查到的书报刊物搬到操场上焚烧,高呼反动口号,嚣张到极点。正在这时,革命的学生闻讯赶到,一场搏斗,把他们打得抱头鼠窜而去。这一行动,不但没有受到群众的非难,反而受到了广大师生的赞扬,认为这是给了这群暴徒以应有的惩罚。结果“职业”学生的凶焰很快地被压下去了。

由以上可知,学生群众要有敢于和反动派的破坏作斗争的精神,学生运动是通过与反动派的层层破坏的斗争而发展起来的;经受不住这种破坏,学生运动就不能持久发展,学生也不能从锻炼中提高。要在与反动派的破坏斗争中取得胜利,必须善于分析情况,并采取灵活的战略和策略。

七、与斗争形式相应的组织工作

学生运动起来之后,相应的组织工作必须紧紧地跟上。健全的组织工作,也是保证学生运动持久发展不可缺少的条件。

第二次国内革命战争时期,两次学运高潮的情况表明,在国民党统治区里的学生,平时多不具备健全的组织,“九一八”时是这样,“一二·九”时也是这样。“一二·九”运动的前夕,好多学校没有学生会。当时革命的学生,只能在几个学

① 西安事变发生后,北大学生会班代表会议草拟对时局宣言时,多数进步学生代表和少数反动学生代表发生争论。多数代表主张在宣言中提出“反对内战”、“和平解决事变”的口号;少数反动代表主张用“讨伐张杨”的提法。但少数代表自知居于劣势,他们的反动主张不可能被通过,因此,他们便退一步要求只要不把“反对内战”的字样写进去,便可以同意。这时有人主张,既不用“讨伐”,也不用“反对内战”的提法,而改用“解决西安事变应避免使用武力”。当时反动的学生代表有被迫同意的趋向,但又有些代表认为“反对内战”并无不妥,坚持要写入宣言,这样,双方坚持不下。后决定改开全体大会来讨论,结果反动代表利用了中间学生在西安事变中的苦闷情绪,在大会中制造了一场纷争,致使宣言未能发出。

校业已成立的“黄河水灾赈济会”的基础上，推广改造而成立北平市学联。“一二·九”运动就是由这个学联在党的领导下发动起来的。当运动开始时，集合起来的小规模的游行队伍走到各个学校门口，临时呼喊，各校学生便一拥而出，参加了游行的行列。由此可以证明，当历史时机成熟了的时候，当民族危机严重到极点的时候，学生运动不一定要等到组织完备了再行动。恰恰相反，各地各校的学生组织，大多数是先有行动，而后才产生组织，或充实和健全组织。这是“一二·九”学生运动在组织工作方面的经验之一。

为了保证运动的继续发展，组织工作是非常重要的。它的重要在于：(1)各校必须有在全体学生的基础上建立起来的学生会，才可以代表一个学校对外表示政见，参加市、省学联；对内向学校当局进行各种接洽，并调动全体同学进行各种工作。(2)运动中必然涌现出一批积极分子，必须把他们安插到各种组织中去，形成领导运动的骨干和核心力量。(3)学生有了健全的严密的组织，特别是有了核心的组织，就可以防止反动派的破坏，堵塞敌人造谣构陷或冒充顶替。

第二次国内革命战争时期，学生运动的情况表明，在一个市的范围内，只要有部分学校成立了学生的组织，就可以推动成立临时全市性的联合组织。有了市的临时的联合组织，就可以开始全市的行动。在行动中，各校普遍地建立起学生组织，然后再充实和健全市的学生组织，这是组织发展的第一个阶段。通过市与市的学生组织的联合，成立一省或数省以至全国性的学生组织，这是组织发展的第二阶段。“一二·九”时期的学生组织的发展，大体就是按照上述的程序而进行的。

第二次国内革命战争时期，学生运动的情况还表明：学生运动只有以一个城市为一个战斗单位，才能发生较大的影响。仅以一两个学校为单位开展的斗争，常常陷于失败。

学生运动开始之后，跟着而来的组织工作是很多的，有公开的组织，有秘密的组织，有全体学生的组织，有核心的组织，有长久的组织，有临时性的组织。这许多组织，首先应该抓住三个主要的环扣：一是各校学生会的组织，这是一个基层组织；二是市学联组织，这是一个战斗单位，也是指挥部的组织；三是核心的组织，这是骨干的组织。有了这三种组织，一切学生运动的斗争活动就容易开展；有了这三种组织，再加上正确领导，学生运动就能经得起风吹雨打，有办法保持持久战斗了。“一二·九”运动中，北平市学联和各校学生会发生的作用，是显而易见的。至于骨干组织的中华民族解放先锋队，对于运动的持久发展更是起了重要的作用。

学生运动中的经久性的组织固然重要，学生运动中的临时性的组织也是要紧的。临时性的组织，要随着斗争形势的变化、运动进程中各种工作的开展而相应地建立。学运领导机关须善于把握时机，提出斗争的新课题和相应的斗争形式来进行若干组织工作，如组织某种性质的座谈会、读书会，某种性质的交通队、宣传队、纠察队、广播室、编辑部等等。举几个具体的事例来讲：(1)“一二·一六”大示威成功结束后的当晚，当时北平学联领导人就开始考虑下一步的斗争主题是什么，应该引导到什么方向，组织工作应该怎样进行。不久，北平市学联核心组研究认为，一些人要求的夺取枪枝的急躁情绪是错误的，南下请愿的主张也不是好办法，决定把运动中的主力引导到农村去扩大宣传，结果就在华北的原野上出现了“一二·九”运动中著名的南下扩大宣传团。这一斗争形式和组织形式，既把当时涌现出来的积极分子组织起来，让他们的革命热情有正当的发挥途径，又把抗日救国的种子传播到广大的农村中去，完全符合当时运动形势发展的要求。(2)“三三一”之后，适应着当时学运的发展形势和统战教育的开展，学运的领导机关，找到了“自我训练”的主题，进行了各种组织工作，并根据青年学生的特点，从 1936 年夏天起，组织了若干次露营和夏令营。这是一种包含军事、政治、文娱的综合性的活动，内容新鲜活泼，是革命学生自我教育的一项好办法，是组织工作中的一个新样本。(3)西安事变后，根据国内和平已经初步实现的新形势，适应着还需要团结广大同学的新要求，学生运动中涌现出“生活路线”这个词，学生组织及时加以领导，通过“生活”来开展群众工作。这样就出现了各种新型的活动形式，如“劳动周”、“卫生周”、“学术活动周”等等。1937 年春假，北平市学联举办了几千人的各校学生的集体旅行，是“旅行周”中的一项，内容丰富多彩[①]；很多过去属于中间立场的学生，受到了影响，走上了民族解放的道路。这是学生运动史中一种新的创造。

---

① 1937 年春，北平学联组织大中学师生春季旅行，第一次在香山，第二次在温泉，各校师生都有极精彩的表演。第二次旅行曾以演出《放下你的鞭子》和《公审七君子》而出名。

八、与工农结合的开端

"一二·九"学生运动开始后不久,就有了一个要与工农群众相结合的正确方向。这确实是"一二·九"运动在学校运动史上突出的标志。

半殖民地半封建社会的中国学生目睹民族蒙受的耻辱,要求抗拒帝国主义的侵略,这是容易理解的。但是,对封建主义的认识则比较模糊;对其危害的感受也不是那么痛切。那个时代的知识青年多半出身于地主、资产阶级或比较富裕的家庭。他们不甚理解劳动人民,特别是广大农民的生活感情,更不理解他们中间所蕴藏的巨大力量。青年学生可以是救国的先锋,但不是革命主力。单凭学生运动是完不成救国任务的,必须依靠工农群众,特别是占人口多数的广大农民。认识农民,把解放农民的问题与打倒帝国主义的任务联结起来,这对出身于剥削阶级的大多数学生来说,有一个认识过程,同时也是一个自身思想改造的过程。不经历这样一个过程,一个青年知识分子就不能成为一个自觉的无产阶级革命战士。所以,毛泽东同志说:"革命的或不革命的或反革命的知识分子的最后的分界,看其是否愿意并且实行和工农民众相结合。"①"一二·九"时代各地学生在中国共产党的指引下,自觉地走着这条路。

"一二·九"时代的平津学生,于1936年1月初,组成了四个农村宣传团。他们在满天风雪、严寒刺骨的北方原野上,突破了军警特务的百般阻挠,以化整为零、化零为整、声东击西的游击战术的方法,迈开大步,深入农村,向广大的农民发出抗日救亡的呼号。上海的学生于1月下旬组成了上海各大中学学生救国宣传团,沿着京沪路两侧,在江南的原野上,向广大的农民播下了救亡的种子。广州的学生也于这个期间下乡宣传。此外,徐州的学生,济南的学生,都利用寒假,深入民间,进行宣传工作。

这些下乡的学生,一方面认识到劳动人民的抗日积极性,另一方面也初步体验到劳动人民的切身痛苦。他们向农民传播了更多的抗日救国的道理,也从劳动人民受剥削压迫的血泪生活中接受了深刻的阶级教育。他们开始从单纯的民族立场,进而认识到推翻封建剥削的重要性;他们从单纯的爱国热情,进而树立

---

① 《毛泽东选集》第2卷,人民出版社1991年版,第566页。

了为工农大众求解放的崇高信念。他们不仅热烈期待抗战的胜利，而且热烈地向往着社会主义和共产主义的远景。他们开始把救中国的愿望完全寄托在中国共产党的身上，甘心接受党的领导和教育，表示愿意为党的事业而斗争到底。

在这里，我来引证两位当年参加过农村宣传团的同志的回忆材料吧：

> 农民开始是不了解这些“洋学生”的，以为是来传教的，因为他们和老百姓用的不是一样的语言。于是那些会说本地话的，有宣传才能的人被发现了，大家都跟他学习。从访问谈话里，他们了解了农村中生活情形和租佃关系，使许多生长在饱暖豪华家庭的少爷小姐们，惊讶得睁大了眼睛。他们开始在访问中注意调查，在会议上报告民间疾苦，人民的灾难，过去的反抗，渐渐地和民族危亡一样，引起了他们的注意。[①]
>
> 如果说，他们昨天在游行中因为冲破十年白色恐怖，喊出打倒日本帝国主义口号而感奋得热泪盈眶，那么，他们今天就在华北的原野上毫不顾虑地高唱起《时事打牙牌》小调和苏联《工人歌》，以民族解放和社会解放的战士而自豪了。《时事打牙牌》小调是从东北义勇军传来的，当唱出“中华民国二十年，九月十八那一天，关东起狼烟……”的时候，就立刻浮现出一幅山河破碎、国命如丝的惨痛景象，深感天下兴亡，匹夫有责。当唱《工人歌》“生活像泥河一样流，机器吃我们的肉……”的时候，又感到深沉的时代苦闷，人们不能照旧生活下去，一定要反抗，要革命，而首先要打倒当前民族大敌日本帝国主义。而每唱到“苏联本是共产国，自由平等新生活，人人都工作……”的时候，又展开了一个使人向往的灿烂的前景，更坚定人们参加当前斗争的决心。[②]

由此可以看出，当时冲出校园深入到农村去的学生们，从农民的实际生活中，从自己的革命实践中，受到何等深刻的教育，思想起了多么重大的变化！其中有许多人是第一次走到这广阔的天地中来，接触到那许多活生生的现实，因而开拓了眼界，提高了认识，更加坚定了革命到底的斗志。

---

① 杨君辰：《一二·九运动的回忆》。

② 李昌：《回忆民先队》。

九、结束语

第二次国内革命战争时期的这两次学生斗争高潮，"九一八"与"一二·九"，都是为反对日本帝国主义和国民党政府而发生的，都是民族危机的产物。两次斗争中的学生群众都继承了中国青年革命斗争的传统。他们的行动是气壮山河的，他们奋不顾身的牺牲精神永远值得纪念。但是两次的结局不甚相同，一次是以反动派的镇压而暂时趋于沉寂，一次是以持久健康的发展而汇入民族抗战的大海。这两种不同的结局虽在客观条件上也有某些程度的差别，但主要的在于主观指导。这种不同的结局，过去文件指出过。如中国共产主义青年团中央委员会在"一二·九"发生后的第十天，即 1935 年 12 月 20 日发表的《为抗日救国告全国各校学生和各界青年同胞宣言》中说：

> 中国学生在抗日救国事业上是有极大光荣传统的！爱国学生运动的伟大历史教训，照耀着我们今日救国的道路。壮烈的"五卅"运动之成为中国民族革命中最光荣的伟绩，是由于当时学生表现了伟大的爱国精神，唤起全国人民的同情，推进了工农兵商学各界同胞的大联合。"九一八"事变后，英勇南下学生示威团之遭受失败，而不能达到其救国目的，就是由于学生组织的涣散，行动的不统一，更没有注意深入到工农军政商学各界同胞中去，没有推动他们组织起来，以致不能把各界同胞的同情，变成一致的行动，使运动形成孤立所致。所以只有本着统一的目标，建立统一的组织，实行统一的行动，才能进行坚决的战斗；只有工农军政商学各界的大团结才能胜利，这是每个爱国的学生、青年们所不应忘记的流血教训啊！①

这段话是把"九一八"学生运动与五卅运动作比较，指出"九一八"学生运动不如五卅运动的地方；当时是"一二·九"运动刚刚发生，还不可能与"一二·九"作比较。这段话可以说把"九一八"学生运动存在的缺点基本上都指出来了，如组织问题、行动问题、工农方向问题、各界配合问题。五卅运动有其特点和优点，"一二·九"运动则有更多的特点和优点。因此，拿"九一八"与"一二·九"作比较研究，更容易吸取到经验教训。

① 《一二·九运动资料》第 1 辑。

从上述的研究对比中得出的最重要、最现实的教训，是半殖民地半封建社会的现代学生运动，必须在马克思主义政党的正确领导下才能取得成就。半殖民地半封建社会的学生群众是帝国主义侵略政策造成的对立物，他们具有自发的反帝要求，对民族危机具有高度的敏感性。他们多数出身于地主、富农、资本家的家庭，对于社会危机的认识一般不像对民族危机那样敏锐，不过，只要帝国主义的侵略和压迫还存在，只要他们坚决反对帝国主义，他们就有由认识民族危机进而认识到社会危机，由民族民主立场进到阶级立场的可能，这是为什么马克思主义能够被出身于剥削阶级的现代学生所接受的社会因素。

但是这类国家的现代学生又多是具有小资产阶级特性的社会群众，他们有知识分子的各种特点和弱点。因此，他们从民族立场出发的革命要求能不能坚持到底，能不能锻炼成不折不挠的无产阶级革命战士，这就需要看各个人的主观努力如何。青年们从有可能接受马克思主义，到认真地实行马克思主义，从开始认识社会问题，到成为与劳动群众血肉相连的无产阶级战士，这中间还有一个很长的距离，这需要在艰苦的革命道路上经久锻炼。在这里，马克思主义政党的思想领导对他们起着极其重要的作用。

那时代发生的这种青年爱国运动，是锻炼学生革命意志的初级学校。革命运动能否持久发展，关系到学生青年经过锻炼所达到的水平的高低，关系到革命果实能否丰收。如果一次革命运动过早地遭到摧残而夭折，那对培养出又多又好的革命干部是不利的。在这里，马克思主义政党正确领导不是抽象的，必须是把马克思主义的正确政策精神贯串渗透到运动的各个主要方面和各个主要环节中去，化为具体的行动。“九一八”学生运动和“一二·九”运动虽然都是中国共产党领导下的群众斗争，都是民主革命业绩的一个方面，但是后者之所以比前者成效更著，就在于后者的指导方针、政策、策略，更符合于中国社会和革命的实际和青年学生的实际。从实际出发的指导才会取得预期的成效，这就是教训。

记 1937 年上半年北平“民先”总队部交通工作

1936 年，我是北大史学系二年级学生，经同班同学赵春谷介绍加入“民先”队。我住西斋地字号宿舍，与外文系同学许宛乐（现名许东明）划入一个小组，许是组长。当时，我患神经衰弱症，虽然能一般地随组织活动，但病情纠缠得我很苦恼，以致设想找个幽静的地方，休养一年。当时正患严重肺病的同班同学李书箱（我介绍他入“民先”）和我最接近，他劝我不要作“休养”的打算，他认为“越幽静，想问题越多，脑子更不易得到休息”，相反，“投入到群众斗争中去，也许会好的”。我采纳了他的建议，向组织表示愿承担更多的工作。这办法真有效，我的活动一多，工作一忙，病魔反而被吓跑了。

1937 年 2 月前后，“民先”队部通知我，要我担任北平地方队部的总交通工作，先征询我的意见；我没问具体的是干什么，就一口答应了。接着，住东斋的史学系同学谌湘汉来向我交代工作。他把一支破旧柳条包和两辆自行车都给我送来。他告诉我总交通的任务就是把“民先”总队部的队刊、文件、通知以及其他宣传品定期按人数送达到各区队部，然后由区队部分送到各学校分队中去。这样，交通队的系统就有“总交”、“区交”和“分交”三层，总交通共有五人或六人，让我当头头，负全责。他还给我一张北平市四个“民先”区所辖各校队员人数表。东、西、南与城外四个区总人数约三千左右。记不清文件、队刊等印刷品是怎样送到我宿舍来的了，反正隔若干天就有成包成捆的印刷品送到我的手里。在没有分送出以前，装满了那支柳条包，有时还容不下。“民先”队刊《我们的队伍》[①]是报纸型铅印的，报头是袁宝华写的。队刊印数最多，大概每个队员可以分到一份。其他油印刊物，多少不等，按各区人数比例分配。另外还有装订成期刊型、带封面有小册子，印刷得非常漂亮的有《长城》、《人民之友》等等。《人民之友》的封面题名是红笺黑字，其中载有毛泽东同志后来收入《毛选》的几篇文章。这年春，发生了在和平门外师范大学为纪念“五四”进步学生被殴打事件后，曾有一本记述与控诉吴葆三、陶希圣等人的小册子，题名《新五四事件》。这小册子印数较少，每区只能分到二三十本。有时，还有总队部下达的临时通知，是有限期的。我印象中，有几回是北平市学联的紧急通知，也是由我们这一系统往下传送的。

总交通，除我以外的四五人，现在只记得两个人了。一个是北大一年级学生陈瑞图，他住在北河沿北大三院。另一个是彭金波，河南人，他住在沙滩东老胡同平安公寓。他是哪个学校的学生，没有问过[②]。此外，还有谁，记不清了。他们定期来我屋里，表面是来访友，背着一个空书包进来，把我早已按数点好的文件装入书包带出去。他们向各“区交”送达和“区交”向“分交”送达的情况，我无直接印象。我只记得家住西城某中学一个担任分交通的女同学和我接过头；彭金波向两吉女中贾唯英送过文件。北大五斋（女生宿舍）的文件是由我自己直接送交给王骥卿（王季青）收。当时，每次我到五斋门口，让传达通知她“有人找”。她到门口来，我把文件递给她，两人各向后转，好像没有交谈过。

队刊是由谁编辑、校对、送印，没有问过[③]。只听说是《北平晨报》社代印的。解放后问谌湘汉，他讲：“晨报印刷厂代印，不错。印刷是由该厂职工冉志恒负责。”抗战后，他和冉在延安时曾见过面。

“民先”队的交通系统从什么时候建立，开头是什么情况，我不知道。我只知道在我以前是谌湘汉，谌湘汉以前，据谌模糊的记忆，说也是一个北大学生，好像姓孟。但也有同志说“民先”队成立前，北平市学联总交通负责人是孙敬文，等“民先”队成立后，原来市学联的好些交通队员就“一身二任”，或者转成“民先”队

---

① 北平民先队刊名称是《我们的队伍》，还是《我们的生活》，回忆中有两种说法。

② 彭金波的名字，我长期记不起来，但他的风度却留在记忆中。我向友人打听过这人多回。近来从袁宝华同志处转来一篇《回忆北平沙滩的“民先”生活》的手稿，署名彭金波。从中看出作者也在回忆一个忘了名字的人，正是我；而作者也正是我所打听的那个交通员。他原听说我已死掉，但我们又见面了。

③ 孙传文（孙陶林）同志说，队刊他和李昌、谌湘汉都编过。

的交通了[①]。究竟市学联和“民先”队部的交通后来是一个系统，还是两套系统，说不清楚。还有先前成立的北平“民先”队部和后来成立的全国“民先”总队部两者的交通是一套，还是两套，也讲不清。但从1937年初，我接替总交通任务时被告知，我们这交通队是隶属于北平地方队部，这印象是清楚的。北平“民先”队部原先就叫“总队部”，到1937年2月，“民先”队召开了全国代表大会，建立了全国总队部，北平队部就成为隶属于全国总队部下的一个地方队部了。据北平“民先”队长孙传文(孙陶林)同志说，后来这两个队部在那个时候并没有固定办公场所，也没有在门口挂两块机关牌子，他们的工作，还是混在一起的。所以北平队部的交通，实际也是全国总队部的交通。孙传文同志这一说法和我的印象是一致的。至于如前面所讲，我们也送达过北平市学联的文件，这大约是各组织的负责同学，多是一身兼数职，工作界限不是那么清楚的关系。

到1937年初，这个交通系统(总交、区交、分交)，应该说是比较健全的了。在传达紧急通知上，从没有误过时限这点来讲，可以看得出它的效能。总交的工作情况略如上述，区交与分交的情况，我所知不多。各学校先后有哪些同学担任这项工作，叫什么名字，除我前面所提到的同志外，都没见过面。现在几位老同志提供了十几个名字，暂且附录于后，作个参考：

郝诒纯(西城区交)、李践为(法商学院)
张潭(国立艺专)、李蓬经(同前)
刘同晖(中国大学)、杨振九(同前)
闻毓秋(镜湖女中)、张洁□(华光女中)
张□(北京大学)、孙国梁(东方中学)
冯灿文(艺文中学)、徐树仁(崇德中学)
贾唯英(两吉女中)、戴金赞(志诚中学)
黄甘英(华光女中)[②]

这十多个姓名，显然不完全，也不会很准确。当时北平大中学校一百多所，参加“民先”建立分队的有九十多所。“民先”区队先是分四个区，后来发展成十二个

① 郝诒纯、刘同晖所提供的情况，她们都是由市学联交通后转成民先队部交通的。有的同志说民先队最早的总交通负责人名叫孙白忱，不知是不是孙敬文同志的化名。

② 这个名单中的大部分是中国大学刘同晖同志提供的。

区[1]。把区交、分交合计，再加上先后的更换，这支交通队人数至少应在一百几十人以上，当时许多重要的大学与中学肯定都有担任交通工作的同学。现在这个名单中都还空白着，而且就是这个名单，也许有的不是“民先”的交通，而是市学联的，也说不定(假若是有两套系统的话)。这里暂时把它记下来，作个线索，以待随后补充与订正吧。

我在任总交通工作的1937年4、5月间，开过一次总交通与部分区交通的工作会议。原来“民先”队部秘书处要我召开一次全市性的交通会议，因故没有开成。随后开了一个缩小范围的会，交流一下经验和解决一些具体问题。到会的总、区交通员只有十几人。地点在北大东斋谌湘汉的宿舍里。会议不拘形式，是座谈性质。在座谈中间有一个中国大学的学生来参加，高高的个头，穿一件夹克，他作了总结性发言。据介绍，他是“民先”总队部秘书长，名叫李平[2]。我只见过他这一次。全国解放后，再一次见到他，他正任外交部服务局副局长。

我在从谌湘汉手中接受这项工作之后，才知我的主要任务是收进、保管与分发文件、宣传品，有时处理些交通队中临时性的问题。因此我的主要时间精力是花在查点与分配队刊、文件数目上。我记得小谌曾跑来亲自向我作查点纸张页数的技术示范，就像纸店里售货员那样，把一令纸搬过来，一手按住纸的一角折起，“一五、一十”迅速地查出是五十张、一百张那样。我自己模仿着试了多次，稍微学会一些。我住的西斋宿舍是把一间房屋用书架隔成两间，挂上一个门帘，分住两人。我住在里边的一间。我进出通过外间；外间同学进出却不必通过我的房间。这一位置的“优势”，为我收发、保管、查点那些文件提供了方便。那只装文件的柳条包就在我床下，用床单一遮，就什么也看不到了。我在查点数目时，须在外间同学上课或夜晚他睡下之后。点数分配成扎后，分别包好注明，仍放回床下。总交队员来后，都知道自动地从床下取走。每周我总得花几个晚上或两三个半天用在查点数目上。从2月到7月，我认为外间那位表面看来朴实敦厚，只啃线装书的同学根本不晓得我在里间干什么事。解放以后，才知道其实不然。1959年从西北来了一位找我外调的人员，他告诉我那个同学自己交代，他曾参

① 孙传文同志讲述的。

② 《一二·九运动》(1954年人民出版社印)中有一张“民先”总队部的组织系统表，把“交通”放在“组织”之下，与“组织部”并列。我估计这张表上的系统只是设想，与实际情况有出入。我当时被告知是受“秘书”领导。李平同志以总队部秘书长名义出席我们交通会议，可以参证。

加过国民党的什么学生社团。他的上级指使他从我房里窥测或弄到点他们所希望的“秘密”。他不愿意干，在被迫之下，他从我桌上拿走了一张公开的油印救亡小报去交了差①。

1937年春季各项集体活动以及“新五四事件”，交通队员都及时送达了通知。

卢沟桥炮声一响，大家投入到紧张的工作中，这时交通队员的繁忙，正像所有的留校同学一样。7月28日城郊激战的一天，大家正兴奋地期待着第二天的“捷音”，29日凌晨突然得知守城的二十九军已于昨夜悄然撤退，平津实际已变颜色了。下一步怎么办？还没得到总队部的消息，留校同学互相商量着撤退的办法。我到沙滩附近兜了一圈，街上已经出现了慌乱的景象，有些同学已经转移，接不上头了。我想可能还会有交通员找我，回到宿舍坐等。到11点左右，忽然有个绰号叫“二大妈”(原名张□，东北人)的北大同学来找我，说“上面指示，赶快撤退，先出西直门，坐午后火车到门头沟，然后步行到保定”。我问是否普遍地通知了。他说，通过各种渠道，辗转通知，已不能单靠交通系统了。现在想来，他大约也是交通员。话不宜迟，那时已来不及收拾什么，把门一锁，我两人出西斋奔西直门而去，边走，他边告诉我说，沿路有联络员，联络号的问话是“哪里来”？答“海上来”。我两人过了西四，快到新街口的路上，一个骑车子的青年迎面而来，问我们：“哪里来？”我们照约定的“海上来”答了话，他向身后一指说：“到西直门火车站，上车。”他就继续飞车而去了。我两人出西直门时，曾看见师大的同学丁发善(丁秀)和其他一些学生模样的人在路上走着。到车站上望见不少的北平学生，记得其中有化了装的北大杨雨民，还看见张瑞芳已坐在车厢里。但互相都不打招呼。等到下午三时，得到站上通知，说敌人已封锁了门头沟一线，火车开不出去了。当时，北平对外铁路线全部中断了。大家只好又折回校内。傍晚，我在北大图书馆门前，见到西斋同学何锡麟匆匆走来。他告诉我，他曾试图步行穿过日军封锁线而没有成功，也返回来了。到后来平津通车，大家分别出走。在折回城内等待通车的一周多中间，由于各校同学的分散转移，互相失去联系，交通

① 1937年上半年与我同舍共住的那个同学名叫司以忠，字尽忱，宁夏人，中文系学生。1959年5月外调人从宁夏来找我对证他交代的材料，主要问我们的工作是否受到过破坏。我认为他交代的话是真实的，我们的工作没有受到破坏。

工作就终止了。我曾想那天出西直门去门头沟沿路上的联络员，也许就是原来的交通员，但不知是由哪个系统安排的。不过，可以看得出那天原定的撤退计划是有领导、有组织的。

（1985年4月10日于北京）

“一二·九”时代生活散记

“一二·九”时代，我是北大的学生。记忆中还保留着一些自己见闻的人和事。让这些零散的片断史实留下点痕迹，似乎尚有意义，故特写此文。对于这一伟大运动的一般过程，为免于重复，就尽量不讲或少讲了。

一、蓦然间的憬寤

伟大的“一二·九”运动从政治上唤醒了一代青年，我也算听到召唤的一个。在这之前，同学们对时局的危险，虽然也感到忧闷，但不知道出路何在。拿我来说，虽然对那时的现实有某些不满，但幻想当时的国民政府有朝一日，会一声令下，出兵抗日，甚至联想到在那一天到来的时候，自己能干些什么。我受《大公报》言论的影响，曾认为只要国民党三巨头蒋介石、汪精卫、胡汉民合作，中国就有希望了。自己也明白“敌强我弱”，但“弱不弱”不管，盼望能豁出去与侵略者拼一拼，吐吐这口气！可是这一天总不见到来，而危亡却迫在眉睫。这结果是苦闷，再苦闷。“一二·九”、“一二·一六”像一声春雷把自己惊醒了！好似在一夜过后，忽然地悟出了：“唔，原来抗日不能依靠国民党，要靠自己的力量！”“自己的力量”当然不是一个人，是群众。“谁能领导群众呢？是共产党！”认识就这样逐步推演，道理越懂越多，渐渐构成了一个系统。该摈弃什么，向往什么？哪边是黑暗，哪边是光明？我清醒了。把前些寄托于国民党的希望，一下子转到另一边来了。这在我的认识历程上，是一条极其重要的界限。

二、"一二·九"前夕种种

1935年下半年，在北大西斋阅报室里，记得看到一份主张全民抗日的油印品。以前，我想那大概就是《八一宣言》了。现在仔细回想，那应该是中华苏维埃共和国中央政府、中国工农红军革命军事委员会联名发表的《抗日救国宣言》。因为印象里清晰地记得油印品的末尾署着"毛泽东"和"朱德"这两个人的名字。第一次见到有这两个名字的文件，留有深刻的印象。

上说的《抗日救国宣言》与《八一宣言》的精神内容基本是一致的。那时，对我来说，还说不上理解它的意义，只是感到惊异。不过从暑假开学后，同学中间议论华北危机的渐渐多起来。这时已在"何梅协定"之后，国民党已答应日本把中央军与宪兵三团从河北撤退，河北省政府主席与平津两市市长已经撤换。但10月前后，不知从哪里传来一阵风，说："津浦、平汉车辆向陇海路集中，国民政府已准备抗战。"西斋里有我在内的少数同学，为之兴奋了一阵。但接二连三出现的不是什么"备战"、"抗战"，而是汉奸横行、日军演习、青年被捕、伪自治运动等等，这对我们曾"兴奋了一阵"的几个人，无异从头顶上浇下了一瓢冷水。

到11月，伪冀东自治政府出现，华北特殊化的消息越来越紧。一天，外语系学生杨雨民等几人到我房里来，和我及同屋的另一个学生商量说，我们北大学生应该对现在的大局有点表示了。商量一阵就走了。

11月24日，北平各大学校长、教授二十多人由蒋梦麟领衔发表宣言，"反对一切脱离中央"的特殊化举动。我们几个同学曾就这个宣言议论说，他们敢作这样的表示，还是差强人意的。但不久，就有日本人来北大约蒋梦麟校长到日本领事馆问话的事发生。[①] 接着，又听说有日本浪人来红楼门前，喊叫"我们要接管北京大学了"。

自11月末到12月初，从报上可以看出，冀、察两省的特殊化已是呼之欲出了。记得一天晚报上出现了这样的标题："晋阎、鲁韩明日来平，华北局势即将揭晓。"随着这震撼人心的报道，传说从明天起，平津要改挂五色旗了。这晚，北大史学系的阅览室里，围坐着几十个同学，还有教授钱穆、姚从吾、毛子水等人。记

① 有的说，约蒋梦麟的是日本宪兵司令部。

得是等待一件什么重大消息，大概是等待各大学校校长开会讨论再一次对华北问题表态。在等待中，大家心情沉重，你一言我一语地议论着。钱穆、毛子水等教授也讲了些不着边际的话。姚从吾却讲了蒋梦麟校长被约往日本公使馆的经过。他说，那天蒋校长在二院正开校务会议，忽然有个日本人闯进二院，持柬约蒋往公使馆一谈，意在威胁，以为蒋不敢来。蒋校长回答说“随后就到”。会后，蒋果然驱车到了日公使馆。日本公使没想到他敢来，毫无准备，临时出来一人与蒋接谈，不知该说什么好。静默片刻之后，才问蒋为什么领衔反对“华北自治”？是否出于自愿？蒋率然承认，理直气壮，使日人张口结舌，无辞以对。日本人又无话找话，说想商请蒋先生到“满洲国”去考察考察教育，也被蒋拒绝。姚边讲这段故事，边流露着“自豪感”。事后我们几个人议论，觉得姚讲的这情况可能是真的。因为凭蒋的社会地位与名气，日本人也犯不上给他更多的难堪，而蒋是有舌辩之才的。

过了这晚，第二天到街上看，没见有五色旗挂出来。淡淡的阳光依旧照射着人们沉郁的脸。当天报上发表了“中央派大员（指何应钦）北上，处理华北问题”。何应钦一到北平，特殊化的“冀察政务委员会”就在“合法”的襁褓中呱呱坠地了。汉奸们弹冠相庆，而人民的胸中怒火却到了爆发的时候了。

三、大示威中点滴

“一二·九”运动的发动及其以后的发展壮大，与党的领导是分不开的，现在已是人所共知的了。但当时，有着自发愿望的群众开头大半还不会意识到这些。我进北大头一年认识史学系杨启哲（后改名唐守愚），曾感到他的见解与众不同，但“一二·九”前他已被捕了。校内有无党员以及谁是党员，我好像一张白纸，全无所知。

“一二·九”那天下午，我在宿舍里看书。北大西斋的房舍是纵深的，我的住房离大街甚远，外边发生了这样大事，竟然一点也不知道，到傍晚才听说。“一二·九”那天，外校队伍是从哪条路出现在红楼前面的？还没听人讲清楚。北大的学生最先得到消息的是在图书馆，红楼和东斋的同学。把红楼的课钟敲响，是史二的学生王德昭。这一说法，是近两年前我与王相遇，偶然听他本人讲起的。

“一二·一六”那天起得很早，因为事先已组织起来，我和许宛乐（许东明）、杨志玖、李书箱等四人一排，随着西斋的队伍冲出来。在前进的路上，我注意到李彬这个人，他当时骑着车绕着队伍前前后后的转动，带领大家喊口号，情绪激昂。

南长街夺水龙是一关。过了这关之后，到新华门前第一次遇到大刀队的冲击。队伍被打散了，我们几个人进入西长安街路南边的小胡同里去；猛地见到一个同学的鼻子被大刀劈开一道豁口，鲜血直流。刚好胡同里有一家裁缝铺，我们从裁衣匠手里抓到一片新棉花，给这个蹲在墙角上的同学敷上，是谁保护他走开的不记得了。这个受伤的北大同学名叫蒋峻□，后来同学们给他个绰号，叫他“死不了”。

天桥是预定的集合点。我们从小胡同南行。出胡同口后，打散的同学越聚越多，重新结队沿前门大街前进。“第三大队”和“北京大学”的旗帜仍在前面打着，但人数少了，有“孤军”之感。正在这时，迎面来了一队学生，当头一面黑布白字的横幅旗帜上写的是“东北大学”。他们来接应我们了。双方望见立刻欢呼起来，有些同学高兴地把帽子扔到空中。两队会合后再奔天桥，参加那里的集会。

天桥大会后，全部示威队伍出发，向前门方向前进，到大栅栏附近时，第一次听到一阵枪声，队伍又发生了一些混乱，但很快就又编成行列了。前门箭楼前大会后，队伍被分截成两队了，前队进了城；我随后队到了宣武门去，守到黄昏时分。

四、蒋梦麟与胡适的表现

我们考进北大的时候，北京大学可以说是“蒋、胡的天下”。胡适虽然只是文学院院长，但他的地位与名气，远非理学、法学两院院长所能比。蒋梦麟与胡适无论在统治北大，或对付学生运动上是一致的。有的学生见他们与群众趋向的悖谬，私下里骂他们是“汉奸”，这只是一时的激愤。但他们忠实地按照那时国民党的意图来对付学生，却不能不引起进步青年人对他们的憎恶。不过，蒋、胡两人的表现，留给我的印象还略有差别。胡适爱讲演，写文章，出风头；对付学生上更直截了当。他好像早已有“过河的卒子”那股子拧劲。“一二·九”刚发生，他就发表了《为学生运动进一言》[①]，劝学生回到课堂里去，不要干预国事。青年们发表了《为胡先生进一言》和对他文章的“读后”[②]，针锋相对地予以驳斥。但胡适对别人的驳斥装作视而不见，他总是继续喋喋不休地讲他的那一套。到12月31日，由蒋梦麟以校长名义召开的全体师生谈话会上，讨论是否复课和提前放假问题，同学们的绝大多数持否定的态度，趋势是明摆着的。但胡适不顾学生对他的“哧”、“通”的驱逐表示，反复地高喊“北大的民意不只是你们的，还有我们（教师）的一份”。他硬要来个民意测验，最后大家同意了，结果全体同学一致反对放假和复课，胡适只能恨恨而去。到1月4日早晨，为了继续罢课还是复课，红楼门前发生的“对牛弹琴”的骂阵，也是这位胡院长挑起的。

蒋梦麟的表现和胡适有所不同。他讲话不多，但讲起来一口浙江官话，要言不烦，颇有章法。除了1月4日，在理学院和文学院门前与纠察队发生争吵那天，我在理学院门前站岗，蒋氏那天表现有失常态。蒋氏一般是保持着他的斯文状态。我两次听到他标榜北大的传统一次在景山，一次在大操场。他说，北大是培养领袖人才的地方，这里出去的学生多半都有“单枪匹马、独往独来”的精神，有“独当一面”的能力。在他举例说明一串知名人物姓名中，竟然两次都讲到“毛泽东”三字。我想这大概有意显示他的某种风格吧？但在“一二·九”过程中，从他对付学生的几手看，有软有硬，深沉而机变，确乎厉害，具体的例子是他对驱逐伪代表事件和抬棺游行事件用的手法，是截然不同的。

五、蒋校长的两种姿态

1936年1月，蒋梦麟为首的北大当局违反全体同学公意，私下指派三个学生作“晋京聆训代表”。这件事他们只能秘密进行，不敢公开的。不久“春光外泄”，同学们群起谴责此事，其中姓徐的同学赶紧张贴声明，说他寒假中去外地旅行，没有冒充代表的事。这事，我在1980年8月于北大临湖轩的座谈中，已经谈过。不再重述。姓徐的把领到当代表的三百元津贴变成了旅费，又发这样的“声明”，让学校当局白白吃了一个“哑巴亏”。以后的内幕虽然不清楚，但不久之后，

① 12月13日《大公报》。

② 《北大旬刊》。

姓徐的被关进了公安局的监牢，蹲了四十天，才又被保出来。当时人言啧啧，似乎与那三百元钱事不无关系。当然这只是人们的揣度。

当年春季开学后的2月18日下午，全体同学在三院礼堂举行大会，陈忠经当主席，一致决议开除杨某、李某伪代表的学生会籍，并“驱逐”他们出校。事件发生后，2月20日，蒋梦麟校长通告召集全体学生讲话。不问可知，是为伪代表事件而发的。这天会场安排和蒋校长的讲话，《世界日报》曾有较详的报道，说他讲到末后“泣不成声”不是事实；而且原文也不完全，仍值得补叙。

记得那天我们一进三院礼堂，就看到主席台上坐满了学校领导人和一些能说善道的教授，如平时少见的傅斯年、陶希圣等人，都一字儿排坐在台上。我想今天可“有戏”看了，且看他们怎样为“私派代表”的不光彩行为作辩护。一开始蒋校长徐徐站起，他从多少年前西方某国一只铁达尼邮船沉没的故事讲起（过去商务印的小学语文课本上曾有这一课），说当轮船呼救无望，船身逐渐下沉的时候，船上乘客仍然是那样遵守秩序，并唱出了“上帝乎！吾将近汝”的悲凉歌声云云，然后他把今日的祖国比作将沉的轮船，要求我校同学“遵守秩序”、“遵守校纪”。但接下去，他并没斥责同学不守校纪，而是话音一转，点出了主题说“今天，我要来和大家谈谈所谓伪代表问题。”于是，他展开了正面的论述说：“我奉教育部命令，要你们选举代表，等了好久，你们拒绝，我有什么办法呢？我这个校长是教育部任命的，你们设身处地为我想，我不执行上面的命令能行吗？迫不得已，我请出两位同学帮我的忙。他们帮助我解除了困难，今天他们两人有了困难，我有责任为他们解除。如果我对他们的困境坐视不顾，我还配作你们的校长，配作一个人吗？”若不深思，蒋氏的讲话听来真是娓娓动听，颇具有“人情味”。讲到这里，他并没停顿，接着说：“前天发生的这件事，我想是少数人所为，不是多数人的意愿。只要你们不再和他们为难，我决定既往不咎。”“不咎”两个字刚刚出口，他迅速把手一摆说：“散会！”这篇讲话，真是“起承转合”，妙极了！尤其妙在迅速收场的“散会”两字上，因为一听“散会”，有些同学已经纷纷出场。原来台上那些并坐的先生们并不讲话，不过虚张声势。有些准备起立对蒋校长讲话进行驳辩的同学也来不及了。于是蒋校长的面子得以保全而圆满收场了。在这一事件上，学校当局是理亏的，这件事激起了全校同学公愤也是出乎他们意料之外的，所以蒋校长不得不表示出一副“宽容”的姿态。但是“三三一”追悼郭清抬棺游行一发生，他的态度完全不同了。他赤膊上阵，按照蒋介石镇压学生抗日救亡运动的

《维持治安紧急治罪法》行事。他给同学们扣上"舁棺入校"、"侮辱北大"、"引起军警干涉"等"罪名",立即贴出布告停止了学生会的活动,并把四位无辜的同学开除出校。当时学生会、各班级接连地派代表去见他,要求他收回开除成命,被他断然拒绝。开除的四人中有我们班上的同学巫省三。记得我和余文豪、王德昭、赵春谷等几人受全班同学委托去见校长,我们向他说明那天巫省三虽然参加了追悼会,但并未抬棺,准备向他据理力争。我们刚一开口,他立即打断了我们的话说:"你们几位的来意,我已了解,收回成命断不可能。我完全知道,他们四位并无过错,被开除是冤枉的,但开除他们是为了让北大还能继续下去。这就非牺牲他们四人不可。你们如果说这件事我做错了,我可以承认,但我辞职!"我们见此情况,觉得对这位校长已经是无理可说了,只得怏怏而退。

六、学运新风——师生联合纪念"五四"

罢课或游行示威,在国民党统治区的学生运动中,是紧要关头时的最高形式。学运的形式应该是多种多样的。

"三三一"运动之后,学运领导机关已总结了经验,有了改变。群众对抗日民族统一战线策略,也逐步有所体会。例如过去曾认为学校领导层中有些人是很"反动"的,现在学生会对他们有所分析与区别对待,觉得应以争取为主,能争取的尽量争取。

"五四"十七周年快要到来时,北大学生会已酝酿采用新的方式来纪念。可是当时北平市当局与各校当局还唯恐发生事故,事先严加戒备。北大历来是"五四"放假一天的,今年学校布告宣布"照常上课",不放假了。我认识的同学中有几位平素比较拘谨的同学,也表示了对罢课游行的厌倦情绪。但纪念会的《通告》发布出来,标题是"师生联合纪念五四","(1)不罢课,(2)不游行,(3)自由参加,(4)请名人、教授讲演"。这消息一宣布,那些平素不爱活动的同学都欣然参加了。这天的会场是在二院大礼堂,到会人多,礼堂里很拥挤。台上坐着好多位请来的教师,记得的有樊际昌、周炳琳、马叙伦、曾昭抡、许德珩等。主持人是史二同学曹盼之。会场正面有副白布黑字对联,可惜写的什么已经遗忘。讲演会一开始,马叙伦、曾昭抡、周炳琳、许德珩依次讲话。周、许两人是"五四"游行的参加者和火烧赵家楼的在场人,所以他们都先讲"五四"当天的经过。周讲在赵家楼起火时，他遇到军警抓人，由于他外衣的灰褐色成了他的保护色，飞落到他衣服上的烟灰没有被军警察觉出来，他逃脱了。他身旁的另一位穿了浅色衣服的同学，就被抓走了，被抓的人是谁，他已忘记。他讲五四运动的积极意义时，把他自己后来出国留学也罗列进去，这说法似欠妥当。许德珩最后讲话，音调昂扬，气势磅礴，博得一阵阵的掌声。他正面阐明反对帝国主义侵略、反对汉奸卖国贼才是五四运动的积极意义。他附带提醒周院长说：“你身旁那个满身烟灰而被捕的同学，不正是我吗？”会场里顿时活跃起来。他末后慨叹地说，当年那些曾经勇猛的青年，后来却有的变坏了，有的当官发财了，真是“滔滔者天下皆是也”！他在最后勉励今天的青年要对准目标，奋斗到底。

这次纪念活动，标志着“一二·九”学生运动策略变化的开端，是成功的。

七、1936年下半年中的片断

“六一三”是一次成功的游行。自那之后，学生与冀察当局之间的关系有了明显的缓和。“拥护二十九军抗日”的口号，已普遍开来。

北平有一家《北平新报》，记述学生运动最详，同情学生主张的倾向显著，至今似尚未见到有谁了解这份报纸的背景。这期间，天津《益世报》的社论，常有与官方报纸不同的议论，对什么“攘外安内”、“读书救国”、“最后关头”之类的论调持批评的态度，而且文章流畅犀利。它的言论曾引起了胡适的攻击。由于胡适指责他们“不合逻辑”，该报社论立即给胡适以有力的回击。原题是《我们的逻辑》，听说主持社论的是罗隆基。

援绥开始时，学生会捐献绝食一餐的饭金，我们民先小组的成员都积极响应了这一号召。

10月，鲁迅逝世的消息突然见报，大家心情怅惘，有说不出的滋味。我赶忙向袁宝华的住舍走去，见他不在，留条一张，告诉他这一噩耗，等我转回自己住房，见门上塞一纸条，打开一看，也正是宝华来通知我这一不幸的消息。鲁迅追悼会上挽联甚多，只记得有一副是“呐喊前进，岂能而已；热风正炽，且莫徬徨”，另一副是“先生既去，谁再是中国高尔基；遗文虽在，更无人唤醒阿克尤”（即“阿Q”）。

大约在11月底前后，西斋门外路边上有人摆书摊卖书，其中有一本书名是

《救国领袖张学良将军言论集》。见到这本书，证实了近日传闻的张学良的政治态度起了变化的传说。渐渐听到杨虎城将军的态度，也有了改变。这些都是在西安事变之前的事。当我从报上看到张学良迎接蒋介石率随员到了西安的照片时，自己心想"他趁此时机把蒋扣起来不好"？但又觉得不大可能发生这种事。谁料我们在"双十二"那天游行之后，第二天一觉醒来，果然就发生了扣蒋的大事，当时那种兴奋心情，真是难以形容！至于"后果"如何，一时是不去考虑的。

在那几天里，我见到传来的一张西安的报纸，社论是《组织人民法庭，审判蒋介石》，看后当然也是非常痛快。

但是只在三四天后，同学中就有不少的人冷静下来。在讨论北大应如何表态的班代表会中，学生会执委会的意见，就是以和平解决西安事变为方针，即一方面蒋应接受张、杨主张，一方面张、杨保证蒋的安全。但少数站在国民党立场上的学生，则坚决认定张、杨叛国，应下令讨伐，反对用"和平解决"字样。这样就展开了激烈的争辩。班代表会以多数表决，通过了执委会的意见。几个国民党学生代表退席表示反对。执委会又提交全体学生大会讨论，还是一场纷争。由于少数国民党派学生顽固坚持讨伐张、杨，仍未取得一致意见。所以，北大学生会未能对西安事变公开表态。

八、陶希圣与"新五四"事件

30年代初，陶希圣的名字在青年中有一定的影响。我刚进北大时，对他很崇拜的。他标榜是用"唯物史观"治学。他先后开设《中国社会史》与《中国政治思想史》两门课，我都选修了，讲堂上听课的人常是满满的。

"一二·九"发生后，北大学生会曾约他和曾昭抡教授于12月19日来校讲演，曾先生如约而来，他却回避不到。对他的这一失约，曾使同学们大失所望，并引起些议论。不久有人传说他与汪精卫派系有些瓜葛。但出于传闻，人们也还不甚注意，他的课堂上听课的学生仍然是很多的。他的真实面目，是通过"新五四"事件才完全暴露出来的。

1937年"新五四"事件发生时，陶希圣是被"新学联"邀请的讲演人之一。

预定在和平门外师大举行的"五四"纪念会，是新学联主办的。"双十二"后，国民党少数学生为分裂学生运动，另成立了一个北平市学联，习惯称"新学联"；

原领导“一二·九”运动受大多数同学拥护的学联称“旧学联”。旧学联主张学运应该统一起来，建议与新学联联合举办“五四”纪念会，并号召同学们主动去参加，以实际行动表示联合。我当时是“民先”北平队部总交通，曾让交通员送发到会通知。那天，我下午到师大，见主席台搭在露天操场南沿，面向北①。我一瞧大操场上黑压压的人群，几乎全是旧学联的群众（新学联的群众基础本来很小）。台上正中挂着孙中山像，台两旁坐着邀请的演讲人，有以反共闻名的北师大教授杨立奎、熊孟飞，北平市府秘书主任马乘风，志诚中学校长吴葆三等；陶希圣竟然也在其中。我当时站在台下靠前的群众中，身旁熟人不少，记得有北大宋尔纯。正式开会前，场内救亡歌声此伏彼起，接连不断。这时，台上为主席团人选问题，新、旧学联代表互相发生了争执。在台上的新学联的头头有李彬、罗梦赉（都是北大的）等人，旧学联领导人有中大史立德、北大谢云晖等人。台下的群众不断地高呼：“史立德！”“谢云晖！”表示对旧学联领导人的拥护。停一回，台上司仪宣布开会，第一项唱国歌（即国民党党歌），勉强唱了，不过声音微弱；接着群众唱起了《救亡进行曲》，顿时显得雄壮激昂。李彬先讲话，一套反共滥调，台下无人鼓掌；谢云晖接着讲话，台下掌声雷动。正在这时台上又吵起来，陶希圣、杨立奎也大声叫嚣。此刻，忽从操场后面，有一伙学生舞起童子军木棍向到会群众劈头打下来，石块乱飞，场内顿时混乱，台上的桌子也被掀倒，有人飞起一条板凳对着台下群众砸下来，我方台上代表已被推下来，陶希圣站在台中间高喊“打得好！”由于到会群众都是赤手的，而对方则准备了木棍、石块、小刀子。到会群众纷纷向大门外撤退。我也正在向外走时，一个人从背后抱住我的两肩，我还没看清是谁，他头上的鲜血已滴到我白色衬衫上。受伤者原来是北大政治系学生王官豹。我赶紧用手帕护住他的伤口，雇了两辆人力车驰往协和医院急诊。王官豹躺在病床上，他还不断地手挥口讲，向医生、护士控诉行凶者的罪过。

这场行凶动武的指挥者是志诚中学校长吴葆三，而陶希圣那天确实起了煽动教唆的作用。但陶希圣信口雌黄，说那天台下学生不唱国歌，而唱《保卫马德里》，他在报上发表文章叫嚣“反对西班牙残余主义”，攻击旧学联是“分裂主义者”。他的文章遭到杨秀峰同志的驳斥。同时受伤的学生向法院控告了陶希圣教唆伤人罪。第二天，他的课堂顿时空荡荡，听课的没有几个人了。还听说他本

① 报纸上当时有的记载说在风雨操场，是误记。

来在朝阳大学兼课的，因为那天朝大有受伤的同学，他怕受报复，也不敢去那里授课了。

《保卫马德里》这支歌曲（吕骥作谱）是当时流行的进步歌曲之一。歌词的第一句是“拿起爆烈的手榴弹，对准杀人放火的佛郎哥”，这时学生们改为“拿起爆烈的手榴弹，对准造谣中伤的陶希圣……”而唱起来了。陶的名声从此大臭了。

杨立奎、陶希圣和新学联的人，还造谣说我们中有人上台摘掉了孙中山的挂像。但有位有心人恰好用照相机拍下一个摘中山像者的镜头，这个摘像的人不是别人，正是新学联头头罗梦赉。这张照片后来公开刊布出来了①。

九、在生活路线下

“生活路线”的提出，大约是在1936年暑假前后。在这一口号下，北大学生的活动大为活跃起来。各种名称的社团如歌咏团、戏剧社、读书会、壁报社等等，如雨后春笋。各种方式的活动，如早操、军训、座谈会、植树运动等在各处开展着。全面的情况我无法说得全。我只记得袁宝华独立主编一份壁报，名叫“炮火”，我是投稿人之一。王德昭、李书箱、余文豪和我共同组织了一个“新哲学研究会”。黎明歌咏团拥有大量的成员，请崔嵬来教唱过“打回老家去”。另外有个别具一格的“救亡啦啦队”，我参加了。这个啦啦队在1937年春季温泉旅行时，曾颇为轰动②。

“救亡啦啦队”的队长兼指挥是李涛，啦啦词以及曲谱，是他亲自编写的。啦啦队员都有一顶自糊的彩色高纸帽。温泉旅行时，北大啦啦队头戴纸帽一出场就引起全场喝彩。“罗罗罗，北大不老！”四周围群众就先喊起来。那天，我们表演的几首救亡啦啦歌，也颇精彩。旅行结束，在回来的路上，走到西四时，十来个啦啦队员，临时凑钱，到一家饭馆楼上吃晚饭，竟然在饭桌前戴起五彩的纸帽啦啦起来，引得饭馆伙友们前来围观。借此机会，大家向老板及伙友们作了抗日宣传。

---

① 照片刊布在当时编印的一本小册子《新五四事件真相》上。

② 1937年春学联号召全市学生旅行有两次，第一次在香山，第二次在温泉。

十、西郊露营

露营这种活动方式很有吸引力，乍从书斋里走出来，到野外搭起帐幕过集体生活，感到非常新鲜。我所知道的北平民先队发动组织的露营共有四次。第一次是 1936 年暑假。第二和第三次是 1937 年春末与夏初。第四次是 1937 年暑假。前三次都在卧佛寺樱桃沟，末后一次是在西郊大觉寺。第一与第四次规模大，人数多；第二、三次人数少。我参加了第二、三、四次。

1937 年清明节前后，这次（即第二次）是东城区民先队组织的，同年夏初，小麦半黄的时候，又一次（第三次），是"沙滩大学"杂牌队组织的。这两次都是一百多人，大部分是东城区各校学生。北大学生参加清明节这次的最多，我能记得的北大学生有杨雨民、卢荻（陆平）、刘志诚（刘居英）、袁宝华、朱仲龙（朱穆之）、薄怀奇、周文光、吴承明、宋尔纯、孙传文、何兆仪、唐尊准、陈纯英、倪学慧等人。杨雨民任总司令。北大以外的各校同学以及活动内容，这里不多讲了[①]。我着重讲一下第四次大觉寺的夏令营。因为过去记述这次的文字比较少。

1937 年大觉寺夏令营，对外说是北平学联主办的，实际是民先总队部委托五个大学的民先队员组成了一个五人小组筹备的。我听说五人小组有北大的杨雨民、师大的丁发善（丁秀）、中大的高元贵，还有东大、平大法商学院的。原定计划是从 6 月 28 日开始，十天一期，连续办几期。单是第一期报名参加的就有三百人左右。杨雨民原是民先总队部武装部长，由他任夏令营部司令，大家叫他"杨司令"。营部下有政治部，主任是北大宋尔纯，副主任是中大吕世隆。后勤部主任是中大高元贵。此外还有交通联络部、宣传部等。营部聘有军事指导员，由袁也烈担任。全营共编成三个大队，辖若干小队。第一大队队长是师大丁发善，第二大队队长是我（当时名叫孙兴诗），第三大队队长是汇文中学学生边疆（李文）。军事活动按大队编制活动。其他活动又划分为若干组：有时事研究组、军事研究组、话剧组、歌咏组、新文字组等。营地用十几座帐篷搭在从大觉寺上山一里多远的山半腰。这里有一块平地，周围树木很多。黎明吹号起床，列队升旗，第一项活动是爬山比赛，争夺山顶上的一面红旗，旗上写"东北失地"。早饭

---

① 这次活动中，由卢荻、吴承明等同学第一次把西安事变中捉蒋一幕，用京剧形式来演唱。

后，宣布一天的日程。或练歌，或座谈，或分组活动，或请名人讲演。一次，请来高崇民同志作西安事变的报告，讲述了他的亲身经历与事变中的一些细节，最受欢迎。晚上，点起营火，与当地驻军、老百姓联欢。有位曾隶赵登禹部下的二十九军军官讲他自己参加喜峰口夜袭日军的经历，也是很动人的。营地周围的山谷、树林中，终日回荡着救亡的歌声。师大的赵启海是位歌唱家，他最爱唱，也善指挥。另外，女子文理学院的唐仪慧、鄢仪贞也教大家唱歌。“看吧，同学们，战争开始了，冲出你们的课堂，走上前线去……”这首歌，反复地唱，可以看出青年们多么渴望抗日战争的到来。这次夏令营以学习军事、学习打游击为主，比起春季的两次露营作了更多的军事演习。演习拂晓攻击，演习夜间偷袭。有一次演习夜间攻守，我指挥守，丁发善指挥攻，从黄昏开始行动，演习到深夜，末后由袁也烈总结评判，指出攻守两方面的正确与错误的地方。

这一期夏令营应于7月7日结束。7日黎明，隐隐听到西南方向有炮声，不知发生了什么事。“司令”派丁发善骑车下山与市学联联系，打探情况。与此同时，当地驻军也派人来告诉我们今日不要外出活动，两方面得来的消息知道了卢沟桥我军与日军已经干起来了。于是吹号集合，杨雨民向全营传达这振奋人心的消息，并说夏令营本期结束，不再续办，号召大家回城后投入支援二十九军的抗战工作。当日杨雨民先回城里，由丁发善带队准备回城的事。这天大家全守在营地上，不再四出活动。筹备就绪，到7月8日早餐后，由丁发善率领全营离开营地，向城里进发。为了防止路上可能发生意外，除派出前哨先行外，还宣布了行军纪律，作了些必要的准备，一路之上，不唱歌，不说话，以急行军的步伐向前走。只是到了红山口时，与二十九军的布防岗哨进行一次接洽，就顺利地回到城里，各自返校了。

十一、7月28日一昼夜的变化

“七七”后，北平市学联立即号召同学们投入宣传、募捐、慰劳、救护各种抗日工作中，口号是“保卫平津、保卫华北”！

蒋介石的庐山谈话虽然比以前明朗了，卢沟桥头断断续续地打着，这星星之火能否成为全面抗日的起点，大家还摸不准。

北平街头和十字路口都用麻袋包堆起了堡垒，守城士兵持枪进入到堡垒中，城门半闭,古都确有些抗战气氛。但听说天津方面妥协活动正在进行。是战?是和?冀察当局似乎犹疑不定。一天,忽然街头的堡垒又撤除了,传说是宋哲元自山东原籍(乐陵)回来下令撤除的。这是怎么回事?有人说是他路过天津时受了汉奸的包围。

时局的乍阴乍晴,使许多人感到苦恼。

拖到27日的傍晚,我在西斋院内忽然听到叫卖"号外"之声,赶紧跑到门外,从报童手中买到一张,在马路的电灯下,赫然出现的大字标题是:——

民族抗战正式揭开

宋委员长下令限三小时内肃清平郊日军

这一下可真把人鼓舞起来了!宿舍内、校园内立刻纷纷议论起来。到晚九时以后,城外的炮声一阵阵地传来,大家无法入睡。我和几位同学架梯爬上房顶,希望能望见城外的炮火。

28日一早,刘玉柱把我拉到学生会办公室(在北大旧图书馆院内)内协助工作。学生纠察队在各院门口设了岗。学生会办公室内人来人往忙碌极了。报馆电话,不断传来捷报,"我军已攻下廊房","丰台激战,敌军不支";"我军坚守南苑","我军已攻下天津东站,庞炳勋部加入战斗","中国空军已出现在天津上空";"通州张庆余部保安队反正,殷汝耕下落不明",等等。随着电话的传音,学生会内一阵阵欢呼,油印机不停地滚动,把收到的捷音立刻印成传单到街上散发;街上的警察也帮着分送宣传品,真是一片欢腾气氛。

傍晚前后,我在红楼门前,听到远处一片欢呼声、鼓掌声,经久不息。等一会,听一个骑车前来的同学说是守南苑的二十九军一部退进城来,市民们为欢迎守军发出的欢呼。他自己看到战士们浑身沾满了泥土。

总之,这一天我们在紧张、欢乐中度过,幻想着明天迎接更大的胜利。夜深了,我们还在红楼后操场上谈着,笑着。那天晚上,我没有回西斋宿舍,睡在新四斋杨雨民的房里。

第二天(29日)早晨,我和杨雨民还在睡梦中,朱仲龙推门进来道:"快起来,外面的局面变了!"我们一翻身爬起来,问:"怎么了?""大概二十九军夜里撤走了!"朱说。跑到街上一看,昨天欢快的警察今天变成无精打采,带枪的保安队变成徒手兵。市民们的脸上罩上了一层愁雾。急忙买当天的《北平晨报》看,冀察首脑宋哲元、秦德纯退往保定,另外由宋哲元指定的人组织了维持代理机构。一夜之间，北平已经沦陷了。只是日军还在四郊，没进城来。

民先队总部通知出西直门往保定撤退。关于这次撤退没有撤得了，走出西直门又折回城内来的情况，我在另一篇回忆民先总交通工作的文章中已有记述，兹从略。

十二、陷在围城中

29 日下午，我们从西直门火车站折回之后，校园内还有一些同学。其后，有些同学已分别投亲靠友，隐蔽起来，失去联系了。当时的情况是日本兵暂时还没进到城内来，但是平津、津浦、平汉、平绥铁路线均已切断。火车不通。北大秘书长郑天挺先生还暂时坐守在校内。怎样才能脱离这座围城，大家除等待外，一时还想不出办法。第三天或是第四天午后，郑天挺先生召集留在学校的同学约有五六十人，在西斋食堂里讲话。他除了把近几天来的消息告诉大家外，宣布学校还可给每人发放三十五元钱，劝大家自己设法脱身出走。

日本兵会几时开进城来，又将会发生些什么情况，无法预料。西斋和五斋的大门都已封闭，只开二院的大门；内部的隔墙上打开了几道豁口，住西斋的男生上街穿过五斋进入二院，然后出大门。后来听说日本兵快要进城，担心会有捕人的事，散住东西斋的同学就夜宿到新四斋灰楼里去。灰楼夜里关上前门，打开后窗，必要时可以跳窗逃走。

葛佩琦和宋尔纯曾骑车出城转了一圈，发现高粱地里还有些二十九军的伤兵。他们回来后号召大家救护伤兵，临时在三院礼堂里设立救护站，安排下床位，分遣同学到城外去抬伤兵回来。在他们的号召下，不仅留校的北大同学，还有附近各中学的男女学生多人，也参加了救护工作。但只办了一周，听说日军将入城，又赶紧设法把伤兵转移出去，这个临时救护站就结束了。

日本兵是 8 月 8 日开进北平的。当天的报上有大字报道，好像说还通过一个“入城仪式”而开进来的。接着，在街头上就见到日本侵略军的岗哨和汽车了。这时，大家提心吊胆，格外小心了。

在日军进城的前两天，即 8 月 6 日，平津之间恢复了通车，有的同学已开始出走。目的地是先到天津租界，然后坐船去塘沽出海，回到未沦陷的国土上去。但伴随而来的传说，天津租界挤满了难民，出海的船只很少，租界中的物价昂贵，一瓶汽水要两元，一个面包要三四元。这些传说使大家对走的问题颇费踌躇。刘玉柱决定8日走，那天早上天还不亮，我骑一辆单车送他上站，站上已有日本兵，但尚不阻止出走的旅客。返回学校后，我也开始下决心作出走的准备。

十三、流亡途中

出走准备的第一件事，是把我的被褥衣服连同几个箱子送进当铺，居然还当了二十多元钱，加上从学校领的那笔钱，路费就算够充裕的了。第二件事是几年来自己的书籍、笔记本等一些什物装进柳条包，从西斋宿舍送到三院的临时储藏室。这件事想来可笑，当时好像觉得过不多久，我们还会回来的。其结果是经过八年抗战，原物皆荡然无存，最可惜的是“一二·九”学运生活中几十张照片全丢了。

我决定乘8月11日车出走，当时的想法是身边什么也不带，不表露自己是学生。出走前夕，新四斋里几乎已是空空荡荡，见不到什么同学了。但10日下午，在沙滩街上遇到东北大学一位女同学名叫郭宜佳的，她在夏令营中是我们大队的。她听说我明天走，愿和我结伴同行，当天下午就把她的两只皮箱送到我住的新四斋来，约定了明晨会见的地点。她走后的当晚，又有避居在朋友家中多日不见面的李书箱找我来。我认为他正患肺结核吐血，无法走。他表示留在这里会闷死，也决定同我一道走。11日一早我们三人会齐，直奔前门而去。上午8点火车徐徐开动，车内十分拥挤，但还勉强能找到座位。车的滚动很慢，而且每到一站就要停下来，等到对面开来的日本运兵的车过去，才能再前行。每一次停车少到半小时，多至一小时。对面开来的车有客车，也有“闷罐”车，都是满满的日兵。闷罐车内用木板架隔成上下两层，日本鬼子在里面仅能坐卧，站不起来。天气酷热，我们车上无水供应。对面车上的日本兵，好多是脱光了上衣，每人拿着把涂着红“膏药”的白纸扇，不停地挥动。这样走走停停，直到夜里9点了，才接近天津。当时心境异常烦乱。“下车后会是什么情况？到哪儿去落脚？”心中无数。车停下来后，大家纷纷下车，我替郭宜佳扛起一只大皮箱，另一只手提些小零碎物件下了车，郭与老李跟在我后面，随着人流向站口涌出。站口内外有两行上着刺刀的日兵，我们从中间穿过。我出站口没遇上阻拦，一口气扛出三十米远的地方放下来休息，却只有郭宜佳在我身后而不见李书箱了。回头走了几步，遥见李书箱正被两个日本兵挟持着搜身。李是个病号，除了一把纸扇、一身长衫外，什么也没带。可能正是因为他什么也不带，摇摇晃晃，才引起日本鬼的疑心。好在搜查过后，放了他，我才松了一口气。对照之下，我的顺利通过也许是我扛着行李，又有小郭紧随，倒像个“携眷”的难民模样，才没遭到检查。

我们三人会齐前行，一转弯就到了“法国大桥”的外边，桥下就是海河。如果能穿过大桥，进入法租界，就有安全感了。但时间已晚，桥门已封锁，只得在马路边道上停下来等待。一天之内，滴水未进，口渴如焚！迫不得已，我跑到海河岸下，用茶缸装了一缸水上来，在暗淡的灯光下，看不出是清是浊，试喝一口，腥臭之极，赶忙吐了。正在这时，有红十字会送来几桶开水，大家分到半杯，才略润渴喉。等了多时，法国桥门是不开了，人们都已疲倦不堪，于是就地和衣睡倒在路边上了。夜半醒来，睁眼一看，明晃晃的刺刀，在我脚前摇动，吓了一跳，仔细一瞧，是几个日本兵在我们脚前巡逻。我轻轻推了一下睡在我身旁的李书箱说：“你瞧！”这样，许久不能合眼。刺刀的影子仍然晃来晃去，望着天上的星星，听着海河的流水，第一次感到了当“亡国奴”的滋味。

第二天醒来，太阳已经露面。一看左右睡起的人，好多是北平学生，而与郭宜佳并睡在一起的有师大女生杨延莼，也是西郊夏令营中的队员，彼此相对无言。接着法国桥门打开了，大家一拥而入，这才好像自己的生命暂时保存下来了。

进入法租界后，就听说由北平出来候船的同学都住在广东中学。我们找到那里，洗脸吃饭之后，立即出去打听船票消息。我到了太古公司的码头售票处，遇到一位三十多岁的青年人，对我非常客气，他告诉我明天(13 日)就有船开往塘沽，到塘沽后换乘大船去烟台。我买到了三张票回来。但郭宜佳要买去上海的船票。临时，我又转回码头替她换票，并代其他同学买了几张票。遇到的还是那位青年，他告诉我“这几班船就是为帮助大家逃难而专开的”。他那彬彬有礼的态度，主动热情的帮助，使我得到一份意想不到的温暖。13 日晨我们上船时，他又在码头上照料，频频向我挥手，简直像老朋友送行一样。半个世纪过去了，我仍然不时的浮现着他那硕长而俊秀的身影。

郭宜佳去上海的船要晚开两天。我与李书箱从离开广东中学就和她分手了，从此再没见过她。

开往塘沽的船是太古公司的一艘货船，人们都在甲板上。这时我遇到了“沙滩大学”的彭金波，他是我们民先队的总交通队员，和我很熟。船还没开，就听说上海已经打起来了(是“八一三”)！我和老彭正在议论上海开仗的形势，忽然看到从上游飘下来一件东西，愈飘愈近，渐渐看清了，大家不约而同地喊出“浮尸！”——海河的浮尸，我们亲眼看到了。

船沿着海河弯曲的河道东行，迎面而来的是大大小小的各种型号的日本汽轮，满载着日本侵略军。一只快艇破浪逆流而上，艇上有一个日本军官模样的家伙，手提着武器，傲然地站在船头上，从我们船旁急驰而过！

傍晚，我们到了塘沽，改换海船，须在这里等候几天。三天之后的下午5时，换乘入海的航船。几小时后船进了渤海湾，正是黄昏时分。夜幕降临，大家仍站在甲板上瞭望。半个月来沦落在敌人的铁蹄之下，憋了一肚子闷气，到这时，总算逃出了虎口，全船上激昂的救亡歌声顿时激荡起来，直到夜深。翌日下午3时，烟台上岸，有游子归来之感。始终结伴同行的李书箱和我一道，经烟台而昌潍，而最后达到济南，他一路之上吐了不少的血块。济南是我的故乡，当时成了平津流亡学生汇集转运的枢纽。好些人从这座有名的泉城分赴太原、延安、南京、武汉等地区，也有一大批民先队员、平津学生留在山东当地。从此各自走上了以后的征程。

(1985年4月26日)

白头人话“一二·九”

前记：近半年来，我，有时也有我的老同学参加，先后和几位大学生聊天。他们很想知道我们念大学时候的思想和生活，话题的中心便成了谈论“一二·九”。事后觉得这几次聊天还有意味，不全是“言不及义”的东西，故删去闲言，撮录其略有意义者，作为一个小小的资料拿出来，以便使更多的青年人了解我们那时成长的思想历程。

从五十年前“一二·九”救亡运动中滚打过来的青年学生们，今天还健在的，都排进了“老同志”的行列，满头白发了。可是每当他们谈论起青年时代的往事，就好像回到了本世纪三十年代散传单、夺水龙的时候，顿时觉得年轻起来。我们说：“那时候的同学们，真好像国家大事就挑在自己的肩上，颇有些‘以天下事为己任’的气概。”青年朋友们在旁边笑了。他们说：“我们不能理解你们为什么到今天还像些‘老青年’，有那么股子劲头？你们那时的学生生活是不是很有意思？我们没赶上那个时代，岂不遗憾？等我们老了，能回忆些什么？……”青年人的话中似乎反映出两点：一是他们憧憬一种不平凡的生活，认为像我们所处的那种风风雨雨的时代，过那种冲击搏斗的生活才“有意思”。二是他们觉得在自己身上好像找不到、摸不着我们那一代青年人的“劲头”。

年轻人精力充沛，生机蓬勃，在听课、做实验、蹲图书馆之外，还希望有一些新鲜的多样化的活动来散发自己的精力，磨炼自己的意志，这应该得到理解，也应予以重视。我们那时初进入大学之门时，并不是不想发愤读书，但是那种民族危急的紧迫感，使同学们有书也读不下去了，才冲出课堂来奔走呼号。跑到街头上去示威游行，随时有被打被抓和坐牢的危险，并不是什么“有意思”的事。如果那时有今天这样安定的环境读书,大家会是求之不得的。至于说怎么有"那股子劲",我们认为这是从"认识、理想、信念、实践、锻炼"中逐步形成的。

一位同学说:"我很想知道你们是怎样相信起马克思主义来的?"另一位更直截了当地问:"你们怎样想到跟共产党走?"乍一听,觉得问话带些稚气,有点出乎意料。然而细一想,能听到青年人这样坦率的发问,我们这些"白头人"有责任进行耐心的回答。我们只得从头说起了。

以我自己为例,当我刚刚考进北京大学的时候,是很想好好念书的。我不是"少怀壮志"的人,没有很大的抱负,只想将来凭本事谋一个吃饭的教书职业就满足了。对从"九一八"以来出现的危难深重的局势,自然是关注的,但只是"关注"而已,不知自己该干点什么。这是"一二·九"以前的思想状态。后来,华北形势危急,同学们普遍地焦虑。在群情愤懑中爆发了"一二·九"运动,绝大多数学生都被卷进这一浪潮中来了。一开头,矛头是指向要灭亡中国的日本帝国主义和无耻的汉奸们。那时同学们没有左与右的对立,要求抗日救国,反对出卖华北,反对正在成立的冀察政务委员会,是大家共同的呼声。从思想趋向上说,爱国主义是多数青年共同的主导思想。这是第一步。但是青年们要求捍卫祖国,驱逐日本侵略者,却首先遭到本国政府当局的压制。本来同学中有些人对南京政府还寄予些希望,学生游行开头是"请愿",但南京政府的对日妥协退让,迫使青年们对这样的政府发生怀疑与愤恨,"请愿"迅速激化成为示威了。这是同学们思想里程上的第二步。1935 年北平的同学们经过"一二·九"、"一二·一六"两次大示威后,思想起了急剧的变化。大家对南京政府执行的对内对外政策和他们的各种辩护宣传,通通不再信任了。那么,抗战依靠谁呢?大家从行动中模糊地认识到"依靠群众"。我是说同学们"模糊地"已开始觉得把群众发动起来,就有挽救祖国危亡的力量,但对"群众的力量"这个概念,还不具有清晰的认识,这是认识进展的第三步。接着,南京政府命令各校派学生代表到南京去"聆训",各校学生会发表声明断然拒绝了。北平市学联号召同学们到农村去,在华北原野上出现了南下扩大宣传团的活动。这是"一二·九"运动中的新方向,也可以说是学生运动史上的创举。深入农村的同学得到最大的收获有两点:第一,他们看到广大农民中确实蕴藏着抗日的积极性。农民的知识虽然不多,但只要讲明白了国家面临的危险和他们身家性命的利害关系,农民中就可以勃发出火热的抗日情绪。第二,他们看到了农民在封建剥削制度下的生活惨状,认识到要发动农民起来，就必须在现阶段改善他们的这种生活状况，并进而推想到将来必须彻底废除封建剥削制度。这样，青年们就由要求民族解放进而有了改造社会的愿望，思想认识深化了。改造社会的思想萌动是个人思想上的一次重大飞跃，是思想上的革命。从这点出发，很自然地就通向了马克思主义阐明的科学社会主义的道路，并逐渐认识到中国共产党人多年为之奋斗的目标。何况在最紧迫的抗日问题上，又是共产党人的主张最坚决，旗帜最鲜明，所以很自然地把共产党人作为民族解放与社会解放的中流砥柱，是暗夜中的照路明灯，对之发生了衷心的景仰！这是思想里程中的第四步。当时，由于南京政府的对外屈辱政策激怒了民众，学生中的一部分左派，思想更是激进，他们不但对国民政府是敌视的，连带着也对凡与政府有关联的阶层、集团和个人都产生敌视情绪，甚至对好些暂时还停留在中间状态的同学，也表示淡漠和疏远。到1936年春夏之间，左派学生开始受到统一战线政策的教育，注意改变对师长、对同学以及社会人士的过激态度，甚至也改变了对冀察当局和二十九军官兵（过去曾与之严重对立）的态度和做法，提出"拥护二十九军抗日"、"拥护宋哲元将军抗日"，立足于争取他们抗日。就是对国民政府中的一些人物，左派学生也开始学会作具体分析，不再一概"敌视"了。到西安事变发生，大家所以能很快地领悟到释放蒋介石回南京的必要和拥护和平解决西安事变的方针，都是沿着党的政策和策略思想而来的。这是思想里程中的第五步，标志着"一二·九"时代青年思想的渐趋成熟。

这五步历程表明学生的思想是不断发展变化的。事后追想，每一个变化都离不开马克思主义的科学分析，每一个环节也都离不开党的思想领导。从那时起，我们逐步认识到，要打败日本帝国主义这个强大的敌人，光靠激情是办不到的，必须要组织强大的力量，要有正确的方式、方法，正确的政策和策略。那时党虽然是秘密的，但我们领悟到是党在领导着我们的行动。我们相信党是正确的、高明的。从此，我们就跟着党走上马克思主义的道路。

一位青年又问："你们说'一二·九'运动中每个环节的正确分析，都依靠马克思主义，那么古今中外不懂马克思主义的政治家、思想家，不是也有取得伟大成就的吗？真理的获得是否必须依靠马克思主义呢？"

坐在我对面沙发上的姜克夫同志回答说："你的话，要具体分析。是的，真理并不神秘。古今中外的一些政治家、思想家，如果他们能够顺应客观事物运动规律而思索，而活动，在事业上就会取得某些成功，道出一部分真理。这些都是人类文化的宝贵遗产。但它们往往只是局部的、片断的、零散的,而且往往含有杂质,不具备马克思主义那样完整的、严密的科学性与革命性。马克思主义是在分析19世纪中叶欧洲许多国家社会经济生活的矛盾,总结工人运动的经验,同时综合人类文化的主要优秀成果的基础上,创立了完整科学的理论体系。虽然马克思、恩格斯声明过自己的学说并未穷尽真理,还要随着人类生产实践、科学发展而发展,但无疑它的生命力是无穷尽的。这些话恐怕算老生常谈了。但我必须指出,掌握不掌握马克思主义的科学方法,是大不一样的。就拿中日战争来说,我们的敌人一度气焰何等嚣张,不可一世!他们曾经扬言会迅速摧毁中国的抵抗。但在这种情况下,毛泽东同志却在《论持久战》中作出科学论断,相信只要坚持长期抵抗,最后胜利必然不属于敌人而属于我们,并对抗日战争的阶段和历程作出了科学预见。同时,全国同胞也在抗战的实践中认识到,只要我们坚持抗战到底,一定会取得最后的胜利。这说明,真理是客观存在的,我们掌握马克思主义这个武器,就能正确地分析事物,自觉地认识和发现真理。当然,在这一过程中,我们也有过重大的失误,但这不是马克思主义本身的过错,而是由于在思想路线上偏离了马克思主义。"

一位同学接着说:"我们两代人所处的时代不同,你们青年时期处于危难环境中,想到的是救亡,改造社会,向往将来建立社会主义社会,所以个人的利害考虑少,富于理想。我们生活得比较平稳,想法比较现实,不愿多想将来,而愿多想些马上面临到的切身问题,如毕业后的工作啊、家庭啊、出国的机会啊等等。至于振兴中华,实现四化,自有党和政府计划安排,我们只是服从分配就行了。"一位同学说:"当然,我们这代人也有苦闷。现实与我们的理想是有距离的。"

我们几个老人你一言我一语又说开了:

"我们两代人所处的时代不同,任务也不同,但从抗日救亡到振兴中华,是一条道路贯串下来的。我们两代人是'接力'关系,目的是一致的。"

"每一代青年各自处在特定的时代洪流中。客观环境不同,感受当然不一样;时代的任务不同,对青年的要求也就不同。我们那时的中心任务是抗日救亡,要求于我们的是奔赴战场;今天的任务是四化建设,要求于今日青年的是立志成才,为祖国建设多作贡献。因此,你们确乎应当不同于我们,但'不同'之处,是在于应当超过我们。"

"我们切身体验到投身革命后,并不一切都如我们想象的那样美,也有吃苦头、受委屈的时候。应当承认,在今天现实生活中同样也不是一切尽如人意,也还有许多叫人伤脑筋的事。但要知道在祖国的土地上建造社会主义大厦,是一项我们的祖先从未做过的艰巨复杂工程,我们是在背负着许多历史包袱,又受着许多不健康思想的干扰的情况下,开始这项工程的。包袱里有许多东西,须要清理,扔掉无用的垃圾。这就决定了我们在前进的路上,不能不遇到阻力、障碍、曲折和挫折,有时甚至会冒出一些令人失望的丑恶的东西来。但要相信,我们一定能够排除这一切。宋代的王安石是位伟大的改革家,列宁都提到过他。他很有学问,有勇气,他说过'天变不足畏,人言不足恤,祖宗不足法'。这是何等的魄力!他得到皇帝的信任,但仍然失败了。王安石的变法,不过是对封建制度的改良,尚且如此不易,何况干我们祖先从未干过的社会主义事业?马克思主义为我们提供了原则、方法,但却没给绘下一张完全符合我们具体国情的蓝图,一切要靠我们自己拿主意,想办法。不应当设想一下子就可以建立起一座完美无缺的地上'天堂',谁也没有这么大的本事。但不论如何,今天新中国的国际地位与威望和'一二·九'时代是大不相同了。这点,我想不管青年人还是老年人都会承认的。我们应该为实现远大理想而改造现实,怎么能感到苦闷呢?"

一个同学说:"你们这些参加过'一二·九'运动的人,为了救国,情愿抛弃个人利益,甚至牺牲自己的身家性命而不顾,深可敬佩。但我们今天所处的环境不同了,是不是应该把个人存在的意义提得更高一些呢?这是不是现阶段一种促进社会发展的动力呢?不知各位老同志见解如何?"

唐大姐略一思索,马上接过去说:"个体与群体,个人与国家、社会,个人利益与群体利益,都是对立统一的关系。我们党从来主张尊重、关心个人利益,主张个人利益与整体利益相结合,但个人利益应当服从整体利益,必要时甚至可以为了群体利益牺牲自己的生命。这并不意味着不尊重个人的独立意识,相反正是它得到最高的发扬。共产主义的理想是解放全人类。全人类解放,个人就在其中了。以往的各个社会阶段,还从没有允许个人意志无限扩张和绝对自由的;即使现在最发达的资本主义国家,人们的言论、行动总还得受那个社会的各种法制、规程、纪律所制约。而且说到底,这些东西都是以维护私有制度作为基础和前提的,是资产阶级的意志和利益的体现。人类只有将来到了生产力比现在高出千百万倍的共产主义社会,个人意志才可能得到最充分的发展。即使如此,也还会受到一些必不可少的制约,否则,社会生活就无法正常进行。我们今天建设的社会主义社会，是比较强调集体观念和社会整体利益的，但并不反对合理的个人利益的存在，只是强调要摆正二者的关系。无疑，我们的社会对个人的利益在某些方面还不能满足，但决不能靠损害国家、集体的利益去获得个人利益，相反，应该从促进整个社会利益的发展中获得个人的利益。今天的青年们如果斤斤于个人得失而胸中无远大高尚的理想，那他的成就总受局限，难以期望达到光辉的境地。”

说到这里，我身旁的一位青年说：“我们今天从你们几位老人身上获得不少教益。”老许说：“获益是相互的，从你们几位青年身上，我们也获得不少益处。”老大姐又插进来说：“你们一出门也许会骂我们是些花岗岩了。”青年们说：“不，不，我们回去至少可以对比地想一想了。”老大姐说：“你们几位的见解是不是在今天青年中有代表性？”二位青年同时说：“只能说有一些人是和我们的想法类似，但也有许多人不是。报上不是常见牺牲个人利益为整体利益献身的英雄人物吗？不过，也有人讥笑他们是傻子。”老大姐斩钉截铁地说：“那不是傻子，是中华民族的脊梁！”我说：“咱们交谈是不是该收场了，如果你们不嫌我们啰嗦，是不是下次可以再谈。”几位青年表示同意。

山东纪事

吕伟俊著《韩复榘》的序言

山东大学历史系教师吕伟俊同志写了一本专著《韩复榘》，约三十万言。我有机会得先读了他的全稿。作为民国史的一个项目，我觉得这是应当做和值得做的。

这本稿子新近要印行。出于著者对我的信赖，他要我在书前写一篇所谓"序"。近几年我虽然也干"民国史"这一行当，但对韩复榘这个人物还不曾下过深功夫，只能从"我亦山东人也"上写点感想吧。

我想，韩复榘这个颇有些"特色"的人物，30 年代的山东老百姓大都不会忘记他的。

我们知道，1912 年建立起来的民国，并没把中国政治引上近代化的民主正轨，而是在这个历史古老、幅员辽阔的国度里，冒出了大大小小、各式各样带兵的许多武人。他们割据称雄、混战和专政，人们把这类人物称之为"军阀"。韩复榘是其中之一。

说也奇怪，民国这一代忽然出现了那么多的军阀，用历史的眼光看，有它必然产生的社会条件。但是谁有"本事"能跻身于军阀行列，由谁去扮演其中的某一角色，那是结合其本人的环境、际遇由其自己的意志决定的。因此，一个军阀在其一生与时代关系中的是非功过，总归是要他自己来负责的。

军阀统治在人们心目中早已是"残暴"、"黑暗"的同义语，它给国家、给人民造成数不清的危害和苦难，是尽人皆知的事。但他们每个人的表现却不尽相同，一个人的前后有的也有所变化。历史是复杂的，人是多样的。时代风潮的激烈震荡，社会力量的错综渗透，曾已被公认为"军阀"的人，不是也有能做几件好事，变得稍好一些或完全转化到人民立场上来的吗？因此，我们对这类人物的评述，既要与人民群众的爱憎相通，又要对客观事物作冷静的分析，作为一项科学工作，尤应以分析为主。对他们各自的功过、是非，本质、特点，都要明辨其异同，力求符合其实际。倘若抱定“千人一面”、“天下乌鸦一般黑”，那就可以把研究取消了。话归本题，我们怎样看待韩复榘这个人物呢？伟俊同志这本书为我们提供了韩复榘一生的经历，读者尽可以各自作出自己的评判。下面写几点自己的粗浅的看法，试作为漫谈吧。

“盖棺论定”，韩复榘当然是一个军阀。但军阀们都不是母胎里生就的，各有他们自己的成长过程。韩复榘原是一个出生在北方农村里、具有较少文化的赌徒，后投身营伍，靠吃粮当兵，逐步发达起来。从这个“起步”说，那个时代（清末）的中国，农业人口从破败的农村中被挤出来，走上这条冒险道路的是很多的。不论各人的具体原因是什么，对此作为一种应有的历史社会现象来理解，那韩复榘也就没有什么与众不同之处。

走上这条冒险道路的人，大多数可能填身沟壑，化为炮灰；少数幸运儿可能升官发财，作威作福。韩复榘属于后者。他的第一阶段是冯玉祥手下的一名小兵，后成为西北军中的一员悍将。在这将近二十年中，不论他的军衔、职位已经多么高，他仍然受着一个严厉“婆婆”的管束。那时他只能以冯玉祥将军的意志为意志，随西北军的行动而行动。假如说冯玉祥集团的力量最先混同于北洋军阀之中，而后又逐渐区别于其他军阀部队，干过反段（祺瑞）护法，讨张勋、反曹（锟）吴（佩孚）以及北伐之战等等，那么，以上诸役韩都参加了，或至少沾边。其间是功是过，也应有韩复榘的一份。这段时期内，他只作为冯的一员将官而存在，纵然有作一方之阀的“雄心”，也还是潜在的。

他的第二阶段是从背冯附蒋开始的。从这时起，他具备了一个作为军阀的条件，面貌就清楚了。他已据有了山东的地盘，能按照自己的利害来决定取舍从违。他投蒋可以反蒋，背冯也可以迎冯，他不完全是蒋的附属物，也不再是任何人的附属物。他把山东作为自己的“半独立王国”来统治着。关于他主宰山东人民和镇压革命群众的情况，后面再讲，单说在此期间为保住他自己的这块地盘是如何处理与外面关系的。这时候，他主要是应付“假中央以令诸侯”的蒋方压力，和侵略魔爪已危及华北的日方诱迫。此外，虽尚有“杂牌”（非蒋嫡系）并峙的“群雄”，那都是与韩地位相似，可以互为声援，构不成对他的威胁。从这本书里可以看出，他对蒋方是怎样既从属又抗拒的一套做法。直到七七事变前，他保住了他的半独立状态，让蒋拿他无可如何。从这一点上说，韩与蒋的“斗法”不是完全无能的。对日方，到抗战以前，他有拉拢、“借重”、敷衍的各种手段，到必要时还有一套他独具一格的办法，应邀赴会，预先下令，到时开炮。当华北处于“自治”声中危若累卵的时候，人们担心他会不会“伪化”或“半伪化”，但这一步他顶住了。“让我韩复榘当汉奸，他妈的，瞎了眼！”他懂得汉奸当不得，那是会让子孙挨骂的。但是，当全民抗战正式开始了的时候，他却以拥兵十万的高级将领作了可耻的逃将，并以此获罪处死以定终身。这又是为什么呢？从根本上说，是军阀的利己主义本质驱使他只一心“保存实力”，违背了民族抗战的庄严意义。在这样的时刻，他做不成像血洒疆场的张自忠将军，也不如尚肯于出兵抗日的某些西南实力派，结果他把可以为自己挣得些“政治资本”的时机丢掉，这又说明他毕竟是头脑简单，私利心太重，缺乏政治上的敏锐的一面。

关于韩复榘主鲁七年，是这本书中重点叙述部分。这一阶段是韩一生权势的顶峰。说到这方面，人们会联想到他那些逗人发笑、广为流传的故事。那些故事给人造成的印象，韩不过是一个简单粗暴的莽汉。那些真真假假的东西，当然不是信史，但也不全是无根的影子，不过，最多它只能反映他性格上某些侧面。其实，他的性格特点远比这些传闻复杂得多。如上所述，在多年军阀权力角逐中，他学会了一些谋略权术，也有应付复杂环境的一定能力。在处理某些特定事务上，他有时也有自己内心的尺码；在治军上还保持着西北军某些传统，但也搞他自己的新军阀主义；在维护其统治下的旧秩序上，除他首先要防范与镇压共产党人的革命活动以外，他重视剿匪、吏治、惩办贪污。在做法上，他往往严酷而又粗疏，凭一时喜怒而定奖惩，当然这并不能真正澄清官场上的污秽风气，贪污的照贪污，行贿的仍然行贿。在他统治时期，赋敛虽重，但没有繁苛到张宗昌督鲁时代那样的程度；工商文教还能在老轨道上爬行，或者还多少有些发展。但总的看来，山东的经济、文化也还是很落后。他的私生活在外表上显不出十分糜烂。“韩青天”的称号不知是赞美，还是讽刺？但可以肯定的是，他既有简单、轻率到让人可笑的一面，又有收敛沈鸷到叫人可怕的一面。假如把他与先前祸鲁的张宗昌比较，张的胡闹似乎早已不管是不是身后遗臭，而他摆出的姿态却主观上似乎是还想“流芳”。于是在老百姓的感受上，也就有了如鲁迅说的“想做奴隶而不得”和“暂时做稳了奴隶”的差别了。

韩复榘这时期的反共立场的表现，像其他军阀一样。他从河南反到山东。在山东的头几年，他接连破坏中共山东省委及其下属组织，成批地残杀共产党人和党领导下的革命群众。直到华北危机和西安事变之后，他在做法上才稍稍显露出有一点改变的痕迹。我作为那个时代一个籍属于山东的青年人的印象，韩的杀人"勋业"确乎是很难泯灭的。除了共产党人和革命志士牺牲在他的屠刀下以外，被杀的人中，有盗匪，有烟犯，有逃兵，有他审案中一挥手下的毙命者，有声称收编被骗来的大群俘虏，有"清乡"名义下任凭绅士们捆送来的无辜老百姓……总之，在韩复榘的历史上，是不能不用几行墨水来记录这些血的。

近几年随着民国史研究的开展，海内外有关民国人物的著述逐渐多起来，除了短篇小传和民国人名辞典之外，长篇专著如孙中山、黄兴、袁世凯、蔡锷、蔡元培、冯玉祥、吴佩孚、张作霖、阎锡山、杨度、杨森等人的传也先后问世。伟俊同志这本《韩复榘》的出版，又为民国人物传填补了一项空白，这是一项开拓性的工作，总是很艰难的。我知著者编写此书，前后花了五年的时间，作了某些实地调查访问，付出了他的辛劳，态度是认真严肃的。这本书材料丰实，条理清晰，论断也力求稳妥。尽管看起来还会有某些不足之处，但在目前条件下，也许是不易免的。我想这可以等待听取更多读者的意见而后徐图订补，同时也可以期待史学界人有更为缜密精深的宏著问世。

以上是我的一些散乱的感想。如作为韩复榘述评看，还大欠完整；作为本书序言，也不大够格，只能把想到的写完，作为对伟俊同志这本新著的一个开场引子罢了。

（该文曾在《文史哲》1985 年第 4 期上发表）

何思源先生的从政业绩及其对日斗争的明智与勇气

——为纪念何先生百年冥寿作

解放后，曾荣任全国政协委员、民革中央委员的何思源先生的百年冥寿快要到了。何先生生前曾以历任国民政府的高级官员而闻名，而尤以他1948年6月从北平市市长位子上卸任后，立刻以一个北平市普通市民的身份投入到北平市和平解放工作中，为此他所作出的牺牲与贡献，受到了人民的尊敬与永久的怀念。

何先生，字仙槎，山东菏泽人，生于1896年。在他百年冥寿即将到来之前，他的亲朋故旧届时拟为他作些纪念活动，编印本纪念册，约我写点纪念性的文字，这当然是件有意义的事。但是以年齿论，先生长我十有七岁，我属于后生小子。当先生掌握着一省教育大权出现在山东政治舞台上时，我还是刚刚跨进初中之门的一个青年学生，听先生讲话、作报告，望见过先生的风采，无缘亲聆先生咳唾。其后，随着自己的成长，从同乡、同学中间偶然听到些有关先生的传闻与评论，但多属于片言碎语，道听途说，远不足以知先生之为人。再后到了30年代中期，随着民族危机的日趋严重，广大青年在寻求救国的道路中，大都有了自己的思想倾向与追求。这时很少有人闲谈论何先生如何了，即使涉及，也大半是笼而统之视何先生为忠实奉行国民党不抵抗政策的一般官僚罢了。

我之稍稍留心何先生的生平事迹及其个性、特点，是从解放以后，受何先生勇敢地参与和平解放北平，走向人民的行列的行动所感动的结果；又是由于我正承担《民国史人物传》的一项工作，才稍稍接触到有关何先生生平的资料与记述，以及他自己撰写的回忆文字。但我所知依然甚少,仅仅算略知其梗概。于今我这篇文字,无力对何先生生平作全面评价,只能在我片断的知识面上谈几点粗浅的认识与感想罢了。

(一)先生留学欧美,学成归国,投身政界是从1928年春季应蒋介石之召而开始的。在此以前,他执教于中山大学两年,由于某种机缘,被介绍加入了大革命开始时期的国民党,但尚未担任正准备北伐的实际工作。当蒋介石把他召入军中并委以重任时,国共合作北伐的时期已成过去,大革命已遭受挫折,国内形势已重新陷入了新的混战之中。在新的混战中,蒋介石建立南京政府,拥有中央之名。先生作为蒋介石的属下,他的宦海生涯从此开始,直到1948年6月蒋介石把他的北平市长职务免去为止,前后二十年,可以说他在国民党中的政治生活与南京政权相终始。二十年当中,先生有十八年半是在山东做官;任教育厅长又占去了十四年多;后调任民政厅长与山东省府主席只有很少的几年。他在山东教育厅长和民政厅长任上,曾与非蒋嫡系的几个省主席打交道,其间相互拉拢利用,排挤倾轧,自是旧官场中习见的事,不为足怪。过去在我们山东青年朋友谈论中,大体知道山东几位省主席大多都对南京政府离心离德,与蒋有矛盾,有戒心,特别是韩复榘主鲁八年,与蒋的龃龉猜忌更甚。省级的官僚们,大都是每位主席自己的亲信,只有何先生是"中央"派来的官吏,并为蒋所倚重。国民党的机关中虽有些上有靠山、有来历的"统"字号人物,但多半是些不学无术之辈,甚至是些酒色之徒。何先生在这群党政官员中,显得佼佼,与众不同,确乎是蒋在山东的有力支柱。过去的学生青年中,也有的觉得何先生比起那些无文的旧军人与显赫一时的党棍来,虽然略胜一筹,但也不过是个新型官僚,为蒋介石效劳立功,于国于民乎何有?如此等等。今天看来这些议论停留在表面现象上,显得简单与肤浅。按先生从政之始,方当"而立"之年,主管山东教育,有自己的事业心。然而他的处境却非常复杂。即以韩复榘主鲁时期而言,他一面处于蒋与韩的夹缝之中,又处于党方派系人物与自己的利害纠缠之间;必受蒋信赖,却不见得能为韩及其他权势人物所高兴。若不能得到各方支持,地位尚且难保,更谈什么发展自己的事业?再加当时华北形势危险,日韩关系若明若暗,事关民族安危兼及蒋的统治。何先生在这样内忧外患、错综复杂的关系之中,可以看出他的应变能力之强。他既能平衡蒋与韩的矛盾,又能转化不利于自己的派系势力,但又不是俯仰随人,在必要时刻,他仍能保持住自己的立场,显示出自己的棱角。韩复榘虽然最后成为“不战而走”的将军受到惩罚，然而在华北危机中，韩到底没有与日本人搞到一块，其中固然有韩本人的因素，但也有何先生对韩的影响，这是不应抹煞的事实。总之，就我所触到的某些事迹片断，在国民党人中，先生应算是有胆有识、有为有守的能干官员之一。另外，先生还有些其他特点。

（二）何先生主管山东教育之久，不但在国民党统治时期少有，即在民国史上也少见。先生自己回忆说：“山东教育被我把持了二十年。”这大约是就其对教育界影响的延伸而言的，实际他任教育厅长的时间是十四年（1928～1942 年）。先生又说：“人们固然称韩复榘为山东军阀，但也有不少人骂我是山东学阀。”①我记得 1934 年前后，山东教育界圈子里人们曾折腾了一阵“倒何”与“拥何”对立的闹剧。拥者自然称颂何，倒者当然要尽量诋毁何。称颂与诋毁的内容是什么，我当时刚入大学，超然事外，概未与闻。好在那场戏剧性的活动很快地收场了。那么何先生对抗战前的山东教育究竟是有功，还是有过？过去未曾想过。于今所见到的材料，我认为何先生对山东的教育有相当的贡献，或者说至少是功大于过的。

何先生自身文化层次甚高。他虽然不是学教育的，但于教育事业不算外行。他鉴于前此张宗昌督鲁时代把教育事业糟蹋得不像样子，于就任之初，便约集了一批办教育有经验的新旧学者，对全省教育设计规划，厘定省教育经费与各县区教育基金的来源。通过省府委员会与财政部门作出决议，规定某些税收作为每年省教育经费，某些地方捐税作为县区教育费用，不得随意挪作他用；并成立相应机构，加强了经费的管理、计核、监督，以杜绝假教育之名，行中饱贪污之实的流弊，为办好山东教育奠定了初步的财力基础。这应说是山东教育史上的一件大事，其间舌辩操劳，应为何先生记一笔的。为了教育经费有名的一幕，是先生直闯辕门，说服了韩复榘使其同意了自己的意见。事情的经过是这样：韩复榘接任省主席后，几个跟随他多年的下属厅长，有意给何制造难题，在年度财政预算审查中借口入不敷出，提出削减教育经费。先生坚决反对。那伙人仗有韩作靠山，誓不相让，并发出恫吓口气。先生愤而往见韩复榘。先生与韩素无历史渊源，且韩的脾气尚不摸底，如果为此而把韩触怒，那结果可以想见。可是先生见韩，开门见山，直截了当，在说清主题之后，毫不含糊地说：“教育经费不但本年度

---

① 何思源：《我与韩复榘共事八年的经历和见闻》，载《文史资料选辑》第 37 辑。

不能减少，而且以后每年度还要增加。""这不是我个人的事，事关后代青年，主席要我干就得这样，不要我干，我就走路！"出乎意料，先生这番带有山东人豪气的直言快语，竟把韩压倒，韩不但作了同意先生主张的表示，而且还作出"不欠一分"的保证。后来，终韩一生，一直兑现了他的诺言。

据 1936 年 1 月 13 日《山东民国日报》所载教育厅的报告，从韩复榘主政时起，教育经费年年递增，省与县教育经费年增几十万到一百万元不等。省教育经费 1933 年时递增到三百多万元，县教育经费 1935 年增到五百多万元。从 1935 年开始推行的义务教育（在全省开办短期小学二千余处）经费也年达三百万元。[①] 其他尚有社会教育经费、山东大学经费协款以及新设立的高级农业职业学校、省立医专学校、山东省立高中、省立实验剧院等校所需的经费，到 1935 年时，其数额大大超过了北京政府时代，比韩初主鲁的 1930 年也增加了很多。经费既有了保证，随之而学校类别（如乡村师范、职业学校、女中、女师、县中）、班级数、学生人数都大有增加。如 1931 年的一年中，中等学校增加了 21 个班。小学生人数从 1929 年到 1933 年由 556000 人增到 1149000 人。[②] 同时，也相应地提高了教学质量。如山东省立高中开办头几年学风欠佳，升学率不高，但经整顿到 1933 年后，升入国内第一流大学的人数猛增，这是我记得的。

以上的事实，说明抗日战争前十年当中，山东教育有相当程度的发展，这与何先生的运筹有关，也与韩复榘有关；何先生与韩由生疏、猜疑而取得逐渐谅解与接近，争取到韩对他在发展教育上的支持，也还是何先生的劳绩。何对韩说，"我在山东只管办教育，不管别的事"，这话虽然不完全真实，却也近似真实。何在山东一手应付官场内人际关系的那些纠葛，另外则腾出精神来办理山东的教育。上面所说的"有相当程度的发展"，主要是指学校的规模、设备的充实扩大，教师与学生人数的增加，教学秩序基本上有轨道可循，学生的文化科学基础有所提高等等。教育行政作为国民党统治下的一个部门，自然也还有些负面的东西，在禁锢学生思想、控制学生课外活动的措施中，有如训导制度、党义课程、纪念周训话等等，是"中央"的统一规定，山东的学校，当然也奉行不误，不过这些形式主义的官样摆设，并不受师生重视。时代的思潮激荡，学校的院墙是挡不住的。而

---

① 转引自吕伟俊著《韩复榘》，山东人民出版 1985 年版，第 307～308 页。

② 《山东民国日报》（1934 年 11 月 14 日），转引自吕伟俊著《韩复榘》。

且何先生虽然没有公开提出“思想自由”的号召，然而他有形无形地同情有民主思想的师生，支持学生宣传抗日救国的事迹。总之。就事论事，不作超时代的过奢要求，何先生应算是国民政府中的开明官吏，对这一时期山东教育事业有功是不能抹煞的。

（三）先生从政不到四年，中国发生了“九一八”事变，日军入侵、东北沦陷、华北危机等一系列重大国耻事件，终致爆发了以卢沟桥为起点的全民抗日战争。在卢沟桥炮声响起以前，南京政府在抗日与否的问题上有一段执行着对日妥协政策，曾引起广大人民（特别青年学生）的不满。国民党的广大官兵中，当然也不乏要求抵御外侮、志同抗日的人们，然而由于国民党中央最高权势人物的决策要“剿共安内”，人们心怀忧郁，莫可如何。“抗日”还是主张“亲日”，已经成了大家评判人物好坏、忠奸的一条界限。那么何先生在这个问题上持什么态度呢？从一些点滴的印象上，我认为先生内心是反日的、爱国的，但态度上他不能不受到他的地位的限制，难于过分明朗。但全面抗战开始后就不同了，他是坚决拥护抗日的。虽然在抗日的方针、路线上对怎样抗、依靠谁，他的见解还与共产党人有所不同，但他的坚决的抗日态度，却从他后来的以“反人质”的手段，对付其家属被日本宪兵掳去的无畏精神上表现得淋漓尽致，毫不含糊！那是1942年1月发生的事。这里我还得从头说起，即从上面说的那些点滴印象上见出先生有此表现，决非偶然。

我们知道：何先生在北大读书时，适逢“五四”，曾参加过学生游行，受到青年爱国运动的熏陶。济南“五三”惨案中，他与国民党外交特派员蔡公时都陷入城内，蔡被日军杀害，他从血泊里逃出。他初掌教育厅时，曾编印过有关“五三”惨案情况的《学生问答手册》，通令各校学生每早在升旗后问答。他曾多次向学生讲过日本侵略中国的罪行，鼓励学生的爱国情绪。华北危机中，他不断劝韩复榘不要和日本搞到一起。他代韩复榘检阅军队、民团和受军训的学生时，曾不断地宣讲过中日必战与中国必胜的道理。由以上这些片断的事迹看，何先生内心的反日火焰蕴蓄已久，不是偶然的。全面抗战开始后，韩复榘不战而逃。1938年春韩被处决后，继任山东省主席的是沈鸿烈。何先生在沈任内被任命为省府主席鲁北行署主任。鲁北行署所辖地区是东临渤海、西至津浦线，包含山东北部与中部二十七八个县。他是1938年冬到任的。当时省城济南已经沦陷。沈鸿烈的山东省府已迁往鲁南山区，鲁北行署设在鲁北平原的农村里。不过，虽然那时山东处于敌后，但除几座大城市与铁路线被日军占领外，其余中小城镇与广大农村却仍归中国的各种武装控制着。其中有组织严密的由共产党人领导属于八路军的各个抗日支队，也有国民党分散在敌后的几支部队，更大量的是地主民团、绿林武装以及打着抗日旗号的各种游杂部队。何先生行署所依靠的武装，除有少量的海军陆战队是正规部队外，便是收编了一些当地兴起的游杂武装。从此，他不但名义上是这块地区上最高行政首脑，而且也成了由他收编的武装力量的总指挥，并由此而开始了他抗日游击的战斗生活。

何先生以文人统军，指挥素质与装备都不高的部队去抗击优势的日寇，希望取得多大辉煌的战果，那未免是奢求；但他在这块无险阻可守的贫瘠地区，以游击方式与日寇周旋了三年半之久，直到调离为止，给予敌人以相当大的牵制作用。而且生活不论多么困难，何先生的斗志不衰。他对抗日前途充满信心与乐观的讲话，常见于那时行署的报刊上。在国共两党合作抗日前期，何先生在鲁西北积极与八路军友好相处。从1939年国民党五届五中全会以后，上从国民党中央，下至山东省府掀起了一股反共、限共的逆流，何先生作为国民党的官吏，也不得不奉行这一政策。1940年到1941年曾数次试图进攻邻境的八路军支队，但规模不大，均以迅速被击溃而告结束。这件事不能不说是何先生的历史错误。但我认为何先生毕竟不属于国民党中真正的反共顽固派。在山东发纵指使、热心反共的是沈鸿烈、李树椿等人，何先生不过奉行而已。在当时的形势下，何先生的游击队与日军的对抗还是主要的。

1941年秋冬以后，日军在山东敌后，包括鲁北在内，推行“强化治安”，发动了频繁的扫荡，何先生指挥下的部队虽然受到不少损失，然而毕竟没有被敌人吞灭，仍然像一根芒刺，扎在敌人身后。敌人于无可奈何之中，遂想出了逮捕先生家属作人质，以胁迫先生投降的诡计。事情经过是这样的：先生夫人何宜文女士（法国人）及子女四人，不便随军活动，住在天津意租界内，被天津日本宪兵侦知。1942年1月1日，日本宪兵与意租界当局勾结，把何夫人及子女逮捕，押送到鲁北前线，并以伪山东省长和汪伪部长为诱饵，传信给何先生，若降则可作高官，否则将其家属杀害；并附去何先生家属被捕后的相片一张。这真是对何先生的一场绝大的考验。何先生在这场考验面前，经过认真考虑，认定事已如此，自己绝不能向敌人示弱，决定以强硬对待，把敌人这种无耻暴行宣扬出去，事态闹得越大越好。他一面电告重庆，由于意租界当局有责任，请求准许他把辖境内的意大利教士和修女七十人全部扣押，作为“反人质”，向意大利提出交涉。另方面派人分赴北平、天津、南京、上海各大城市，向各国领事馆、中外报馆、教会与慈善团体、各学校及日伪机关人员分发信件，揭露日军虐待妇孺，公然违反国际法，以劫持家属为手段胁迫投降的卑劣行径；并声明现已采取“反人质”的措施，若自己家属被害，决即加倍杀意大利人以为报复，其后果自然应由意大利人负责。这一着果然有效，事件迅速地传播到国内外，使日军当局受到各方面的谴责，非常尴尬。日本驻华最高司令冈村宁次不得不考虑将何先生家属送还天津。但驻鲁北的日军负责人仍不愿轻易罢休，又派人送信给何，谎称将把家属送还，暗集重兵，计划对何部进行一次突然袭击，企图一举而把何先生活捉。何先生识破敌人的诡计，决心表明自己的态度。适逢一次群众大会，何让送信人也参加大会，面对广大军民和日方派来的送信人，他发表讲话说：“我们和日本之间，只有作战，没有别的话可说。日本败亡，已为期不远。至于我的家属，已陷日人之手，生杀在于日人，但要杀我家一人，我必杀十个意大利人以相报。将来打败日本，我们还要拿住捕我家人的日本宪兵治罪。”说罢，将日军送来的要挟劝降信当场撕毁，放送信人回去，让他传话。这次大会后，何迅速率部转移，日军企图捉他的计划也完全落空。这样，山东日军司令土桥和鲁北日军不得不依照日军总司令冈村宁次的命令，把何宜文夫人及子女于1月26日送回天津。日人此举以彻底失败而告终。

从何先生应付这一事件上，可以看出他有勇有谋，胆识过人，确乎难能可贵。首先，他的被掳的家属不是没有牺牲的可能，而他须先有不怕牺牲的最大决心。其次，他挽救的策略，是以强硬对强硬，不是大事化小，而是小事化大，越大越好，用更大的对敌威胁压倒敌人加给自己的威胁，迫使敌人向自己屈服。第三，他的谋略与沉毅，来源于自己的学识与修养。他对当时世界战局与抗日战争的进程，有清醒的估计，坚信中国必胜、日本必败，所以才能有此坚韧不拔的决心。

（四）何先生生于1896年，卒于1982年，享年86岁。他献身于和平解放北平事业时年53岁。以这年为转折点，划分了先生生平为截然不同的前期与后期。如果抛开青少年不算，单自他1928年从政之日算起，以1948年为转折分界线，前期是二十年，后期三十余年。在中国近代历史上重大的关键时刻，先生毅然决然地抛开了原来的国民党长期的从政经历，选择了走向人民的道路，为和平解放历史名城北平立了大功。为此，南京政府要置他全家于死地，结果他全家受伤，他钟爱的小女儿为此献出了生命。解放后，他并未以此而有所希求，而是真诚地在共产党领导下，走社会主义道路，积极参加国家政治生活，埋头于翻译事业，直到他最后安息。先生后半生明智而勇敢的抉择与晚节照人，这是众口交赞、人无异辞的。

那么，对何先生二十年的前半生政治生涯应该如何评论与看待呢？有人也许会认为他的政治活动毕竟应以他的前半生为主，他既是国民党官员，又多年受到“最高”的信任，怎么就会能一下子转向了呢？这是否有点难于理解呢？我觉得这问题虽似复杂，却不难理解。我们上面所说的作为何先生转折点的关键时刻，不是一般的时刻，它是辛亥革命以来，甚至是近百年以来最伟大的时刻。选择这个时刻而幡然觉悟转向人民的国民党官员，不只何先生一人，而是一大批，其中有许多是高级著名的文武官员，后来不是连国民党的代理总统也回到这边来了吗？可见这是时代精神的号召，一切作此抉择的人都是明智的、正当的，受到人民欢迎的。上述的人们虽然选择相同，但每个人的家庭出身、环境际遇、教育修养、个性特点会是千差万别，若仔细探求这些差别，大概都能找到他们每个人走向人民的某些必然因素。对何先生的前半生政治生涯，我觉得有以下几点可说：

(1)他从政前受过高深的教育，具有丰富的世界知识，感染过深厚的中西文化，虽入官场却仍具有某些学者风度，不像一般官僚的油滑与党棍的轻浮。这使他在官场中特别受人尊敬。其所以见重于蒋，而又能取信于韩，其宦途能基本顺利，大概与此不无关系。

(2)他游学归来，学有专长，照说有成为一个著名学者的条件。但时代际遇，使他投入宦海，做了官，但他不是个敷衍塞责的官僚，而是一个说干就干、有事业心的实干家。前面讲过的抗战前十年当中，他在山东教育上的建树，说明了这点。

(3)他在山东的十余年中与六位不同派系的省主席及其僚属们共事，还要和国民党内系统的人物打交道，处于多层利害矛盾中过日子。他在处理策应这各种关系上，有时隐忍细致，有时率直粗放，能不拘一格，不出大纰漏。这足见他确乎是一个聪明能干的官吏；聪明才能是一个有作为的官吏所不可缺少的。何先生所经历的各种风浪所以能化险为夷，也正赖于他所具有的才智。

(4)他从学生时代，目睹过北洋军阀的亲日卖国，亲身参加过反日游行，对日本军阀一系列侵略中国的罪行，他怀有强烈的愤慨。他是一位爱国的官员，是拥护抗日的。上述“反人质”事件,证明了他抗日决心是无比的坚定。

(5)何先生在国民党人中,应不属于反共的顽固派。有篇记述何先生的文章肯定地说:“在十年‘剿共’期间,何思源先生没有参与过镇压人民的活动。”[①]我不知道这句话的根据如何,但从何先生的经历看,这句话有可信性。先生参加国民党时,是国共合作的时代,“四一二”后的白色恐怖时期,何先生尚未出山。先生从政后,主持的是教育厅的工作。我所查阅的有限资料中没见到过有关那种“活动”的记述,相反的却见到些在对待思想控制上,他有某些松动的做法。例如在处理《子见南子》的那场风波上,他并没按照南京的指示从严惩办曲阜二师校长,而是采取了调和的处理办法。又如韩复榘按照南京指名要逮捕省高中教务主任共产党员胡也频时,他多方加以庇护,暗中送走了胡也频。再如他尊重山东教育家鞠思敏,以自由主义精神办理新建的省立第一乡师(有“红色乡师”之称),长达数年之久,也是遭到省党部干涉时,他才暗示鞠先生辞职。由上数例,可以看出何先生自身的思想倾向。这种倾向在一定条件下,会把他更向前推进一步。

(6)他作为国内教育界的名人,与青年人的感情有某些相通之处,有关学生切身利益的事,他总是维护的。早在何与韩复榘共事之初,韩的军务处长的汽车在街上横冲直撞,轧伤女学生数人。事发生后,何先生敢于站出来痛斥军人的无法无天。后来,1946 年冬天,他从山东省主席位子上被挤下来,调任北平市市长,这一步对他说来极关重要。就做官说,离开经营多年的山东,他并不十分情愿;但就思想认识说,却向前跨进了一大步。这时内战已经展开,经过半年、一年,战局对国民党并不有利。而北平这里,进步力量较大,要民主、反内战的空气甚浓,学潮迭起;文化界的旧交新识,大都倾向民主进步。何先生看到这种人心所向的情景,不能不有所感触。他原来企望维护国民党统治的立场开始动摇,新的念头开始萌动,对正在蓬勃发展的学生运动开始同情与更加关心了。当时国民党镇压学生运动的主要机关是北平警备司令部,军、警、宪、特统一指挥;搜查、逮捕、殴打、审讯学生,迫害民主人士的事不断发生。有时是宪警特务夜间进各校抓学生,抓去后便无音讯踪影,闹得人心惶惶,不可终日。1948 年 4 月间某夜,有北师大一批学生被抓走,第二天各大学学生聚集街头请愿,未获结果。各大院校负责人忍无可忍,便出面到各有关机关去交涉问讯,但遇到的不是推说不

① 万永光:《我所知道的何思源》,载《北京文史资料选编》第 18 辑。

知道，就是拒不见面。等他们到市政府找到何先生时，何却是以完全不同的态度来接待，说："白天学生被打，夜里学生被抓，学生请愿聚集街头不散，这些都是市政问题，我不能不管，而且我要管到底。"他不但这样说，而且立即带领着各校代表去警备司令部找司令陈继承，去到北平行辕找李宗仁(李不在，由参谋长接谈)。经何先生的支持与援助，当晚那批被捕的学生终于被要出来了。在此事件以前，凡是群众向市政府提出什么要求，如吃饭问题、看病问题以及其他问题，先生都以合情合理的民主风度，接见代表，尽量给以满意的回答，从不推卸责任。在这次事件之后，先生把自己的电话号码公布到各学校，并嘱告学生说："今后如果有人打学生或抓学生，请打电话给我，我必立刻到场。如果我不到，那就算我主使的，可找我算账。"从以上这些表现看，先生已经不是站在反动派特务爪牙与进步学生之间的中间人和调和者，已俨然是学生们的保护人，与特务们唱的是对台戏。这就难怪同年4月间，他坐车行经景山东街时，被特务们向他打了黑枪，要置他于死地(幸未打中)；又于同年6月间，由于他帮助了李宗仁的竞选而被蒋介石下令免了他北平市长的职务。我觉得可以说蒋介石对他下令免职之日，也就是何先生下决心丢开蒋家王朝、跨大步走向人民行列的开端。从此，他无官一身轻，在外地考察兜了一圈，回到已处于解放大军包围中的北平，以他的名义领衔，立即公开提出为了国家民族利益和平解放北平的倡议，并取得了成功。

从本文上举的各点，不难寻到何先生从一个国民党官员走向人民行列的轨迹；从而看出何先生的抉择，不是偶然的。大凡人的一生经历一条什么道路，走到什么样的归宿点和取得什么成就，是非功过，都不外是外在社会力量的推动与内在自觉努力结合的结果。先生在国民党官员中是一个有爱国心和正义感的人，又是个具有高深学问，善于明辨利害，并有豪爽气概的人。先是，作为国民党的官员，他当然地要站在国民党的统治立场上，乃至个人利害上考虑问题，但在一定的条件下，知识的明辨力与良心的驱迫又使他不能不为国家与民族的前途忧虑。关于国共两党在战后中国前途的争端上，远在重庆"双十协定"公布的时候，他就表示愿见早日停战，与民休息，并愿与共产党人推诚相见，和衷共济。无奈国民党方面的最高决策人决定要撕毁停战协定，悍然发动全面内战，幻想三个月内消灭共军主力。但战场上的形势，与他们的设想相反，国民党成百万的军队被打败或歼灭，大量的高级指挥官被打死或自杀，或被俘，或战地起义。像何先生这样敏锐的人，很快观察出战场上的形势变化，这不但是个军事问题，而是国民党的统治已经腐烂，是人心向背的问题。既然国民党的统治已势在必垮，就不如以国家民族的利益为重，早日和平解决，减少人民的痛苦，为国家多留几分元气。就当时的北平说，人们都渴望和平解放，何先生的这一想法，反映了人民的利益，是与上百万市民完全一致的。何先生是一个新型的知识分子，有自己独立的思想，从不去俯仰随人。当时还有些特务分子以“变节投降”来攻击他。他愤然地说：“我为的是爱国救民，在这里有什么变节投降的问题？”当先生以无畏的精神，坚定地走向人民时，国民党华北军事负责人傅作义将军正从另一方面与解放军谈判，也与何先生走着同一条路。傅先生与何先生有着不同的人生经历与事业背景，但在和平解放北平的关键时刻，在走向人民的路上，两人却走到一起来了，他们是殊途而同归。李宗仁先生当时虽没作出这种抉择，但经过一段时间，末后也自觉地回到祖国的怀抱里来了。我这么猜想：他们三人在北京重晤时，回首往事，想必会开怀大笑。

（1994 年春于北京）

山东的蔡元培

——教育家鞠思敏先生

济南大明湖畔绿柳丛中有一所中学，校园虽然不大，但有楼、台、亭、榭，清澈的小河，嶙峋的假山，布局十分雅致。从北楼教室中或临水的平台上可以望见历下亭。湖光山色为这座校园平添了几分美丽景色。这学校的名字叫“私立正谊中学”，现名济南十七中。

我 1929 年春天考进这所中学。校长鞠思敏先生，是山东的著名教育家，也是学校的创始人。

我们刚刚进校的学生，不了解学校的历史，也无意了解校长的经历。只是感到鞠校长是位蔼然长者。他讲话慢吞吞的，带着浓重的胶东口音，经常在朝会上对我们讲话。

那年正是“济南惨案”之后，日本兵还盘踞在济南。各中学都停顿了，只有正谊中学招生，所以只能进这所学校。校舍经受了日军的炮火之后，七零八落；有些教室刚刚得到修补。我们看到北楼的红瓦顶中嵌插着若干片白瓦，南楼的白瓦顶中又夹杂着若干片红瓦，不知为什么是这样。不久听说是鞠校长要这样修补的，为了把这个民族耻辱的伤痕留下来！

学校规定，每周一、三上第一节课前，校长举行朝会，时间 15 分钟。每到朝会上，鞠老先生总是在学生未到之前，就老早地站在一块石台上，静静地等学生集合。集合后，他开始对学生讲话，每次讲一个题目，内容有哲学、伦理、历史、科学、美术等等，总之是为人与治学之道。他善于就眼前事情，找到话题。他讲得言简意赅，深入浅出，娓娓动听，有时爆发出笑声，引人入胜。

那年5月3日，是“济南惨案”一周年。上午9时，全校学生在一座大教室中举行集会。鞠校长先讲话。他以低沉的悲痛声调讲述中国的国耻历史和“济南惨案”经过。这时从窗中望出去，大明湖里正有几只日本兵的游船。在室内我们能够听到哇拉哇拉的喧嚣号叫之声。面对此情此景，讲台下边的学生不觉放声大哭起来，校长也哽咽得讲不下去了。这是一堂生动的爱国主义教育课。

鞠校长的创校经过、办学方针和他的嘉言善行，渐渐地传开了。

据说校长在创办这所学校之初，从打铃、扫地到上课，一身兼之。这些传说是否都如实，没有谁去查考核对过；但总是有这种说法流传在同学中间，不曾有谁怀疑过。我们有这样一位好校长，自然是一种骄傲了，连带对这座学校也就有了一种深厚的爱。可是那时山东的教育界却流传着一句顺口溜，叫做“破正谊，滥育英，呱呱叫是一中”。一中是官立；育英是另一所私立中学。育英为什么蒙“滥”之名，我们不了解，但正谊被指为“破”，在我们听来好像蒙受了耻辱似的，很不舒服。但不久，我们懂得了这个“破”字的来由了。它的“破”，除了由于是“私立”，经费不如省立学校充足外，还别有因由，而那恰恰是难能可贵的。原来鞠校长的办学有他自己的特色。例如招生，各校都争先招收，他却不这样；他让各校先招，正谊中学后招。别处落榜的学生，他尽可能地收录，当然无力全收。他的道理是：“够学龄的青年都应该受教育，教育者应尽到最大的责任。”因此，正谊的学生与全市各校比，数目最多，程度不一，也良莠不齐。其所以蒙“破”之名，与此有关。但无论外面对此怎样议论说它“破”，老校长却自信甚坚，绝不动摇。

当时济南教育界还有一个都知道的事情，即“鞠思敏办学几十年，没有开除过一个学生”。据说，他所持的见解，是“教育者的责任，应是尽可能把不好的学生教育好。‘开除’虽然很痛快，但太简单，同时不就给社会增加了负担吗?”对违犯了校规的学生，他也惩戒，但不开除。犯规学生如果屡教不改，他的办法是通知家长领回，进行家庭管教，仍然保留学籍。家长管教一个时期，学生只要表示改悔，就允许回校复学。记得我入校不久就发生了这样一件事：有个绰号“大王”的学生，惯于恶作剧，引起了任课教师的公愤。在校务会议上，教师们要求开除这个“害群之马”。老校长依照他的一贯主张，耐心劝说各位老师，还是让家长领回去管教为好。几个月后，家长把这个学生又送了回来。鞠校长表示，只要他愿意改悔，可以复学，但要受留一级的处分，因为他已不可能随原班上课了。

鞠校长这种教育实践的效果如何呢？没有谁统计过。我想，肯定会有人改好，也肯定会有人到底不改。在教育学上，鞠老的这种教育法究竟如何，可留待研究教育学的同志去评判。我只是介绍鞠老办学一生是这样说，也是这样做的。

“潜移默化”是教育方式的一种。默化作用的发生，很重要的一点在于教育者自己的言行一致。鞠老先生堪称是言教兼身教的。他谦逊安详，不疾言厉色训人；作风民主而又有自己的原则。他自奉简约，把各方捐款都用于学校建设，从不为自己挪用。大明湖边蚊子多，据说他一床几十年的破旧蚊帐，补了又补，没有换过。当学校经费发生困难时，有些教师情愿只领基本生活费而不散去，是与鞠先生这种以身作则的精神有关系的。

我听人讲过他两件小事：

一件是在一个战乱年代，他全家外出避难，雇了一位帮他留守看门的老人。战乱过后，他们回来，发现这位老人喝得醉醺醺地躺在床上，而且天天爱喝几杯卧倒。就是这样一个人，鞠老看他没有工作，仍然把他留下，并说，作为看守门户，他能“卧守”，不正是他的长处吗？

再一件是说某一天鞠老出门办事，雇人力车代步，车夫不慎失手，把他翻倒在路上。恰是雨后，让他沾满了一身泥水。车夫惊慌，认为坐车人要大发雷霆，赶紧把老先生扶起来。他起来后却毫未动容，只叫车夫送他回家更衣，然后坐原车再出，并按路程多付给车费。

仅就我所知的这些，如果没有以偏概全，那么，我认为鞠老为人宽容，在教育方法上比较侧重于感化。然而他并不夸张这种方法是唯一的、万能的。他真诚地献身于他所选定的教育事业，但他却不侈谈“教育救国”这类口号。不过，从他一生对教育事业的主张和作为来看，他是把教育看作改善社会的一种工具的。因此，他的道路基本上应属于改良主义的范围，与革命者的道路是有区别的。然而可贵的是，他不但不反对革命，并且同情革命，保护革命者。越到晚年——到他改任山东第一乡师校长后，这方面的光辉，就显现得更清楚了。

山东省立第一乡村师范设在济南北园白鹤庄，那是一个十里稻田与四面荷塘的幽静地区。鞠老是山东第一个考察与研究过乡村教育的人，所以这学校一开办，山东教育厅就委他为首任校长。他把手创的正谊中学暂时交别人接替，仍兼任正谊董事会的董事长。我们几个正谊学生会的同学，曾多次到北园去请教他。

鞠老到乡师之后年余，发生了“九一八”事变，我这时离开济南到北平来读书。他在那边以后的情况，我所知甚少。后来，从师友处和一些老同志的回忆录中陆续知道了一些。在严重的国难面前，这位老教育家迸发出火一样的热情。他同情支持学生的抗日运动，对到南京请愿的学生们大加赞扬鼓励，并亲到火车站为候车的学生们送茶水。在那样军警环伺的站台上，他对学生们讲话："我因年老不能随各位前去，是终生遗憾。但愿各位向政府表达民众的愿望时，也包含着我的一份。"他延聘教师，只看学问，不计政治信仰，他大致估计到教师与学生中有共产党员的活动，不但容纳他们，而且多方设法保护他们。对已被捕的学生，他设法营救；对有风声要捕的学生，他通知他们躲开，并允许保留他们的学籍，或发给转学证书；没有职业的，他还为他们介绍职业。例如当年乡师的中共党员学生于一川、王路宾、张宏凡、姚仲明诸同志，都受到过鞠校长类似的庇护。其他如高启云、陈锡德、赵建民等同志，无论是亲炙先生教诲与否，都对先生的爱护进步学生，为乡师树立下的民主传统有所称述。因此 30 年代的第一乡师有"红色乡师"的称号。当国民党山东省党部与教育厅迫令先生开除进步学生时，先生愤怒地搬出他"办教育以来从不开除一个学生"的传统，把国民党当局顶了回去。但这一矛盾越来越激化。一次山东省的党政大员当面斥责先生说："你本是山东的教育家，可是你的学生却成了共产党。你已成了昏庸老朽。"先生愤然抗辩说："我老而不朽，庸而不昏。我只知道他们是抗日爱国的，余无所知。这样的学生，有理想，有精神，没有使我失望！"到 1932 年夏，国民党当局打算撤换他，凛于他在山东教育界的威望，不好明令撤职，讽示他自动"引咎辞职"。他断然回答："我办学无差错，辞职不行，撤职则可！"①反动当局悍然下了撤免令，先生遂愤然离去，从此闭门家居，直至与世长辞。

1937 年冬济南沦陷，敌伪政权慕先生之名，企图罗致他出任"教育厅长"，到先生去世前五六年中，多次对他威胁利诱，登门敦请，匀遭先生坚决拒绝。这事逐渐传到了大后方，国民政府指示山东省驻阜阳的机关，设法邀先生来重庆作国民参政会员，先生以年近古稀，体弱多病，也谢绝了。

对鞠老早年的经历，我原来全无所知。近来友人提供了些资料，略记梗

---

① 本文有关先生在济南乡师部分参考了于一川、姚仲明、王路宾诸同志写的回忆录，见《山东党史资料》1982 年第 2 期。

概[①]。鞠校长名承颖，字思敏，山东荣成人，1872 年（同治十一年）生。青年时以县学生被保送入山东优级师范，毕业后入京复试，授师范科举人。1906 年加入同盟会。后执教于党人创立的山左公学，鼓吹反清革命。武昌起义后，先生参与策动山东独立。但不久山东又取消独立，先生驰返原籍，与革命党人共同逐走清吏，成立了荣成县革命政权。但不久，新政权遭到了反动势力的围攻，党人 18 人遇害，先生得乡人的帮助走避威海，间道返回省城。从这段经历，可知先生晚年同情与支持进步青年是有来由的。

民国成立后，先生曾任山东高等师范学校校长，省立第一师范校长，兼执教于省法政专门学校。1913 年，先生与党人刘冠三、王纳、王世栋、高彭年、于信明等创办私立正谊中学。其后他到京、津、江、浙及日本考察过教育；1917 年自日本回国，被推任正谊中学校长。五四运动时期，先生与同志数人创尚志学会，积极地传播新文化。其后历次群众爱国运动，他都是站在青年学生一边，给以援助。终先生一生，除正谊中学外，还创立正谊第一附小、第二附小、正谊高中部黄台分校；在北园郊区创办民众学校五所，并在黄台创办农事实验厂一处、民众学校两所。先生还打算创设正谊大学，格于种种困难，没能实现。总之，鞠老一生在他力所能及的范围内，对教育事业是作出了贡献的。

当先生被山东国民党当局撤职时，已年满六旬。回家后，四壁萧然，清贫自守。因为素无积蓄，生活几乎难以为继。各地正谊校友闻讯，发起为鞠思敏校长晚年生活乐捐委员会，以捐款所得，为先生在济南县东巷筹建四合院平房一所，并把余款千余元作为先生养老的费用。这年也正是北京大学校友在青岛购房舍一所，作为向蔡元培先生送的寿礼。当时正谊校友私下议论说，这与北大校友的举动很相似。是的，事功虽有大小，鞠先生的教育生涯及其兼容并包精神与蔡先生也颇有相似之处。所以人们称鞠老为“山东的蔡元培”。

鞠先生的教育生活，虽以山东为限，但他与国内当时有的学者、教育家如晏阳初、黄炎培、舒新城、梁漱溟、陶行知、胡适等人各分别有些交往。最近我见到黄炎培的遗著中有与鞠先生的通讯。但他一生没有著作刊布，据说留一些遗文、诗稿，在“十年动乱”中抄家散失了。

---

① 先生早年经历资料是济南十七中李彧同志提供的。李彧同志拟编写正谊校史与鞠先生传略，其稿尚未刊布，即慷慨供用，特此致谢。

1944年8月7日先生病逝于济南寓所，那时虽然还是在敌伪统治下的战乱年代，但殡葬之日，济南市民、正谊校友闻讯赶来执拂送殡的人群，长达数里。

先生未及看到抗日战争的胜利，更未及见到新中国的诞生。抗日战争胜利后，人们把正谊中学门前那条街（原名阎公祠街）提请改名为"思敏路"。解放后，人民政府仍然沿用此名来纪念他。"文化大革命"中，这一路名又被废除。

末后，我以去年为《正谊中学校史稿》题的几个句子来作为对鞠老师的纪念吧：

北蔡南黄姓字香，育材还见鲁灵光。
广培桃李千株树，老守清操百炼钢。
施教不嫌天性钝，潜移敢化少年狂。
梦魂飞绕明湖路，遥拜门墙柳线长。

（原载《人物》1984年第3期）

高著《范筑先将军传》的跋

抗战头一年，在鲁西北被称为“抗战老人”的范筑先将军，确乎该有一本稍详的传来记述他的事迹，我有这想法好久了，而且不只我自己。现在，我案头上就出现了一本厚厚的《范筑先将军传》稿。它是一部有文学色彩的纪实之作。略一浏览，就觉甚好；先有的设想，平地里实现了，传稿作者是比我年轻得多、两年前才结识的高志超同志。他在山东出版总社聊城办事处任职。鲁西北革命回忆录《光岳春秋》，就是他们编辑印行的。由此我知道他的本职是搞出版与编辑业务，而现在更知道了他有运用文学笔调来写纪实性传记的优秀才能。志超同学殷殷地叮嘱我，希望对这部传稿记述的内容作些订正、补充的工作，还期望我为它写一篇序文，我感谢他对我的信赖。对前者，尽一己微力，就我说是义不容辞的；对后者序文，就不敢当了。这不但因为已经有申云浦老同志的序言在前，而且即使没有申老的序言，也不应当由我来写序。当年在鲁西北工作过，享有威望的老同志多得很，无论如何，也轮不到我。但是，在我通读着全稿的时候，沿着记述的历程，片断的往事和一些散乱的感想，又不断地涌现出来，好像也该说说，序言不可写，可以写书后，正是不有“前言”，却有“后语”。写“后语”可以想到什么写什么，比起写序文来，省力而可藏拙。

范筑先将军是一位真诚的爱国者和民族英雄。凡是抗日战争初期在鲁西北工作过的同志，对他那种炽热的爱国主义精神都留有不可磨灭的印象。纵观范将军的生平，他几十年的军政生涯表现出来的廉洁正直、爱护百姓的品德，虽然也很可贵，但他生命的光辉，却是自从他与共产党人真诚合作抗日不到两年的事。如果没有最后的这段路程，他只能作为一名“循吏”了却此生，或许掩没不闻于世。然而当他生活的道路走到末后，却像雨天的傍晚，突然放晴，霎时间迸射出了一道夺目的彩虹，照耀寰宇。

正直、纯朴、忠厚，来源于他的出身经历和教育的培养，是他所固有的；坚定地投身于抗日战场，向往光明，要求进步，却是共产党人给他的启示。没有共产党人的帮助，他不可能开创后来的局面与享有莫大的荣誉。反之，没有范筑先的真诚合作，党在鲁西北的工作，不可能取得如此迅速的发展。中国共产党与范筑先的相互信任，亲密无间的关系，确乎如申老序言所讲的，是我党与非党人士“合作抗战的典范”。

但是，从范筑先将军本人说，在一年半的时间里和上百次的战斗中，他留下来的却是一首壮烈的史诗，一幕历史的悲剧。正当鲁西北的抗日事业蓬勃发展，军事、政治等各方面刚刚理出点头绪的时候，他战死了！一些优秀的共产党员和六百多军民壮士同他一起在祖国大地上倒下去了！他实践了“誓死不过黄河”的诺言，求仁得仁，是死无遗憾的！然而，他是不应当死和可以不死的。他死于谁之手呢？当然死于日寇之手，但杀害他的凶手却不只是日寇，还包括那些名为“抗日政府”大员，而实为汉奸的人。更令人遗恨的，是当时死与不死的时间差，只是两小时、一小时，甚至是半小时。如果没有国民党、山东省政府民政厅长李树椿在那种紧急时刻前来纠缠，或对于纠缠的时间予以断然限制，照原定计划撤出或提前一两小时退到城外，范将军就可以不死；又如果不把内奸王金祥临时放出城外，他也有可能不死。死与不死竟系于一念之差与毫厘之微，这就使读这本传记的人不能不掩卷流涕，含恨无穷了！

中国共产党提出抗日民族统一战线的主张，范筑先本人是衷心拥护的。但是统一战线在全国基本形成之后，依然面临非常复杂的情况，那就是共产党人一面要与日寇作殊死的战斗，一面仍须警惕防备着抗日阵营内顽固分子的阴谋陷害。为此党中央制定了一系列与国民党顽固派既联合又斗争的原则。学会正确地运用这些原则（不能“左”，也不能右），才能把团结抗日的局面坚持下去。当时，以范筑先为代表的鲁西北抗日力量，与以沈鸿烈为首的国民党山东省府顽固势力的矛盾，聊城总政治部与王金祥的参谋总部之间的矛盾，是全国政治分野矛盾的缩影。范筑先虽然尊重共产党，拥护统一战线政策，但对什么是统一战线中的独立自主，如何恰如其分地运用又联合又斗争的策略，还没有较好的体会。不仅范筑先是这样，就是我们党内的某些同志，特别像我们一些入党不久的年轻人对统一战线政策精神实质的认识还是比较模糊的。但这不是说同志们对沈鸿烈等一帮顽固反共分子的阴谋没有觉察，对他们削弱瓦解鲁西北根据地的伎俩没有抵制；相反，在实际工作中凡是遭遇到那股逆流的同志，特别是年轻的政工同志，都是义愤填膺，要求抵抗。就是范筑先，对那些人的鬼蜮行为，也是深恶痛绝。我在范司令身边服役的日子里，就几次听到他对沈鸿烈表示不满。不过这种不满和厌恶是直觉性的，没有提高到统一战线应有的原则上来考虑对策，往往多是从照顾"团结"、"联合"这一方面去思考问题，而忽视了必要的斗争。

范筑先将军在掌握武装上是抓得很紧的。他对沈鸿烈与李树椿之流企图挖自己墙脚的行为，是断然予以抵制的。但在政权观念上却有些放松。最早由共产党担任县长的几个县政权，先是阳谷县被迫换人，那还多少有话可说（县城丢失，让他们找到借口）；寿张县抗日政权被沈鸿烈夺去，就毫无道理了。随后，范县政权又被夺去。再后是范将军委任的濮县县长又受到沈鸿烈干预，而作了与观城县长对调的妥协处理。观城是鲁西北一个最小最穷的县，以小易大，让沈鸿烈占了便宜。而且，这个从观城调到濮县来的国民党县长，不是别人，正是参谋长王金祥的心腹，就是后来奉王金祥之命企图消灭共产党领导的十三支队的姜鸿元。由此演变成王金祥背着范筑先，杀我十三支队两位干部的鄄城事件。倘使没有前面的县长对调，张舒礼仍然掌握濮县政权的话，十三支队的力量不但可以在濮县迅速充实扩大，而且会顺利地渡过黄河，开往曹县去开展新的工作了。

鄄城事件是抗日以来鲁西北发生的重大事件。它标志着进步力量与顽固派的斗争到了水火不相容的地步。我党与聊城总政治部领导同志的态度是明朗的，一定要把王金祥打下去。范筑先的思想感情也是站在政治部一边，但可惜他终于抵不住李树椿的软磨死缠，没有能用壮士断腕的决心来处分王金祥，课以应得之罪。假如当时能把王金祥罪状公开，交付军法审讯而处以严刑，六区内的顽固分子将为之震恐，沈鸿烈、李树椿之流也会稍知收敛，就有可能避免后来的悲剧。

1938 年夏季的不长一段时间，组织上把我派到范司令身边工作。在此之前，我虽然和范司令也有过几回接触，但都很匆忙。经过这段时间的追随范将军左右，就更多了一些对他的理解。他很喜欢我们这些年轻人，对我很关照。为了便于听范司令召唤，我的办公桌和床位都是靠近他安放的。那时，他几乎是不住地到各县去检阅、点编部队，风尘仆仆，马不停蹄，但只要一住下来，就抽时间找我这个年轻人聊天。我说东道西，谈看法，提意见；他捋着胡须静心地听。如果你讲的不合他的心意，他会缓缓地说："你错了"，或"完全错了"。

有几回，他谈起为抗战涌到他身边来的我们这几百学生青年，中肯地指出"你们都很热情、勇敢，就是过于单纯，缺乏社会经验。你们要补上社会经验这一课"等等。范筑先在各方面都拥有丰富的经验。不过，他过分强调了经验的效能。在处理与沈鸿烈、李树椿、王金祥等人的关系上，可以看出他一方面确有着眼观全局、照顾团结的良好愿望；认为邪不压正，凭他的好心会把别人的坏心肠翻转过来。另一方面，他觉得以他多年官场生活得来的社会经验来应付一切，不会上当受骗。然而事实证明，仅凭以往的感性经验来处理复杂的政治斗争，是远远不够的。

任过鲁西北特委军事部长的王幼平同志，在《抗日战争初期鲁西北抗日武装的创建和发展》一文中，回顾了鲁西北从抗战开始到聊城陷落这段经过后，认为有两点历史经验值得探讨。一点是说范将军有精忠报国之心，但自身受旧时代的影响，思想上对接受新事物有局限性，包括对王金祥的姑息养奸，和对游击抗战思想的不牢固。这点正与我上面讲的有同一之处。另一点，他说：

> 当时我们缺乏远见和经验，对敌人长驱直取广州、武汉得手后，敌后形势如何变化，没有认真地估计，因而也没有采取有力的应变措施，致聊城失守后，鲁西北呈现一时混乱。
>
> （见《光岳春秋》1981年版，第208页，文中重点，是引者加的）

在这里，幼平同志从我们的工作方面，检讨得失，是还没有人讲过的。事后追想，诚如幼平同志所说，那时我们的同志忙于应付各种战时的紧急工作，而忽视了对整个中日战争形势发展的分析和预测。如果我们的同志更有远见，就应当反复地提醒范筑先，不要只醉心于眼前的胜利，要更多考虑可能发生的突然变化。具体地说就是：(1)战争发展到一定阶段，敌人就会把正面进攻的大量兵力转到敌后战场上来。(2)因此必须制订方案，树立牢固的游击战观念。(3)不要把在敌后保持一块包括二十几个县在内的完整国土，看成是一成不变的；反之，应把敌后出现犬牙交错的情况认为是正常的现象。(4)应迅速从思想认识上、军政措施上做好疏散、转移、流动的准备。当时如果能早把这些道理向范筑先仔细地、反复地说清楚，我想他是可以接受的。那样的话，后来的结局就大不相同了。

1983年5月下旬，我和几位老同志结伴，重到聊城观光。啊！聊城，一别四十五年了！汽车到达聊城郊区时已经是晚上十点多钟。夜色灯光下，只能看到环城的湖水和夹道的绿树。这不由得让我想起了那堵该死的城墙！但朦胧中却望不到它(其实早已拆除了)。心想当年为什么不在城墙下挖几条交通地道呢？为什么不早把军政中心秘密分设到城外各县镇去，让聊城城里只挂几块虚有其名的牌牌呢？如此等等的事后"诸葛亮"浮想跑到脑子里来摇晃起来了！

在聊城观光的日子里，寻访故老，察看旧迹，凭吊烈士，免不了感慨万千。应当地友人之邀，我写下一些勉强可以称之为"诗"的句子，捡录两首附此，以当收尾。

聊城吊范将军及诸烈士并志感

(一)忆随鞍马逐征尘，抗日烽烟记尚新。

光岳楼前拼一死，将军耻作过河人。

(二)积岁萦思梦鼓楼，沧桑变易又重游。

街头一片兴腾气，非复当年逐寇仇。

(1986年6月17日于北京)

鲁西北抗日根据地初创时期的见闻与断想

一、初期经过概述

鲁西北地区是泛指山东西北部，地跨黄河，东界津浦路，西北与冀豫两省接壤的二十几个县。它的中心聊城是山东第六区专署所在地。第六区辖境原只有十二县。抗战后，由聊城发展起来的抗日力量逐渐壮大，辖区也就扩大了。

这里抗战的中心人物是第六区专员兼保安司令(后改称游击司令)的范筑先。他当时只是山东省主席韩复榘委派的一个中级地方官吏，掌握的武装也只有五百多人的一个保安营，地位与力量都不为人所重视。但是，中国共产党的抗日政策对他产生了很大影响，他真诚地愿意和共产党人合作抗日。在共产党人的帮助下，他的思想日益开明，仅半年多的时间内，部队发展到六万多人。在与入侵日军初步接战中，范军即连获胜利，使他的威望也骤然提高。

当时黄河以北的国民党地方中下级官吏，能像范筑先这样抗拒日军的人物几乎没有，从而“范专员”成为当时全国知名的英雄。他当时已五十八岁，人们称他为“抗日老人”。

在范司令的辖区内，以共产党为核心的抗日进步力量，也得到迅猛地发展。当时成百上千的抗日青年集中在第六区专署政训处的领导下。政训处(后称政治部)处长张维翰,秘书姚第鸿,与范筑先有亲友关系,他二人都是中共党员[①]。中共鲁西北特委处于地下,驻在政训处内。山东省委代表张霖之,名义上是政训处组织科长,实际是在这里指导特委的工作[②]。

六区进步势力的发展,引起了国民党顽固分子的嫉恨。范的身边还留用一些思想保守的旧人员。在这些人员中,有些人习惯于争权夺利。以六区专署参谋长王金祥为首,结合本地地主绅士、国民党党棍、道会门头子,形成一股反动势力[③]。他们得到新任山东省主席沈鸿烈的支持[④]。这样,范筑先在鲁西北的抗日活动,就受到内(王金祥等的破坏)外(沈鸿烈的压制)结合的破坏。

范筑先从创建抗日根据地的经验中理解到,要抗战就必须依靠共产党人的帮助,但另方面又觉得那些旧部下追随多年,不能不继续使用他们。他提出"良心抗战"这样一个口号来教育部下,误认为那些破坏分子的"良心"是可以改变的。中共鲁西北地下特委本着抗日民族统一战线的政策,尽可能团结一切可以团结的人;当遇到破坏而忍无可忍的时候,自然也向范提出交涉或抗议,但为了顾全大局,只能做到适可而止。到 1938 年上半年,范率部与日军进行了多次战斗,收复了大片国土。政工人员进行了广泛的组织工作,鲁西北群众出现了抗日高潮。然而随之而来的是抗日形势越好,范的倾向越进步,顽固派的破坏活动也越猖狂。到同年 11 月中旬,顽固派在施展一系列阴谋无效之后,就决心对范下毒手。最后,沈鸿烈派民政厅长李树椿,串通王金祥,与入侵鲁西北的日军相勾结,诱迫范筑先固守聊城,并使范陷于孤立无援的境地,以致范与千余军民同时在聊城战死。

范筑先战死后,鲁西北虽然出现了暂时混乱,但是赴援鲁西北的八路军之一部赶到后,稳住了局面[⑤]。后来的事实证明,共产党人与范筑先合作播在鲁西北

---

① 张维翰之兄张维玺是冯玉祥部高级军官,与范筑先在冯部共事,并且是同乡。姚第鸿之父与范筑先为多年老友。所以张、姚为范所信赖。姚当时是新从日本回国的留学生。

② 鲁西北特委先由赵健民任书记,后由徐运北任书记,委员有邵子言、申云浦、王幼平、赵伊萍等。

③ 鲁西北在抗战前国民党员粗略估计据说有八千多人(据聊城军分区调查),但多是不起作用的"挂名"党员,其较高级的党员往往是地主绅士。鲁西北道会门有九十种,最反动的是"一贯道"、"圣贤道"、"九宫道"等,常与青洪帮、黄沙会等相混同。

④ 山东省主席原是韩复榘,1938 年初以擅自撤退罪名被蒋介石处死。后以原任青岛市长的沈鸿烈继任。

⑤ 范筑先生前,八路军没有派部队进入他的辖区。聊城危急时,八路军派陈赓率一一五师的六八八团赴援。后又派李聚奎到鲁西北,稳住了局势。

的抗日火种并没有熄灭。

以上是这段历史的概述，它的详细情况，过去已有不少当事人的回忆录；国外也有记述[①]。这里，我参考当年战友们已有的记述，根据自己的见闻，在大家共知的事实基础上补叙些片断和感想。

二、“誓死不过黄河”的宣告

1937 年 7 月，以卢沟桥枪声作为起点，全面抗战随之揭开。日军长驱直入，华北敌后普遍燃起抗日烽火。凡是由中共党员直接领导和组织的力量，都用八路军的番号。鲁西北这个地区则是中共推动范筑先的名义开展的，这是它的特点和优点。中共与范合作，组织者是中共，旗帜上是“范”字，这有利于迅速发展抗日进步势力。但范是国民党的官吏，需受国民党的节制，这就带来特殊的复杂性。

我们一群二百四十个学生于同年十月从济南出发，来到鲁西北参加六区政训处的工作[②]。当时系统上我们属于韩复榘的第三路军，职称是上尉政治服务员。这批学生大半在平津参加过“一二·九”运动，渴望抗日。其中少数是共产党员，多数是民族解放先锋队员。我们虽然被组织上分派到这里来，但开始时对这里的一切情况都是生疏的。范筑先是什么样的人？中共地下组织是怎样争取他的？对鲁西北整个部署如何？这些问题在我们这群学生中除个别领导干部外，多数人不知道。当我们过黄河北上，奔向去聊城的路上时，只见田园淹没，农村破败，一片凄惨景象。我们空手北上，大批溃兵都携械南逃。

范筑先名占魁，鲁西北馆陶人。他幼年家境贫困，应募投军，历经北洋军阀与国民党时代，由排连长升到旅长。1930 年中原大战时，他站在冯玉祥一边反对蒋介石；任过二十六路军高级参赞。冯系失败后，他在山东省主席韩复榘手下做过鲁南的几任县长，1936 年才调任六区专员兼聊城县长。据说，1937 年春，中

---

① 国内记述鲁西北抗战的文章除当时全国各报刊的报道外，解放后的文章汇集于《山东省志资料》、《聊城地区党史资料》、《光岳春秋》等书中。国外有伊·福·卡尔逊《发生在孔夫子故乡的战争》(《中国的双星》)中的一章，田中正俊编《中国近代史讲座》一书中马场毅所写的鲁西北抗日根据地章节。这些著述，都对本文起了参考作用。

② 后来习惯称这批学生叫“二百四”。

共派彭雪枫来到聊城，与在专署任职的中共党员张维翰、赵伊萍联系，指示寻机引导范合作抗日。范是受过传统教育的旧军人。他生活质朴，居官清廉，有爱国思想；对鲁西北更有家乡之爱。他愿意抗日，而对如何抗日，心中无底，对中共的革命理论也是隔膜的。但他一生坎坷与失败的经历，使他直觉地感到共产党人与红军是有办法的。

1937 年 10 月 6 日，当日军侵占了临清和高唐时，他曾接到韩复榘的命令要他放弃聊城，带领部属向黄河南撤退。对抛弃自己家乡的撤退，他是不甘心的，但又不能不撤。这件事发生在我们这些青年刚刚到达聊城的当晚。这种突然的变化，使我们这些无经验的青年人感到不知如何是好。一阵议论之后，我们中的大多数茫然地跟随他又往回走。就在这次撤退的路上，我第一次望见了这位老人。他紧紧地尾随着他的保安营队伍，从我们身边走过，微笑着向我们招招手。当时我们观念上还没有确认他是我们的长官，他似乎也没有把我们当作他的部下，只当我们是一群学生。走了两天，到齐河县官庄就停下来了，他并没有渡过河南。两日后，他又决定率部返回聊城，我们经过激烈的争辩，终于又一致决定再折回聊城。后来我们才知道他之所以返回聊城，是张维翰与姚第鸿向他劝说的结果①。

当 16 日夜半范决定撤离聊城时，在这批学生中，有四十二人挺身而出，请求留下守聊城，政训处长张维翰也情愿和四十二人一同留下，他答应了，委张维翰为聊城县长，发给他们二十七枝枪和若干子弹，二千元钱。虽然这四十二人只守了一夜，就被前方退下来的齐子修的溃军骗开城门，缴了他们的械，但青年人表现的抗日决心和勇气使范深受感动，在以后的日子里，他几次提到这件事②。

经过这一次撤退和返防，范和大家都受到教训。群众的议论指责"撤退"，赞扬班师回来。在群众的指责面前，范和大家内心一样地"反省"，认为"今后不论再遇到什么紧急情况，决不再退。"到 11 月中旬，日军再度迫近聊城时，韩复榘第

① 范从聊城撤退时，张维翰自愿留守聊城。在齐子修部队袭占聊城后，张逃出赶到齐河县官庄来，所以他得以与姚第鸿共同对范进行劝说班师回聊城的事。

② 齐子修原为石友三保安队的一个连长，他从河北撤退下来，冒充宋哲元廿九军，进入聊城，把"四十二人"的枪枝缴去后即从聊城逃走，后被范筑先收编。张维翰混乱之际出聊城向齐河去寻范报告。当时四十二人不明情况，也趁机出城过黄河到东阿。后知聊城并未被日军占领，又有二十八人再回聊城。因而当时有"四十二人守聊城"、"二十八宿"守聊城的佳话。在我跟随范的身边时，他就这件事向我说："你们青年人是勇敢的。"

二次命令他撤退。当时中共山东省委代表张霖之已来到聊城，帮他分析形势，剖析利害。他决心抗令不退，率部迎敌了。

19日范在博平前线，通电全国，发出了“誓死不过黄河”的皓电。

三、战斗、胜利、发展

在国民党华北的大小官吏们望风溃逃的时候，皓电的发表是鼓舞人心的。有人惊叹，也有人怀疑。

皓电发出后，范立即准备迎敌。他在返防回聊城途中，收编溃军、民团，部队扩大为五个营，两千多人，其中包括一度窜入聊城的齐子修部。从我们政工人员中抽调了二三十名编成“青年政工队”，随军行动，负侦察、联络、通讯等任务。草草准备之后，他就开始迎击从北、东两面来的敌人了。在11月后的两个月内，接连伏击了从临清南下的高桥联队，从津浦路来的日军步、骑混合部队，先后经历了堂邑境内梁水、界牌、柳林战斗，博平境内徐河口战斗，茌平境内的南镇战斗。南镇战斗中，民团参战了，打得很激烈。敌人被打退了，丢下了战马、武器和尸体。这些战斗规模虽然不大，但“胜利”的消息纷纷传开，群众中用“柳林大捷”、“南镇全胜”加以渲染，“范司令”赫然具有了非凡的威望。

当他凯旋归来到寿张县巡视时，我们廿几人正在寿张做发动群众的工作，群众潮水般地到城前迎接他。只见他披着一件羊皮土布大衣，骑着一辆自行车，率领着几百名武装部队来到我们面前。一绺长须，两鬓苍白，精神抖擞地对大家讲话。他称赞战斗中民众的作用，更加赞扬青年政工队队员的机智勇敢，结论是“日本兵并不可怕！可以打败他！”

范在北面迎敌的时候，后方各县的骚动正在发生。有些县长潜逃，县政权解体。各地散兵、土匪与地主武装同时并起，互相攻打。我们站在马颊河堤上望到的是黑烟滚滚，听到的是遍地枪声。绿林匪众分若干“杆”，每杆成百成千，流动地劫掠[①]。地主武装，凭寨固守，也出动追击。聊城政治部为我们制定的工作方

① 绿林股匪，当地称“杆”，如冠县两股最大的武装称“南杆”、“北杆”。南杆首领韩春和，北杆首领石鸿典。绿林中把我们这些青年政工人员称为“学生杆”。共产党员赵健民、郭芳臣分别打入南、北杆工作，后被范编入第五、第六支队。黄庄战斗，两支队立下了战功。

针，是把性质不同的各种武装都引到抗日的轨道上来。我们青年政工人员派到各县去建立县政治部，发动群众。我们有时还得进入民团或绿林中去做工作。进入民团是公开的；进入绿林，要把身份隐蔽起来，对外保密。分处在两边的同志，形式上对峙，目的是一个，向两种力量宣传联合抗日。然而这种工作很不易做，因为双方的利害截然相反。范筑先凭借他打退日军的声威，来收拾这混乱局面还是比较顺手的。地主民团算是合法团体，他以专员名义就可以调动他们。问题在于如何对付那些桀骜的绿林土匪。他用兵力包围震慑，但主要不是剿杀而是收编。他的做法符合政治部的方针，绅士地主们则暗中不满。

鲁西北历史上就是无数次农民起义的地带，包括古代的梁山泊和近代的义和团，绿林既然成杆结股，上千上万，当时如不用收编的办法，实在也别无善策。范在收编这些"绿林好汉"上有很多传奇性的故事，他多次先用兵力包围他们，而后单骑入虎穴，靠他一篇激昂的讲话，"好汉"们就低首就范。这样在几个月时间里，就把局面基本上澄清了。他把各种武装编成了三十多个支队，超过了六万人，对外号称"十万"。

随着日本侵略军的被赶走，他的辖区自然地扩大到原有的十二县之外。在收复的县份中，我们青年政工人员被委任为县长的有七八个县。各县有了政治部，又掌握了县政权，我们的工作就好做了。聊城首先办起了政治干部学校；县政治部在组织各种抗日团体的同时，开设了训练班，培训军政干部。六区原有几百名地下党员，多数是小学教员，分散在各县里。地下党员和我们政治服务员在各地组织抗日武装。由共产党人和政治人员自己组建的部队有归入范建制下的第十支队、第十一支队、第十二支队、第十三支队、第十七支队、第卅一支队、第卅五支队等，特别是第十支队更是总政治部重点支持的一支队伍，它是按照红军风格组成的新型主力部队①。后来任命张维翰兼任司令，王幼平为政治部主任。计由党员领导的各支队约有一万五六千人。

1938 年夏初，各个支队中开始建立政治部。我们十余人被派到第廿一支队中去，开展政治工作。那时这支部队正参加围攻濮县日军的战斗。从这支部队

---

① 第十支队是由堂邑游击队发展起来的，这支游击队从开始就由青年政工人员解彭年、李福尧等同志领导组成的。最早只有几十人，都是学生。党先后派红军干部洪涛、廖云山任队长，简称"洪队"或"廖队"。后发展到八千多人，是鲁西北的新型部队。

的情况，可以类推到同性质的其他各支队。这类队伍成分复杂，有农民，有散兵，也有流氓无产者。他们还保留着一些放荡的习性和不良的嗜好。把他们改造成为一支纪律严明的队伍，是相当艰难的，而我们对这项工作又刚刚试做，没有经验。这类部队内有江湖上的"黑话"和对其首领称呼的绰号[①]；首领们的性格上有简单、强暴、憨直的不同。一般来说，打仗时非常勇敢，可以赤膊上阵。例如第六支队司令韩春河（绰号"东北风"）、第廿一支队副司令袁寿山绰号"硬盖子"的就是这类人物。

1938年上半年，中共为加强对鲁西北的工作，分别从延安、西安、武汉等地陆续派来了几批干部，连同先前省委派遣的干部以及六区政治部自己培养的干部，人数日多。他们分别负责军事、政治、文化工作。其中知名人物，有张郁光、齐燕铭、张霖之、徐运北、袁仲贤、王幼平、洪涛、朱穆之、赵健民、赵伊萍、周子明、胡超仑等人。聊城政治部干校由张郁光负责，军事教导团教育长是袁仲贤，《抗战日报》社总编辑是齐燕铭，记者有莫循、朱穆之、鲁酿等人。到这时集合在聊城总政治部旗帜下的干部超过万人，单是党员已有七千多人。至于各类救国团体、报社、期刊、剧团、服务社等文化组织，无不蓬蓬勃勃。那时毛泽东派人带来了给范筑先的鼓励信件，国际友人卡尔逊少校和延安文艺考察团也前来参观[②]。范筑先到威县和南宫先后两次会见八路军的领导人，举行了联防会议[③]。到此，鲁西北根据地可以说初具规模了。从同年春到夏，范又率部打退了入侵范县的日军，两次驱退了侵占濮县的敌人，并胜利地进行了东阿县黄庄战斗。残暴的入侵者在上述地区曾犯下了不少罪行[④]，但在我军袭击下，他们受到了应有的惩罚。这期间前后战斗不下几十次，大后方各地报刊对鲁西北都有所报道。到这时范筑先与鲁西北军民已名闻全国，远近皆知。

---

① 中国社会各种下层组织中都有自己的一套"黑话"，从而对其首领都称绰号。如称姓刘的为"顺水子"；姓袁的为"硬盖子"，姓于的为"顶水子"，姓韩的为"东北风"，姓栾的为"架机子"等等。

② 伊·福·卡尔逊上校与延安文艺考察团刘白羽、欧阳山尊、汪洋三位青年从延安、晋绥、晋察冀、冀中、冀南巡行到鲁西北，聊城召开了群众欢迎大会。

③ 1938年6月范到威县与徐向前副师长会见，9月又应邀到南宫会见北方局代表朱瑞、冀南司令员宋任穷和徐向前等。

④ 1938年3月底，日军第一次侵入濮县城大肆烧杀，4月22日弃城逃走，城内到处遗留百姓尸体，全家老幼杀绝之户很多。5月中旬，日军第二次入侵时，城内百姓预先逃避一空。

四、压制、破坏、血洒聊城

鲁西北抗日进步力量理应受到当时国民政府的嘉奖，但事实却不然。民族抗战虽然已是既定国策，但沈鸿烈为首的一帮人把鲁西北进步势力的壮大视同心腹之患，表面上“恭维”，暗地里扼杀。当时山东省政府设在曹县，他们不积极对日作战；对抗战的鲁西北又不接济支持，还散布流言飞语，说什么范筑先“庇护土匪”，“范的身边尽是托派”；教唆土豪劣绅拒绝向六区政府纳粮缴款，对范的命令进行抵制。鲁西北素称贫瘠，仅靠农业手工业，无近代工业。当时水灾之后，人民生活确实很痛苦。专署和各县政府的收入很少，财政十分困难。这样的经济条件支持几万大军抗战，其困苦之状可想见。不得已我们有的政工青年，都只拿二十元的生活费。三十多个支队的士兵不发饷或只发零用钱。军人伙食就地筹集些粗糙的干粮。为购买军火，专署一次只能拿出三四千元。记得 1938 年春，我们几个青年负责寿张县政府时，县府全库存款平时只有两三千元。我们号召本县士绅捐款救灾，并自动带头减薪，反被省政府斥为“胡闹”。不久，沈鸿烈以主席名义来命令把我们寿张县的青年县长管大同明令撤免，更换上他的亲信。寿张的群众团体纷纷上书给范，要求抵制沈的“乱命”。莘县、范县、阳谷、寿张四县政工青年派代表联合到阳谷城去，陈述对寿张政权问题的意见，认为寿张政权丧失不得，对沈鸿烈的捣乱不应退让，要求范给以支持。但范为了照顾与省政府的关系终于容忍了。接着沈又寻找借口，夺去了阳谷县的政权，改委了他的人。濮县县长原为一个姓冉的国民党人员。范两次围攻濮县日军，那个姓冉的县长躲得远远的不敢露面。范把他明令撤职，改委了积极参战的政治干事张舒礼任濮县县长。但由于濮县是个大县，沈鸿烈坚决不同意，末后终于由沈委派一个党棍名叫姜鸿元的来担任了濮县县长，濮县政权又被他抓去了。同年六月，沈鸿烈巡视到东阿县时，受到日军的跟踪包围；在极其危急的时刻，范筑先带兵击溃了日军，营救了他。从此沈把省府人员迁入六区的寿张县张秋镇上。沈率部属来到六区之后，处心积虑地企图削弱范的力量，公开要范调拨几支军队给他，暗示范驱逐政工青年。这些，都被范拒绝了。之后，他企图用“提升”范为省府委员的办法把范调离现职，这当然更难办到。与此同时，他还指使李树椿与王金祥串通收买第三、第六、第十三支队叛范。他这些阴谋不但未能得逞，反而引起范对他的不满。

范、沈的矛盾，随着时间推移而日渐深化。同年10月发生了鄄城惨案。范的第十三支队是共产党员在濮县一带发动的队伍，当时正奉命转移；王金祥秘密令濮县国民党县长姜鸿元在鄄城地带截留解决该支队。姜奉命后在鄄城设下"鸿门宴"，以宴请为名想把十三支队干部一网打尽。但姜鸿元弄巧成拙，杀人未遂反而被杀了。事实的曲直是清楚的；王金祥却恼羞成怒，背着范筑先派大兵围剿十三支队，把该队副司令王青云和政治部主任汪仪两位党员悍然杀害了！这事发生后，总政治部强烈要求范严惩王金祥。范司令也非常震怒。这时，李树椿跑来一日之内四次见范说情，在李的包庇下，范一时犹豫，给王金祥以"撤职查办，驱逐出境"的处分，但处分后被搁置下来，终于不了了之。这一事件，表明了进步与顽固之间的矛盾，已尖锐到难以调和地步。王金祥留下来成为致范于死命的祸根。

武汉失陷之后，日军把兵力重点转用于华北敌后。济南与津浦、平汉线的日军向鲁西北发动了"扫荡"。李树椿趁此时机，煽动在范辖区内地方上的道会门进行叛乱。从9月到11月先后发生了长清旦镇黄沙会暴动、东阿七级镇忠孝团暴动、茌平会匪邱作成串联的大暴动。这些暴动经范筑先用剿抚兼施的办法平息下来。到11月11日，日军从德州、禹城、济南和大名四路向鲁西北出动。恰在这时，李树椿到阳谷，又煽起安乐镇赵二虎的忠孝团暴动，当时范尚在茌平前线处理邱作成的问题，范筑先接到王金祥的电话报告，王请他来安乐镇向忠孝团进行宣抚性的讲话，实际是想诱他前来，准备对他下毒手。范胸怀坦白，慷慨允诺了。原定回聊城后即去安乐镇，但这时从济南出动的日军已准备过黄河了；为部署防务，范临时改请他的老朋友、曾任过第四区专员的韩多峰将军代他前往，结果韩来到安乐镇被暴徒们误认为是范司令，开枪射击，等暴徒们辨认出打错了的时候，韩多峰将军已倒在血泊中①。

范司令于12日回到聊城，探知济南来的敌人末松师团平田联队已过黄河指向聊城，即召开紧急军事会议。政治部建议放弃聊城，令各机关学校居民及一切非战斗人员，一律撤出城外，弹药武器一律运走，以坚壁清野来对付敌人的进攻。

① 韩多峰，曾任西北军旅长，是范筑先多年战友，是位爱国军人。新中国建立后任山东政协委员，年将百岁，仍健在。

范采取这个建议，自己也准备出城指挥作战。13 日一天，疏散转移工作完毕，到 14 日上午 9 时，聊城城里仅留下少数城防部队和一些老弱居民了。这时侦知从东阿入犯的平田联队距城仅十八里了。范这时才备马出城。正当此刻，李树椿以上级身份走进专署来，他声称与范谈论什么问题，范只得再停下来与他周旋。这时敌机已飞临上空侦察，聊城外围已发生战斗，李却故意延停，原已出了城的高参张郁光和副主任姚第鸿见范迟迟没有出城，又冒险回来挽范速走。而李仍要求吃饭喝水，借词推延。拖到下午四时，李才告辞乘汽车而去。有人见李在出门后向王金祥叮嘱了几句①。王匆匆向范汇报说有一路民军不战而逃，他请求出城去追这支部队。范略一迟疑，答应王去了。这时范才准备上马出城。说也奇怪，已渐合围的敌人却让李、王逃走，而范却被围在城内了。当时聊城城外三面环水，只有东门是大路，西面水上也有条小路，都被敌封锁了。范到这时只得以城中七百人的队伍，布防守城，期待着城外各县部队来援。开头电话还通到各县，知道近县部队或被敌人分兵牵制住，或被忠孝团纠缠住。入夜以后，对外电话被切断。从当天黄昏到夜晚，四城的战斗非常激烈，到 15 日晨，范筑先与姚第鸿、张郁光等亲自登城督战，无奈弹药已竭，渐渐不支。到 15 日午前 11 时城破，范筑先、姚第鸿、张郁光和国民党县长郑佐衡、秘书长赵玉波等以及八百多战士同时战死在街巷中。聊城陷落了！

从以上事实不难看出，李树椿、王金祥与日军之间是早有勾结默契的。后来知道王金祥出城之后，不是火速调队来援，而是阻止来援的部队。范司令与聊城军民，连同城内国民党人都被王金祥出卖了。

五、追怀和断想

范筑先将军的战死与聊城的陷落，全国为之震动！延安、敌后各根据地、重庆、桂林等地都沉痛地追悼他。国民政府也通令下半旗志哀。鲁西北的群众知道他确实牺牲后，家家户户虔敬地焚香哀奠这位“抗战老人”和同殉的烈士。

---

① 李树椿在专署门前向王金祥秘语是范的机要秘书田兵同志亲见的（见田兵《记 1938 年聊城战役和范筑先将军的殉国》）。田兵同志曾随范被困于聊城城里，得群众掩护幸不死，是聊城陷落中极少的生还者之一。

范的长子范树民和未婚婿何芳在两个多月前已经战死，那是 8 月间济南战役中的事。因此，人们称范家为“一门忠烈”。

范的晚年事业和鲁西北的抗日力量来自四个方面：(1)中国共产党抗日政策的影响与领导作用；(2)中共影响下抗日青年们的献身精神；(3)破产失业农民群众的奋起；(4)范筑先本人的爱国思想。范筑先当时不是一个共产主义者，而是一位真诚的民族主义战士。他从民族主义立场出发，爱护抗日青年，相信共产党人是最可信赖的朋友。可以设想，没有共产党人的帮助，范不会有如此坚定的决心；反之，如没有范的开明合作，党的工作也不会这样迅速地发展。但当时鲁西北根据地还是初步开拓，特委帮助范筑先制定的《抗日行动纲领》、《战时经济政策》和《整军方案》还没有来得及贯彻实行，如果假以时日，将会有更高的成就。

鲁西北进步力量与顽固旧势力的斗争，是当时全中国内部政治矛盾的缩影。外来的侵略，要求全民族共御外侮，但却有某些人不惜干出丧心病狂的勾当。对这类人只能从其集团的阶级属性上考察。“良心”的口号改变不了他们的本质。

按照当时的情况，如果只是日军的进攻，没有顽固派设下的陷阱，范将军是未必就死，或完全可以不死的。在我追随在他身边的日子里，隐约觉察到他对那些守旧的顽固人员的作为不是不厌恶，但历史的“袍泽之谊”却成了他思想的包袱，阻碍着他的洞察力①。

1983 年夏天，我战后第一次回到聊城，当我重看到环绕在聊城城外茫茫烟水，深致感慨：像这样的地形，在敌人大举进攻下是无法据城固守的。我们的同志可能出于经验不足，也没能帮助范估计到敌人必然大举来犯的形势，及早地把军政重心分散到农村去。这或许可作为一项历史经验来研讨。

范临阵沉着勇敢，并有一定的指挥经验，但对在敌后开展游击战理解还不是那么深刻。

范牺牲之后，他名义下的部队发生了分化，一部分受了沈鸿烈的收买。但由党所发展、组织的力量，重新编组为“筑先纵队”，到 1940 年编为八路军一二九师新八旅，继续战斗，在以后解放全国的事业中发挥了它应有的作用。

---

① 本文作者在田兵同志之前，任范筑先机要秘书，行军中与范同食宿。闲谈时他几次对我说：“你们这些青年有朝气，纯洁勇敢，但缺乏社会经验；他们(指旧人员)保守执拗，但经验多，也有长处。”

青岛山东大学地下组织“群社”纪略

青岛“群社”是解放前山东大学地下社团之一。我记得它有组织，没定名称；名称是解放后市委组织部让我们书面汇报时，我们取个名字才定下来的[①]。抗日战争时期，昆明西南联大也有一个党领导的外围社团“群社”。那个“群社”和我们有一定的历史渊源，但不相同；主要区别在于我们这个组织是绝对秘密的[②]。

我们酝酿成立组织是1948年春天，开头只有两三人，正式组成和活动约在夏末秋初；正式接到上级的任务指示是9月以后，当时也还只有五人；再过一两个月才成为以七人为核心的组织。到1949年7月结束，它的存在仅有一年或一年略多的时间，现在就我记忆所及，把它的活动情况概述于后，肯定记不全，也会有记错的地方，如有必要再由其他同志补正。

一

青岛地下“群社”的牵头人是山大物理系讲师熊正威同志，我只算是个最早

① 取名字的时间，同志们记忆与我不一致，这里是按我的记忆叙述的。

② 昆明西南联大的“群社”成立于1939年，它是地下党领导的外围群众性组织，社员几百人，对当时昆明地区进步青年具有很大的吸引力。它的社名与负责人在学校备案，是半公开的合法组织。但它内部还有核心组织。“社会科学研究会”(简称“社研”)，由民先队员转化而来，则是保密的。我们在青岛成立这个组织，虽然也定名“群社”，但它是党直接领导下专干地下工作的团体，绝对保密，这就与前者有别了。不过我们当中有三人来自西南联大，曾经是前者的社员或者受其影响，所以说与前者有历史的渊源。

的赞助者。为了说清来历，只得从我和从我与正威同志的结交说起。

抗战胜利后，我是从重庆来到青岛的。离重庆前，那边地下领导人指示我到青岛住下后，自己设法与解放区联系①。1946 年春，我在青岛临时大学任教，住在江苏路临大教职员宿舍里。不久就先后和鲁南解放区派来青岛洽谈联合国救济物资的两位代表接上头，但后来关系中断了②。同年 7 月，原山东大学在青复校，我应赵太侔校长聘转到山大，住合江路宿舍，一段时间内接不上关系，感到苦闷。

1947 年初，我搬到武定路与绥远路之间的山大先修班宿舍居住。4 月底，我曾由海路到北平去，正赶上北平学生 5 月间的“反内战、反饥饿”大游行。我参加到北大学生的行列中，遇上了从前在昆明、重庆许多“群社”社友，取得了联系。但回来以后，由于铁路不通，联系无法经常化。我回到青岛时，正值山大发生了“六二”风暴，我赶上了个尾声，只在先修班的学生座谈中讲了一次话，就受到了警告。武定路宿舍里和我同住的有五家。熊正威一家人和我最谈得来，友谊的增强也加深了思想上的相互理解，有时敢透露点内心的想法。1948 年春季的某天，正威带有些神秘的气色到我房里来，说“有秘事相商”，他讲“干点实际工作的机会有了”，问我“有无决心”。我笑说：“讲吧。”于是摊开了。他讲他的一位朋友受解放区来人嘱托，想在山大建立个工作点，并说：“我考虑了好久，找你商量。”我一听自然高兴，说：“你的朋友是干什么的，可靠吗？”“友谊保证，绝对可靠。”他说。他向我叙述他们之间的友谊关系，末后商定让我先和他的这位朋友见面谈谈。

一天下午，老熊把这位朋友约请了来。这人年近半百，蔼然可亲，语言不多。初次接谈，知他从事商业，家住市内，但常往来于解放区与国统区之间。他说他是受解放区一位朋友的嘱托来找正威的。随后，我们又接谈了几次，可以确认是个诚实人，就定下来了。他的名字叫季振川。

正威和我开始考虑可以联合的对象以及先搞些什么工作。我们设想的都以山大校内为限。正威先想到物理系讲师王应素，我提出总务处职员孟祥河。当

① “那边的领导”是指在重庆的南方局青年工作部部长刘光同志，住红岩八路军办事处。

② 鲁南解放军派来青岛的代表，先是北大校友梁竹航同志（在青岛住湖北路新新公寓），时任山东民政厅厅长。梁返回后，转介绍续来代表姚仲刚同志（在青岛住湖南路太和酒店救济总署内）与我见面。

时应素同志到南方去了，等了一段时间，他回来接谈后，王、孟两人都欣然同意参加。接着我又联系外文系讲师陈家咏，陈也十分乐意参加。陈参加后，我们的组织活动就开始了。其后，正威偶然听到前在训导处工作的杜之奎有资助他弟弟到解放区工作的消息，提出有无争取他的可能。一想到"训导处"，我们开始有些顾虑，但又想到如果能把杜争取过来，可以摸到训导处的一些动静，是大有好处的。我们商量试试看。好在王应素与杜之奎住武定路同一间宿舍，两人很熟悉。经几次试谈，我们都觉得老杜这人爽朗明快，头脑清晰，是个有用的人。向他摊开后，老杜果然坦诚相见，无话不说，剖析自己，也颇认真，末后表示了自己要求参加的决心。数学系青年副教授张学铭是最后参加进来的。其实，学铭同志和我一到山大就熟悉起来，政治上一致，早已相互间心照不宣。他到最后参加，是他对我所讲的情况作了较细密考虑的缘故。这正是他精明的地方。

我们有了七个人。我提议正威领头，正威坚决不肯，他们推我作个组长。这样我们这个组织就更完备了。

二

组织建立的开头还没得到上边的指示，我们先过小组生活，进行自我教育。内容包含自我介绍，相互谈心，分析形势，保密教育。在保密教育上，大家都作严肃的表示。学习材料除靠收听解放区的广播外，弄到了一本《新民主主义论》，由孟祥河同志自刻蜡板油印了几份，供大家阅读讨论[①]。

山大的同学中早已看得出有人从事进步活动，但在教师队伍中一时间还摸不清楚。我们几经讨论，决定分头进行，先与某些同学交朋友、谈心。如陈家咏接谈了外文系一两位女同学，张学铭联系了电机系同学陈福伍，我和女同学刘卓有一些联系等等，但这些都还是一般的接触，略表露一点倾向而已。随后渐渐有些工作上的接头如为壁报供稿，或为演剧出点主意之类。不久为了迅速打开局面，忘了是通过什么关系，王应素与我和原先并不认识的同学王济民、王方两人约定在科学馆一间房中秘谈。谈的都是具体的工作和联系方式。详细内容，记不清了。后来筹办一个师生共同的戏剧研究社，有可能是这次商谈的项目之一。

① 油印本《新民主主义论》，后由现在大学路青岛博物馆某同志取去保存。

通过这类活动，我们和同学的接触比以前广泛了一些，并且了解到部分同学中的情况。

山东大学复校后，不知从什么时候起有“教授会”的组织，副教授以上参加。我们七人中只有学铭同志有资格参加。教授会的成员属于学校中的上层，人数少，它的活动不甚为群众所注意。我们对它兴趣不大。1948 年前后，校内曾出现了“讲助会”，是讲师与助教的组织。随着时代脉搏的跳动，讲助会显得越来越有生气。在罢教、罢课、增薪等运动中，讲助会表现得有更多的激进色彩。我们(除学铭外)都是讲助会的会员，与讲助会的负责人(他们更换过多次)分别有所联系，应素同志曾一度是负责成员之一，做过更多的工作。

在教授层中，我比较早地觉察到赵纪彬同志的倾向。赵先生来山大之初，住在武定路，和我是近邻，很快地相互认识了。抗战时期我在昆明，读到过一本纪玄冰著的《中国哲学史纲要》，是用唯物史观的观点论述的。如今从赵先生的书架上，偶然又发现了这本书，上面修正涂改的地方很多。问明白，才知“纪玄冰”是他的笔名。由此，我知道赵先生的学术观点是进步的。

稍后，通过各种迹象，也觉察到周钟岐总务长和杨向奎、郭宣霖教授以及讲师王承瑞、尹敬执、谭金镛等人的进步倾向①。不过大半还是猜测，所以我们和他们之间没有揭开。

以上是我们这个组织建立之初，还没得到上级具体指示之前的一些片断。

三

组织建立后，上报过一张我们七人的名单，由熊正威交季振川。以后，我们上下之间的联系都是由熊交季，或由季交熊；除偶有几次是书面的以外，多数是口头的汇报与传达。季振川同志上边的联系人是谁？据季说是一位干部，有时化装来市内。我们曾希望能见到他。不久，由季交来一张纸条，署名“退忆”。纸条是写给正威的，大意是“听说先生等愿为民主事业尽力，非常钦佩。今后当多

---

① 杨向奎同志住合江路宿舍，但一天听中文工友讲“某晚杨主任来办公室睡了一夜”。那晚是风声很紧的，我猜断向奎同志可能有所活动。关于周钟岐同志的倾向，我们先听说他为躲避山大内的风浪，曾“卧病”不出，后又听说他资助被开除的学生去解放区。

联系，余请友人转告，等有机会时，再面叙”。纸条看过后，仍由季带回。季向正威口头传达说，上级党研究了你们的情况和要求，同意吸收你们参加工作。当我们第一次听到这回声时，感到十分振奋！

从 1948 年冬到 1949 年春，下达的任务渐渐多起来，但出乎意料的是每次交来的任务有关山大的不多，大都是校园以外的社会调查项目。例如，先是要求调查招商局，以后是财政局，陆续是港务局、盐务局、海关、教育局、税务局……等。调查内容包含机构设置、业务情况、人事关系、政治倾向等等。为什么调查这些对我们很不熟悉的东西？当时无法探问，只有想办法去完成。完成这些任务，光靠我们七人不行。我们开始向校外发展关系，于是，较长的一段时间内，我们的注意力转移到校外去了。

经过一段活动，正威联系上盐务局他的老同学叶心允，在海关联系上他的老同学杨国城夫妇，在招商局联系上一位姓陈的朋友，社会局一位姓张的熟人，还有一位文德中学的李文盛，一位齐鲁公司炼油厂的朋友。祥河同志与教育局有特殊关系（局长孟云桥与祥河是亲属），了解内情，比较方便；同时他还联系上山大的职员张育瑾与韩宝泗两人。张间接协助了解盐务局、财政局的情况。在校内学铭同志、应素同志、之奎同志分别留心教授会、讲助会以及校部各科室的消息。我与山大医院几位大夫与护士交上朋友，也能听到院中的一些动向。我还曾试图联系注册科女职员徐棠（我的学生），她暗示我她另有工作关系，不再参与我们的工作。开始，我们曾把完成那些任务认为难度很大，但通过各人的社会关系，都比较圆满地完成了。有一回下达的任务，是要求弄清国民党《民言报》的内部情况，经我们商讨由家咏同志去承担这一任务。原以为干成这件事一定很费周折，不料家咏同志一次就把情况摸清汇报了。对他那不动声色、机智地完成任务的本领，留下了很深的印象。

这段调查工作，前后搞了几个月，外边联系的朋友，加起来有十多位。为了保密，我们七人各自交接的朋友，互不发生关系。同时外边的朋友和我们各人的关系，也有深、浅、久、暂的不同。如山大医院一位眼科大夫于云福同志，和我是初中同学，他和他未婚爱人刘兰芳大夫，经常为我夜里躲到医院来热情地提供秘密食宿场所，并协助搜集情况，非常细致周到，一连大半年直到青岛解放。

四

上述这段期间，我们的精力虽然主要放在校外的调查工作上，但也还留心校内。大约在1949年3月底，由季振川带来了退忆的第二次书面的东西，是份《工作提纲》[①]。这份提纲中，除有社会调查外，也有对山大工作的指导，如对罢教、罢课和“应变”活动中应注意事项和交朋友的问题，反对水产系南迁的问题等等。当时已有郭孝丰、王方等同学办的工人夜校，我们让祥河同志与王方联系，利用总务处的方便，在桌椅文具纸张印刷等方面给以支持，并动员一些工人去参加学习。反对水产系南迁问题，《工作提纲》上的提法是“劝阻南迁”。我们几经研究，分别进行了一些力所能及的活动。针对教师中“南迁论”者的主张，我们在大学路一带张贴了些驳辩性的油印传单。对校内各项群众活动上边的指示是要支持，又要注意隐蔽。那时，学校内外的偶发事件如多次的罢课罢教，或突如其来的“警报”(如捕人的消息)时有发生，向上面请示是来不及的，在这种情况下，都由我们自己临时决断。当时，同志们比较重视我的意见，今天回头看我自己还是很幼稚的。临时的决定有的对，肯定也有不对的。例如有一回是罢教与罢课若干天后，公开大会讨论是否应停罢还是继续罢的问题，会上有两种意见在争论。我们派到会上去的陈家咏同志，临时溜出来找我商量如何表态，根据那几天传来的“风声”和对形势的估计，我认为罢教罢课应该是适可而止的时候了，让老陈回到会场作赞成停罢的表示。在这之前，有住北平的老战友介绍一位学生代表来青岛访我，他向我介绍北平学生运动的经验说：北平学生在斗争策略上“有进有退，机动灵活”。我受到那次谈话的启示，让老陈那样做了。后来听说，主张坚持续罢的同学，对家咏有所“看法”。如果家咏同志的表态是错了，那是我的责任。

还有，1949年“五四”来临前，准备师生联合大规模地举行“五四”三十周年纪念。为筹备这项工作召开师生联席会议，教师中参加联席会议的，记得有物理系王承瑞和我，还有别的人。学生代表多人，大都是进步学生，但有一个来自青年军姓李的学生参加，我们了解到李某是个死心塌地的国民党方面的职业学生，

---

① 这份《工作提纲》曾由熊正威同志设法密藏保存下来。“文革”中被他所在单位(华东工程学院)的抄家者抄去。

对他有所警惕[①]。联席筹备会开了两次,拟议的计划中原有纪念大会、文艺晚会、提灯游行等各种盛大活动。但中间忽然得到消息,说国民党市党部已注意到山大这一纪念活动,准备破坏,并点了几个教师的名,其中有我[②]。因此,经与同学代表商量,决定终止联席会议的工作,缩小纪念规模,改由同学各社团联合出一份纪念壁报。像这样的改变我参与了意见。解放后,听说地下党也发了停止举行的指示。

大约是1949年春季,有一次全校教师大会。这次大会的主题是继续讨论有关水产系南迁和劝导学生复课的问题。我对这次大会已经没有印象了。两年前,正威同志通信中讲起他留有印象。他说,我们事先预计的方针是反对水产系南迁,也反对劝学生复课,推定张学铭与陈家咏作主要发言人。会上的争论相当激烈,末后的结果是水产系南迁主张被否决了,劝学生复课的意见都没有被阻止得住。会后以全体教师的名义发了一份劝告同学复课书。我们预想的目标只实现了一半。

这时"应变委员会"已经产生,我们原知道这个委员会是学校当局奉命成立的,是官方的组织,但参加过几次会之后,看出助教会的青年教师与学生代表进步主张,在场辩论中占着优势,使一位老教授发生"山大变了"的慨叹。虽然如此,我们感到面临的斗争相当复杂,我们以往的工作有些教训应当总结,大家要求与季振川同志共同座谈一次。在这之前,振川同志只和正威与我见过面;平常他只和正威联系。这次振川同志来到正威住室,第一次和我七人见了面。我们就过去的几项主要工作进行座谈。当我谈到反对水产系南迁与反对复课那次大会的结果时,大家认为我们在那次大会上正面阐述了自己的意见,有分寸地揭破了某些人为讨好于"当局"而背离了理智的行为。但在阻止复课问题上,受挫折是由于我们对更多的中间教师估计有误,工作做得不够深细。另外还提到我们入场签名是个失策,可以绕开签到处进人会场,其实那不是个主要问题。振川同志对我们的座谈总结,基本同意,他答应反映给上级,要求上级给以更多的指导。

---

① 解放后第二年,传闻这个学生有严重罪行,在烟台被捕获。

② 得到国民党青岛市党部点我名的消息前后两次。一次是前面讲的我于1947年从北平回到青岛在先修班座谈会上讲话之后,再一次是这回筹备"五四"纪念活动中。前者是来自胶澳中学校长王景阳,后者是从青岛一中友人处得知。

五

1949年5月下旬，山大当局在第一海水浴场的马路北面，弄到一栋楼房辟作教职员宿舍。我们有几人搬进这栋新宿舍来。大约是5月29日或30日这天，我们有三四人正聚在正威的新房中商量什么，外边突然宣布戒严，街上行人绝迹，这是青岛市国民党军政人员为了从海上撤逃采取的紧急措施。我们被封锁在这座楼里了。一连三天，几乎断炊。到6月2日黎明，忽然从窗口望见有些居民跑到马路上争着砍伐树木，知道国民党已撤逃完毕了。我们迅速与振川联系，振川告诉我们：退忆同志马上就来和我见面，要我回宿舍等候。约8时左右，退忆同志在振川陪同下出现在我们面前。他高高的身材，穿一身朴素的便装，和大家握手言欢，像见了家人一般的亲切与高兴。叙谈之下，才知他的真姓名叫盛文泉，是属于商业系统的干部。他的哥哥名叫盛文楼，是即将入城后的青岛市军管会工商部部长。这一下，我们才恍然解开了一个谜，即为什么过去给我们的任务，多半是偏重调查财经部门。文泉同志通知我们说，各路解放军今天中午前后即可进入市区。他要我们赶紧回到校内，与校内各社团发动群众共同维护社会秩序，欢迎解放军，并联合各校教师筹备庆祝青岛解放。我们赶紧回到校里，校园里早已沸腾起来了！

按照文泉同志的指示，我们一面与同学刘卓、王皇、董国楹、刁正清等联系，一面邀请教师开会。记得这时赵纪彬同志刚从解放区赶回来，还有杨向奎、郭宣霖等参与会前的商量，他们还当场捐献庆祝经费。下午二时，有一百多教师聚集在一座拱形铁房内开会，由我说明发起筹备欢迎解放军入城与庆祝大会的提议。大家推我作山大教师代表，以山大名义函请全市各校派代表第二天来山大开会，共商青岛教育界如何筹备共同庆祝解放的事。这天自中午以后直到傍晚，各路解放军陆续进入市区，街头上敲锣打鼓，挤满了欢迎的人群。当晚军管会文教部部长王哲同志来到山大，在小礼堂接受了学生代表的献花，接着军代表罗竹风同志率领接管人员进驻到山大来了①。接连几天，校内一片兴腾气象，过去隐蔽在

① 军代表率领的接管人员记得的有：高剑秋、张惠、刘禹轩、赵锦铭、王桂蕃、王滋才、李镛（女）等七八位同志。

地下的一些教师和学生，顿时都活跃起来。

接管开始，各项工作纷繁，军代表带来接管的干部不多，许多师生都投入到军代表分配的工作中去。我们这个组织那几天主要忙于筹备庆祝解放的事。

在解放前的一周内，还意外地取得了两项成果，即阻留了国民党人的一部电台和一枝手枪。当国民党军政人员已经惶惶然准备从海上撤逃的时候，黄台路小学一个女教员向我透露，她有一个亲戚掌握着一部电台发报机，准备携带上船出海，我劝她说服那人不必逃走，等解放时交出电台，定能邀得宽大或奖励。另外青岛教育局局长孟云桥家中有一枝手枪，在孟云桥先已南下后，留给他侄儿孟祥琇保管。孟祥琇害怕出事，想交给国民党官方，祥河同志以亲属关系，劝他暂时收藏起来，等解放军入城交给我方人员。青岛解放后，这两件东西都上交了。

筹备庆祝的事，各校代表来山大两次商讨，组成了“青岛各学校庆祝联合会”(简称“学庆联”)，我被推为学庆联主席。筹备处设在山大，山大同学刘卓、董国楹参加了这项工作。后来得到指示，联合庆祝，不限于教育界，扩大为军、工、商、学各界联合庆祝。市总工会负责人柳运光同志主持全面工作，我仍作为学界代表参加筹备。

6月中旬筹备就绪，接着举行了全市军工商学各界庆祝解放大游行。青岛市人民政府第一任市长马保三检阅了游行队伍。

青岛解放后的第三四天，青岛市委组织部部长宋子成同志，在他的办公室约见我①，先后见面好几次，除了讲他对我个人的情况外，他指示我：一是把我们这个社团定一个名称，把所有参加过工作同志的名单报到市委来；二是从现在起，不要再发展新的成员。名单报去后，他向我指示说：“地下工作的任务已经完成，今后各项工作统一到市委领导下来进行，各个地下社团作好结束的准备。”我把他的指示传达给我们的同志，大家表示遵照执行，无任何意见。子成同志提出要约见我们七人。一天傍晚，我们七人来到太平路三十七号市委楼上，子成同志与

① 我和宋子成同志是初次见面。他入城后先派宋鲁同志送给我两封信。信是当年北平民先队长孙陶林同志托他转我的。见面后他告诉我说，孙陶林同志(时任省教育厅长)几年前把我的关系转交给他，记在他的小本子上。后来又有两封信托他转交。从安全考虑两封信一直压在他那里。陶林同志已和我数年没有联系，他怎样知道我来到青岛？当时没有问。后来我想起1945年底我离开重庆时，红岩八路军办事处朱语今(代表刘光)同志曾对我讲，我的关系由他们负责转到我所在地区。我猜度是由重庆转到山东来的。前年，在合肥农大见到孙陶林同志时我问起此事，由于日久年远，他已记不起来了。

大家一一握手，询问了每个人的情况，给大家以热诚慰勉，指示我们今后各回到工作岗位上，听从军代表的安排，做好本职工作。到此这个存在了一年多的地下“群社”，完成了它的使命，即宣告结束了。结束的时间，约在当年7月间。

“群社”结束的时候，军代表对山大的接管工作还没有完全结束，但山东大学已经迈入一个新时期的开端。在重新学习与改造过程中，也还有曲折与风浪。原来的“群社”成员，在以后的各项工作与偶发事件中，各自在自己岗位上坚定地支持军代表，响应号召，尽到了一份自己的力量。

【附记】

这篇记述是承山大校史编写组与青岛市委党史资料征委会之约而写的，以我自己的回忆为主，参考了熊正威与孟祥河两同志提供的资料。

悼念故人

怀念华岗校长

追记华岗校长，思绪退回到了1939年前。

“华岗”的名字，在30年代初就已听人说起过，我知道较晚，所知也不多，知道他写过一本很有影响的著作《中国大革命史》，那已经是抗日战争的前夕了。

华岗同志来到青岛是1949年9月，青岛解放后三个月。那时青岛军管会文教部设在山大“一多楼”，军代表罗竹风同志带领工作组七八位同志到学校，山大进入被接管的新生阶段。大家都很忙乱，在为欢庆解放而兴高采烈时，赵纪彬同志第一个跑来对我郑重地讲：“华岗同志来了！”华岗同志的到来，显然会对青岛的文教界、对山东大学发生影响。果然不久，他的长篇文章接连出现在《青岛日报》上，其中《论一边倒》的文章，印象最深。不久，他的影响力就及于山大，虽然他那时还住在校外，不属山大的人。

我初望见华岗同志的风采，大体也就在这之后的不久。第一个印象是文雅、端重、有条理。他对我说自己是“青岛市委的客人”。青岛市委的同志对我说：“留华岗同志在青岛，请他协助指导青岛的文教工作。”这样，山东大学的事必已进入他所关心的范围；从接管小组说，有疑难问题也定然会向他去请益。如果我这推断不错，那么，他对山大的指导作用应从这时就开始了。

他与山大联系起来，开头是以教授名义给中文系讲课。不久，他被选聘为校务委员会主任职权与校长同，接下去被教育部正式任命为山东大学校长(1951年3月)。到1955年8月华岗同志因“受审查”而停止工作，共是六年。山大的老人们回忆起来，总说那六年是“山大的黄金时代”。且不讲这话的分寸度是否准确，但总是自然形成的一种议论和评价，华岗校长早已失势，并且作古，不会有阿谀之嫌的。这个时期的山东大学的情况，从纷繁的接管工作中建立起了新的秩序，教学改革与科研工作都呈现一些新的气象。全校1500余师生（合校后到3000余人）工作学习热情很高，团结和谐，都认真苦干。校长的威信很高，即使有点什么纠葛，只要来一个“华校长说”，就不难迎刃而解。这时期的师资队伍，搭配齐全，堪称人才济济。大家都比较愉快舒畅，各自展其所长。这景象应该说是与校领导的各种举措得宜，深得人心，大有关系的。华岗校长能延揽人才，也爱护人才。他把由解放前留下来的原有教师称作“旧中国留给我们的财富”，提醒大家在办学上要真正信赖他们；对后起的新人加意培养，为他们创造发展的条件。记得有一次他和我谈论起中国过去著名的大学时说，“著名的大学主要关键是靠有一批学识深厚的著名教授”。这话看来不是随便说的，是蕴蓄已久的有得之言。

华岗校长主校六年中的重大事件与重要措施是很多的，对教学改革、院系调整、华东大学（原解放区的大学）与山大的合并及各次政治运动等等，轮廓式的印象尚存，细节则模糊了。整理一下还没有消失的东西，大致还有几段。

华岗校长长期在国民党统治区里与高级文化人打交道，他善于有原则地团结知识分子，解决知识分子中的矛盾纠葛。他能以党的政策为基石，明辨是非，使大家心悦诚服。1949年10月前后，他还是“客人”的身份。山大校园中为了选出一名参加山东省人民代表会议的代表，爆发了所谓“郭宣霖事件”，从他主持处理这一事件中，我第一次领悟到他那高超的政策水平与大胆的决断力，而为之钦服。

这件事情是在接管期间，在山大原有的教师队伍中发生的一桩麻烦，是一种近似误解，而又不能完全用“误解”概括得清的棘手的问题。今天回忆，这桩事已“俱往矣”，没有细讲的必要了，然而当时却是牵动面甚广、震动度甚高的轩然大波，据说当时青岛市的上层领导人曾经共同关注过。如果这件事解决不好，就会造成山大教师队伍的分裂，会给山大本身带来无法预估的损失。然而这问题一提到华岗同志面前（时在青岛迎宾馆开会），他在听取了汇报，摸清了情况之后，从容不迫地提出了几条解决办法，依照他指点的办法，不几天就把问题顺利解决了。不但对峙立消，而且争论的双方都虚心地接受了对问题的分析与批评，使双方开诚相见，互相承认了对方的合理成分，作了自我批评，没为此留下任何芥蒂，并出现山大后来更为和谐的局面。

据说,1951 年山大与华大合并后的一段时期,由于历史传统的差别,两校人员之间也浮现过互不协调的阴影;《山东大学校史》对此有所记述。但这情况,对我这个也参与了些全校事务的人来说,好像茫无所知,没留下半点痕迹,也可能是在华岗校长的引导下,消灭于无形了。

解放初期,师生们都提高了学习政治的热情,渴望懂得党的政策,也渴望学马列主义,因而出现了政治大课这种形式。全校师生一起坐到校园里听报告,这是前所未见的。主讲人自然是华岗同志。第一次大报告是讲《共同纲领》。事先,由各军代表在学习馆召开了一次各系班积极分子会议,华岗同志在会上听取汇报,摸清了学校内现存的思想问题。因此,华岗同志的这次报告是以阐发《共同纲领》精神为主,同时结合全校师生思想情况来讲的。讲得充实生动,而不流于泛泛,对某些错误思想有分析与批评,甚至有很严峻的批评,以致有的人感到震动。事实证明,这震动起了好的作用。在这之后的大课,除军代表罗竹风同志讲《新民主主义论》外,仍由华岗同志主讲。他系统地讲《社会发展史》,讲《实践论》,讲《知识分子改造》,系统地讲《辩证唯物论》,有时也穿插讲时事政策。听课的人,不但本校师生,也有外单位的人结队前来,校园里常常挤满了车辆和人群。开始在小礼堂,后来大多数在文学馆后的广场上,每次听众总在三四千人以上,真是极一时之盛!全校师生听报告后,分组讨论,提出问题再作辅导报告(有时是罗竹风同志作)。我当时担任政治大课委员会秘书,承担些课前课后的事务性工作,也参与些对听众提出问题的讨论。这种大课形式,解放初在各校是很普遍的。不过,华岗校长讲课,理论的阐发与现实思想结合得很好,再加他那流畅的口才,确是娓娓动听、引人入胜。他所讲的一切,我不敢说无半点失误,但就当时渴望学习的人说,都感到满足,从而对刚刚迈入新时代的师生们的觉悟提高是起了非常重要的作用的。

华岗校长多年从事党的宣传工作,很注意办刊物的作用,《文史哲》的创办是人所共知的了。就连那份《山大生活》小报,他也关注指导。《文史哲》创刊之前,《青岛日报》上开辟的《新史学》周刊,那是 1949 年冬天开始由他倡议和主编的。一天,他要我写一篇《发刊词》。这是我第一次在文字上和他见面。出我意料,他对我的拟稿比较满意,没加改动就采用了。这份刊物发表过历史系教师的一些短文,存在了大约半年多。当然它的作用,无法与《文史哲》相提并论。

《文史哲》创刊于 1951 年 5 月,是山东大学的一件大事。在酝酿过程,我已无印象。总之,华岗校长是倡议人,历史系主任杨向奎同志是主要负责人,记不得他两人谁是主编,可能是杨负编务的实际责任,稿子最后送华拍板。中文、历史两系好几位教师如殷焕先、葛懋春、韩长经等同志都是积极参与的,其他教师也都承担些任务。开创之始,大家动手,从写稿、审改、印刷、校对一直到包装发行都是自己干,没有稿酬。等后来《文史哲》兴旺起来之后,校外来人以为编辑部一定有一间很大的房子和多人的编制,原来并无专辟的办公室和编制,所有人员都是兼职,连工友也是历史系工友兼干。我当时主要工作在校长办公室,为《文史哲》尽力殊少。我从第二期开始投稿。华岗校长提示刊物要反映现实问题,规定每期至少有一篇论述现实的文章,这任务落到我的头上。当每期快要集稿完毕之前,大家让我关起门来赶制一篇,被大家戏称为"社论",其实不过是应景的急就章,无什价值的。《文史哲》作为"山东大学学报之一"(另有一份学报,专刊自然科学文章),在全国各大学中是首创,得到教育部的表扬。到1954年由于发表了两位山大毕业生李希凡、蓝翎的文章《关于红楼梦简论及其他》,受到毛泽东的注意,因而刊誉腾起,销路猛增几倍,并且迅速发行到国外去了。《文史哲》为山大赢得了荣誉,更为山大培养出了一批新人,溯始追源,华校长的功劳不可磨灭,而那时《文史哲》的文章,也以华岗的文章为最多。

新中国建立后,为了清除旧社会遗留的污泥浊水,接连进行过群众性的政治运动。华岗校长主校期间,与其他党委成员领导了山大的各项运动。他以其理论修养和革命的实践,对于如何贯彻党的政策,把运动推向前进,显然更具有经验。运动开展起来,群众发热的时候,他保持冷静;号召反右的时候,他同时注意防"左",从而使运动的失误尽可能缩小,沿着健康的道路发展。在"三反"、"五反"运动中,山东大学举办反积压浪费展览会,地点在八关山下几栋穹庐形的大铁棚中。在一栋展览棚中,陈列着从校图书馆搬来的一堆古旧线装书和重本书,作为积压浪费的物证。正式揭幕前,先由校领导与处室人员作内部参观,华校长带领大家进入展览厅,每到一处,讲解员讲一处,说这是如何严重的"积压与浪费现象"。校长一边仔细听取,一边指点说:"这书有复本是必要的,不算积压浪费","那书虽多年无人借,也不算积压浪费","图书馆除了供人借阅外,还有收藏孤本珍本的责任",如此等等。这样一来先已准备好、而后照本宣科的讲解词无用了。于是校内有人议论说"华校长右倾了"、"华校长给热心讲解的青年人泼了冷水"云云。这类意见反映给校长,华校长对大家说:"我对同学们热心服务的革命精神没有否认的意思，但道理要说明白。举办这个展览会的目的是要让实物来说话，如果展品证明不了，岂不起了相反的作用？革命需要理智。”于是撤除了一大批无说服力的展品，展览会的作用并没降低。这里的道理并不深奥，但是在那种高潮激荡的时候，只有他出来才能纠正，上述仅是一例。再如拒绝齐鲁大学要求把原在该校任教，后调入山大的张维华教授要回原校受审查的事，《山东大学校史》中已有记述，不再多说。还有在隔离审查中，由于监护不周，一位女教授服毒了。事发后，华岗校长对此非常痛心。事件主要由其他指导者造成的，责任本不由华岗校长负，但他也向上级作了沉痛的检查。后来他一再拿这件事作为教训，来引起一些负有指导责任同志的警惕。

解放后山东大学的校长人选，由老革命家同时又是著名学者担任的先有华岗校长，后有成仿吾校长。两位都是知名度很高的，也都对山东大学作出了建树。我有幸在两位校长领导下做过些基础工作。就我不一定准确的印象来说，两位校长办学的风格有某些不同（当然也有共同处）。成老的工作细致、扎实、深入，他除了也议大事外，用力更多地去抓计划、检查、考核，具体到一桌一凳、一块黑板的高低他都要求合乎规格。华校长（习惯上无“华老”之称，他初到山大时还只46岁）的工作作风，趋于开阔、远大，他经常考虑的是任务、方向、方法与重点，至于一般的行政事务，都由办公会议讨论，交给各部门去干（只要没出什么岔子，他一般不问）。举例来说，华大与山大合并后，人员增加了很多，两校的传统有很大不同。针对这种情况，他提出“事理兼顾、求同存异”作为合并后初期的工作方针，又提出“取两校之长、补两校之短”的口号来处理问题。每一学年开始，他都提出16字方针或24字工作重点来作为全校工作的指向。例如某一年度的工作重点，是“贯彻专业教学，开展科学研究，积极培养师资，加强劳动纪律”，年终全校各单位都按这四条检查与总结工作。随着新中国经济建设高潮的到来，应该及早考虑发展高等学校科学研究的这一重大问题，华岗校长考虑是比较早的，早在两校合并前后，他就在校内某些场合多次把这问题提出来了。1951年秋季，也许是1952年春开学，在校内部经过交换意见后，他决定向全校师生作“向科学进军”（原题大意）的报告。我的记忆里这次报告是在文学馆后广场上，主席台第一次设在广场的南端，他面北作的。这次报告在校内引起热烈的讨论与拥护。可是后来听说外边有些议论，说“山大抢先了，是不适当的”云云。这风传是否有据，不得而知，再后来也就听不到什么了。

前面所讲对于日常行政工作中的问题，在校长办公会议上讨论决定。校长办公会议是校内三种定期会议之一（另两种定期会议是党委会和校务委员会），每周一次。华校长按时必到，出席会议的还有两位副校长（童第周、陆侃如）、正副教务长和总务长以及与议题有关的处室负责人。在开会前，校长办公室把要讨论的各项议题与文件整理好。经校长认可，便进行讨论，作出决定，由两位副校长批交各处室去执行。在处理这类行政事务的疑难问题上，我仍然经常领悟到他的分析与决断能力总是比别人更高。

由于华校长平常不来学校，遇上急要的事，我经常到他龙口路寓所去汇报、请示。在他那间楼下会客室里除了谈公务外，有时也谈些其他事情，如个人生活以及往事之类。他的作风平易，谈话不受拘束。他的记忆力很强，无论过去或眼前的事，他都记得一清二楚。当他问起我某月某日某一件事，我回答不来时，他批评过我，而且有时也是很严峻的。

与华校长接触的岁月中，有无感到他有什么可称为“缺点”的呢？是人，自然难免有自己的短处，他的不足之处，我也感到一二，但我不是为他写传，也无需乎写得那么周到。至于对他学术上的评价，我也不想涉及，因为那是比较复杂的问题，非一篇生活回忆之文所能容纳，也不是仓促之间所能做到的。不过我想说的除了他遭到诬陷的当时，对他那类学术“批判”不足为训之外，还有一点是对他先前几本著作现在如要作出评论，应联系他的革命工作经历和在历史上曾起到的作用和影响，因为他正像一些早期的革命学者一样，属于开风气的一代。如果学究式地字里行间地去扒拉些无关宏旨的某一句引文、某一条材料有无疏失，而忽视了在那个时代中所起的启蒙作用，那就会因小失大。当然这决不是为之护短，在那种艰难岁月、动荡不安的生涯中所写出的成果，不能用窗明几净、四壁图书的写作条件去苛求的。

总之，华校长形象的光彩在我心目中多年来仍然不时地闪现着。我想别人（山大师生）也会一样。今天，我能有机会把还可记忆的星星点点写出来，了却了一件早该做的事。文难传真，而事迹或足矜式。当然这里说的限于一所学校的校务，难以从中见到奇峰巨壑、足以让人惊服的镜头。然而后来华岗校长以他那多病之身含冤系狱，在“服刑”的十余年铁窗生活中，竟能写出了《规律论》、《美学论要》、《列宁表述“辩证法十六个要素”试释》、《自然科学发展史略》、《科学的分类》、《老子哲学的伟大成就及其消极面和局限性》等运用马克思主义观点进行探讨的六种著作，近百万言的文稿，这是何等的坚毅，何等的自信，又是对党的事业何等的忠贞！这事迹让人想起了司马迁讲的"文王拘而演周易……屈原放逐乃赋《离骚》"的故事。这是奇迹！华岗同志一生两次入狱，都无愧于"共产党员"的称号。而后一次在自己拥护的政权下的监狱生活，更显现了一个革命者应有的精神情操。

华岗同志到青岛的 6 年，以受尊敬的"客人"始，以逮捕入狱的"楚囚"终，末后坐牢 17 年而含冤去世。在拨乱反正的 1980 年 3 月 28 日，经党中央批准，华岗的冤案昭雪了。这原是他信念中认定迟早要到来的一天，可是他未能及生见到，这是无法弥补的遗憾。让历史也在他身上沉思吧，对未来是会有益的。

读向阳《华岗传》的感受

上海华东师大向阳新近写成了一部《华岗传》。由于四十年前，我们共同与华岗的关系，承他在出版之前，把书稿嘱我看看。从这部传稿看，它记述华岗一生的事迹，是那么详尽而具体，这显然不是著者当年在山大时所能晓得，而是“华案”发生以后，不知几经惨淡经营才搜集起来的。可以想象著者为了决心不让华岗的生平被淹没，不知他到过多少地区，访问过多少知情人和查阅过多少档案材料。他对传主人生活环境的描绘，事实情节的交代，落笔之平实公允，鞭辟之深入近里，读者将会为之评说，不需要我絮聒了。就传主人华岗来说，即有这本传记为之写照，又有林默涵、廖盖隆两位同志在本书卷首《序言》中为他所作出的评价，称之为“真正的共产党人”、“杰出的无产阶级革命家”，不论在任何时候，都是“对党的事业信誓旦旦，至死不渝”的。有如此的赞誉，华岗同志可以不朽了！如再有其他喋喋，也是多余了。

那么，我还能再讲点什么呢？就从我认识华岗的开端讲起吧。解放不久，华岗从香港北来，我第一次见到他是当年 10 月前后，在青岛迎宾馆（原称“提督楼”）里的一次内部会议上。那是接管初期，山大校园中为了选出一名参加山东省人民代表会议的代表而爆发了一桩较为严重的大事。事件的牵动面甚广，震动度甚高，如解决不好，就会造成教师队伍的分裂，会给山大本身带来无法预估的损失。因此，市委和军管会召开了上述的这次会议，请华岗出席指导。事件的原委，乍一听是够棘手的。然而当问题提到华岗面前，在听取了汇报、摸清了情况之后，他随即分析了事件原因，指出了问题实质，归结出几条解决办法。他言简意赅，态度从容，按照他拟定的办法，不几天就把问题顺利解决了。不但教师中的对峙立消，而且争议的双方都虚心地接受了他的意见，使两方开诚相见，互相承认了对方的合理成分，各自作了自我批评，不但没有留下任何芥蒂，而且出现了山大后来更为和谐的局面。这是我第一次接触华岗所见到的。我觉得在处理如此纷纭的问题上，他不但确乎高人一筹，而且简直是游刃有余，给我留下了难忘的印象。

山大的接管整顿工作，在他的指导协助下，得到顺利的发展。其后他出任山东大学校委会主任委员、校长兼党委书记。以他的学识和丰富的工作经验，结合着山大的具体情况，在贯彻党的文教政策中，无论是开展教学改革、进行知识分子改造，或是推动建国初期在校内的一系列政治运动，他所表现的才智、气魄和决断力，有如本传中所讲的诸多事实，广大师生是为之心悦诚服的。

解放初期，全国各学校对政治教育都是抓得紧的，而人们也都殷切地期望学习政治，探求新知。山大采取大课形式向全校师生员工讲解政治理论与党的政策。主讲人华岗，定期为全校人员讲大课。他讲形势、讲政策、讲马克思主义、讲革命史以及其他学术专题，都是广征博引，洋洋洒洒，既生动，又严肃；既有实例，又富推理。大课的讲授有一个工作组辅助进行。除有一个记录班子负责记录与讲后整理发表外，我任这个组的秘书，负责报告前的发布通知、场地安排与报告后的听取与收集各方讨论意见。我曾征询过几位宿学老教授的意见，他们各从自己的专业特长反映他们的感受，虽然意见不一，但总的说都认为受到了启发，开拓了思路。有位老人对我说："过去自认为读书得间，颇有心得，于今才知所见甚小。"还有人说："听一回报告，真是胜读十年书。"这些反映的语言中，虽然不无虚饰，但从报告稿事后的广泛传播看，它的影响是很大的。

华岗主持山大五年，正是新中国成立后除旧布新之际。山大这所有着悠久历史的大学，教师的出身与思想情况是复杂的，特别在开国后一系列政治运动中，华岗遇上的人和事也是复杂的。如何才能既贯彻党的方针政策，又能掌握好分寸、恰到好处地团结教育好各类知识分子，是要煞费苦心的。华岗长期在国民党统治区工作，善于与高级文化人打交道，善于有原则地团结知识分子，因此，他能在短期内把全校教师的积极性调动起来，共同把山大的教学、科研秩序搞得井井有条，蒸蒸日上，让山大人的精神状态，蓬蓬勃勃，富有朝气。他以自己的领导艺术，赢得了人们的赞佩，自然也是为党的事业，争来了声誉。

然而，谁想到这样一位备受社会推重、备受师生爱戴的华岗校长在1955年

8 月的一天，竟突然被从山大最高的位子上拉了下来，定性为“反革命”，要“接受审查”！那时全国正在开展肃反运动，作为山东大学肃反运动领导人的华岗书记，忽然变成了“被肃”的对象，真是骇人听闻！大多数人于惊愕之余，虽口不敢言，但内心里却觉得是不可理解，感到极大困惑。华岗究竟出了什么问题，犯了什么罪呢？困惑的群众期待着明确的答案。但是“华案”在校园里从宣布到随后的大会批、小会斗当中，却到底谁也没听明白是犯了哪条罪。每次批斗会的开场白，是几顶空洞“大帽子”，莫测高深；下面的“例行”发言，又是影影绰绰，不着要害。什么讲大课中某几句话是“反马克思主义”啦，什么“突出个人，抬高自己”啦，什么提出向科学进军，是“抢先在中央之前”啦，如此等等，听起来最大只是过失，甚至连过失也够不上。又追问他与胡风、向明的关系，但除了个人友谊与工作关系外，也提不出什么具体罪证。末后还传出来最严重的问题，说是“根据对华岗家搜查的结果，华岗有越境潜逃的迹象”。这一条如果能成立，那时候可真是了不得的罪名，然而不过半天，就传达下来，叫大家不要再提这事。看来，这还是靠不住的天方夜谭。就这样地折腾了一阵之后，华岗就从山大校园里消逝了！

华岗是被捕了。但被捕以后怎样了？从他被捕之日以至以后的十几年内，就我自己的所闻所及，无任何消息。只在山大校园内私下时而流传着一些使人“欣慰”的传言。有人说，华岗正在河南作一项什么社会调查。又有人说，华岗被派往东北去了，奉命干一项重要的事情。还有人说，华岗现在北京郊外休养，是毛主席的安排，让他先治病。这类消息若真若假，似有似无，略以为传说者自我安慰，实际上反映了山大人对华岗的无限怀念！

我确切得知华岗的消息是 1971 年夏天，那是华岗失去自由的第 16 个年头了。那时，我被借调在北京革命史博物馆工作，偶然的机会有一位老同志告诉我，说有搞调查证明材料的人在济南监狱里找到了华岗。“啊，华岗还活着!”我惊讶而欣庆地想。当年冬，我回到济南，听人说，华岗曾出现在济南街头。第二年(1972 年)夏，我去青岛，又听人讲起华岗曾来原山大医院治病的事。当我想打听个究竟时，原来华岗已于三个月前回到济南，死在原来的狱中而永远离开人世了！

华岗瘐死狱中时是 69 岁，从他 1924 年参加社会主义青年团(第二年参加党)算起，他的革命历程计 48 年，近半个世纪。他的这段历程可分为三个阶段：从 1924 年到 1949 年的 25 年是第一阶段。在这个阶段中，他为推翻旧中国的反动统治而不停地战斗，其间虽然风风雨雨，备尝艰辛，甚至被关进敌人的牢房六年，但对于一个革命战士来说，是“家常便饭”，思想上早有准备，躯体上尽管受着折磨，精神上是昂扬振奋的。从 1949 年 9 月到 1955 年 8 月是第二阶段，仅有五年多的时间。这期间迎来了人民的胜利，新中国的诞生。他在青岛欢快地、信心百倍地主持着一所大学，受到社会各界的尊重，数千师生的欢迎。一个“大学校长”对于资深的华岗来说不算什么很高的职位，然而对长期从事文化、理论工作的他来说，却是一个很合适的位子。但出人意料地是在这阶段的末尾，突然一个筋斗，把他翻落到不见阳光的幽谷里。自此，他被关在自己政权下的铁窗中，从 1955 年 8 月到 1972 年 5 月，度过 17 个年头的朝朝暮暮，终于没能再走出来——以此而构成他革命生涯的第三阶段，直到生命的结束！

纵览华岗的生平，他的第一阶段是光辉的，第二阶段是欢快的，纵有坎坷，都算是顺境。唯有末后的第三阶段，陷入了有冤莫伸的困境之中。有些人遇到这种时刻，往往会自杀以明志，然而华岗却不是这样。他是怎样的呢？他没有绝望，不想自杀，他比自杀者更坚毅。他把强加给他的罪名与屈辱束之脑后，而把一腔热血郁结凝聚成另一种力量，全神贯注地投到了革命的理论研究与学术著作上去。谁能想到身在囹圄之中，竟能像一个未失去自由的人一样，作着冷静的理论表述与深邃的智慧探索而写出《规律论》、《美学论要》、《列宁表述“辩证法十六要素”试释》、《自然科学发展史略》等几部大著作呢？他的洋洋百万余言，不是消闲之作，而是马克思主义观点方法的科学论著，是与党的事业、共产主义理想紧密相连的，林默涵同志称之为“用生命写成的书”，熊复同志赞之为“发愤之作”。然而，战斗了一生的华岗毕竟走了！他攒下来的是几件破旧衣衫和一堆书稿。他没留下物质的珍宝，却拥有精神的财富。他生活掉进了冰窟，精神却散发出一团冷香！作为党的理论战士，他用手中的笔，一直战斗到最后，“春蚕到死丝方尽，蜡炬成灰泪始干”，令人感喟不尽。

在我国“十年动乱”拨乱反正之后，华岗的案情受到党中央的关怀，1980 年 3 月 28 日得到彻底的平反昭雪。他虽已死去八年，但凡关心这案件的人都松了一口气。自昭雪之日起又过了十三年的今天，又有向阳《华岗传》的问世。由此，不但华岗的冤屈得到洗刷，而且华岗的事迹还可传之后人。这是好事，生者为之欣悦，只可惜死者不及见了！然而还有更重要的，那就是这样的政治性悲剧，为什么会在我们革命胜利后的新社会中还会屡见不鲜呢？如何才能把它减少到最低限度，或杜绝它使之不再发生，这应是一切爱国忧时之士所要深长思之的吧。

追念王德昭教授

德昭兄和我是1934年夏天同时考入北京大学史学系的。我们同班有二十几个人,都是二十岁上下的青年。同班人数不多,彼此认得是容易的。但“熟悉”却谈不上,因为大家住得很分散。但是对德昭这个人,却是在榜示未揭晓以前,我已于沙滩街上注意到他。他是一位神采精悍、话音很响亮的人。及至同堂听课,回答问题,可以看出他思路的明晳与敏捷。

进入北大的第二年上学期,即1935年冬,发生了“一二·九”学生救亡运动。在这场延续了十七个月之久的运动中,我和德昭有了较多的接触机会,到这时才说得上比较熟悉起来。但从七七事变起,同学分散,天各一方,德昭和我有五年不见,到1942年夏在重庆一遇;1945年秋他从贵阳来重庆(他在贵州大学任教),是又一次见面。我送他和同学何佶(即吕荧)回贵阳,在长江南岸一家小旅馆中共住一夜,翌日晨挥手上车,从此,我们就又分别了。第三次重晤是1980年的春初,我正在北京中医院住院,突然,我的内人把他引到我床前,说了声“德昭先生来看你”。我睁大了眼注视着他,他也看我,却几乎“相见不相识”了!从重庆江边小旅馆到北京病院,35年过去了。在“既往矣”的35年的岁月中,世界和中国发生了多大的变化:古旧的祖国从衰老孱弱展现出挺秀的英姿,而朋友们呢,却让青春的鬓发染上一层霜白了。然而,人是健在的,精神是爽朗的,话语是照旧的。我扶病出院,终于和几位在京旧友,共看了沙滩、红楼,游览了北海,畅叙了两日。接着,1980年夏季,他应南开大学郑毅生老师之邀,自港来京转赴天津参加明清史讨论会;1981年9月下旬,再回大陆参加辛亥革命七十周年纪念和学术讨论会;两次都到我在京的新居来聚晤。后一次还有他的爱女其方和青年教授的快婿 James R. Pusey(华名蒲嘉珉)一道欢谈。他向我提出晚年想回到大陆来工作和定居。在这次分别后,我正秉承他的意念协助他作实现其这一愿望的安排,不料,噩耗传来,他猝然于 1982 年 3 月 23 日竟作古人了! 他的年龄比我还小了几岁,正当他的学问有了颇厚的根底、思虑也更加密致和成熟的时候,不幸逝世,这损失应不是仅属于私人友谊之间的事。

德昭一生的成就主要是在教育与学术事业上。但他在学术上出成果,主要是在大学毕业后海外的三十年间。而这三十年间恰是我们长期隔绝之后的事。在今日悼念他的时候,对他遗留的史学论著我一时不知该讲些什么,我想到的首先仍然是身在大学时代的一些片断。

如前面所说,我们进入北大的第二年发生了著名的"一二・九"运动。在运动发生之前,我们对当时华北危机开始表态,在校园中曾有所酝酿。但是对结队走上街头去游行的具体日期,北大的学生似乎知道消息较晚。1935 年 12 月 9 日那天午后,当一队游行的学生来到沙滩北大一院门前,呼喊着抗日救亡口号时,教室中学生们才从楼窗口望见外边发生的情况。有些同学正要离开座位,丢下书本准备走出去时,突然一阵急促的钟声"当当当"打响了。闻知这不同寻常的钟声的同学们,纷纷地从课堂、图书馆、宿舍中冲出来。有人临时扯破了一条床单,写上水墨淋淋的"北京大学"四字,用两根竹竿撑起,带领着临时集合起来的几百个同学加入了游行队伍[①]。这个敲起钟声的是谁呢? 事隔四十多年了,我才知道,原来就是王德昭[②]。

一周后,更大规模的"一二・一六"游行,事先各校都有了较好的组织准备,北大也是这样。但在当天早晨北大学生还没集合之前,德昭在从西斋到新四斋的沙滩街上已被警探捕去,囚禁起来,所以他没有能参加那天的示威游行。后来经过营救被释放,他曾在给他爱人陈琬女士的一封信中缕述他被捕后的经过。这封信曾以《寄婉》为题刊于《北大周刊》的《一二・一六示威特刊》上[③]。从这封信中可以看出他当时所表现出来的爱国主义情操和思想境界。

自那之后,在我的印象里,德昭的生活是活跃的、进取的,和一切坚决主张抗

---

① 这个扯破床单制旗帜的人,有人回忆是住东斋的刘志诚同学。

② 1980 年德昭来京谈起这事,解开了大家多年记不清的一个谜。

③ 原信现在收入《中国现代革命资料丛刊:"一二・九"运动资料》第 1 辑,人民出版社 1981 年版。

日的同学在思想认识上是契合的。他屡被选为我们班的代表，在学生会中似曾担任过什么职务，因为我记得在一年多里公布的学生会议通告上，常常有“记录：王德昭”五个字。还记得我们曾共同在校门口执行过纠察队的任务；曾共同作为历史系学生代表为我班被开除的同学向学校当局进行说理，要求“收回成命”。直到西安事变后，我们同班五六人，包括德昭在内，曾共同组织起来自发地学习过新哲学。虽然德昭自己后来回忆说，他在这场运动中“只是在外围摇旗呐喊的一人”①；就算真如他所说吧，我作为他的老同学，他的“呐喊”的声浪在我的记忆里，并没有熄灭。

与热情始终饱满，为专心救亡连课也顾不得再上的某些同学比较，德昭在一段时期之后，还保持着他进图书馆的习惯，也是事实。那时他和陈琬女士已经结婚，人们常见他们俪影双双出入于图书馆门口。错觉与遗忘的综合，以致多年后偶然也听到有人说他的爱国热情很快就消失的谈论。这也许是人们不了解他当时生活贫寒的情况。他当时连应缴的几元学费也缴不起，是经常靠译书、写文、卖稿费过活。抗战军兴之后，我们分别走向天南地北，于他的生活经历，我确乎不甚了解了。似乎他没有走上战场，去经受炮火的洗礼，而是留转在当时的大后方，在求职业、也做学问的道路上辗转，我想这与他当时已经有家室子女的牵累不无关系。这若从严格的政治意义上讲，自然也未始不可检讨其中的得失，作“春秋责备贤者”之论。然而社会环境际遇是复杂的，人们所能走的路也并不能尽同。同时有两件事是我所记得的。一件是，1942 年秋我初到重庆访见他的时候，他当时在一家半官方的出版社工作，他第一句叮嘱我的话是说：“你初来这里，说话可要格外小心。”这话意味着什么，我是心领神会的。另一件事，大约是 1945 年冬天政协会议前后，不记得是从什么地方见到一张小报上，记载着贵州大学师生要求实现国内和平与民主的消息，当我从中看到德昭的名字时，知道老朋友的心声与时代的脉搏仍然是相通的，感到欣慰。

新中国诞生后的第二年秋，曾和德昭在贵州大学共事的老同学吕荧来到我所在的一座滨海城市的大学里，我们朝夕相见。我向他打听德昭，原来他们于抗战胜利不久就同到台北去教书了。吕于开国前后赶回北平来。从吕荧的话语里，我知道德昭也是很想回来，但他的一家数口，不能像吕荧说走就走那样容易。

---

① 王德昭：《铿然舍瑟春风里》(述往事为郑天挺师寿)(南开大学专刊)。

从此我以为德昭是被隔阻在海峡的对岸了。二十年过去后的1973年冬，从一位出国的新闻代表团领队人（也是位北大老同学）那里，突然听说在香港遇到德昭，现在中文大学任教的消息。至于他何时离开台北，又经历过哪些国家，最后才来到香港，当时都无所知。然而当时还不便立即写信给他，拖到1978年冬我才又能有机会和他借通讯取得联系。这就是上文所说的睽离三十五年之后，在北京中医院病床前我们又重获把晤的来历。

这次重得通讯和见面的开始，他都一再提出晚年"正首丘"（回国内来）的想法，因此，也可以判定，他虽漂流海外多年，始终是眷怀祖国，对新中国的成就是高兴的。然而，他的最后愿望终于没有来得及实现而让他含恨以殁，伤哉！

德昭精通英、法、日语，汉语根底也好。他的中西历史都具有深厚的基础。他还向我自信地表示过，在中西交通史上也下过一番工夫。他把在海外参加学术会议的报告和发表的学术论文，在这次会晤前后都寄给了我，重点是对甲午到"五四"期间的政治与文化思想的研究，中山先生思想更是他研究的核心。我虽然直到现在仅仅粗略地涉猎过几篇，但留给我的印象，可以看出都是扎扎实实的谨严之作，绝不是率尔操觚的东西。中华书局已准备把他的遗作印成专集问世，我觉得这是很值得的。

就在德昭到医院见我前不久，远在苏州师范学院（今苏州大学）执教的余行迈（原名余文豪）同学，忽然寄信给我，附来一张我们北大同班照片，照片的背景是北大二院的礼堂前。上有十八人，德昭立于前排正中。开始，我们从人数与服装上作了各种推想，判不清是在什么情况下留的这张照片。行迈信上说，这张照片于"十年动乱"中曾经失去，经过拨乱反正，随着政策的落实，又璧还回来的。于是他复印数张分送现还知消息的诸同学，也寄德昭一张。德昭似乎也记不清当时的情况了。后我问起同班同学，现任教甘肃师大的历史系教授金宝祥兄，他断然地说，这是1935年"一二·一六"之后，欢迎德昭和另一被捕同学巫省三被释出狱的纪念照；当时是在二院礼堂旁一间房内先开的欢迎茶会而后拍照的。宝祥兄的记忆是十分清晰的，这就成为对德昭以及在我们大家个人生活中很值得保存的珍品了。检点照片上的十八人，现在有的在国内，有的在国外，有的在台北，有的已经故去，还有的是不知下落，有可能是在战场牺牲了。我当时正在医院养病，反复地看着这张照片，缅怀着年轻时代的老同学，诌诗两首，今以之附赘于此文的末尾；原是睹物怀旧之作，而竟成追悼德昭的纪念品，这是怎么也料不到的。

题1935年冬北大同班照片

负笈红楼忆少年，东西斋对汉花园。
心期班马千秋业，呼号街头腊月天。
豪气未消添白发，远怀无奈望婵娟。
寄言彼岸旧朋侣，北海春归好放船。

偶留鸿影落人间，一度沉沦去复还。
入目犹堪识旧我，沉思仿佛悟前缘。
死生有命谁先后，离合无情自北南。
缺补金瓯应有日，散云归岫月重圆。

（1983年1月12日）

一位纯朴的历史学家华山先生

华山先生是一位纯朴的历史学者。他比我大几岁，在共事期间，我习惯地称他“华先生”。

1971年冬天的一个夜里，他突然病死在山东大学第二次搬迁后的曲阜校园里。那时，我出差了，回校后听人们讲说他死的情况，白天还见他出来，一夜过后，闭门不起，等撬开门看，发现他已死了。书桌上还散放着纸、笔和《加拿大简史》译稿，看样子，昨夜他还在工作……

经历了几年的摧折，他去世前算是“解放”了的；不过，那不等于心情已经舒畅，大气层中仍像有浊雾似的。但听听周围的议论，除个别例外，真心惋惜的是绝大多数。惋惜之情，多半是说，像他这样的学力深厚，如果不是遽夺其天年，会出更多的学术成果云云。当时，还不可能设想到另外的一层：他没有来得及看到“四人帮”的垮台和拨乱反正局面的出现，才是更值得惋惜的！

现在他去世的八年以后，山东大学历史系的领导，委托他的生前友好王赓唐同志把他历史学方面的遗文，搜集起来，整理出版。这真是一件好事。我讲是“好事”，除是说一位学人毕生的精神产品有所归结，不致散失这点应有之义外，也是说党的科学文化方针确乎是拨正了。他的某些片断在那是非混淆的年代里，是曾作为下地狱的“罪证”的，哪能想到有今天？当然，我并不是说，他的文章论据全部正确，无可商榷之处。

编辑人赓唐同志多次来信要我为华先生文集的印行写点评介的话，我觉得如果作一篇“序文”，山东大学治古代史的老同事们写来会比我更适当；我和华先生所探求的学业领域，距离较远。而且说实在的，也很惭愧，尽管和华先生共事十多年，我并不是个深知华先生的人。

然而，我虽不敢在华先生文集问世之日，谬托知己，但是我们之间，也不是全无可说，特别是我们同登“黑榜”，共住“牛棚”的年月里，有些印象是难忘的。

华先生从50年代中间到山东大学来，我恰好借调到外边去了。1960年春我回到学校之后，为了工作上的关系，才开始和他有所接触，但够得上是“谈心”的时候，却几乎是没有过。

不过那几年，我们住得很近。偶然或有事走进他的房间，总是先望见他那伏处案头的“山”字形背影，他悠然晏处的时候，似乎很少，真可说是“手不释卷”。他的生活简易，是人所共知的。他来校十几年，不带家属；为什么不带家属，我就没有问过他。他只身住着一间宿舍，房内只是一桌一床，几把木椅，一架图书。在黄河流域的严冬季节里，他从来不生炉火。这点，我倒是问过他。他的回答是：“点起火炉，人就要为火炉服务。”为了珍惜时间，他宁愿多穿件衣服，忍受着房内的冰冷。然而就是这样一间简单的宿舍，当风雨来临时，却被人歪曲地夸张为“华府”。时过境迁，这好像是笑谈，而当时却是严峻地证明了他的“反动”，活该被打倒的。

在我们居住得较近的那几年中，我受组织的委托去和华先生商量分配给他的教学任务，他从没有推卸过。他承担的任务公认是比较重的。我记得为了培养青年教师学日语，又需要请他来讲授，带着这份额外的负担去叩他的门，我心里是嘀咕的。然而出人意料，他欣然答应了。从编讲义到开课，任务完成得很好。当系里要设置“中国思想史专门化”课程时，是由好多位教师分授古、近、现代各段的专题，华先生一人独力承担了宋、元、明、清一大段，这也是领导上事先觉得为难而他却勇敢地接受下来，并无怨言的。

在繁重的教学工作之余，他写了不少的东西。这里选辑了他的论文，不包含他的讲义。他的收获丰富，是他勤敏的结果。从他的遗作中，除了窥见他的史料基础外，还可以看出他力图运用历史唯物主义的科学理论以求解决历史问题的严肃态度。学习马列主义经典理论，他大约是新中国成立后开始的。谁也难说自己的马列主义水平很高，运用起来，会百无一失。但只要肯于刻苦地学习，每一个进步，都应值得赞扬。从华先生这两本文集中，不难看出他迅速前进的脚印和他所取得的可喜成就。在学术见解上，他是个具有自信和敢于坚持定见的人。倘不是有充分折服他的论据，即使面临着受围攻的危险，他绝不俯仰随人。总之，像他这样一位谨严的学者，勤奋的教师，对于办好一个系来说，应是只嫌其少，不厌其多的。

然而，说也奇怪，不知从什么时候起，他背上了几个飞来的“问号”。他自己有无感觉，没听他说过；一般人莫测高深，不便多问。时间一晃几年过去了，终止他在山大之年，在他被使用与被信任的分量上是不均衡的。而他好像只集中精力，忙碌于自己应该做的事业，于身外浮名淡然视之。

1966 年那股“左”的风暴袭来之后，一个不掌权、不挡路的普通教师，首先被挑选出来与党内校、系一级的领导人，同被作为重点“黑”人一同揪斗，这在当时的教师中如华先生者是没有第二人的。为什么呢？我看这是工于设计的结果。当“山雨欲来”的时候，脚跟轻浅，善于“自处”的，随风而化，而华先生却仍抱着他那些“不合时宜”的学术观点，发而为文，于是报纸上点他的名了。本来，他就背着几条缥缈的浅灰油彩，是大可利用的心理材料，再加上他如此不识“时务”，所以不等“文化大革命”的幕布揭开，他已注定是“黑”人物了。然而，设计图纸上真正要抹臭的人物，不是一个党外的教师，而是另有人在；华先生不过被祭起来作法物，以“先黑”者衬“后黑”，而后同“黑”，“啊，一丘之貉！”这是颇具匠心的安排。但这样一来，华先生却从本来一个一般的“牛鬼蛇神”，升级为重量级的“牛鬼蛇神”；华先生在学術上没有取得与其实力相应的职称，而在这风雨敲打中，竟受到“提拔”，这毋宁说是种意外的“荣誉”吧！而我亦有幸与华先生成为“风雨同舟”的“黑”伙伴。

那年六七月间，邪风野火，越吹越旺了。“一口气揪出了吴、蒋、孙、华，取得了伟大的胜利！”遮天盖地的大字报重复着这样的“凯歌”。我们都成了“牛鬼蛇神”中的重量级人物。批斗在前，站队居首；别人罚站，我们弯腰，成为第一批戴高帽的游街者。8 月里，我们被押送进草木葱茏、颇为“幽雅”的学校农场，名为重点劳改组，我“荣幸”地被指定为这个重犯组的“黑组长”。从此，我们一道锄草、施肥、挑水、推磨、拉车、喂猪、挖厕所，有时同在田埂上被斗。华先生年纪大，体力弱，农活开始也不大习惯，干起来比我吃力，但他不甘落后，低着头、躬着腰，不吭不响地向前挣扎。多次看他直起身来痛苦地捶几下腰背，相对无言。这样，我们倒是真正有了朝夕相处的机会了，可是那时彼此“既黑且臭”，通常是互不打招呼、不说话的。他本来是比较寡言的，而且从我这一面来说，曾飞入我脑袋中的他那几个“问号”，还起着作用；同时，我自己头上被扣上的一顶顶帽子，他也未必不存戒心。因此，我们尽管被宣判为一个“黑店”里的同伙，而我们之间却隔着一层篱障似的。

时光在向前流驶，校内外形势风云变幻；各路人马喧嚷打闹，各色英雄起伏升沉。在这夹缝中间，我们被管制在农场的“劳改犯”，反而有了一些喘息的余地，压力好像轻了一些。而且，事物的本质越来越暴露得清楚，我们对自己身负的“罪状”，也越来越清醒了。于是，在果树丛中，草垛背后，或别的旮旯里，看看“有机可乘”时，也就能互相递个眼色，吐露一言半语。一次，我见他疲惫地蹲下来，两手抱着头。我问他：“病了？”他回答说：“不碍事！”我说：“你要注意吃饭。”他“咳”了一声，几乎没有再回答我。

再一次是黄昏收工了，他在回宿舍的一段小路旁坐下来，我来到他面前时不由停住了脚步，“怎么样，还能支持？”我边问他，边向前后望了一下，没有别的什么人了。他长叹了一声，代替了对我的回答。我接着说：“留得青山在，注意身体，总会弄清楚的。”他回答说：“我们老了，随它去吧，孩子们的将来……”他的声音哽咽而颤动，是不是潸然泪下，天晚看不清了。“管不了那么许多了，走吧。”我说。

另一个下午，突然有两个雄赳赳的青年人，呼喊我的名字，要我走出来。我以为又要揪斗了。他们却是把我摆布到田埂上，对好镜头，“咔嚓”给我照了张相，边照边对我说：“照照你的丑态，黑掌柜！”照完，扬长而去了。这之后，我和华先生到井上去放水浇地。刚才发生的事，使我憋了些闷气，同时也嘀咕着不知又要出什么花样。坐到井台上，我问他：“有人给你照相？”他说：“没有。”我把发生的事告诉了他，趁势问了他一句：“老华，真想不到我们今生还会开座‘黑店’？不知你是怎样想？”“向谁去讲呢？怕是讲不清了。”他语气总是有些低沉。“为什么讲不清？我们黑在哪里？”我问。“我们的‘店’在哪里？……”他来个反问。但话音未落，那旁一位农场工人走来，我们的对话只好中止下来。

这时已渐入初冬。另一些被划入“黑店”的成员们已经不约而同地准备着“农场起义”。我是想把我们与华先生之间的篱障试探着扯破的，但终于没有成功。

农场中有一座玻璃罩顶的地下室，是育苗或藏花之用的，有十余平方米大。遇到寒风刺骨或飘着雪花的天气，好心的农场管理人，就把我们这批“重犯”赶进玻璃房去干点轻活。如剥棉桃或刻苞米芯之类。这真是一个难得的避风港。不记得是谁私下给它命名曰“鬼神堂”，又曰“牛蛇洞”。当大家走下去，围拢着一堆活坐下来之后，总不能老是封住嘴巴，时间久了，难免要讲些什么了。不过这时重点劳改组的成员续有增加，组里已是流品复杂，不限于“黑店”的伙友了。这中间谁敌谁友，互相明白，心照不宣。因此，开头虽然讲点什么，也还是避开矛盾，并无风波。华先生在中间是一贯沉默，不多讲话的。

有这么件事，“鬼神堂”来了一位新成员。他自己表白曾三绕好望角，识多见广。学的虽是农业化学，谈的却多是文史。对他那些并不动人，也少条理的“宏论”，大家只是耐着性子去听，或者作为并没听懂视之。一天，这位先生认真地讨论起中国史上民族战争的问题来。他的“高见”是岳飞抗金、文天祥抗蒙古、郑成功抗清，都是没有意义的，根本不该干这种蠢事。

“不懂，别装懂！”华山说话了。

多识的先生似乎没留心这一声“抗议”，仍絮絮叨叨地讲他的。大意说，拿抗金来说吧，金人以方张之势，南宋如何能抗得了？岳飞一派只能是好大喜功……

“屁话！”华山发出了厉声的斥责。

“什么？”那先生显得很迟钝。

“汉奸言论！”华山又加了句判词。

那先生遭此一击，不能不红起脸来应战了：“你说宋有多大人力财力？对金宋的实力你作过研究？”

“你有研究？”华山反问他。

那先生结结巴巴地罗列几条材料来维护他的论点，如什么南宋养兵过多，军费无法筹措之类，其实，那不过是拾来的前人的牙慧[①]，而且是早已破产的东西。

“这就是你的根据？可怜！”华山投以鄙薄的冷笑。

“你还知道哪些材料？”那人问华山。

“我知道哪些？总比你知道得多！你这点知识，给我提鞋也不配……”

于是两人舌剑唇枪，大加争论起来。华先生首先指出对方所据资料的“老家”所在[②]，而后以充分的论据证明那几条材料的片面性。论辩展开，华先生义正词严，句句像炮弹一样在对方阵地上开花。那先生被驳得张口结舌，渐渐失去

① 胡适：《南宋的军费》。

② 周密《齐东野语》、庄绰《鸡肋集》等。

了招架之功。这场论战，延续了约有一个多小时，真是淋漓尽致，大快人心，为“鬼神堂”添了一段光彩！我第一次看到华先生在真理面前，这样勇敢，毫不退让，不由得对他肃然起敬，暗暗佩服。

自这以后，我们“鬼神堂”中，偶然也还有其他的小小遭遇战，但都不及这次精彩。

自这之后，我本想与华先生谈谈我们自己的遭遇，但环境毕竟不允许。不久，在一个风雪之夜，我忽然被揪入暗室，遭到毒打，不得不负伤出走，与山大农场暂时告别。一年以后，大家又到一处，又共同经历了种种折磨，才好容易盼到所谓“解放”，但直到华先生去世前，大气中仍像有毒雾似的，并不容易自由地呼吸。

所以，我不是个深知华先生的人。

华先生离开我们已经八年了。如今“四害”既除，天宇廓清。当此冬去春回的季节，遥念洪家楼那片山大农场，成行的果木，离离的禾苗，仍在那里辛勤灌溉的园丁们，今天应不会再把有用的东西当作毒草除掉了吧？华先生文集问世之日，草此回忆之文，既以之作为对泉下老同事的怀念，让读者得以想象作者其人，并且也提供给风雨震撼中凡与华先生发生牵连的人们（包括在华先生身上犯错误的人）一些片断的影像。倘能由此而痛定思痛，想想付出的代价，或许可以起一点清热散风的作用。不然的话，那就算一堆废话罢了。

（1980 年 3 月于北京）

无声的友情

——记王式廓同志抗战开始时的活动

式廓同志是我们这个时代的革命画家;他艺术上的成就,是无须乎我这个外行人为之评论和赞誉的。

我在这里所讲的是一点往事。

四十二年前,我有机会和式廓同志认识、接触,为了共同的目的而碰到一起。那段时间并不很长。但从1973年夏天,惊悉他以身殉职在河南农村之后,青年时代的他给我留下的点滴印象,包括他的音容笑貌,又不断地浮现在眼前。

抗日战争开始那年的10月间,华北战场上的敌骑已经深入到鲁北和冀南,战火眼看延烧到黄河北岸。当时国民党军纷纷南退,官儿们携眷南逃的时候,却有几批青年,手无寸铁,跨河北上,奔向鲁西北地区的聊城去。他们到聊城是鲁西北中共特委的安排,去协助"誓死不过黄河"的"抗战老人"范筑先将军开展游击战争,建立鲁西北根据地。这些青年中有共产党员、民先队员,大都是愿意跟着共产党抗日,具有进步思想的学生;到聊城后,都归入"山东第六专区政治部"做服务员。这是鲁西北特委领导下的党的统战工作。范筑先将军虽出身于旧军人营伍,但他非常乐意接受我党的帮助,信赖这些青年。后来历史证明党在这个地区的工作是有成效的。

到聊城不久,我和几个青年由政治秘书姚第鸿同志(已牺牲)指派编辑一份油印的抗战小报,报名曰《山东人》。小报的办公室在鼓楼东大街路北的一所院落里。院落很宽敞,住着不少的人。我们在北房里编印这份小报,每天从收听记录新闻,编辑、写稿、刻蜡版到印出后散发,忙得不亦乐乎。在编辑部西头一间房内也住着几个青年人，他们在那里守着一堆颜色、纸张，作宣传画，也整天忙着。这其中有一个身材高高、面容白皙、见面爱微笑的人，就是后来以彩色木刻《改造二流子》和《血衣》巨幅素描而驰名画坛的王式廓同志了。

我们同住在一个院内，见面的机会是不少的，但谈话的机会并不多，因为两间屋子里的工作都很紧张。我们的小报印出，总先让他们看到；他们作画时，我们也有时围拢过去看一阵。有时我见他们扛着梯子，提着颜色盒和糨糊桶出现在大街上，架起梯子辛勤的作业。不久，鼓楼和大街墙壁上出现了揭露敌人残暴和动员群众抗日的大幅宣传画，气势磅礴，主题明确，吸引着无数的观众。这是他们几位青年画家的业绩，其中当然也有式廓同志的作品。这大约是式廓同志以画笔进行战斗的开始。

式廓同志是从日本回来的留学生，但当时我们不知道，也并不注意这些。我们谈心的机会不多，只是彼此默默而紧张地工作着，见面点头微笑。但是，那个战火纷飞的年代里，纵使是无言的友谊，却是“心有灵犀”，互相了解内心的爱憎和共同向往的是什么。

记得一个夜晚，我们编辑间里大概是编写什么抗日民歌，夜深未睡。我偶然走出室外，满天星斗，院内黑黝黝的，各房里的同志都睡了，只有绘画间的窗纸上还有灯光人影。我悄悄走过去，从寒风透过的破纸窗中一望，只见式廓同志，身披棉大衣，在昏暗油灯下，手拿铅笔面对着墙壁上一幅大型的未完成的素描画稿，皱眉凝思。我没敢打扰他。第二天一早见面时，我问了他一声：“昨晚睡迟了吧？”他也只微笑点头，表示“是的”。

我们这种无声地比邻而居，共处在一个院落里，算起来不超过两月。时间是短暂的，谈话是可数的，但却有一条无形的内在的引线，把大家贯穿在一起，仿佛用无声的语言说：“我们是同志。”

不久，组织上分派我到外县去工作，离开聊城。式廓同志几时离开的，我不知道。他以后由武汉奔赴延安的经历，是全国解放后才听到老战友们讲的。

我对艺术界的情况了解甚少，在别后的年代里，式廓同志在绘画上的造诣，也从未留心打听。随着日月的流逝，要说已把这位青年画家淡忘了而应该受到谴责的话，我也觉得理所当然。经历了“文革”风雨之后的 1971 年春夏间，我临时从外地来京参加中国历史博物馆革命史部分的展览筹备工作。《血衣》这幅素描好像是第一次出现在我的眼前。经懂行的人指点说，这是一幅堪以载入革命绘画史册的艺术珍品，这才引起我的注意，但仍不知道作者是谁。当人们说出作者是“王式廓”三个字时，我几乎高兴得叫起来：“啊，是他！”这不就是当年那个隔墙邻居、夜深未睡的王式廓吗？那短短两月间无声的友谊，片片断断止不住地进入了记忆的领域里来。我为他在别后的岁月里所取得惊人造就而默默祝贺。

我打听他在什么地方，想找机会去看他；但还未如愿，我又离开了北京。1973年春我调到北京住下来，要长期生活在这里了。觉得尽有充裕的时间可以会见一些当年的老同志了。式廓同志是计划中要访问的老战友之一。但接着听说，他受组织委托为把《血衣》改绘成油画，到河南农村去进一步体验生活去了，不久就可以回来的。我正期待着阔别多年、握手言欢这一天的到来，然而出人意料，传来的却是他手握画笔倒在河南省巩县山村之中。这位战斗终生的当代著名的革命画家，在当地农民一片悲悼声中与世永诀！

我们微笑无声的友情，以无缘再叙而无声地终结。

“1973年”，是什么情况呢？“文化大革命”还不算结束。政治风雨的年代里，由篡党夺权者刮起的毒雾，还障碍着人们看清周围的一切。式廓同志是5月23日去世的，在几经波折，到当年7月13日才允许开成的式廓同志追悼会上，老战友到了不少。由于“悼词”中人为地贬低了已故者抗战初期的那段生活，好像说那还说不上是党的工作，从而引起到会的鲁西北一些老同志的抗议。党在那块土地培育了成千的干部，组成了后来汇入革命大海的武装的一部分。历史是抹不掉的。正因为有过这样一场风波，我才想到写这样一篇短文来纪念式廓，为战斗了一生的式廓，献上一个小小的花环。

（1979年1月14日）

巩绍英同志和他的诗

巩绍英同志辞世后之十七年,他生前自己收集与编订过的一部诗词稿,经其弟绍贤同志再次编选与详加注释后,将问世。街头卒遇中国历史博物馆老友史树青同志,他除把这事作为重要消息告我外,还劈头对我说:“你要写篇序。”我忝为这部手稿最早的读者之一,对它的出版问题是非常关怀的,高兴之下,面对老友的叮嘱,不假思索地“啊”了一声。然而回头一想,我又能写点什么呢?绍英去世后,本来早就想写点追怀他的文字,记我们间的友情并介绍他的诗。原拟的题目就如这里的标题,但过去一直没有写就,不过就想到的内容,却已近于有了腹稿。今把它写出来,不适于作为序文,算一篇代序吧。

我和巩绍英同志相识是1971年,是在中国历史博物馆参加那里的展出工作时的事。交往仅仅三年,他就溘然去世了。时间虽短,但不妨碍他成为我最怀念的好友之一。

解放初期,绍英同志的名字在报刊上出现的并不多,我偶然涉猎过他的文章,对他别的方面无所知。当1971年春,我和他先后借调来历史博物馆时,他是天津南开大学图书馆馆长,并在历史系教课。听说他来,史馆里的人们私下议论说,是来了位古代史专家,也有人说是位老干部,很少人知道他也是诗人的。

他来后被安排在南馆主持通史组的内容设计,我在北馆参加现代革命史的设计。偶然在会上相遇,相互间还不熟悉。后来,馆里有照顾之意,把我们两个年纪略长的人迁在一间上下楼较便当的房舍里,接谈的机会比较多了。

当我们两人还不太熟识的时候,一天,从馆内青年同志们主办的一份墙报上，我看到一首七律诗，题为《参加历史博物馆通史陈列工作志感》。诗是：

一幅蓝图设计成，切磋攻错费叮咛。
丹青试绘农奴戟，月旦新翻处士评。
终古黄天常灿烂，千秋红线倍分明。
云台他日游人盛，胜读尼山几卷经。

不久，又刊出一首《参观门头沟煤矿》的五律诗。诗是：

地聚西山宝，门窥大邑雄。
石田悬汲绠，鱼贯入穹隆。
井底龙衔烛，岩头虎啸风。
千年凝血泪，一旦太阳红。

我认为两首诗写得结构完整，格律谨严，词意凝练沉稳，很见功力。这样的诗在那份墙报上，应该说是很突出的。但两诗都未署名。“谁的？”我在纳闷。当然后来知是出自绍英同志之手的了。

仍然是当我们不太熟识的时候，我随馆中同人往周口店参观猿人遗址。在洞口树下小憩时，我凑成几个句子，算首五律吧。当时潦草地记在一个空烟盒纸上。那诗是：“盘古不为古，猿人有故乡。洞开面现世，石化自洪荒。力弱与天斗，群居少盖藏。讵知万代后，史历几沧桑？”返馆后，把烟盒顺手扔掉了。不料一天忽瞥见那烟盒纸在绍英手里，他看过后正在把它折叠起来，似在准备收起。我大为吃惊，很不好意思地向前认领，像这样的东西，真恐为他所见笑。不料他反提出来要我允许他保留，“好再学习”云云。他这过分的谦抑几乎使我不知所措，由此一端，可以看出他于诗作的留意是何等的细心了。

自这之后，我们有了共同可谈的话题，那就是诗词欣赏之类，主要是我向他请益。

日子既久，对于他在国学方面的淹贯和他在诗词方面的造诣情况，我所知渐多。有些是从接谈中自然感受到的，有些是听他的学生讲的。绍英同志并没进过什么名牌大学。他在学术方面也好，诗歌方面也好，幼年时打下了底子，其后则专靠自学。他少年从军，马背上驮着书。当别人在行军途中或战斗间隙里休息时，他已躲到树林下或河岸旁打开书本了。“战地摊书我更狂”，是他从军时代学习生活的自白。解放后，他多年负责行政领导工作，不论多忙，总是不忘读书。后来正当他转到学术研究，并取得一定成果的时候，“文革”来临。据说，他在惊风急雨中，倔强不屈。研究工作既然无法继续，他索性抛开了“造反者”的监管，独自一人，迈开大步，走向四面八方，饱览祖国的山川名胜。一路走来，一路写诗。当“红卫兵”在富春江水电站附近发现了他，又被“揪”回来时，他的行李袋中却已装满了他的诗作。后来，我拿这件听来的消息问他时，他笑说“不虚此行”。

绍英同志对诗词的写作，虽然一般说来还只作为生活余事，但我仿佛觉得他确乎有心作诗，随时捕捉主题，随时记录佳句，肯下推敲功夫。我亲听他道过此中甘苦。他的诗词中很少容纳现代的词汇。我曾就此问过他，他回答说：“旧体诗溶进新词汇是很难协调的。既然写的是旧体诗，就像个旧体的样子。”这是绍英自己的见解，是对与否，可以见仁见智。总之，在我们这段共处的日子里，知道他的诗稿在三十多年中积累得已相当可观了。

历史博物馆的陈列设计工作于同年9月告一段落，我回山东曲阜去，他留馆内任职，是我们第一次分手。一年之后，1973年春我又重回北京来了，我调到北京近代史研究所，又有了与绍英重新叙晤的机会。在分别的一年多当中，我们有几次通信与诗歌赠答，自不必说；更值得怀念的是他于工作之暇，自己用工整秀丽的小楷，几次把他的新作如《东南杂咏》、《南行十咏》、《河朔访古》、《参观热河离宫及外八庙》、《参加武英殿出国文物展览筹备工作志感》等若干篇抄寄给我。他的诗词越写越典雅自然，意境与手法的融化，越来越巧妙和谐。寄来的篇章中有一首《浪淘沙》，题为《忆徐福岛，为中日复交作》，很受几位朋友的赞赏。词是：

> 海上有仙山，云水漫漫。片帆吹去武陵源。地近蓬莱春不老，物外田园。　往事逾千年，无限波澜。秋空洗净月儿圆。一瓣樱花天上落，日近长安。

这词的上阕用一个传说的故事，象征性地凝缩了中日两国久远的历史，下阕则把战后复交这样一桩复杂的政治事件，用轻轻的两笔勾画出来，写得如此简洁，如此艺术化，真是难得！

我既重回北京，自然我们时有互访。我的东厂胡同斗室里有他不时留下的足迹；他的东郊新源里的寓所，我是几番前来的座上客。这时，他已把生平所写诗词收集起来，编成一函按体例分类、依时间顺序的诗词稿，共六百余首。这里不妨把开卷第一题《别家》四首中的两首先摘引出来，看看当时这位年方十五六岁少年的一腔热血和其诗词上所达到的造诣：

> 慷慨辞桑梓，秋风塞草深。

关山千里隔，行李一肩沉。
岂惯征途苦，难羁游子心。
故园何日返，别泪欲沾襟。

莫洒新亭泪，忍听胡马骄！
亢心存国脉，奋袂逐星轺。
呜咽江城笛，凄凉吴市箫。
欲寻屠狗客，不向武陵飘。

按：绍英同志不愿忍受敌伪统治，曾两次离家出走。一次是瞒过家庭，结伴入关，到北平入某中学读书。这是1935年秋，他才十五岁。经过“一二·九”运动洗礼，他决心献身革命，于第二年夏天回到老家，坦然向亲属说明自己的理想与愿望，与家人告别，再次出走。《别家》四首，我估计应是这时即十六岁时写的。绍英的这一行动，引起的父母兄嫂蒙受的别离之痛是可以想见的。据说，特别是自幼就无比钟爱、精心培养他的老祖父，简直是悲痛欲绝！他这次出走后，一去十二年。随着中国革命的胜利，1945年他随军先回到东北；但直到1948年夏天，他才有机会返回辽宁阜新市清河门老家。然而正当他企望着重睹故园、与亲属团聚时，他的祖父与父亲却已先后去世，不得重见了①！

话已扯远，且说1973年春我们在京重新见面，他出示自己编订的诗词稿，并允许我带回披阅。可惜我当时不知在忙什么，只浏览一遍，恨没能仔细咀嚼。然而即使如此，它留给我的印象是难忘的。它不但是一部抒情的诗册，也是作者生活的实录。它记下了作者一生（包括从战争年代到胜利以后的若干年）中的风风雨雨和脚踏过的山山水水；有胜利中的喜悦，困难中的坚忍，也有某些时候的幽愤；有对牺牲战友的哀悼，远方亲友的怀念，也有对爱情偶一闪现的憧憬与抱恨。总之是有爱有恨，有血有泪，富有作者所经历的时代气息。我与绍英交游时间不长，对他的历史所知甚少，他又很少讲自己的过去；读了他的诗卷，才略为填补起我心目中的某些空白。

---

① 上述别家与回里经过，参见绍英诗词稿《别家》四首、《东归途中志感》、《一九四八年夏返清河门故里所见》及其弟巩绍贤同志的纪念文章《从爱国知识青年到共产主义战士》（《阜新文史通讯》1984年第7期，原载《巩绍英诗词全编笺注》，东方出版社版）。

30年代的我国知识青年，特别是流亡关内的东北学生，由于家仇国恨奋起救亡，进而追求改造社会，成为无产阶级先锋战士之一员，这是那个时代进步青年们共同选择的道路，绍英同志是其中之一。但后来每个人的贡献和成就各不相同；绍英同志首先是一个革命者又是学者，同时还是一个诗人。一人兼具三重身份是他生活的特色。

绍英同志过早地去世了，我特别感到他走得匆匆，因为第二次聚晤于北京，刚刚八九个月。他故去后，我曾重到东郊新源里访问其故居，唁其家属，成诗一首，题为《再赴新源里，悼绍英》，附此，略志怀念之意吧。诗曰："遥望小楼先自悲，斯人一去不重归。论交岁月才三易，共事平生只一回。犹忆前番共笑语，再来景象已全非。伤心怕看书斋里，手稿尘封砚有灰。"

（1990年8月于病中）

理不完的哀思

——子衍周年祭

一

子衍在50年代曾是山东大学历史系的学生。他以“师”尊我，其实，我们的关系是师友之间。他的死让我悲痛，每一念及，好像有理不完的哀思。他离开人世快满周年了，我边读着他的夫人和着泪水的来信，边把我们过去交往中他留在我心里的影像，作些撮录追述，算向他即将到来的周年忌辰献上的一份供品吧。

子衍进山大是1953年秋季，那时学校在青岛。他们这班新生堪称人才济济，俊秀之士为数不少，子衍应是其中之一。不过，开头我认不过来，他与我有所接触，可能是在听过我一门课之后。我知道他是学生会干部，工作积极，作风正派；在学术讨论中，思想敏锐，富有条理。这些都还是初步印象。我进一步看到他的优点和特点，是他进入第四学年在准备毕业论文的当中。他选定我做他的指导教师，商定的题目是《第三次国内革命战争时期的学生运动》。当时，这个课题的研究还很少见。我告他先从搜集材料入手，理出一个轮廓，然后抓住几个特点，略加评述，写篇万把字的文章就够了。题目确定，已入初冬。这时我借调去北京，临时分手，约定有问题时，通信商量。

第二年(1957)春季的清明前后，子衍找到我东四六条的宿舍里来，他笑嘻嘻地对我说，他已拟了一份提纲，并带来材料，要我过目并帮他修订。我心想他搞的“好快”。话未开口，他已把带来的材料，一包包地摊在我的面前，是整整齐齐的一千几百张资料卡片。不但数量可观，而且抄写得工整清楚。每条材料，出处详明。附有体会按语，并作了分类编号。与提纲章目对照，井然有序，极易查寻。读书写札记、作卡片，这是在运用现代技术以前，过去学人的基本功。但我没想到子衎能做得这般认真和细致！而且为时不久，他竟有如此的丰收，又可想象他是多么勤奋！这是我第一次认识到他的长处，赞赏这位有希望的青年。随后在此基础上写成了他的论文，不是万把字，而是长达七八万字，简直可以作博士论文看待了。由于他论文的优异，学校同意我的建议，内定他毕业后留系作助教。当我正满怀欣幸的时候，谁也料不到一场风暴突然把他卷进去。从听到他被列入那张所谓"右派"名单的一刻起，我再没见到他；他已默然离校了。而且从此，也就再没了他的消息。

风风雨雨，不平凡的岁月度过了十七年。到 1974 年，那时我已调离山大到北京近代史研究所工作，家住在东厂胡同一号那座古老的庭院中。8 月 2 日的黄昏时刻，室外下着倾盆大雨，忽然瞥见一个人影冲开淋漓的雨柱，迈步踏上我房前的石阶而闪进屋来。他把两个雨淋的背包一放，喊道："老师还认得我吗？"我不由一怔："啊，包子衎，从哪里来？你还活着？……"接下去是哈哈傻笑着，相互注视着，谈别离、谈遭遇、谈逝去的岁月。我欣幸地听他说早已"摘帽"，在济南三中教书，而且多年来贯注到一部《鲁迅日记》上，对它进行着考订注释的工作。他说："在研究工作上没干出点成绩以前，我不好意思来见您，今天，我有一些成果可以来向您汇报了。"边说边指着那两个背包里的东西。"这是我考注《日记》的一部分卡片。"一提到卡片，十七年前他背着一包东西来东四六条的情景又浮现在我眼前，不必打开看，已想象出在那张张纸片上他所凝聚着的无量的精力。

二

久别重逢是高兴的事。东厂胡同那间窄狭的平房里，子衎与我一道作了数夕谈。他这次来京主要是应冯雪峰之约。雪峰熟知鲁迅是人们都知道的，子衎与雪峰以前并不认识，但已在多次通讯中得到了雪峰不少的帮助，于今又得到多次面谈，亲领指点，此时子衎心中倍觉欢喜。

但是，当我乍听到他说多年来全力钻研这部《日记》时，却是愕然不解。鲁迅自己说过："我本来写的日记是写给自己看的"，记的是"信札往来，银钱收付"（见

《马上日记》序言)。像这样一些琐事,即使出自鲁迅之手,又有什么意蕴值得探索?既而听他絮絮谈下去,洞悉了其中原委,疑团也就打破了。

子衍说,他从结束劳动转到三中之后,原想教课之外继续作中国青年运动的研究,但这方面资料奇缺,寻来找去,却从图书室里找到一部从无人借阅的《鲁迅日记》。联想到鲁迅与现代史上青年运动的关系,就抱着它啃起来了。"日记"上确实记的是"会友"、"吃饭"、"出街"、"离寓"等琐事;从鲁迅的一生联想到这些琐事时,就觉得它的背后,还会隐含着一些与文学、政治、社会有关的内容,只是略而未记。由此兴起对它作些寻根摸底的念头。开始先查阅些文献资料,从中找到些线索作联想和推断。继而便向有关当事人进行调查、专访。远道的发信,便路的上门。这些活动有的落空,但更多的却得到回报,甚至有可喜的发现。辗转寻求,线索越来越多;日积月累,收集的信件材料,几乎可以成捆装箱了。听到这里,我笑对他说:"你这样寻寻觅觅,得来的是热热轰轰,不是冷冷清清。"说实在的,在我心中对他抓住一个东西就不放的这股劲头已感到十分可佩了。我又问他说:"你收集到这些东西,应该都是些宝贝了?"他回答说:"是很可珍贵,但不是没有记忆舛错失误或互相矛盾之处。"下面讲他如何把这些材料,加以排比、校刊,作一系列细致的考证工作。经过一番推敲筛选,大体有了结果,然后分门别类,录成卡片保存,以备利用;对尚有疑义者,则特别注出,留待以后解决。

几晚上促膝谈心,我还了解到他的本职工作和私人生活情况,听来也很令人感叹的。比如我问他教学工作之外能有多少时间可用于研究时,他告诉我,他承担两班语文教学和班主任的工作。每周要给学生批改几十本作业。这些事务都争取在白天干完;《日记》的工作全靠夜里。"每晚九点以后,关起门来就进入我自己的世界,一般都是夜两点或三点就寝。"他说。我了解到他经济生活的窘迫,几乎为常人所难以支持的。原来他的妻子在"风暴"中也曾遭到他同样的命运。平反后两人都各有一份菲薄的工资,仅足以维持个人的生活。但她爱人分娩,他只得省吃节用,每月把自己的工资分出一部分津贴他们母子。子衍就是在这样的艰苦条件下,执著地追求着他自己选定的事业。然而他对自己的老师谈这些情况时,却是乐哈哈地说:"这一切已经过去了。"

三

子衍结束了北京的访问，于 8 月中旬转回济南，他十分兴奋。因为除了深得雪峰的教诲外，经朋友介绍，他还拜会了许多熟悉鲁迅的名人如茅盾、唐弢、徐彬如、冯至、曹靖华等前辈。他的《日记》工作，深得这些人的赞许。他深受鼓舞，信心倍增。在随后的通信中，我建议他最好从山东调出来，因为他那边，资料短缺，信息也少，不易打开局面。经数次信商，他同意先由借调入手，由我们研究所具函借他来协助我搞一段民国史的工作。他认为这与研究鲁迅生平会有补益，并不抵触。他担心的是他们学校或山东主管教育部门不肯放他。于是我有济南之行，经与有关单位洽商，借调手续顺利办成了。其时是 1978 年 4 月。

我返回北京不久，就听说另有一封借调子衍的公函飞到济南；是新成立的鲁编室调他参加新版《鲁迅全集》的注释工作。于是一时出现了两单位争借子衍的喜剧。末后两单位协商，按照任务的缓急，子衍来后，第一年先协助我们完成民国史的一半初稿，到明年由我们转借给鲁研室投入《日记》注释工作。等他把鲁编室任务完成，再回到我们这边来继续民国史的编写，因为我们的工作更带有长期性。

子衍是 1978 年 7 月结束三中的教课来我所报到的。按照上述协商先协助我的工作。这是他毕业后首次与我聚在一起，朝夕相见，商量问题。他以前并没有专治民国史，但一入手就不陌生。他还是先从广泛材料中录制卡片，然后着笔，说到做到，一年内完成了我们要求的一章初稿 1.4 万字。稿子颇具质量，博得同事们称赞。1979 年 7 月按期转到鲁编室，在那边两年，基本上完成了他所分担的《日记》注释任务，于 1981 年 9 月又回我所协助我的工作，但也还兼顾着鲁编室的一些扫尾工作。

无论在鲁编室还是在我们所，人们都已觉察到子衍在工作中的认真、精细和勤奋的精神。这年 10 月下旬，他随我到天津南开大学去，又看到他对自己业务随时随地念念不忘的事例。我们到南开是商量一卷书稿的协作问题。晚上，我们同到南开的来新夏教授寓中聊天。在无边无际的闲话中，子衍得悉新夏是浙江人，他问来公知不知道民国初年有位名来雨生的，与鲁迅有交往，屡见于《日记》。新夏笑了，原来正是他的祖父。在子衍要求下，新夏写了一张乃祖的简历交付子衍。内容大致如下：

先祖来裕恂字雨生，号匏园。清同治十三年四月十一日生于萧山长河乡。年十八肄业于杭州西湖诂经精舍。光绪二十九年东渡入弘文书院，参加光复会。民国后曾出任绍兴知县，不久去职，改任上海大同大学教授。生平与蔡元培、马叙伦、沈钧儒均有交往。解放后去世，享年九十岁。著有《汉文典》、《匏园诗集》、《萧山县志稿》等书传世。

子衍接过这份材料，如获至宝，说“访寻多年无结果，不意于今夕得之”。说也不信，另一个晚上，他陪我去看望老学长南开的吴廷镠教授，叙谈中不觉又扯到与鲁迅有关的事情上来。子衍讲1936年某月日，《鲁迅日记》中记着他的侄女（三弟建人的女儿）来上海了。是他二弟作人托友人经北平护送来的。但不知护送人是谁？廷镠听后也像新夏一样地笑了。说受托护送的就是他自己。事情的经过是这样：1936年夏，廷镠从日本回国先到北平，周作人听说他要南去，托他把一个女孩护送到上海交建人。但他要到南京下车办事，因此便先行一步，在南京把事办完，照先已约好女孩所乘的车次匆匆赶往南京车站，与女孩会齐，护送她到上海，交给在商务印书馆的周建人。后来知道这女孩是建人的长女周晔。子衍马上把这条材料记下来。子衍高兴地说，我又找到了一条。后来在返京的归途中提到这两条材料的获得，子衍频频说：“不虚此行。”我想，俗语说“踏破铁鞋无觅处，得来全不费工夫”；“不费工夫”的收获，实际上还是须先有“踏破铁鞋”的精神，子衍正是有这股劲头的人。

四

子衍是个很重情义的人。他总觉得从调来北京，协助我做的工作还不多，所以他准备帮我把民国史稿工作干到底。但到1982年春天，他有了调回上海的机会，他却不肯说，只是天天埋头苦干。我无意中察知后，想到他与家属两地分居已久，劝他迅速活动回上海的事。他为了对我回报，愿把未完的民国史稿带回上海去干。等办成了调往上海社会科学院文学研究所的手续后，他于8月11日离京返沪，我只为他高兴并没有太重的伤别情绪。他调来北京的四年中，虽中间转借到鲁编室两年，但近在咫尺，不时见面，灯下聊天，假日出游，无比愉快。这期间他不但在业务上为我分劳，而且还在生活上为我做了不少的琐事。他回上海后的几年中，我曾多次去苏、杭、沪、闽各地，他或接我于码头、机场，或送我于江岸、车站。每次见面，总是一件非常企望与欢快的事。一次，我突然病倒于南京的招待所，他赶来照料，昼夜守护，衣不解带，其殷勤真挚，可以说情同骨肉！如今想起来，他末后两年卧病，我却没能下决心赶到上海来看望他一次，真是惭愧！

现在知道，夺去子衍生命的这场病，是1988年夏天查出，9月24日动的切除肺叶手术。在此一年多前，大约是1986年冬或1987年春，他把原先约定的那章十万字的民国史初稿给我寄来。初稿仍是颇下过工夫，是他除了完成其本职业务外挤时间写成的。现在想来，他是以最后的生命力履行了对我的诺言，子衍之所以报我者，可谓厚矣！

他在得病之初，有信告我，轻描淡写，没引起我的十分注意。从第一次手术后，他易地疗养的一年内，我经常寄些探问他的信。他每次回信总是说："生活安逸，情况很好"、"体重又有增加"、"预计再有半年，可以恢复上班"等等。我因而麻痹下来，压根没想到他会有什么危险。随后，我还不时去信，他的回信渐少，有时也说"不知为什么懒于动笔"，我还觉得这是病人之常，仍没往坏处设想。其实进入1990年后，他的喉咙嘶哑，股骨颈折断，癌变已明显地扩散了，这是今天才知道的。可是在他的股骨折断(2月17日)前两天，即2月15日，他还写了一封满满三页向我报告病情的长信。虽然从中看到他经历着的病苦，但基调仍然带着乐观情绪，说自己才"年过五十，还有一半的事业没做"，盼望着治疗的"奇迹出现"。但是他说到为了给我写这封信，"从沙发上移到写字台前，就费了半天劲"。我看到这里，脑子里轰然一声，猛然醒悟到他患的可能是致命的癌！我的心立刻紧缩起来了。我连发数信，当然再没了回音。隔了一段，我忽然收到上海鲁迅纪念馆王锡荣君5月10日发来的一封信，说子衍病危，他已无力写信，"他情绪波动，时常暗暗流泪，思念师友之切，胜过任何时候，他嘱我将他最近情况，向您告知……倘您再给他写信，也只可劝慰劝慰，别的恐也无能为力了"。"啊！子衍！子衍！"我禁不住叫着他的名字，难道就永别了吗？是的，他再不会冲开倾盆的雨柱迈到我的房间里来了！等我收到他"于1990年7月4日6时17分逝世"的讣告时，我已有了充分的思想准备，没再流泪。

当我追忆完这几段生活影像时，我抬起头来望望我书架上一束纸花丛中陈列着的他的一张遗像，他正在做着学术报告，仿佛他还活着……

(1991年6月4日夜)

附　录

绍兴和议断自高宗考

一、引言

自绍兴八年至十一年，南宋与金两次所成立之和议（八年十二月金归河南地议和，十一年十一月，以淮水中流划疆议和），后世论者率仅归咎于当时之宰执秦桧，而其实则断自高宗。于此前人已有言之者，如明张溥《历代史论》曰：

> ……桧固国贼，狃逆无论，高宗构亦人主也，忌仇委身，宠终无贰，独何心哉？苗传刘正彦之乱，帝谕归营，傅等曰："陛下不当即大位，将来渊圣归，将何以处之？"韦太后南旋，渊圣卧车前云："愿得太乙宫使"，太后与誓而别；及居慈宁宫，遂不敢言。帝之忌兄，而不欲其归，其本心也。而性复畏敌，桧揣而持之，相得益深。绍兴之初，道君未崩，帝即求和，桧说之曰："脱引日不和，上皇与宣和皇后不能待，此终天恨也。"绍兴六年，闻皇上丧，桧又曰："今所存者，独渊圣，可以和矣。"始欲帝以爱亲之名，而使之不忍不和，终教帝以拒兄之实，而使之不得不和。帝遂以桧为知我厚我，群臣莫及也。辱莫大于事虏，而自称为孝，害莫重于割地，而反号曰仁，至于杀岳飞而人道绝矣……。

高宗主和之事实，史籍中似并未为之讳，然罪名为秦桧所独得者，盖或受封建伦理观念之支配，加之于君主，有所不忍耳。然张溥虽已指出此点，而语焉不详，故本文之目的，在辑于此问题有关之材料，更加证实之耳。

二、和议条件之成熟

高宗虽一意求和，然和议又岂易言哉？当靖康难发，汴京被围，二帝北狩，六驭南巡，金势之锐，莫可抵御。高宗虽于危难中而登帝位，然最初数年之中，辗转奔波，只能避金之锋镝，并不能出宋于危境。所谓“欲战则不足，欲和则不可”（李纲语）之时也。故当斯时也，在金言，则只有灭宋之一途；就宋言，亦无与金求和之资格，此和议之难讲者一。高宗之即位建康，其根本意义，即在中兴宋祚，规复中原。苟其即位之初，即定和策，不惟人心解体，即其即位，亦成为毫无意义，此和议之难讲者二。故和议之成，必赖先有成熟之条件。此条件为何？即须宋力量之增长，已达于与金能相颉颃之时。终高宗之世，宋之国力固仍不及金。在金既以进取为难，在宋亦可以暂偷安乐，设此条件不具备，则断无和议之可言也。

今姑据《高宗本纪》，试一检阅高宗即位以来，宋金之战局，可截然分为三期：自建炎元年五月帝即位南京，至建炎四年四月甲申之役前，为第一期。第一期百余次战役中，几尽为金胜而宋败，名城沦陷，不可胜记，守臣或死或遁，或举城降。自建炎四年，甲申之役（韩世忠驻军扬子江，邀击金人归路，屡败之），至绍兴八年，金人归河南地，和议告成，为第二期。第二期大小战役约六十一次，宋胜者四十三次，而金胜者仅十八次，此记载虽未可尽信，然战局之渐有转机，则可断言。自绍兴十年五月，金人叛盟，至十一年十一月，划淮和议成，为第三期。本期之战局，与第一期适相反，计六十次战役中，宋获利者五十一次，而金仅九次小胜而已。斯时也，宋朝兵势之盛，为靖康以来所未有，兹列表于次：

第一期战役（自建炎元年五月至建炎四年四月甲申）

次数	年月日	战　役	胜利者
1	建炎 元五乙巳	金人陷河中府，权府事郝仲连死之。	金
2	元九乙巳	河北招抚司都统制王彦，渡河击金人，破之复新兴县。	宋
3	元九乙卯	王彦及金人战，败绩奔太行山。	金
4	元九□□	是秋金人分兵据两河州县。	金

续表

5	元十辛亥	金人陷河间府。	金
6	元十癸亥	黏罕犯汜水关,西京留守孙昭远战殁。	金
7	元十戊辰	金人围棣州,守臣姜刚之固守,金兵解去。	○
8	元十甲戌	金人陷同州,郑骧死之。	金
9	元十己卯	金人陷汝州,入西京。	金
10	元十庚辰	金人陷华州。	金
11	元十辛巳	金人破潼关。	金
12	二正戊子	金人陷邓州,委抚刘汲死之。	金
13	二正壬辰	金人犯东京,宗泽遣将击却之。	宋
14	二正乙未	金人破永兴,河东经制副使傅亮以兵降。	金
15	二正丙申	陷均州,守臣杨彦明遁去。	金
16	二正丁酉	金人陷房州。	金
17	二正辛丑	陷郑州。	金
18	二正癸卯	陷潍州,又陷青州。	金
19	二正辛亥	金人焚邓州。	金
20	二正辛亥	金人陷颍昌,守臣孙默为所杀。	金
21	二正辛亥	金人陷秦州。	金
22	二二□□	金人犯东京,宗泽遣统制阎中立等拒之,中立死。	金
23	二二戊午	金人陷唐州。	金
24	二二甲子	金人犯滑州,宗泽遣张㧑救之,战死。	金
25	二二癸酉	陷蔡州。	金
26	二二丙子	陷淮宁府。	金
27	二三辛卯	陷中山府。	金
28	二三□□	是月金人犯凤翔府,刘清臣弃城去。又犯泾原,经略使曲端遣将拒战败之,金兵走。	宋
29	二四乙丑	翟进以兵袭金帅,败绩。	金
30	二四乙丑	丁进兵败于文家寺,张严战于五里坡,败死。	金
31	二四丁卯	陷洛州。	金

续表

32	二五癸卯	陷绛州。	金
33	二九癸巳	冀州陷。	金
34	二九甲午	再陷永兴。	金
35	二九辛丑	陕州节制司兵官贺师范及金人战于八公原,败死。	金
36	二九丁未	东京留守统制官薛庆及金人战于相州,败死。	金
37	二十□□	翟进战死于鸣皋山。	金
38	二十辛巳	金人围陕州,李彦仙战却之。	宋
39	二十一壬辰	金人陷延安。	金
40	二十一乙未	金人陷濮州。	金
41	二十一乙未	金人陷开德府。	金
42	二十一壬寅	金人陷相州。	金
43	二十一甲辰	陷德州。	金
44	二十一甲辰	陷淄州。	金
45	二十二庚申	陷东平府。	金
46	二十二庚申	陷济南府。	金
47	二十十甲子	陷大名府。	金
48	二十二甲子	陷袭庆阳府。	金
49	二十二乙丑	陷虢州。	金
50	二十二辛未	犯青州。	金
51	建炎 三正丁亥	金人再陷青州,又陷潍州,焚城而去。	金
52	三正辛卯	陕州都统邵兴及金人战于潼关,败之,复虢州。	宋
53	三正丙午	陷徐州。	金
54	三正丙午	御营平寇左将军韩世忠军溃于沭阳,其将张遇死,世忠奔盐城,金兵执淮阳守臣李宽,以骑兵三千取彭城,间道趋淮甸。	金
55	三二□□	刘光世临淮拒金人,敌未至自溃。	金
56	三二庚戌	陷楚州。	金

续表

57	三二辛亥	金人陷天长军。	金
58	三二癸丑	游骑至瓜洲,陷真州。	金
59	三二丁巳	金人陷泰州。	金
60	三二戊午	陷沧州。	金
61	三二壬戌	陷晋军。	金
62	三二丁卯	金人焚扬州。	金
63	三二辛未	过高邮,陷之。	金
64	三三□□	陷鄜州。	金
65	三三丁未	金人陷京东诸郡。	金
66	三六甲戌	金人陷磁州。	金
67	三七甲申	金人犯山东,刘洪道弃潍州遁莱州。	金
68	三九□□	金人陷密州。	金
69	三九壬子	陷单州、兴仁府,遂陷南京。	金
70	三九癸丑	陷沂州。	金
71	三九甲戌	陷长安。	金
72	三十戊戌	金人陷寿春府。	金
73	三十庚子	陷黄州趋洪州。	金
74	三十一乙巳	金人陷庐州。	金
75	三十一戊申	陷和州。	金
76	三十一己酉	陷无为军。	金
77	三十一壬子	金人陷洪州。	金
78	三十一丁巳	金人陷临江军。	金
79	三十一戊午	陷抚州、袁州。	金
80	三十一庚申	金人陷真州。	金
81	三十一壬戌	陷溧水。	金
82	三十一癸亥	陷太平洲。	金
83	三十一丁卯	陷吉州、六安。	金

续表

84	三十一辛未	陷建康府。	金
85	三十一甲戌	陷濠州。	金
86	三十二辛巳	陷常州。	金
87	三十二乙酉	陷临安。	金
88	三十二戊戌	犯越州。	金
89	建炎 四正乙巳	金人犯明州，张俊击却之。	宋
90	四正丁巳	陷陕州。	金
91	四正己未	陷明州。	金
92	四正己未	陷同州。	金
93	四正□□	是月攻楚州，赵立拒之。	○
94	四正□□	犯汾州，吴玠拒战，败之。	宋
95	四二甲戌	金人陷潭州。	金
96	四二丁亥	金人陷汴京。	金
97	四二辛卯	金人陷秀州。	金
98	四三戊戌	金人入平江。	金
99	四三辛丑	陷醴州。	金
100	四三壬子	金人入常州。	金
101	四三癸卯	金人去平江，陈思恭以舟师邀败其后军。	宋
102	四三丁巳	金人至镇江府，韩世忠屯焦山寺邀击之。	宋
103	四四戊寅	吴玠及金人战于邠州彭原店，败绩。	金
104	四四甲申	下诏亲征，巡幸浙西，韩世忠驻军扬子江，要金人归路，屡败之。兀术引军走建康。	宋

第二期战役(自建炎四年甲申之役后至绍兴七年十月甲戌，甲戌后即酝酿和议，和议成金人归河南地，直至十年叛盟前无战事)

次数	年月日	战役	胜利者
1	建炎四四甲寅	与金人战于宝丰，牛皋败之。	宋
2	四五壬子	岳飞邀击金人于静安镇，败之。	宋
3	四五甲寅	陷定远。	金
4	四五丁卯	犯承州，累败之。	宋
5	四五丁卯	战于襄阳，王俊败之，复颍昌。	宋
6	四八庚辰	薛庆与金战于扬州城下，死之。	金
7	四八甲午	阎兴及金战于解州，屡破之。	宋
8	四八乙未	王德、郦琼以轻兵渡江，遇金游骑于邵伯埭，败之。	宋
9	四九癸丑	李琦败金于洛河车渡。	宋
10	四九丙辰	金人攻楚州，赵立死之。	金
11	四九辛酉	金人犯扬州，靳赛逆战于港河，败之。	宋
12	四九辛酉	陷延安府，又陷保安军。	金
13	四九癸亥	张俊遣都统制刘锡战富平县，败。	金
14	四九丙寅	金人陷楚州，李彦仙败死。	金
15	四十乙未	岳飞破金于承州。	宋
16	四十一丁未	金人犯泰州，岳飞退保江阴。	金
17	四十一戊申	金人陷泾原，刘锜退屯瓦亭。	金
18	四十二□□	金犯燕州，刘惟甫败之，杀金兵五千余人。	宋
19	四十二甲午	再犯燕州，刘惟甫军溃被执，死之。	金

续表

20	绍兴	元正己酉	金人犯泰州，吴玠败之。	宋
21		元正己酉	犯西宁，守臣降。	金
22		元三乙卯	金人破阶州。	金
23		元三□□	是月，金人攻张荣缩头湖水砦，荣败之。	宋
24		元五癸卯	金人犯和尚原，吴玠击败之。	宋
25		元五辛亥	赵彬及金人围庆阳府，杨可升击败之。	宋
26		元十癸酉	兀术攻和尚原，吴玠及弟璘力战，大败之，兀术仅以身免。	宋
27	绍兴	二二□□	是月，金人陷庆阳府，执杨可升，降之。	金
28		二三辛丑	犯陇安，吴璘击走之。	宋
29		二三甲寅	杨政败之。	宋
30		二十二己亥	金侵燕秦，关师古败之。	宋
31	绍兴	三正壬戌	陷金州。	金
32		三二辛卯	金人攻饶风关、丁酉关破，王奇奔达州，吴玠趋西县，四川大震。	金
33		三二己亥	金人入兴元府。	金
34		三二□□	是月，金由褒斜谷退兵，吴玠击其后，杀获甚众。	宋
35	绍兴	四正己巳	犯临江岩及花石峡，关师古拒却之。	宋
36		四三辛亥	吴玠率杨政、吴璘、田晟、王喜诸将，与兀术战于仙人关，大败之。	宋
37		四三丙戌	吴玠败金兵，复凤、秦、陇州。	宋
38		四五□□	犯金州镇，王彦遣统制许青战败之。	宋
39		四五乙亥	王彦败金于洵阳县。	宋
40		四七壬戌	岳飞遣王贵、张宪败金于邓州西，复邓州。	宋
41		四七庚午	王贵、张宪破金及伪齐兵，复唐州及信阳军，襄、汉悉平。	宋

续表

42	四十甲申	韩世忠邀击金人于大仪镇,败之,又败之于天长县鸦口桥。	宋
43	四十己丑	金人攻承州,韩世忠败之于北门。	宋
44	四十丙申	陷濠州。	金
45	四十乙巳	仇念遣孙晖击金人于寿春,败之。	宋
46	四十一壬子	吴玠遣杨从仪率兵败金于腊家城。	宋
47	四十一乙卯	韩世忠夜劫金人营于承州,破之。	宋
48	四十一戊午	金人陷滁州。	金
49	四十一癸亥	刘光世遣王德击金于滁州,败之。	宋
50	四十一乙丑	刘光世遣王师晟夜袭金于寿春,败之。	宋
51	四十二壬辰	岳飞遣徐庆、牛皋败金于庐州。	宋
52	四十二壬辰	张俊遣张宗颜败金于六合。	宋
53	五正庚戌	张浚遣杨忠闵、王进夹击于淮水南岸,败之。	宋
54	五正辛亥	崔德明袭败金兵于盱眙。	宋
55	五二丁亥	吴璘杨政攻拔秦州,金帅撒离曷来援,政复击败之。	宋
56	五闰月□□	吴玠遣部将牛皓于瓦王谷,战死。	金
57	六二乙卯	韩世忠引兵攻宿迁,统制呼延通与金兵战,败之,擒其将。	宋
58	六三壬午	金与伪齐兵犯涟水,韩世忠击败之。	宋
59	六十二戊午	韩世忠攻淮阳军,金人败。	宋
60	七十壬子	呼延通、王权等袭击金人于淮阳军,败之。	宋
61	七十甲戌	韩世忠引兵渡淮,逆击金人于刘冷庄,败之。	宋
		(绍兴八年五月,金使来,十二月和议成,归河南地)	

第三期战役(起绍兴十年五月金人叛盟,至十一年划淮和议成)

次数	年月日	战役	胜利者
1	绍兴十五辛丑	犯凤翔府之石壁,吴璘遣统制姚仲等击败之。	宋
2	十五辛丑	围耀州,郭浩救之,金兵解去。	宋
3	十五壬寅	围顺昌府,葛王褎、刘琦败之。	宋
4	十六乙巳	刘锜将阎充与金战于顺昌李村,败之。	宋
5	十六己酉	吴璘遣李师颜败金人于扶风,拔之。	宋
6	十六壬子	兀术以众十余万攻顺昌,刘锜大败之。	宋
7	十六丙辰	岳飞遣牛皋败金于京西。	宋
8	十六己未	郭浩将郑建充破金,复醴州。	宋
9	十六甲子	撒离曷攻青溪岭,王彦败之。	宋
10	十六庚午	金犯淮阳,韩世忠将王胜、成闵败之。	宋
11	十六庚午	金人围庆阳府,宋万年固守,金人不能下。	宋
12	十六庚午	岳飞援刘锜,遇金兵于蔡州,败之,复蔡州。	宋
13	十闰六癸酉	张俊遣宋超败金兵于永城朱家村。	宋
14	十闰六甲戌	犯泾州,田晟救之,金人败走。	宋
15	十闰六甲申	犯泾州,田晟再败之。	宋
16	十闰六己酉	王德夜袭金兵于宿州,破之,降其守将马秦。	宋
17	十闰六己丑	傅忠信战金兵于华阴县,败之。	宋
18	十闰六壬辰	岳飞遣张宪击金兵于颍昌府,败之,复颍昌。	宋
19	十闰六丙申	张宪败金人,复淮宁府。	宋
20	十闰六丁酉	岳飞遣郝晟与金人战干郑州北,败之,复郑州。	宋
21	十闰六丁酉	李兴复汝州。	宋
22	十闰六丁酉	李兴与金战于河清县,败之,复伊阳八县。	宋
23	十闰六丁酉	韩世忠遣王胜、王权克海州,执其守。	宋
24	十闰六戊戌	张俊与王德兵会于城父县,复亳州。	宋
25	十闰六己亥	金人救海州,王权败之,复海州。	宋

续表

26	十闰六己酉	岳飞与金兵战于郾城县，大败之。	宋
27	十七庚戌	辛镇与金兵战于长安城下，败之。	宋
28	十七甲寅	岳飞遣杨再兴击金兵于小商桥，再兴战死。	金
29	十七乙卯	岳飞遣王贵、姚政击金兵于颍昌，败之。	宋
		（壬戌飞以累奉诏班师，颍、蔡、郑皆为金有）	
30	十七乙丑	金围淮宁府，赵秉渊弃城走。	金
31	十七辛未	犯周至县，王俊败之。	宋
32	十八乙亥	韩世忠兵夜袭金人于千秋湖，破之。	宋
33	十八丁亥	杨沂中袭宿州，兵溃，金人屠宿州。	金
34	十八甲午	王喜等遇金兵于沭阳县，败之。	宋
		（九月壬寅，朝廷谕韩世忠罢兵，时秦桧主和议，诸大将皆还镇）	
35	十九丁未	杨政遣统制杨从仪袭金于凤翔府，败之。	宋
36	十九戊申	金人入西京，李兴弃城去。	金
37	十九□□	是秋，知代州王忠植举兵复石、代等十一州。	宋
38	十十庚辰	犯庆阳府，宋万年以城降。	金
39	十十辛卯	犯陕州，吴璘率兵迎击，败之。	宋
40	十十庚子	犯洮州铁城堡，孔文清、惠逢败之。	宋
41	十十一丁未	金将合喜犯陕州，吴璘击却之。	宋
42	十十一丁未	犯宝鸡县，杨从仪败之。	宋
43	十一正癸卯	犯渭南，杨从仪败之。	宋
44	十一正乙卯	犯寿春；丁巳，寿春陷。	金
45	十一正丙寅	兀术陷庐州。	金
46	十一正戊辰	金人陷商州。	金
47	十一二癸酉	邵隆与金战于洪门，破之，复南商。	宋
48	十一二乙亥	张俊败金于和州。	宋
49	十一二丙子	王德等败金于含山县东。	宋
50	十一二己卯	关师古、李横败金，复巢县。	宋

续表

51	十一二癸未	王德等复含山,并夺昭关。	宋
52	十一二癸未	犯青溪,刘锜自东关击败之。	宋
53	十一二甲申	金人复犯昭关,王德等又败之。	宋
54	十一二甲申	犯舒城县,李显忠遣崔皋击败之。	宋
55	十一二丁亥	犯柘皋,杨沂中、刘锜大败之。	宋
56	十一二己丑	兀术亲率兵逆战于店埠,杨沂中又败之,复庐州。	宋
57	十一三丁未	金人陷濠州,张俊遣杨沂中、王德,遇金伏,兵败。	金
		(三月壬子,金人渡淮北归,四月壬辰,罢三大将兵权,六月,加秦桧特进尚书左仆射同中书门下平章事)	
58	十一九丁未	吴璘拔秦州,州将吴谊降。	宋
59	十一九壬子	吴璘率姚仲及金人战于丁刘圈,败之。杨政克陇州,破岐下诸屯,郭浩复华州入陕州。	宋
60	十一九丙申	吴璘及金人战于剡家湾,大败之,遂围腊家城。	宋
		(癸亥吴璘自腊家城受诏班师,杨政、郭浩皆引军还。十月戊寅,下岳飞、张宪大理狱。十一月壬子,定议和盟誓)	

附注:上表据《宋史》仅录宋金之直接冲突,宋与伪兵之战争不录。

随战争之逐步胜利,而前述之和议条件,乃大告成熟。宋高宗及当时人,于此局面,亦多能清晰。如绍兴八年十一月二十四日,王庶论和议之札子有:

究观金虏侵轶,岁逾一纪,前来乘胜之势,直捣江淮,我国之师,未尝不退缩,以避其锋。逮至绍兴甲寅(绍兴四年),蕃伪深入,驻兵淮南,陛下亲征,致彼奔溃而去。又丙辰(六年)冬,逆雏倾国南向,陛下再统六师,以压江淮,表里之冲,皇威大震,蕃伪始知所畏……(《三朝北盟会编》卷一八六)

此类见解,在各大臣论和议之奏札中,随处可见。而高宗本人之有此认识,似更早。其绍兴五年正月,赐刘光世、韩世忠、张俊诏云:

绍兴五年正月十七日,刘光世、韩世忠、张俊来朝,诏曰:朕自渡江以来,志在恢复……比年训练士卒精强,而器械亦皆犀利,比之曩昔实不相侔。是

以去冬敌人之来,卒赖卿等极力捍御,以致遁归,盖前此所未有也……(《三朝北盟会编》卷一六六)

宋朝兵力既已与"曩昔不相侔",而大为增强。此在主战者视之,固为复兴之机缘,而自主和派视之,则更非立和不可之时矣。今更进而证明高宗主和之决心。

三、高宗主和之决心

(甲)由主战到主和

金宋和议,在初期既无从说起。故高宗即位之后,虽于危急万分之中,亦不能不以恢复作号召,试先看其初期之态度。

高宗即位,首相李纲。盖李纲为围城中主战最力、声望最高者。高宗相纲之经过如次:

康王开大元帅府承制,复纲故官,且贻书曰:"方今生民,急于倒垂,谅非不世之才,何以协济事功?阁下学穷天人,忠贯金石,当投袂而起,以负苍生之望!"上闻纲且至,遣官迎劳锡宴。

高宗即位,拜尚书右仆射兼中书侍郎。趣赴阙……纲犹力辞。上曰:"朕知卿忠义智略久矣!欲使敌国畏服,四方安宁,非相卿不可,卿其勿辞!"(《宋史·李纲传》)

上之相李纲也,御史中丞颜岐言:"张邦昌为金人所喜,虽已位三公,宜增其礼,纲为金人所恶,宜置闲地。"六月己未朔,纲至行在,入见首言:"陛下用臣为相,而外廷之论如此,臣愿归田里,至如命相于金人所喜恶之间,更望圣心审处!"上曰:"岐尝有言,朕告以如朕之立,恐亦非金人所喜,岐无辞而退。"纲乃赴堂治事。(《中兴小纪》卷一)

既任主战最力之李纲,同时于主和及失节者之贬斥则有:

建炎元年五月庚子,诏以靖康大臣主和误国,责李邦彦为建宁军节度使,浔州安置。徙吴敏柳州,蔡懋英州,李棁、宇文虚中、郑望之李邺,皆以使金请割地,责广南诸州并安置。(《宋史·高宗本纪》)

建炎元年五月壬戌,李纲再论围城中受伪命者,上曰:"国家颠覆,士大夫不闻死节,往往因以为利,如余大钧、洪刍诱宫嫔为妾,王及之坐蕃衍门诟诸王卿，知否？……”癸亥诏略曰：“朕惟祖宗滴养士类至矣，靖康之变仕于中都者，曾无仗节死难，而多偷生取容，甚者！乘时为奸，靡所不亟，为中国羞！姑取其尤，量加窜责，以为臣子之戒。至于卒伍，理当阙略，以责后效。……于是诏流余大钧与陈冲、洪刍于沙门岛，王及之与张卿才、李彝、周懿文、胡思皆广南诸州安置。”(《中兴小纪》卷一)

论及巡幸问题时，高宗态度亦堪称英断：

右仆射李纲言：“……近外议纷纭，谓陛下将幸东南，果然，臣恐中原非复我有！”上曰：“但欲奉太后及六宫往东南。朕当独留中原……。”(《中兴小纪》卷二)

秋七月壬寅，诏奉元祐太后如东南，六宫及卫士家属从行，朕当独留中原，与金人决战！(《宋史·高宗本纪》)

高宗初期主战，既如上述，然则变主和议，始自何时？按理应在建炎四年四月之后。然其实又不能于建炎四年四月，判然划分。其理由：(1)前此既以与金人决战为国策，决不能遽尔变更。(2)全国士大夫主战者仍多，不能不有所顾虑。此所以建炎四年之后，以迄于绍兴八年议和之前夕，而高宗犹不断有志在恢复之谎言也。但高宗内心之意，却常于不知不觉中，溢于言表；举动措置之间，亦辄能为臣下窥见。兹举其例证如次：

建炎四年十月甲辰，桧与妻王氏及婢仆一家，自军中取涟水军水砦航海归行在。丙午，桧入见。丁未入见，拜礼部尚书，赐以银帛。桧之归也，自言杀金人监己者，夺舟而来。朝士多谓桧与何桌傅朴同拘，而桧独归；又自燕至楚二千八百里，逾河渡海，岂无讥诃之者？安得杀尽而南？就令从军挞懒金人纵之，必质妻属，安得与王氏偕？……未对前一日，帝命先见宰执，桧首言如欲天下无事，南自南，北自北。及首奏所草与挞懒求和书，帝曰：“桧朴忠过人，朕得之喜而不寐，盖闻二帝母后消息，又得一佳士也。”(宋史桧传。纪事本末略同)

秦桧之归，具有间谍嫌疑，诚如朝士所见，——即令高宗于此，无所察觉，然秦桧为首建“天下无事，南自南，北自北”之和策者。而高宗犹秦桧为“朴忠”，大有一见知已之概！高宗欲和之念，似已隐然可察矣。

绍兴元年三月辛丑，宰执奏事，李回曰：“江上渡军，有覆舟者。”上顾秦桧曰：“卿在军中备知此亦常事，军行无不损者，如出军一万，未见敌而回，校

之未出之数，已减数百，要是兵真不得已之事，稍得，已不如戢兵之愈也。”（《中兴小纪》卷十）

论戢兵而必顾秦桧，显以桧为知己。

绍兴元年五月丙戌，命秦桧提举诏侍从台谏省寺监官监司守令，条具省费、裕国、强兵息民之策。

“省费”“裕国”“息民”皆寓有罢兵之意。

绍兴二年闰四月，时金人入攻。辛丑，上谓宰执曰：“金人用兵十八年矣！子女玉帛，劫掳已尽，犹犯顺不已，必有不戢自焚之祸，朕相时待衅可也。”（《中兴小纪》卷十二）

绍兴二年五月，时有枢密院编修官王大智进所造战车，上谓宰执曰：“战车可用否？古法既废，不复闻用车取胜，莫若且令多造强弩。”翟汝文曰：“强弩可制敌人。”上曰：“朕谓不在此，制敌在修文德。古人用兵，以师直为壮，曲为老，曲直之间，遣使往来，便可休兵。金人岂能以此谕耶？”上又曰：“宣和间谋国之误，当时契丹可救不可伐，若契丹尚为邻，岂使金人侵轶中国？盖亲仁善邻，国之宝也。”（《中兴小纪》）

所谓“相时待衅”、“修文德”、“亲仁善邻”，皆可窥见高宗主和之意。

又《宋史纪事本末》卷二十七云：

绍兴三年十二月，殿中御史常令言：“先振国威，则和战常在我；若一意议和，则和战常在彼。靖康以来，分为两事，可以监戒。”帝因语及武备曰：“今养兵已廿万有奇。”令曰：“未闻廿万兵畏人者也！”帝不听。复遣枢密使都承旨章谊为金国通问使。

常令谏遣使，而帝则语及武备，答非所问。高宗内心之意，显然为常令正言所慑，致忸捏作态，而终以“不听”了之。

《中兴小纪》卷十六有：

绍兴四年春，正月，遣使，上举申包胥曰：“秦伯初伐吴存楚之志，感申包胥之诚，为赋《无衣》，秦师乃出，然则合二国之诚，回难回之意，只在使人耳！”

高宗企和之切，于此可见。

《中兴小纪》卷二十三有云：

绍兴七年，十月庚辰，赵鼎奏事曰：“臣自去国半年，今观圣意，稍异前日。”上曰:“寻常造膝,每以孝弟之说相摇撼……”

又《宋史·岳飞传》中有云:

绍兴七年,飞奏:“比者寝阁之命,咸谓圣断已坚,何至今尚未决。”

赵鼎所谓“今观圣意稍异前日”与岳飞所谓“何至今尚未决”,是其臣下已窥见高宗之意,非复如昔时矣!

绍兴八年八月甲子,宰执奏马扩将到本使,录记海上之盟与金人夹攻事。上以敌国之与中国,如阴阳消长,岂能偏废?若可剿除,汉唐之君,行之久矣。(《中兴小纪》卷二十五)

高宗至此时,可谓已建立其主和哲学,所谓阴阳消长岂能偏废是也。

据上诸条,已可略见高宗战和递变之迹。高宗虽早萌和意,然挠于士论,不能骤然改观。大约积至绍兴七年正月,以秦桧为枢密使时,始渐萌决心,殆绍兴七年十一月,辛次膺弹劾秦桧妻党王仲山、王伦时,朝廷之上主战主和之说,已纷然不能定。至绍兴八年二月,以秦桧为尚书右仆射同中书门下平章事兼枢密使时,则已至断然实行之期矣。

《三朝北盟会编》卷一八〇云:

是时(绍兴七年十一月)王仲山有复官之命,王伦与郡。左正言辛次膺弹枢密使秦桧妻党王仲山、王伦。伦父仲山尝投拜虏人,仲山不当复官,伦不当作郡,桧力营救。次膺言国耻未雪,义难讲和,面陈及上疏者六七,会亲疾乞养……于是主战主和之说不能完。

(乙)主和之借口

高宗由主战到主和,其行为之递变,已如上述。但既已主和,则须有所借口,以掩盖其本来面貌,统观高宗借口有二:

一曰保民。

二曰孝悌。

《建炎以来系年要录》与《中兴小纪》中所载甚多,今仅就后一书中撮录数则:

1. 绍兴八年五月……时金使入界,上谓宰执曰:“馆待之礼宜稍厚,若早遂休兵,免令赤子肝脑涂地,此朕之本意也。”赵鼎曰:“用兵所费,比之馆待,殊不侔矣。”上曰:“若无军旅之事,使朕专意保民,十余年间岂不见效……”(卷廿四)

2. 绍兴八年十一月……接伴使范同奏金使遣人议过界,上曰:“若使百

姓免于兵革之苦，得安其生，朕亦何爱一己之屈？”（卷廿五）

3. 绍兴九年春正月甲申，上谕宰执曰：“朕每有意候边事平与民休息……”（卷二十六）

4. 绍兴九年春正月……东京副留守郭仲荀请兵及粮，上曰：“朕今日和议，盖欲消兵，使百姓安业，留守司岂用多兵，但三二千人弹压内寇足矣……”（卷廿六）

大敌当前，国仇未报，而动曰“与民休息”、“使百姓安业”，则高宗之用心，亦可知矣。

1. 绍兴七年冬十月……鼎（赵鼎）又曰：“臣自去国半载，今观圣意，稍异前日。”上曰：“寻常造膝，每以孝悌之说相摇撼……”（卷廿三）

2. 绍兴七年十二月……伦（王伦）还……上颦蹙谓赵鼎等曰：“朕以皇太后未还，夙夜忧惧，未尝去心，若金人能从朕所求，其余一切非较也……”（卷廿三）

3. 绍兴八年六月……戊寅，上愀然谓宰执曰：“先帝梓宫，果有还期，虽待三二年尚庶畿，惟是太后春秋已高，朕晓夜思念，欲早相见，所以不惮屈己讲和。”秦桧曰：“陛下不惮屈己讲和，此人君之孝也……”（卷廿四）

4. 绍兴十一年十一月壬子，金国审议使萧毅等入见，于是宰执奏：誓书：自古盟誓各出意以为之誓，未有意自彼出而反复更易，必欲如其所要者。上曰：“朕固知之，然朕有天下而养不及亲，徽宗既无及矣，太后年逾六十，朕日夜痛心！……”（卷廿九）

以孝悌之说为主和之借口，在封建专制时代，虽足以箝众人之口，然亦并不足以服众人之心，即如赵鼎于绍兴八年二次罢相时曾奏曰：“臣昨罢相半年，蒙恩召还，已见宸衷所缡与向来稍异，臣今再辞，而后人必有以孝弟之说胁制陛下矣……”（《中兴小纪》卷廿五）。“孝弟”而谓“之说”，则其为和议之借口，盖已甚为显著，赵鼎知之，高宗亦自知之！（见1则）

（丙）主战派之罢黜

欲执行和议政策，则罢黜主战派与援引主和派为极自然之措施。

主战派之罢黜，计其要者：曰李纲之罢、赵鼎之罢、岳飞之赐死。

李纲罢相，在建炎之初。其时，高宗或尚未决定和策，故纲之罢也，容或另有原因。然据《高宗本纪》在建炎三年二月已有如下之记载：“乙丑二月，降德音赦杂犯死罪以下囚，放还士大夫被窜斥地者，惟李纲罪在不赦，更不放还。盖用黄潜善计，罢纲以谢金人。”李纲曾在围城中抗拒金人，确为主战之最力者，高宗于即位之初，首擢李纲为相(见前引)，惟于罢黜之后，永未复任。且于绍兴之后，对纲之为人，屡有恶评，此中盖不无线索可寻也。如：

(一)绍兴二年八月癸巳，给事中胡安国言京都围城中人，乞再行遣，仍荐李纲可用。上问安所知纲何如？曰：“纲作小官，敢言水灾。”上曰：“纲以此得时望，然尝为相矣，如纲昔拥重兵解太原围，与官属只在怀州相去千余里，卒无成功。纲多掠世誉虚美，以此协比成朋，变白为黑，相附者争称之，朕今畀以方面，于纲任亦不轻。”(《中兴小纪》卷十三)

(二)绍兴二年九月辛巳，上曰：“朕选贤任才，惟恐有遗，盖朕尝任纲，不知其何功可纪？若宣和论水灾，以此得时望可也！”(令)

(三)江阴军进士李翰苏白，违诏不诣检院，乃伏阙上书，是日诏押赴本贯，上曰：“所言者，皆细务，如戢宗子之类自可行。非有诋评之语，顾不当伏阙耳。此风皆李纲辈启之，不可不惩也。”(《中兴小纪》卷十五)

赵鼎之罢在绍兴八年十月，时秦桧已复相半年，正和议进行之时。其去职之原因极明显即因不主和议，由下各条瞻之：

(一)绍兴八年六月乌陵思谋石少卿来聘，上问：“朝廷数使遣和议不从，今忽来和何也?”思谋曰：“大金皇帝仁慈，不欲用兵，恐生灵涂炭。”上曰：“俟朝廷议之。”而思谋请上自决之，上令思谋退馆以俟。乃召宰相问之，鼎坚执不可。桧顺上旨谓和为便。(《三朝北盟会编》卷一八三)

(二)绍兴八年十月丁巳罢参知政事刘大中，大中与赵鼎不主和议，秦桧忌之，荐萧振为御侍御史，振入台即劾大中，罢之。鼎曰：“振意不在大中也。”振亦曰：“赵丞相不待论，当自为去就矣。”甲戌，赵鼎罢。(《宋史纪事本末》)

(三)绍兴八年十一月己未上谕：“己酉年，金人南骛，鼎时为台臣，尚欲与金人画疆为界，岂以和议为非？此事张守备见。”桧曰：“更可录此圣语付史馆。”(《中兴小纪》卷二五)

(四)先是王伦使金，从鼎受使，指问礼数，答以君臣之分已定；问地，则答以大河为界。二者从，事之大者，或不从，则已。伦受命而行，至是伦与金使俱来，以抚谕江南为名，上叹息谓庶曰：“使五日前得此报，赵鼎岂可去耶?”

所谓“赵鼎岂可去耶”,仍为高宗自欺欺人之烟幕。盖高宗于抚谕江南之名,并未曾有任何激愤之表示。

岳飞获罪,至今虽言人人殊,未有定论,然岳飞确为当时诸将中主战最急切者。诸大臣知之,高宗亦知之。高宗每于危急之秋,依飞为长城。然则岳飞之终于获罪而至赐死,苟非和议之故,似不应至此!而以何铸之言证之,高宗确有主使害飞之嫌疑也。诸条列举如次:

(一)绍兴三年春,召(飞)赴行在。江西宣谕刘大中奏,飞兵有纪律,人恃以安。

(二)秋(绍兴三年)入见,帝手书精忠岳飞字,制旗赐之。

(三)……贼党高仲退保邓城,飞引兵一鼓拔之。擒高仲,复邓州。帝闻之喜曰:“朕素闻岳飞行军有纪律,未知能破敌如此!”

(四)绍兴六年九月,刘豫遣子麟猊,分道寇淮西,刘光世欲舍庐州,张俊欲弃盱眙,同奏召飞以兵东下……。帝虑光世、俊不足任命,飞东下。飞自破曹成,平杨幺,凡六年,皆盛夏行师,致目疾,至是甚。闻诏即日启行,未至麟败。飞奏至,帝语赵鼎曰:“刘麟败北足喜,诸将知尊朝廷为可喜。”遂赐札,言敌兵已去,准卿不须进发。

(五)绍兴七年入见……以王德、郦琼兵隶飞。诏谕德等曰,听飞号令,如朕亲行。

(六)飞数见帝,(七年)论恢复之略。又手疏言:“金人所以立刘豫,盖欲荼毒中原,以中国攻中国,粘罕得休兵观衅,臣欲陛下假臣日月,便则提兵趋京洛,据河阳、陕府、潼关,以号召五路叛将。叛将既还,遣五师前进,彼必弃汴而走。河北、京畿、陕右可以尽复。然后分兵怀滑,经略两河,如此则刘豫成擒,金人可灭,社稷长久之计,实在此举。”帝答曰:“有臣如此,顾复何忧,进止之机,朕不中止。”又召至寝阁命之曰:“中兴之事,一以委卿。”

(七)……(飞)即日上章,乞解兵柄(按与张俊发生意见冲突)。终丧服,以张宪摄军事,步归庐母墓侧。俊怒奏,以张宗元为宣抚判官监其军。帝累诏趋飞还职,飞力辞。诏幕属造庐以死请,凡六日,飞趋朝待罪,帝慰遣之。宗元还言:“将和士锐,人怀忠孝,皆飞训养所致。”帝大悦。

(八)……议者令遣重臣行边,遂命庶措置江淮边防,京湖宣抚岳飞,闻庶行边，遗书曰："今岁若不出师，当纳节请间。"庶壮之。庶还朝，论金人变诈自渝海上之盟，因及飞纳节之语。

(九)九年以复河南地(第一次和议)……授(飞)开府仪三司，飞力辞，谓今日之事，可危而不可安，可忧而不可贺，可训兵饬士，谨备不虞，而不可论功行赏，取笑敌人，三诏不受，帝温言奖慰乃受。

(十)十年(金人叛盟后)，金人攻拱亳、刘锜告急，令飞驰援……帝赐札曰："设施之方一以委卿，朕不遥度。"……飞将发，奏言："先正国本，以安人心，然后不常厥居，以示勿望复仇之意。"帝得奏，大褒其忠。

(十一)十一年，谍报金兵分道渡淮……帝驱飞应援凡十七札……时飞方苦寒，力疾而行……帝得奏大喜，赐札曰："卿苦寒疾，乃为朕行，国尔忘身，谁如卿者。"师至庐州，金兵望风而遁，飞还兵于舒以俟命。帝又赐札，以飞小心恭谨，不专进退为得体。(以上俱见《岳飞传》)

以上诸条中(一)、(七)、(八)三条为臣下向高宗称飞语，其他各条皆为高宗对岳飞之褒扬。如是，则高宗必能知岳飞之公忠体国，为何如也。此外，如张浚至江上会诸大帅，独称岳飞与韩世忠可依大事，命飞屯襄阳，以窥中原，曰："此君素志也。"(《岳飞传》)

又参政席益与浚语，疑飞玩寇(时平杨幺)，欲以闻。浚曰："岳侯忠孝人也，兵有深机，胡可易言。"(《岳飞传》)又太行山忠义社梁兴等慕飞义，率众来归(飞传)。足证岳在当时忠孝之名颇著。然至十五年划淮和议之前夕，桧党右谏议大夫万俟卨劾岳飞时，高宗态度迥异曩昔：

绍兴十一年秋七月万俟卨言："枢密副使岳飞议弃两淮之地，专守大江以南，且飞提重兵无捍御之劳，倡言弃两淮以动朝廷，此不臣之渐也……。"上曰："山阳要地，屏蔽淮东，无山阳则通泰不能固，敌来进趋，苏常岂不动摇？其事甚明。比遣张俊、岳飞往彼，措置战守，二人登城行视，飞于众中倡言，楚不可守，城安用修？盖将士戍山阳厌久，欲弃而之他，飞意在附下以要誉，朕何赖焉。"(《中兴小纪》卷二十九)

飞之曾否议弃两淮，其真伪姑不具论；然谓"飞提重兵无捍御之劳"，按之前述各条，岂得为事实？高宗于此无所驳斥而惟与万俟卨异口同声，殊为可疑。且万俟欵与张俊皆为后日主和议者，张俊曾屡忌岳飞。秦桧罢三大将兵权时，张俊首先交出兵柄。主和愈力者，愈诬人不战。奸人技巧，今古无殊！

《宋史·何铸传》云："秦桧力主和议，大将岳飞有战功，金人所深忌，桧恶其异己，欲除之。胁飞故将王贵上变，逮飞系大理狱，先命铸鞫之。引飞至庭，诘其反状，飞袒而示之背，背有旧涅'尽忠报国'四大字，深入肤理。既而阅实，俱无验。铸察其冤，白之桧，桧曰：'此上意也。'"

"此上意也"或为秦桧诿卸责任之词。然按之岳飞主战之急，与夫高宗求和之切，则高宗主使之嫌疑，自极重大。

上述三人外，李光亦因不主和议而被罢黜。

绍兴十一年十一月，言者论资政殿学士李光因近日二使遽还，鼓唱万端，致令会稽之民骚然。原光之意，盖幸有警，以觊复用，乃诏光，责授散官藤州安置。上曰："……朕于光辈，闻其虚名而用之，见其不才而罢之，逮其有罪而责之，皆彼自取，朕未尝有心也……"（《中兴小纪》卷二十九）

绍兴二十年正月丙午，上谓宰执曰："光（李光）初用时以和议为是，朕意其气直，甚喜之。及得执政，遂以为非，朕面质其反覆，因知光小人，平生踪迹，于此扫地矣。"（《中兴小纪》卷三十四）

因不主和议而被罢黜者，尚不仅光，由此足以见高宗任人之标准。

和议既定之后，因前曾持异论而被黜或贬斥者极众。其著者，如曾开、王庶、李弥逊、胡铨、张焘、陈橐等。凡此诸人之去朝，应非秦桧之所擅为明矣。

（丁）主和派之擢升

秦桧为首陈和策者，故欲主和非任桧不可。

桧于建炎四年十月归，其时，恰为战局已有转机；高宗初晤秦桧，即赞之为佳士，为"仆忠"，且至于"喜而不寐"，盖高宗一闻桧奏，早已引桧为知己，故桧日后之擢升皆非偶然也。其程序如次：

（一）建炎四年十月甲辰，桧归行在，丙午入见，丁未拜礼部尚书，赐以银帛。

（二）绍兴元年二月，除参知政事。

绍兴元年八月，拜右仆射同中书门下平章事。（与吕颐浩相同）

（三）绍兴二年八月，桧罢诏落职，谤朝堂，示不复用。（受吕颐浩排挤）

（四）绍兴五年二月，复资政殿学士。

绍兴五年六月，除观文殿学士，知温州。

绍兴五年七月，改知绍兴府，寻除醴泉观使兼侍读，充行宫留守，并权赴尚书枢密院参决庶事。帝驻跸平江，召桧赴行在。

（五）绍兴七年正月，何藓使金还，即日授桧枢密使。

（六）绍兴八年三月，拜右仆射同中书门下平章事，兼枢密使（时为和议前夕。桧自是至绍兴二十五年十月桧薨，任相十七年）

桧于归国之后，不一年而跃登相位，信赖有加，宠眷殷隆；后虽曾一度罢黜，然并不能视为高宗曾于桧有所厌恶。当时之罢，一方由于吕颐浩之倾桧，一方亦可视为高宗之故示疏远，盖终高宗之生，不见对桧有恶评也。果也，于绍兴五年之后，又渐次擢桧，至和议之前夕再付以重任焉。

绍兴七年正月十五，高宗曾诏群臣条具，“攻战之利，守备之宜，拱置之方，绥怀之略”，是为高宗最后试探群臣之态度。应诏者，计有李纲、谢表臣、秦桧、汪伯彦，李邴等。他人奏札，虽激昂之程度不同，然皆为主战，惟秦桧则一意主和，其言曰：

> 靖康以来，和战之说纷然，言战者，专欲交锋，而彼己之势未必便；言和者，专事恳请，而军旅之事因以阻。皆非至当之画，为国者自有正理，不必以虚张为强，亦不必以力弱为怯……臣顷归朝廷，妄进狂瞽，令刘光世通书虏酋，说以利害，以为得地则归豫，失亡则在虏，即蒙陛下听纳施行，不旋踵虏果退师……臣益知不必虚张也……盖不讨豫则无以为国，不安慰狂虏则逆贼未易讨……臣乞安慰狂虏……通其酋长，书明言止欲讨叛，不敢轻犯大国，盖知虚张之无益也。（《三朝北盟会编》卷一七一）

桧之奏言，有数点可评：(1)桧自以为处战和两派之间，而其实质则仍为主和。所谓“说以利害”则“不旋踵果退师”，是非战争之外，另有途径乎？而战争之外之途径则为“安慰狂虏”，非和而何？(2)所谓“得地则归豫，失亡则在虏”，为极不通之论也。豫为金人傀儡，归豫者实即归虏，又宁有虏豫之分？此与岳飞上疏“金人所以立刘豫，盖欲屠荼中原，以中国攻中国，粘罕因得休兵观衅”，相较其高下何啻天壤？(3)所谓“不讨豫则无以为国，不安慰狂虏，则逆贼未易讨”证之：桧日后之事实，并非以“慰虏”为“讨豫”之手段，而实以“慰虏”与“讨豫”为和议之两原则，讨豫所以自保，自保而后可和，正与前述之和议条件相符。

高宗对桧之此种论奏，当然极为满意，然则期年之后，桧得复登相位，绝非偶然。

桧再任相，力排群议，卒定两次和议之局面，高宗德之之深，宠之之隆，蔑以

复加,且直至桧死而不衰焉。兹举其事如次:

(一)绍兴十二年九月乙巳,加秦桧太师,封魏国公。

(二)绍兴十二年十月丁丑,以皇太后回銮,推恩晋封秦、魏两国公。

(三)绍兴十五年夏四月丙子朔,赐秦桧第一区。

(四)绍兴十五年夏六月丁丑,幸秦桧第;乙酉,加桧妻、妇、子孙官封。

(五)绍兴十五年冬十月乙亥,帝书"德格天之阁"赐秦桧,仍就第赐宴。

(六)绍兴十五年冬十一月丙寅,命给秦桧岁赐公使钱万缗。

(七)绍兴十六年正月癸丑,敕建秦桧家庙,辛卯造秦桧家庙祭器。

(八)绍兴十七年三月乙酉,改封秦桧益国公。

(九)绍兴十九年九月戊申,命绘秦桧像,仍作赞赐之。

(十)绍兴二十年十月戊辰,秦桧有疾,庚午命执政赴桧第议事。十一月甲子,桧始朝,命肩舆入宫门,二孙扶掖升殿,不拜。

(十一)绍兴二十五年五月,秦桧以病势危笃,札子乞同男致仕,二孙埙、堪,致差在外宫观;诏许之。制曰:"秦桧……自登冠于宰司,首定盟于邻好,大策非凡,所见咸胥,……上以遂予一人之孝养,下以成尔百姓之安居,不矜功业之光明,复立规模之闳远,劝农桑而臻富庶,兴礼乐而导中和……比连闻于假告,已竭伫于仪型,乃命仆臣亲临甲第,惟阴德之获报,宜勿药以有瘳……"

(十二)绍兴二十三年八月,赐秦桧建康府永丰圩田。

(十三)绍兴二十五年十月丙申,进封桧建康郡王。

(十四)绍兴二十五年十一月乙巳朔,追封桧申王,谥忠献,赐神道碑,额为"决策元功精忠全德"。甲子,帝亲临桧第临奠。(以上据《宋史·高宗本纪》、《秦桧传》与《三朝北盟会编》)

复据《中兴小纪》,高宗于桧褒奖,尚有下列各条:

(一)绍兴十三年十二月甲午,大金国遣右宣征使完颜日晔、秘书少监马谔来贺正旦……上谓宰执曰:"今次使人来,事体皆正大,体既正,则小节不足较,观金人之意,和议必须坚久。"秦桧曰:"此皆陛下御得其道。"上曰:"非卿学识过人,坚主和议,岂能至此!"(卷三十一)

(二)绍兴十六年二月庚戌,上谓宰执曰:"近日全无事。"秦桧曰:"御前诸处,奏到可见。"上曰:"前次文字极多,朕有至夜分不寐,顿减如此,岂非和

议之效?”(卷三十三)

(三)绍兴二十年五月丁丑,秘书少监汤思退言有旨,以师臣秦桧忠义大节付在史馆,止有今来世迹,及张劭所奉之书,余则阙,望诏令桧录奏宣付,庶得广记。甲辰,上谓桧曰:“思退乞将卿靖康事记为别录,以示天下后世,可依其奏。”桧谦退久之,上曰:“不然,后世无以知卿忠义。”佥枢密院巫及曰:“桧之大节,天下共知,要当屡书不已,庶使后世奸贼悚惧。”上然之。(卷三十四)

(四)绍兴二十五年九月乙未,桧卒。丁酉,上谕宰执曰:“秦桧力赞和议,天下安宁,自中兴以来,百度废而复备,皆其辅相之力,诚有功于国。”伤恻久,遂赠申王,谥曰忠献。

高宗于秦桧之宠眷,至斯已极,由以知高宗于和议之态度,为何如矣!

此外如“监察御史史延臣,力赞和议,擢为侍御史,司农寺丞莫将忽赐第,擢为起居郎……勾龙如渊,以附会而得中丞”,(见张熏传)左朝奉大夫黄达如,以主张“异论者正典刑,主和者加旌赏”,遂擢为监察御史(《中兴小纪》卷三十),亦皆可见高宗于主和派引用之急切也。

(戊)和议之进行

通常以为和议之局,秦桧主之,高宗不过受桧之蒙蔽,或要挟而已。然试一检看和议之经过,则知纯出自高宗,其例证如下:

(一)绍兴七年正月乙酉,以观文殿学士醴泉观侍读秦桧为枢密使。旧例宰执新除,虽到堂即时归第。是日,以何藓等使金回,留桧议事,不许归第。(《中兴小纪》卷二十一)留桧议事,所议自为和议问题。

(二)八年十月,宰执入见,桧独留身,言:“臣僚畏首畏尾,多持两端,此不足与断大事,若陛下决欲讲和,乞专与臣议,勿许群臣预。”帝曰:“朕独委卿。”桧曰:“臣亦恐未便,望陛下更思三日,容臣别奏。”又三日,桧复留身奏事,帝意欲和甚坚,桧犹以为未也,曰:“臣恐别有未便,欲望陛下更思三日,容臣别奏。”帝“然”。又三日,桧复留身奏事如初,知上意确不移,乃出文字,乞决和议,勿许群臣预(宋史秦桧传)。睹此可知和出高宗,非受秦桧要挟甚明。

(三)高宗于八年十月辛丑诏:“金国遣使入境,欲朕屈己就和,命侍从台谏详思条奏。”持反对论者,有张焘、胡铨、晏敦复、曾开、李弥逊、薛徽言、梁汝嘉、苏符、御史方廷实等。其中言论最激烈者为胡铨。胡铨表中有云：

伦（王伦）之议，乃曰我一屈膝，则梓宫可还，太后可复，渊圣可归，中原可得。呜呼！自变故以来，主和议者，谁不以此说奉陛下哉！然而座无一验，则虏之情伪，已可知矣！而陛下尚不觉悟（《宋史·胡铨传》）。铨表中继请"斩三人头竿之藁街"（三人即秦桧、王伦、孙近），于是秦桧、孙近上章待罪，诏："无罪可待。"（《中兴小纪》卷二十五）是以胡铨视之桧、伦近三人皆可杀，然在高宗，视桧等则"无罪可待"。

（四）张焘上书，语亦激昂，且言"使其果愿和好……是天诱其衷，必不强我以难行之礼（时金使要求行受书之礼）。若其初无此心，二三其说，责我以必不可行之礼，要我以必不可从之事，其包藏祸心，何所不有？"上览奏，愀然变色曰："卿言可谓忠，然朕必不至为彼所绐。"（《宋史·张焘传》）

高宗不快之色显然可见。

（五）金使张通古、萧哲至行在，朝议欲上拜金诏，焘曰："陛下信王伦之虚诈，发自圣断，不复谋议，便欲行礼，群臣震慑罔措……"（《张焘传》）又："金国遣二使来议和，许归河南地，使者踞甚，议受书之礼不决，外议汹汹，如渊建议，取其书纳禁中，于是同谏长请对。又呼台吏问，朝廷有大议论，许台谏见宰执商议乎？吏曰：'有。'遂赴都堂与宰执议取书事，宰执皆以为然。帝亲笔召如渊、李谊入对。明日，诏宰执入馆见金使，受其书纳入。人情始安。"（《宋史·勾龙如渊传》）"金使邀宋以继行之礼"，高宗意急欲行礼，而人情汹汹，几至使议和破裂，勾龙、如渊之建议，恰中高宗之意，故帝亲笔召之入对。其后，如渊曾以此向高宗邀功，亦见如渊传，其文曰："忽一日，如渊言和议之际，臣粗自效，如臣到都堂，若不遏朝廷再遣使之议，则和议必至于坏，而宣对之日，稍有将顺，则遂至屈，臣于二者，粗有报国之忠。"如渊既以此向高宗邀功，则高宗之初衷可概见。

（六）高宗鉴于人情之汹汹，挠于士论之阻挠，故于当时之谈判，力守秘密。此于曾开之论奏中可知，其文云：

"……又闻今日宰相、执政各班留身奏事者三人，岂非所见不同，难以共议乎？……今乃人怀异志，各立偏说，既不与都堂会议，择其可者行之，又不于榻前面折廷争，取决而行，陛下又不以辅臣留身之言，宣谕于众，上下蒙蔽，惟恐人知，岂不大误事耶？……臣愿陛下以辅臣留身所论使事，朋赐宣

谕，以臣寮所论使事，悉赐降出，使大臣集侍从两省官共熟议取其是者，断而行之。”(《三朝北盟会编》卷一百八十九)

(七)开曰：“……愿闻所以事敌之礼。”桧曰：“若高丽之于本朝耳。”开曰：“主上以圣德登大位，臣民之所推戴，列圣之所听闻，公当强兵富国，尊主庇民，奈何自卑屈辱至此！非开所敢闻也。”又引古谊以折之，桧大怒曰：“侍郎知故事，桧独不知耶？”他日，开又至政事堂，问计果安出？桧曰：“圣意已定，尚何言。”

以此处之“圣意已定”证之以胡铨所谓“陛下尚不觉悟”，与高宗览张焘奏表后之“愀然变色”，则知桧非托言也。又绍兴八年春，王伦至金，见金左右元帅，时亦曾有“所议靖民乃主上诚意”之言(《中兴小纪》卷二十四)，亦可为佐证。

(八)奉礼郎冯时行召对，言和议不可信，至引汉高祖分羹为喻，帝曰：“吾不忍闻。”颦蹙而起。(《宋史·秦桧传》)

(九)绍兴八年十二月之第一次和议告成，至绍兴十年五月金人叛盟，主和派首领秦桧并未以此而动摇其地位。据宋史王次翁传载：“次翁惧桧得罪，因奏曰：‘前日国事初无主议，事有小变，更用他相，后来者未必贤，而排黜异党，纷纷屡月不能定，愿陛下以为至戒。’帝深然之。”然桧之得保全相位，与其谓高宗听次翁之言，勿宁为高宗心有所不忍？盖一则和议之决定，本高宗自断，桧不过辅之而已。二则，高宗仍冀和议之再成，于桧续有所借重故耳。

(十)十一年，桧再主和议，患诸将难制，同献计于桧，请皆除枢密府，罢其兵权。桧喜，乃密奏以拓皋之捷，召三大将赴行在，论功行赏，同入对，帝命林待聘分草三制。(《宋史·范同传》)

就此知罢三大将兵权之阴谋，帝亦知之，非桧专擅，岳飞之狱，与斯事有关。然则何铸察飞冤白之秦桧，桧答曰“此上意也”(何铸传见前)，亦不得谓全不可信矣。

四、结论

就以上之论证，吾人可得下列之结论：

(一)宋金之战争,以建炎四年甲申之役为转折点。前于此,宋之有无立国能力,尚属疑问,遑论和议?和议既难,亦只有强以“恢复”作号召。甲申之后,宋兵转强,其势虽未必能灭金,然必不为金所灭,则可断言。金既进取为难,宋亦可偏安江左,于是和议之形势成,而高宗之政策乃亦随之而有所转变。

(二)高宗主和之动机,虽尚不能明确断定,然应不出下列三点:(甲)张溥所谓“帝之忌兄而不欲其归,其本心也”。(2)胡铨所谓“偷懦”与“苟安”。(丙)高宗自称之“以亲故不得已也”。以(甲)项原因最近事实。(丙)项原因已近于借口。

(三)高宗虽蓄意讲和,然挠于士论,初不敢明示其态度,更不能遽变其政策,于是寻求藉口。藉口有二:(甲)“朕有天下不及奉四海之孝养”。(乙)“休兵息民”。

(四)高宗萌和意于甲申之后,由秦桧之首陈和策,即蒙帝之赞许可知。至绍兴七年正月,任桧为枢密使为布置和局之开端。殆绍兴七年十一月时,朝廷之上,和战两派之势力,已渐成平衡,至于“纷然不能定”。至绍兴八年秦桧复相,为和策实行之始。

(五)主和派以高宗为靠山,终至超过主战派,于主战派之罢斥,及主和派之援引中,可以见高宗主和之急切。岳飞之赐死,高宗有主使之嫌疑。

(六)和局之布置与进行,秦桧固为有力者,然不过奉行高宗之意旨,并非秦桧敢于擅专。高宗不能自主,故曰“绍兴和议,断自高宗”。兹再引两文,以为之证:

> 绍兴十七年八月丁酉,前知郢州赵叔滲言:“陛下即位以来,用人多矣,而竞持异议,故投艰弭乱,略无宁岁。自专任一相,坐致太平,望以今日得人之效,宣付史馆。”癸卯,上可其奏,因顾左仆射秦桧曰:“此卿之功也。朕记卿初自敌中归,尝对朕言,如欲天下无事,须是南自南、北自北,遂首建和议,朕心固已判然,而梗于众论,久而方决。今南北罢兵六年矣,天下无事,果如卿言。”桧顿首谢曰:“和议之谋断自宸衷,臣奉行而已,何功之有?”(《中兴小纪》卷三三)

> 绍兴廿六年三月丙寅,诏曰:“讲和之策,断自朕志,秦桧但能赞朕而已。岂以其存亡而渝定议耶?近者,无知之辈,鼓倡浮言,以惑众听,至有伪撰诏命,召用旧臣,抗章公车,妄议边事,朕甚骇之,自今有此,当置重典!”(《宋史·高宗本纪》)

(该篇为孙思白先生大学论文)

诗 词

答罗范同志寄诗

1940年就学西南联大，进步同学组“群社”。皖南事变发，波及昆明，群社同志多出走，炳泉化名罗范。1941年夏，获炳泉寄诗来，但不知其所自来。

犹记“红楼”共玉樽，骊歌遽赋恨无因。
壮怀欲伸回天手，获罪全由结群心[①]。
留语幸随春共住，远怀已逐路遥深。
重山郁郁君何处？翘首白云不可寻！

（1941年夏，时居昆明翠湖之滨）

1942年8月，由滇入川，抵毕节，日暮

车飞涧底又峰头，过眼青山如水流。
襟底风寒游子病[②]，城边禾熟故乡秋。

---

① 指群社。
② 炳泉病于途中。

中原赤血肥荒草，南国轻歌出翠楼。

满载斜阳抵毕节，苍茫独立系深愁。

1943年春日作

1943年5月，时在重庆小龙坎大公职业学校任职

（课罢）

课罢中庭览物华，游丝拂面轻于纱。

频惊闹蝶沾蛛网，深羡游蜂恋落花。

半柄枯旧缘代病，一双紫燕属谁家？

方收思绪归心舍，又见雀群檐外哗。

1957年4月15日雨中游碧云寺，谒中山堂

（云章、兆彩、德龙、沈熙诸同志同游）

名寺访何处？西山碧色中。

杏招峰外雨，松送涧边风。

面壁诵遗教[①]，凭棺念友情[②]。

而今已“破晓”[③]，崇德纪先行[④]。

游卧佛寺感旧

抗战前夕，民先队数在卧佛寺老虎洞及西山下露营，作游击战演习；最后一次演习，恰值七七事变爆发，惊闻抗战炮声。

---

① 壁间刻中山致联共中央遗书。

② 堂内陈苏联所赠之水晶棺。

③ “破晓”为遗书中用语。

④ 毛主席称中山先生为民主革命先行者。

二十年前到，于今喜又来。
山形依旧势，狂寇作烟灭。
原野开新界，残垒生碧苔。
当年旧伙伴，多是栋梁材。

（1957 年 4 月 15 日）

1958 端阳之夕，偕兆良、德龙、致本、淑文诸同志游北海

招友暮登琼岛顶，始知佳节闹缤纷。
千艇摇碎一湖月，百管惊醒宿鸟魂。
颖颖河灯随水逝，声声清唱遏行云。
归来午夜绕长巷，犹有笙箫处处闻。

1959 年 4 月 1 日，现代史编写组同人共游颐和园

生机一片满人间，无限春娇放眼看。
柳色环凝佛香阁，花光遥接玉泉山。
饮茶亭畔说今古，荡桨湖心任往还。
天恐豪情收不住，故遣阵雨送轻寒。

1960 年 8 月游长城

年少游痕托梦中，欣然今又见长城。
边关万里几风雨，烽火千年历甲兵。

此日登临人熙熙，山原修治草青青。
中华已庆承平世，地北天南尽颂声。

1960年5月8日，现代史组同人游卢沟桥归来成斯篇

欲编抗战史，先访卢沟桥。
胜地忆往事，心境如涌潮。
相将出门去，车旁风萧萧。
放眼望平野，耳目骤清新。
时当暮春季，绿林渐成落。
杨柳十里絮，菜花一片金。
穿越大小井，指向西南行。
古堞眼前现，知是宛平城。
宛平城虽小，据地天下雄。
永定西北来，古名为桑乾。
浩荡千余里，蜿蜒过城边。
长桥跨巨水，古渡扼幽燕。
百兽蹲桥柱，凌波如飞虹。
卢沟晓月里，舟车暮烟中。
一自抗战始，举世尽知名。
忆昔少年日，露营西山里。
忽闻炮轰鸣，侪辈攘臂起。
争欲驰沙场，捐躯抗日死。
愿将百年羞，一战凭血洗。
至今隆隆声，隐隐犹在耳。
七七战幕揭，大地遍烽烟。
倭奴逞强横，长驱入中原。
劲旅出八路，杀敌平型关。

捷声传海表，意气动河山。
红旗揭敌后，新政日月添。
军民比鱼水，休戚血肉连。
游击四面合，野火势燎原。
战士夜枕戈，将军不离鞍。
赴援如掣电，衔枚渡冰川。
刀闪风雪杞，裹衾溽暑天。
艰难千百战，敌寇为胆寒。
漫漫长夜逝，东方旦复旦。
胜利十五载，方到卢沟岸。
今立桥头上，遥看西山青。
金瓯完归赵，人民乐东风。
情有桥下水，犹作战马声。
循河望城隅，弹痕尚宛然。
狂寇今何在？化为灰与烟。
归来尘灯下，续续写长编。
头绪虽百出，归结史一元。
与心有至理，胜败非偶然。

济南纪游

护城河

其一

一弯流水绕山城，两岸柳荫似画屏。
间步河边十里路，春风处处捣衣声。

其二

柳丝低拂护城河，群女依门弄绿波。
不是浣衣便洗菜，呼姑叫嫂情意多。

（1962年6月）

1963年除夕忆旧

爆竹声中忆故人，起看星斗夜无垠。
神飞京兆会彭李[①]，梦到江南思蔡陈[②]。
几载共期班马业[③]，何年重对西山春？
举杯今夕遥相祝，努力加餐德日新。

（1963年1月24日）

访武鸣明秀园[④]

江流回转处，遗此旧园林。
堆石虫鱼古，依山草木青。
华堂余败瓦，短碣剩残文[⑤]。
多少荒唐梦，几番霸主心。
当年车马集，一饭掷千金。

---

① 彭为现代编写组彭明，李为李新。
② 蔡为蔡尚思，陈为陈旭麓。
③ 班马业指编辑《中国新民主主义革命通史》。
④ 园在武鸣县城西北，为陆荣廷别墅。1964年8月12日，与吕集义同志同游。
⑤ 华堂仅余基地，短碑在园外江边，纪陆氏事功。

访桂林独秀峰

绝地拔天非一峰，缘何“独峰”此专名？
群山闻语似含笑，今得先生代不平。

踏莎行

1972年秋，泰山脚下访张耀南同志，忆鲁西抗日史。

古道寒泉，秋山落木，逢人便问将军处。姓名早辨卅年前，鬓霜相见欣为故。　群众荷戈，红旗指路，大峰战史今回溯。不亏志士当年心，中华树起擎天柱。

（1973年3月于曲阜）

满江红（公审“四人帮”）

恶贯满盈，这一日终于来到。看，谁不心花怒放，眉舒脸笑？公报犹然待发布，街前早已走相告。信乎哉，“公道在人心”，有分教。　黑妖女，空咆哮；眼镜鬼，休横暴。哂文痞、打手，又何足道？不义多行必自毙，机关算尽总无效，到头来落得好收场，带镣栲！

念奴娇（打倒“四人帮”）

俨然可畏，不崇朝，使尔轻轻倒下。撒谎吹牛，原本是一副纸糊空架。　马列唱腔，阉监牧俩，一肚鬼八卦。黄瓜茄子，一时多少笑话。　回想虎帐《座谈》，江林掩映，搞阴谋鬼划。结身又结四人帮，准备称王称霸。效颦吕雉，窃拟武曌，想君临华夏。黄粱一枕，惹得千秋笑骂！

（1976年10月27日）

钗头凤(除“四害”)

头如削,心如蝎,营营苟苟把人蜇。雌黄口,偷儿手,羊头狗肉,一锅全有,丑!丑!丑!　　钢铁厂,帽子店,明枪不济暗中箭。过街鼠,害群马,抢班是实,念经是假,打!打!打!

周总理逝世周年祭(二首)

(一)

猎猎寒风又入冬,未临此日已心惊。
流光虽去哀思在,大地苍生尽哭公。

(二)

去年今日忆惊雷,顿报擎天一柱摧。
马驻车停人坠泪,红旗低挂雪花飞。

春节后,北大老友刘君招饮,诗以纪怀

旧形式是采取,必有所删除,既有删除,必有所增益,这结果是新形式的出现,也就是变革。

——鲁迅

今夕有佳会,执手各欢然。
相看惊白发,豪情话当年。
忆昔少年日,风雨惊辽天。
弦歌红楼里,于心殊未安。
奈何势更迫,敌骑犯幽燕。

岂忍成丘墟，忧愤不成眠。
一朝投笔起，连臂向街前。
凛冽寒风里，刀光水尤寒。

1977年3月6日（丁巳年，正月十七），主人王柱夫妇，招待吃水饺，与会者皆北大老同学，“一二·九”运动老战友也，朱穆之、袁宝华、吴磊柏、黄劭显、刘祖春、刘导生、陈忠经共席。

没有明确的世界观而想过自觉的生活，那简直不是生活，而是负担，是可怕的事情。

——契诃夫

救世寻真理，更复入民间。
略洗书生气，始知天地宽。
古城终沦陷，微服出险关。
分手上征途，何只路八千。
有党指方向，不怕历辛艰。
泾渭辨清浊，心悦延水边。
葵花本向日，物性固难迁。
所志幸不快，共撑壁垒坚。
东方终破晓，尧域换新天。
社会主义好，百花竞吐艳。
史律信如铁，不许任折攀。
建国廿七载，斗争有波澜。
俯仰得无愧，端赖寸心丹。
回首过来事，弹指一挥间。
夙昔春秋盛，今日鬓毛斑。
容颜虽已改，气壮犹名山。
大厦诚艰巨，还愿献瓦砖。
今夕重聚晤，情亲意倍欢。
况值四害去，春色满人间。

主人频举杯，还更劝加餐。
饮竟亦不醉，斗横夜将阑。
临别相祝愿，同道主人贤。

济南遇罗竹风同志

是是非非岁月更，猝然喜遇半心惊。
讹言顿作浮云散，炼石原曾烈火经。
休向鬓边伤白发，且从大局认时清。
别来神绕春申畔，常忆诙谐老辣风。

(1978年11月)

山东大学校庆五十五周年

阅尽沧桑五五年，且看学舍已三迁。
“四人”倒后启新运，“双水”合来汇巨渊。
早有条枝成栋干，更栽桃李遍芳川。
源源为国输才俊，一路高峰处处攀。

(1981年3月12日)

南行吟草

1982年4月12日～5月19日，偕立凡南行，首应青年研究所之邀赴南昌，后经庐山转至南京，与来新夏、包子衍会聚，又赴扬州、镇江，返南京，再应江苏省史学会之邀到苏州，又回到南京看二史馆档案，一路所有吟咏，成下列诸什。

(一)京广车中

一路南来春愈深，萌芽抽叶绿成荫。

欲拟佳句酬知己，冷雨敲窗乱客心。

（二）瞻仰“八一”指挥部二首

血染东南屠户笑，英雄含恨裹创伤。
南昌城里寒光闪，射出人间第一枪。

洪都高举战旗红，突破腥云几万重。
贺叶周朱刘伯帅，包天胆略少年雄。

（三）赴庐山二首

山清水绿望无涯，遁入庐山暂作家。
偷得浮生闲半日，也来世外伴烟霞。

山外春深山里寒，夹衣才换又穿棉。
谁知青帝跟踪到，几树山花红欲燃。

（四）初登镇江望江亭

雾去云来飞满山，阴晴寒暖一时间。
登高我欲望江水，只见茫茫不见天。

（五）再登镇江望江亭

茫茫白处白茫茫，乍上江亭不见江。
今日天开云雾敛，片帆点点碧川长。

（六）三宝树（庐山）

身高百丈欲参天，枝干霜经五百年。
我寿若齐三宝树，朽同草木也欣然。

(七)自九江至南京,长江轮上二首

高卧江心大梦酣,飘飘真个比行仙。
晓来不识是何处,一抹烟村无片山。

匡庐辞别上征船,万里滔滔一枕寒。
作客秦淮明日事,今宵不必梦江南。

(八)南京莫愁湖莫愁女塑像

其一

奴家家在洛阳城,缘何流落到金陵?
终日湖上忙怅望,游人丛里觅卢生。

其二

莫愁湖上莫愁女,日看江水向东流。
何时得见卢生面,望断天涯愿未休。

(九)扬州访祁龙威

论交廿年载酒游,今日相看共白头。
湖瘦山平水绘月,几生修得住扬州。

(十)瓜洲轮渡到镇江

我坐车中车坐船,船头天水自相连。
身随春到江南岸,北固山前试倚栏。

(十一)苏州郊外

大地何须动画工,菜黄秧绿紫云英。

姑苏城外游人众，各在红绒毡上行。

（十二）寒山寺

我今到得寒山寺，已过霜天入暮春。
一首“枫桥”传隔代，钟声此日是亲闻。

（十三）车过济南

楚水吴山看未全，归心不许更流连。
黄粱一梦家何在？残月晓风过济南。

重到聊城，有怀往事与范筑先将军

（一）

曾随鞍马逐征尘，抗日烽烟记尚新。
光岳楼前拼一死，将军耻作过河人！
（注）“誓死不过黄河”，范将军生前誓言。

（二）

抗日周年百战身，将军每战必亲临。
民间尚有轶闻在，走向街头问老人。

（三）

单骑传说绿林豪，北石南斜竞折腰。
自是党人策略正，将军风义亦自高。
（注）石洪燕、韩春和，北杆、南杆头目。

（四）

将军检阅出聊城，异国嘉宾并辔行。

阳谷道中曾歇马，青纱帐起夜伏兵。

(注)嘉宾指美国卡尔逊少校。

（五）

十万貔貅集帐前，登高一呼只周年。

将军虽去神明在，喜有今朝慰九泉。

（六）

后世已明沈李飞，当时未杀王金祥。

合应铁铸三奸相，长使低头跪墓旁。

(注)沈鸿烈、李树椿，国民政府山东主席与民政厅长，王金祥是范筑先的参谋长，三人合谋诱陷将军，城破将军殉难。

（七）

征路遥遥指寿张，逢人先问景阳冈。

当年打虎人何在？引到桥头望夕阳。

(注)记 1937 年冬，分派赴寿张途中。

（八）

古城血迹渐无存，又向西门觅战痕。

六百男儿同此死，"范湖"浩渺印忠魂。

(注)1938 年 11 月 15 日，聊城城陷时，西门瓮城为战士集体殉国处。拟建议，西门外湖水路右名为"六国烈士湖"，左为"范湖"。

（九）

寇氛弥漫大河西，冻柳霸风千里堤。

四顾烽烟忽召遇，斜阳影里认征衣。

(注)记 1937 年冬，寿张黄河堤上猝遇阔别七年之中学同学王幼平同志情况。

（十）

官庄演说见豪情，领袖青年忆第鸿。
君与郁光可不死，千秋遗怀陷花城。

（注）1937年在官庄大堤上发表演说，慷慨陈词，聊城陷前，第鸿与郁光本已出城，因回城携范同行，误陷城内同殉。

（十一）

印机滚滚纸纷纷，通俗方言记战词。
清水半盆才洗手，街头争阅《山东人》。

（注）《山东人》是聊城最早的油印报，我与许清同志主其事。

（十二）

多少萦思梦鼓楼，今朝各愿赋重游。
街前一片兴腾气，非复当年逐寇仇。

欣逢龙年，旧友团拜，戏成俚词，献众学长

——调寄沁园春

又是春归，改革声中，欢叙一堂。看苹花焕采，纠察队长，元音嘹亮，炮头文章。裁石补天，雕玉成柱，骥老心青志愈昂。都休问，曾风吹雨打，百炼成钢。　　莫谈白发如霜，逢时代，敞开向四方。算云晖龙起，别号捷径，陆平邦经，惟此策长。山有崎岖，潮有涨落，邻妇街前议菜筐。舵把稳，纾千家关注，破浪乘航。

〔题解〕“一二·九”时北大老同学，每年春节聚会一次。

词内嵌入同学姓名八人：刘玉英，绰号苹果。袁宝华，绰号元宝。韩天石。刘玉柱。王骥青。谢云晖。陆平（芦荻）。谢邦经。